Thanks to

세상이 아무리 바쁘게 돌아가더라도
책까지 아무렇게나 빨리 만들 수는 없습니다.

길벗은 독자 여러분이
가장 쉽게, 가장 빨리 배울 수 있는 책을
한 권 한 권 정성을 다해 만들겠습니다.

독자의 1초를 아껴주는 정성을 만나보세요.

미리 책을 읽고 따라해 본 2만 베타테스터 여러분과
무따기 체험단, 길벗스쿨 엄마 2% 기획단,
시나공 평가단, 토익 배틀, 대학생 기자단까지!
믿을 수 있는 책을 함께 만들어주신 독자 여러분께 감사드립니다.

500만 독자가 선택한 **무작정 따라하기**

엑셀
파워포인트
워드
+한글

엑셀편

박미정, 박은진 지음

길벗

기본+회사실무 완벽 대응

무작정 따라하기 엑셀&파워포인트&워드+한글
The Cakewalk Series-Excel&PowerPoint&Word+Hangeul

초판 발행 · 2024년 7월 8일

지은이 · 박미정, 박은진
발행인 · 이종원
발행처 · (주)도서출판 길벗
출판사 등록일 · 1990년 12월 24일
주소 · 서울시 마포구 월드컵로 10길 56(서교동)
대표 전화 · 02)332-0931 | **팩스** · 02)322-0586
홈페이지 · www.gilbut.co.kr | **이메일** · gilbut@gilbut.co.kr

기획 및 책임 편집 · 박슬기(sul3560@gilbut.co.kr)
표지 디자인 · 박상희 | **본문 디자인** · 이도경 | **제작** · 이준호, 손일순, 이진혁
영업마케팅 · 전선하, 차명환, 박민영 | **유통혁신** · 한준희 | **영업관리** · 김명자 | **독자지원** · 윤정아

전산편집 · 예다움 | **CTP 출력 및 인쇄** · 교보피앤비 | **제본** · 신정문화사

ISBN 979-11-407-0965-6 03000
(길벗 도서번호 007204)

가격 25,000원

독자의 1초를 아껴주는 정성 길벗출판사
(주)도서출판 길벗 · IT교육서, IT단행본, 경제경영서, 어학&실용서, 인문교양서, 자녀교육서 ▶ www.gilbut.co.kr
길벗스쿨 · 국어학습, 수학학습, 어린이교양, 주니어 어학학습, 학습단행본 ▶ www.gilbutschool.co.kr

페이스북 | www.facebook.com/gilbutzigy
네이버 포스트 | post.naver.com/gilbutzigy

작가의 말

더욱 강력해진 스마트, 공유, 분석의 결정체 Microsoft 365!

글로벌 팬데믹을 계기로 원격 업무와 클라우드 컴퓨팅이 새로운 일상으로 자리잡고 있습니다. 아직은 빠른 기술의 변화가 다소 낯설게 여겨질 수 있지만, 머지않아 이러한 업무 환경에 익숙해질 것입니다. Microsoft 365는 하루가 다르게 변화하고 있는 업무 환경에 맞추어 인공지능(AI) 기술을 기반으로 클라우드 서비스가 더욱 강화되었습니다. 더불어 보안 강화, 다양한 장치에 대응한 유동성, 모바일 근무 환경 제공 등 오피스 사용자 중심의 프로그램으로 크게 업그레이드되었습니다.

오피스 활용 능력 강화

특히 엑셀은 다양한 현장의 요구 사항을 반영하여 특정 조건에 맞는 함수를 새롭게 제공할 뿐만 아니라 통계 및 분석에 맞는 시각화 도구를 계속 업그레이드하고 있습니다. 따라서 스마트 지원 기능으로 협업과 공유 및 강력한 분석 도구로서의 면모를 갖추게 되었습니다.

파워포인트는 디자인 아이디어를 통한 레이아웃 제안 및 코칭을 이용하면 보다 쉽고 빠르게 전문가처럼 문서를 만들고 프레젠테이션할 수 있습니다. 한층 더 업그레이드된 최신 AI 기반의 오피스를 지능형 클라우드 환경에서 협업으로 업무의 효율성과 생산성을 높이는 방법을 익힘으로써 스마트 모바일 오피스 세상에 한 발짝 더 가까이 다가서 보세요. 또한 실무에서 사용된 다양한 예제와 디자인을 활용해 학습하고 실습하여 독자 여러분들의 시간을 더욱 효율적으로 사용할 수 있게 되기를 희망합니다.

모든 버전 사용 가능

이번 책은 오피스 최신 버전에만 제한되지 않고 이전 버전 이용자들과 Microsoft 365 사용자도 문제없이 사용할 수 있도록 범용 기능에 맞추어 집필했습니다. 이제 독자 여러분도 완벽한 비즈니스 툴로서의 오피스를 경험해 보세요.

마지막으로 집필 기간 동안 여러 고민을 함께 해 주셨던 박슬기 차장님과 안혜희 실장님을 비롯한 길벗 가족과, 항상 용기를 주었던 나의 가족에게 깊이 감사드립니다.

저자 **박미정, 박은진** 드림

이 책의 구성

STEP 01 **일단, '무작정' 따라해 보세요!**

실제 업무에서 사용하는 핵심 기능만 쏙 뽑아 실무 예제로 찾기 쉬운 구성으로 중요도별로 배치하였기 때문에 **'무작정 따라하기'**만 해도 엑셀 사용 능력이 크게 향상됩니다. **'Tip'**과 **'잠깐만요'**는 예제를 따라하는 동안 주의해야 할 점과 추가 정보를 친절하게 알려주고 **'핵심! 실무노트'**로 활용 능력을 업그레이드해 보세요.

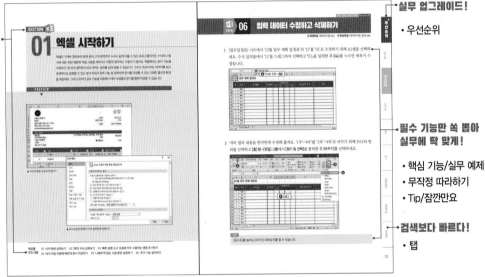

반드시 알고 넘어가야 할 주요 내용 소개!
- 학습안 제시
- 결과 미리 보기
- 섹션별 주요 기능 소개

실무 업그레이드!
- 우선순위

필수 기능만 쏙 뽑아 실무에 딱 맞게!
- 핵심 기능/실무 예제
- 무작정 따라하기
- Tip/잠깐만요

검색보다 빠르다!
- 탭

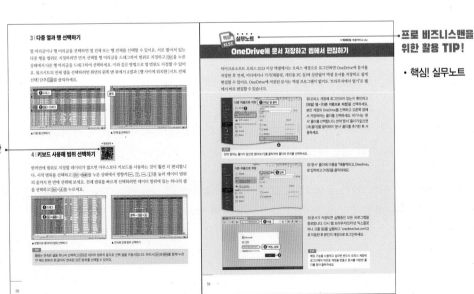

완벽한 이해를 돕기 위한 동영상 강의 제공!
- 저자 직강 영상

프로 비즈니스맨을 위한 활용 TIP!
- 핵심! 실무노트

'검색보다 빠르고 동료보다 친절한'
엑셀&파워포인트&워드+한글 이렇게 활용하세요!

STEP 02 '우선순위'와 '실무 중요도'를 적극 활용하세요!

엑셀 사용자들이 네이버 지식in, 오피스 실무 카페 및 블로그, 웹 문서, 뉴스 등에서 **가장 많이 검색하고 찾아본 키워드를 토대로 우선순위** 20개를 선정했어요. 이 정도만 알고 있어도 엑셀은 문제없이 다룰 수 있고 언제, 어디서든지 원하는 기능을 **금방 찾아 바로 적용**해 볼 수 있어요!

순위 ▲	키워드	관련 내용은 여기서 학습하세요!	관련 페이지
1 ▲	셀 참조 유형	수식 계산에서 참조되는 유형의 이해	115
2 ▲	셀 복사/이동	선택한 셀 범위를 복사하거나 다른 위치로 이동하는 기능	39
3 ▲	자동 합계	인접한 데이터에 대한 합계 및 평균 등을 자동으로 계산하는 기능	122
4 ▲	SUMIF 함수	조건에 맞는 값의 합계를 구하는 함수	148, 151
5 ▲	인쇄 설정	인쇄 전 용지, 여백, 매수, 머리글/바닥글 지정 등	47, 49, 54
6 ▲	찾기/바꾸기	입력된 데이터를 찾거나 다른 데이터로 변경하는 기능	33
7 ▲	데이터 입력	워크시트 셀에 입력될 데이터의 종류와 입력 방법	26, 28, 31
8 ▲	VLOOKUP 함수	기준 값으로 다른 열의 값을 구하는 함수	145
9 ▲	IF 함수	조건에 따라 달라지는 값을 계산하는 함수	138
10 ▲	행/열 편집	행이나 열을 삽입하거나 삭제, 열 너비 등을 다루는 기능	41
11 ▲	셀 서식	셀에 입력된 데이터에 대한 꾸밈 기능	63, 65, 69, 77
12 ▲	피벗 테이블	다량의 데이터를 빠르게 요약해 주는 분석 기능	197, 200, 203, 205
13 ▲	데이터 정렬	기준 필드에 따른 데이터의 순서를 바꾸는 기능	171, 173
14 ▲	자동 필터	데이터를 추출하는 가장 쉬운 방법	183
15 ▲	날짜 표시 형식	숫자 데이터를 날짜 형식에 맞게 표현하는 서식	71
16 ▲	묶은 세로 막대형 차트	데이터의 크기를 막대로 표시하는 차트	94, 96, 99
17 ▲	꺾은선형 차트	시간의 흐름에 따라 데이터를 표시하는 차트	94, 105
18 ▲	사용자 지정 표시 형식	숫자 데이터를 사용자가 코드를 사용해 표시하는 기능	75, 77
19 ▲	시트 편집	시트의 이동, 복사, 이름 바꾸기, 탭 색을 변경하는 기능	43, 45
20 ▲	조건부 서식	조건에 맞는 셀이나 범위에 적용하는 서식	81, 84, 86, 89

현업 중요도 ↑

강력한 분석 도구

분석 보고서 필수

현업 활용도 ↑

목차

QR코드로 동영상 강의를 시청해 보세요!

책에 실린 QR코드를 통해 저자의 동영상 강의를 바로 시청할 수 있습니다.
유튜브에서 『오피스랩』을 검색해도 강의를 무료로 볼 수 있어요.

1 책 속 QR코드를 찾으세요.

2 스마트폰 카메라를 실행하고 QR코드를 비춰보세요.

3 동영상 강의 링크가 나타나면 화면을 터치해 강의를 시청하세요.

목차

 예제파일 및 완성파일 다운로드

길벗출판사(www.gilbut.co.kr)에 접속하고 검색 창에 도서 제목을 입력한 후 [검색]을 클릭하면 학습자료를 다운로드할 수 있어요. 회원으로 가입하지 않아도 자료를 받을 수 있어요. 다운로드 받은 파일은 실무에 바로 쓸 수 있는 템플릿으로 필요할 때마다 업무에 적용할 수 있습니다.

CHAPTER 04 데이터베이스 관리와 데이터 분석하기

CHAPTER 01

엑셀 기본 문서 작성하기

엑셀을 실행하면 리본 메뉴와 수백 개의 빈 셀만 표시된 워크시트가 보입니다. 아무런 서식도 지정하지 않은 새 통합 문서에서 무엇부터 시작해야 할지 고민된다면 엑셀에서 제공하는 다양한 서식 파일을 활용해 보세요. 일정 관리뿐만 아니라 수익 분석, 판매 보고 등 목적에 맞는 서식을 선택하여 빠르게 문서 작성을 시작할 수 있어요. 만약 원하는 서식을 찾지 못했으면 온라인 서식 파일 검색에서 키워드를 입력하여 자신에게 꼭 맞는 다양한 서식을 찾아보세요. 이번 장에서는 엑셀 문서를 작성할 때 꼭 알고 있어야 할 데이터 입력 방법과 셀 및 워크시트의 편집 방법, 그리고 인쇄 설정 방법에 대해 배워봅니다.

EXCEL

01 엑셀 시작하기

엑셀은 가계부 정리부터 회계 분석, 고객 관리까지 누구나 쉽게 다룰 수 있는 프로그램이지만, 수식이나 함수에 대한 부담 때문에 엑셀 사용을 꺼리거나 어렵게 생각하는 사용자가 많아요. 엑셀에서는 분석 기능을 이용해 단 몇 번의 클릭만으로도 원하는 결과를 쉽게 얻을 수 있습니다. 그리고 초보자라도 데이터를 쉽고 효과적으로 표현할 수 있는 분석 차트와 검색 기능 등 편리하게 문서를 작성할 수 있는 다양한 옵션과 환경을 제공해요. 그리고 온라인 공유 기능을 이용해서 여러 사람들과 문서를 함께 작성할 수 있습니다.

PREVIEW

▲ 서식 파일로 새 문서 작성하기

▲ [Excel 옵션] 창에서 기본 설정 환경 변경하기

EXCEL 01 시작 화면 살펴보기

엑셀 프로그램의 시작 화면입니다. 빈 통합 문서로 시작하려면 [새 통합 문서] 서식을 클릭하고, 이미 제공된 서식을 사용하려면 '새로 만들기' 범주에서 원하는 서식을 선택하여 문서를 빠르게 시작할 수 있어요. 기존에 작성된 문서는 '최근 항목'이나 [열기]를 선택하여 찾을 수 있습니다.

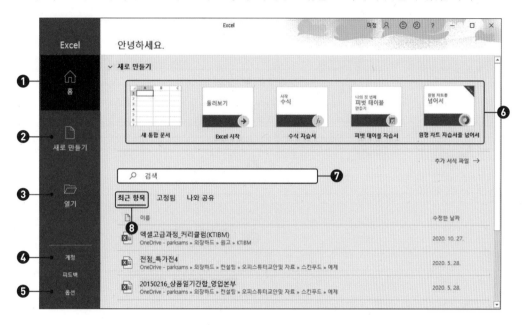

❶ **홈**: 엑셀의 시작 화면입니다. [홈]에서는 [새 통합 문서]와 '최근 항목'의 문서를 선택하여 빠르게 시작할 수 있어요.

❷ **새로 만들기**: 제공된 서식 파일을 이용하여 새 통합 문서를 시작할 수 있어요.

❸ **열기**: 최근에 사용한 통합 문서뿐만 아니라 다른 경로(내 컴퓨터, OneDrive 등)에 저장한 엑셀 문서를 열 수 있어요.

❹ **계정**: 사용하는 장치(PC, 태블릿 등)와 클라우드 서비스에서 마이크로소프트 계정을 설정해 사용할 수 있어요.

❺ **옵션**: 엑셀의 환경 설정을 변경할 수 있어요.

❻ **[새 통합 문서]와 서식 파일**: 홈 화면에서 선택할 수 있는 기본 서식으로, 새 문서를 시작하거나 서식 파일로 새로운 통합 문서를 시작할 수 있어요.

❼ **검색 상자**: 원하는 파일을 검색할 수 있어요.

❽ **최근 항목**: 홈의 기본 화면입니다. 최근에 작업한 파일 목록으로, 여기서 원하는 통합 문서를 선택하여 빠르게 실행할 수 있어요.

EXCEL 02 화면 구성 살펴보기

엑셀은 2013 버전 이후로는 구성이 크게 달라지지는 않았지만, 버전별로 기능이 업그레이드되고 명령 단추가 추가되어 헷갈릴 수 있어요. 특히 오피스 365의 경우 매달 업데이트되는 기능에 따라 화면이나 리본 메뉴가 달라질 수 있으므로 문서의 작업 속도를 향상시키고 일의 능률을 높이고 싶으면 여기서 알려주는 20가지의 화면 구성 요소를 잘 익혀두세요.

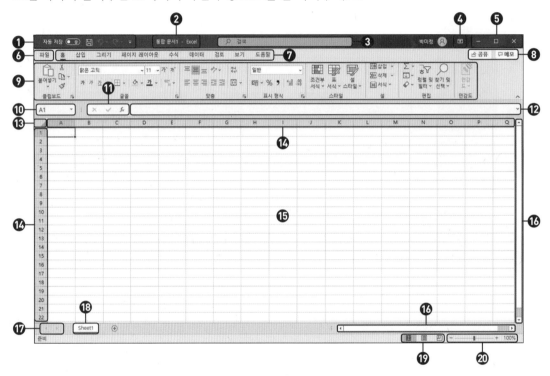

❶ 빠른 실행 도구 모음: 자주 사용하는 도구를 모아놓은 곳으로, 사용자의 필요에 따라 도구를 추가 및 삭제할 수 있어요.

❷ 제목 표시줄: 통합 문서의 이름이 표시됩니다.

❸ 검색 상자: 검색(Microsoft Search) 상자를 클릭하거나 [Alt]+[Q]를 누르고 검색을 입력하기 전에 최근에 사용한 명령 목록을 살펴본 후 수행할 작업에 따라 다른 작업의 실행을 제안할 수 있어요.

❹ [리본 메뉴 표시 옵션] 단추(▦): 리본 메뉴의 탭과 명령 단추들을 모두 표시하거나 숨길 수 있어요.

❺ [최소화] 단추(─), [최대화] 단추(▢)/[이전 크기로 복원] 단추(❏), [닫기] 단추(✕): 화면의 크기를 조정하는 단추로, 화면을 확대하거나 작업 표시줄에 아이콘으로 최소화할 수 있어요. 사용자가 창의 크기를 조정하면 최대화된 창의 크기를 이전 크기로 복원시키고 [닫기] 단추(✕)를 클릭하면 프로그램이 종료됩니다.

❻ **[파일] 탭**: 파일을 열고 닫거나 저장 및 인쇄할 수 있으며 공유, 계정, 내보내기 등의 문서 관리가 가능해요. 또한 다양한 엑셀 옵션도 지정할 수 있어요.

❼ **탭**: 클릭하면 기능에 맞는 도구 모음이 나타나요. 기본적으로 제공되는 탭 외에 그림, 도형, 차트 등을 선택하면 [그림 서식]이나 [표 디자인]과 같은 상황별 탭이 추가로 나타납니다.

❽ **[공유] 및 [메모]**: 해당 문서를 작업하고 있는 사용자를 확인하고 공유 옵션을 지정하는 창을 열 수 있어요. 메모는 이 문서에 대한 메모를 보거나 응답할 수 있습니다.

❾ **리본 메뉴**: 선택한 탭과 관련된 명령 단추들이 비슷한 기능별로 묶인 몇 개의 그룹으로 구성되어 있어요.

❿ **이름 상자**: 셀 또는 범위에 작성한 이름이 표시됩니다. 반대로 원하는 셀 주소를 입력하면 해당 셀로 이동해요.

⓫ **[취소] 단추(×), [입력] 단추(✓), [함수 삽입] 단추(ƒ×)**: 데이터를 입력하거나 취소할 수 있고 [함수 삽입] 단추 (ƒ×)를 클릭하면 함수 마법사를 실행할 수 있어요.

⓬ **수식 표시줄**: 셀에 입력한 데이터나 계산한 수식이 표시됩니다.

⓭ **[시트 전체 선택] 단추(◢)**: 워크시트의 전체 범위를 한 번에 빠르게 선택할 수 있어요.

⓮ **행 머리글, 열 머리글**: 행 머리글은 워크시트에서 각 행의 맨 왼쪽에 표시되고, 클릭하면 행 전체가 선택됩니다. 열 머리글은 워크시트에서 각 열의 맨 위에 표시되고, 클릭하면 열 전체가 선택됩니다.

⓯ **워크시트**: 행과 열로 구성된 셀로 이루어져 있어요. 데이터를 작업하는 공간으로, 항상 통합 문서에 저장됩니다.

⓰ **스크롤바**: 마우스로 가로나 세로로 드래그하여 워크시트의 화면을 이동할 수 있어요.

⓱ **시트 이동 단추(◀, ▶)**: 시트 이름을 스크롤할 때 사용해요. Ctrl을 누른 상태에서 마우스 왼쪽 단추를 클릭하면 처음 시트와 마지막 시트로 스크롤하고, 마우스 오른쪽 단추를 클릭하면 [활성화] 대화상자가 열리면서 모든 시트 목록을 볼 수 있어요.

⓲ **시트 탭**: 기본적으로 워크시트의 이름이 [Sheet1], [Sheet2] 등으로 표시되지만, 사용자가 이름을 직접 지정할 수 있어요.

⓳ **화면 보기 단추**: 원하는 문서 보기 상태로 이동할 수 있는 단추입니다. [기본] 보기(▦), [페이지 레이아웃] 보기 (▤), [페이지 나누기 미리 보기](▥) 등으로 화면 보기 상태를 선택할 수 있어요.

⓴ **확대/축소 슬라이드바**: 슬라이드바를 드래그하여 화면 보기 비율을 10~400%까지 확대 또는 축소할 수 있어요. 또한 비율 부분(100%)을 클릭하여 [확대/축소] 대화상자를 열고 비율을 직접 지정할 수도 있어요.

문서편집

서식지정

차트

함수

정렬과필터

피벗테이블

파워쿼리

EXCEL 03 빠른 실행 도구 모음에 자주 사용하는 명령 추가하기

● **예제파일**: 새 통합 문서에서 시작하세요.

1 엑셀에서 사주 사용하는 기능을 매번 찾아 실행하기는 매우 번거롭지만, 빠른 실행 도구 모음에 자주 사용하는 명령을 추가하면 한 번의 클릭만으로도 실행할 수 있어서 매우 편리합니다. 이번에는 빠른 실행 도구 모음에 [필터] 도구(▽)를 추가해 볼게요. **[데이터] 탭-[정렬 및 필터] 그룹**의 **[필터]**에서 마우스 오른쪽 단추를 클릭하고 [빠른 실행 도구 모음에 추가]를 선택하세요.

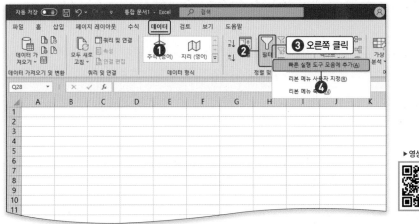

▶영상강의◀

2 빠른 실행 도구 모음에 [필터] 도구(▽)가 추가되었는지 확인합니다. 이제 [필터] 도구(▽)를 한 번만 클릭하여 데이터를 빠르게 필터링할 수 있어요.

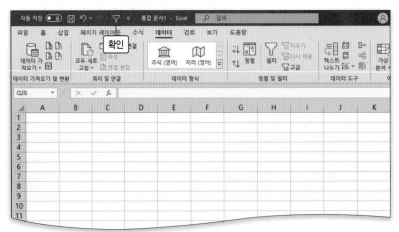

EXCEL 04 서식 파일 이용해 빠르게 문서 작성하기

● **예제파일**: 새 통합 문서에서 시작하세요. ● **완성파일**: 판매 송장_완성.xlsx

1 아무 것도 입력되어 있지 않은 빈 통합 문서가 아니라 엑셀에서 제공하는 서식 문서로 시작해 볼까요? 시작 화면이나 **[파일] 탭-[새로 만들기]**를 선택하고 검색 상자에 『판매』를 입력한 후 [Enter] 를 누르세요.

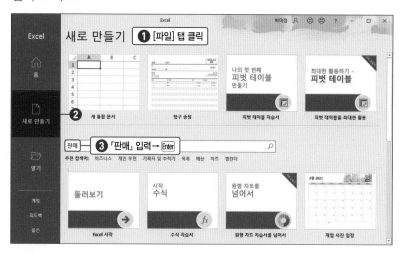

TIP

아직 엑셀로 문서를 만드는 데 자신이 없으면 다양한 스타일의 문서를 골라 사용할 수 있는 서식 파일을 적극 활용해 보세요. 그러면 초보자도 쉽게 고품질 엑셀 문서를 작성할 수 있어요.

2 검색된 서식 파일 중에서 필요한 문서를 찾아 선택하세요. 여기서는 [판매 송장]을 선택했어요.

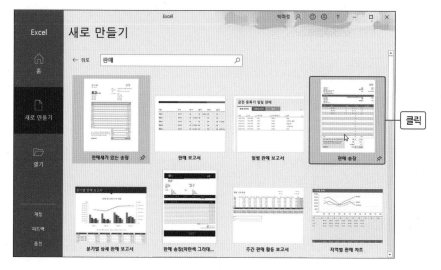

3 '판매 송장' 양식이 나타나면 [만들기]를 클릭하세요.

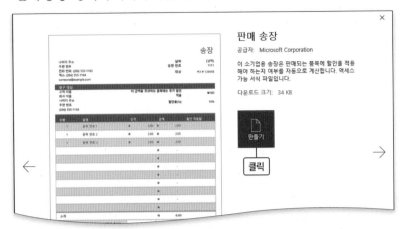

4 판매 송장 서식 파일이 실행되면 셀에 이미 입력된 값이나 수식을 원하는 내용으로 변경하여 문서를 완성하세요.

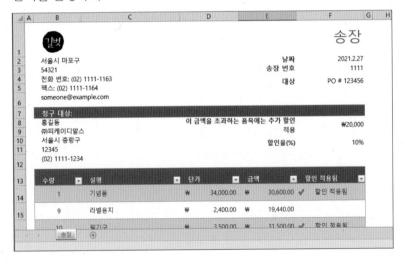

잠깐만요 > 항상 빈 통합 문서로 엑셀 시작하기

엑셀을 실행할 때마다 시작 화면을 표시하지 않고 곧바로 새로운 빈 통합 문서를 열 수 있어요.

❶ [파일] 탭-[옵션]을 선택하세요.
❷ [Excel 옵션] 창이 열리면 [일반] 범주의 '시작 옵션'에서 [이 응용 프로그램을 시작할 때 시작 화면 표시]의 체크를 해제하고 [확인]을 클릭하세요.

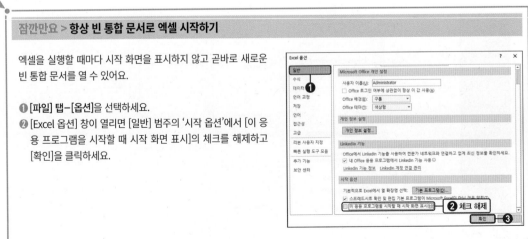

05 나에게 딱 맞는 사용 환경 설정하기

EXCEL

● **예제파일**: 새 통합 문서에서 시작하세요.

1 엑셀에서는 사용자의 작업 환경에 맞게 시트 수, 글꼴, 저장 형식 등을 지정할 수 있어요. **[파일] 탭-[옵션]**을 선택하세요.

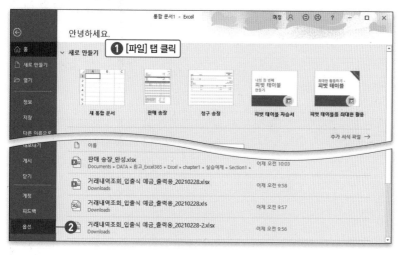

2 [Excel 옵션] 창이 열리면 [일반] 범주의 '새 통합 문서 만들기'에서 '글꼴 크기'는 [12]로, '포함할 시트 수'는 [3]으로 지정하세요. 'Microsoft Office 개인 설정'의 'Office 배경'에서 [기하 도형]을 선택하고 [확인]을 클릭하세요. 엑셀을 종료했다가 다시 시작해야 변경한 글꼴을 적용할 수 있다는 메시지 창이 열리면 [확인]을 클릭하세요.

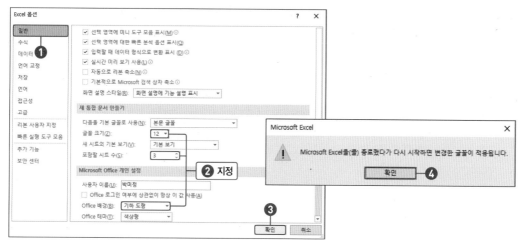

> **TIP**
>
> 현재 통합 문서를 닫고 다시 엑셀을 실행하면 '기하 도형' 배경 화면의 이미지가 나타나면서 기본적인 글꼴 크기가 '12pt'이고 시트 탭이 세 개인 통합 문서가 열려요.

EXCEL 06 추가 기능 설치하기

● **예제파일**: 새 통합 문서에서 시작하세요.

1 엑셀에서는 필요에 따라 적절하게 필요한 기능을 추가해서 사용해야 하는데, 여기서는 데이터 분석에 필요한 '데이터 분석'과 '파워 피벗'을 추가해 볼게요. 먼저 **[파일] 탭-[옵션]**을 선택하여 [Excel 옵션] 창을 열고 [추가 기능] 범주의 '관리'에서 [Excel 추가 기능]을 선택한 후 [이동]을 클릭하세요. [추가 기능] 대화상자가 열리면 [분석 도구]에 체크하고 [확인]을 클릭하세요.

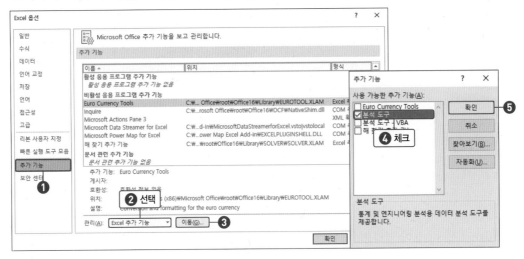

2 이번에는 '파워 피벗' 기능을 추가해 볼게요. [Excel 옵션] 창의 [추가 기능] 범주에서 '관리'의 [COM 추가 기능]을 선택하고 [이동]을 클릭하세요.

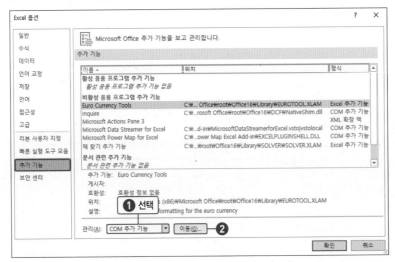

3 [COM 추가 기능] 대화상자가 열리면 '사용 가능한 추가 기능'에서 [Microsoft Power Pivot for Excel]에 체크하고 [확인]을 클릭하세요.

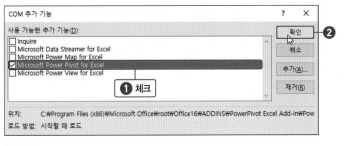

> **TIP**
>
> 엑셀 버전 중 Home & Student에서는 PowerPivot 기능이 없을 수 있습니다.

4 [데이터] 탭-[분석] 그룹에서 [데이터 분석] 명령을 확인하세요.

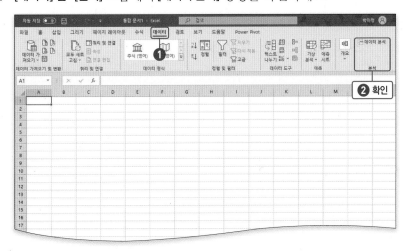

5 리본 메뉴에서 [Power Pivot] 탭을 확인하세요.

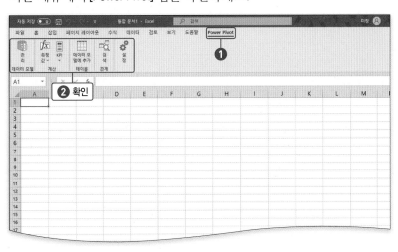

문서편집

서식지정

차트

함수

정렬과필터

피벗테이블

파워쿼리

02 정확하게 엑셀 데이터 다루기

엑셀을 사용하여 데이터를 계산 및 분석하려면 엑셀에서 사용할 수 있는 데이터의 종류에 대해 정확하게 이해하고 있어야 해요. 데이터를 잘못 입력하면 서식이나 수식을 제대로 적용할 수 없어서 정확한 결과를 얻을 수 없기 때문이죠. 그러므로 엑셀 데이터를 정해진 규칙에 맞게 입력하고 편집할 줄 알아야 합니다. 이번 섹션에서는 엑셀의 기초 중의 기초이면서도 자칫 실수하기 쉬운 데이터의 입력과 편집 방법에 대해 자세하게 배워보겠습니다.

PREVIEW

▲ 여러 종류의 데이터 입력하기

▲ 자동 채우기 핸들(➕)로 데이터 입력 및 수정, 삭제하기

EXCEL 01 엑셀 데이터의 종류 알아보기

1 | 데이터 구분하기

엑셀에서 사용하는 데이터는 크게 '텍스트'와 '숫자'로 나눌 수 있어요. 데이터의 종류에 따라 입력 방식이 조금씩 다르지만, 날짜와 시간 등의 데이터 속성을 미리 알고 있으면 데이터를 가공할 때 걸리는 시간을 줄일 수 있어요. 자, 그러면 입력한 데이터의 종류에 따라 달라지는 결과를 미리 살펴볼까요?

구분		설명	입력 결과
텍스트	텍스트	• 기본적으로 왼쪽 맞춤으로 입력됩니다. • 숫자여도 텍스트와 함께 사용하면 텍스트로 인식됩니다. • 숫자 데이터 앞에 어포스트로피(')를 입력하면 텍스트가 됩니다.	길벗, Microsoft
	기호		₩, €, £, ‰, ↗, ⓐ, ☎, ♨
	한자		計算, 분석(分析)
	숫자와 텍스트의 혼용		2021년
	숫자형 텍스트		'123
숫자	숫자	• 기본적으로 오른쪽 맞춤으로 입력됩니다. • 날짜와 시간 데이터는 표시 형식이 지정된 숫자 데이터입니다.	1234
	날짜		2021-12-31
	시간		12:50:20

2 | 데이터의 종류 살펴보기

엑셀에서는 데이터의 종류에 따라 입력 방법이 다릅니다. 이것은 아주 기초적인 내용이지만, 엑셀을 잘 다루는 사용자도 실수하기 쉬우므로 데이터의 속성에 맞는 입력 방식을 반드시 정확하게 알고 있어야 합니다.

❶ 숫자 데이터

숫자 데이터는 엑셀에서 가장 기본이 되는 데이터로, 0~9 사이의 숫자를 부호 등과 함께 입력할 수 있어요. 입력한 데이터가 숫자로 인식되면 셀의 오른쪽에 자동으로 표시됩니다. 아주 큰 수나 세밀한 숫자는 지수 형식과 같은 과학용 표시 방식(1.23457E+13)으로 표시되기도 합니다.

숫자	입력 및 설명	맞춤
36000	형식을 포함하지 않고 숫자만 입력	
1.23456E+11	열 너비보다 긴 숫자는 지수 값으로 표시	
###########	열 너비보다 긴 숫자이면서 표시 형식이 지정된 경우	오른쪽 맞춤
1/4	분수는 대분수 형식으로 입력 🔟 0 1/4로 입력	
-100	부호를 포함하여 입력하거나 『(100)』으로 입력	

❷ 텍스트 데이터

한글, 영문, 한자, 특수 문자 등의 데이터는 텍스트로 인식됩니다. 숫자와 텍스트를 혼합한 데이터나 어포스트로피(')와 같이 입력한 숫자도 모두 텍스트로 인식되어 왼쪽 맞춤으로 표시됩니다.

문자	입력 및 설명	맞춤
엑셀	입력한 그대로 결과 표시	
123	어포스트로피(')를 입력하고 숫자를 입력한 경우	
2022년	숫자와 문자를 혼용한 데이터	왼쪽 맞춤
Microsoft M365	Alt + Enter 를 눌러 하나의 셀 안에서 줄 바꿈	

❸ 날짜, 시간 데이터

날짜 데이터는 숫자로 인식되지만, 하이픈(−)이나 슬래시(/)로 년, 월, 일을 구분하여 입력하면 셀에 날짜 서식이 자동으로 적용되어 표시됩니다. 날짜는 1900−1−1을 기준으로 입력한 날짜까지의 일련번호가 표시되고 표시 형식으로 서식을 변경할 수 있어요. 시간 데이터의 경우에는 콜론(:)을 사용하여 시간, 분, 초를 구분하여 입력하세요.

날짜 및 시간	입력 및 설명	맞춤
2022-08-20	연월일을 하이픈(-), 슬래시(/)로 구분, 오른쪽 맞춤이 기본	
01월 04일	연도를 빼고 『1/4』(월/일)로 입력	
12:00:00	시분초를 콜론(;)으로 구분하여 입력하고 오른쪽 맞춤이 기본	숫자형 데이터로
2021-03-19	Ctrl + : 을 눌러 현재 날짜 입력	오른쪽 맞춤
3:53 AM	Ctrl + Shift + : 을 눌러 현재 시간 입력	

문서서식

문서편집

서식지정

차트

함수

정렬과필터

피벗테이블

파워쿼리

❹ 기호, 한자 데이터

엑셀에서는 워드프로세서만큼 기호나 한자 데이터를 많이 입력하지는 않아요. 하지만 문서의 제목이나 특정 데이터를 강조하기 위해 기호를 사용하거나 한글 이름을 한자로 변환해서 표시하는 경우가 종종 있으므로 입력 방법을 알아두면 좋아요.

기호/한자	입력 및 설명	맞춤
▶, め, た	[삽입] 탭-[기호] 그룹에서 [기호] 클릭	문자형 데이터로 왼쪽 맞춤
ⓐ, ℃, ‰	한글 자음 입력 → [한자] 눌러 변환	
金聖勳	한글 입력 → [한자] 눌러 한 글자씩 변환	
家族	한글 입력 → [검토] 탭-[언어] 그룹에서 [한글/한자 변환] 클릭	

잠깐만요 > 화면에 입력된 데이터를 정확히 판단하는 방법

엑셀에서는 화면에 이미 입력된 데이터만 보고 숫자, 텍스트, 수식 등을 판단하기가 쉽지 않습니다. 입력할 때는 왼쪽과 오른쪽으로 데이터가 맞춰지는 것을 보고 판단하지만, 서식(맞춤, 표시 형식 등)이 지정된 후에는 쉽게 판단하기 어렵습니다. 이것을 쉽게 알아내려면 모든 서식을 제거해서 맞춤 상태를 보고 왼쪽(텍스트), 오른쪽(숫자)로 판단하면 됩니다.

데이터 범위를 모두 선택하고 [홈] 탭-[편집] 그룹에서 [지우기]를 클릭한 후 [서식 지우기]를 선택해서 서식을 지웁니다. 그러면 '영업실적' 데이터 중에서 왼쪽으로 맞춰진 데이터는 모두 텍스트 데이터임을 알 수 있습니다.

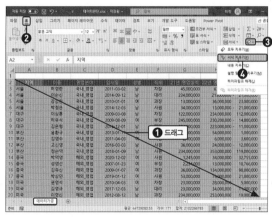

◀ 서식을 지우기 전의 데이터

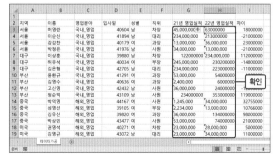

◀ 서식을 지운 후의 데이터

25

EXCEL 02 텍스트와 기호 입력하기

● **예제파일**: 텍스트기호입력.xlsx ● **완성파일**: 텍스트기호입력_완성.xlsx

1 셀의 가장 기본 데이터인 텍스트를 입력하기 위해 [Sheet1] 시트의 B5셀에 『대한민국』을 입력하고 Enter를 누르세요. 텍스트가 왼쪽 맞춤으로 입력되면 한/영을 눌러 영문 상태에서 C5셀에 『Microsoft』를 입력하고 Alt+Enter를 눌러보세요. C5셀에 두 번째 줄이 삽입되면 『M365』를 입력하고 Enter를 누릅니다. 이렇게 하면 한 셀에 두 줄의 텍스트를 입력할 수 있어요.

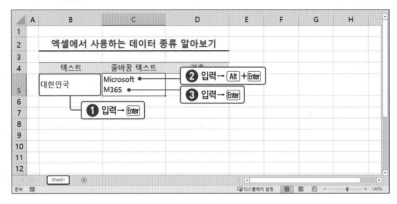

2 기호를 입력하기 위해 D5셀을 선택하고 **[삽입] 탭-[기호] 그룹**에서 **[기호]**를 클릭하세요.

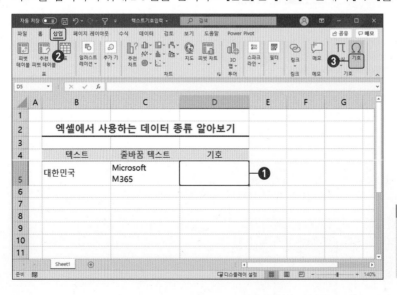

> **TIP**
> Alt+N+U를 누르면 [기호] 대화상자를 빠르게 열 수 있어요.

3 [기호] 대화상자가 열리면 [기호] 탭의 '글꼴'에서는 [(현재 글꼴)]을, '하위 집합'에서는 [통화 기호]를 선택하고 원하는 기호를 선택한 후 [삽입]과 [닫기]를 차례대로 클릭하세요. 여기서는 통화 기호 [€]를 선택했어요.

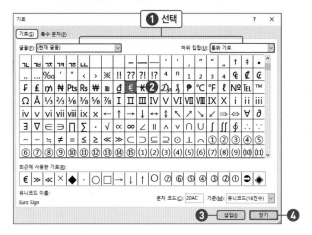

4 이번에는 [기호] 대화상자를 열지 않고 셀에 기호를 직접 입력해 볼게요. [€] 기호의 뒤에 한글 자음인 『ㅁ』을 입력하고 [한자]를 누른 후 기호 목록에서 원하는 기호를 선택하세요. 만약 원하는 기호가 없으면 [보기 변경] 단추(»)를 클릭하거나 [Tab]을 눌러 더 많은 기호 목록을 표시한 후 [■]를 선택하세요.

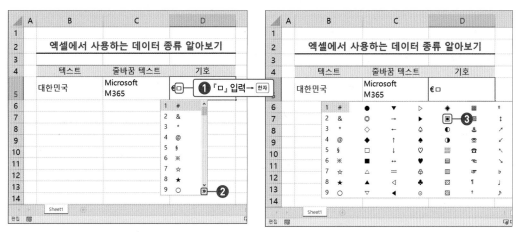

5 D5셀에 기호 ■가 삽입되었는지 확인하세요.

★ 우선순위

문서시작

문서편집

서식지정

차트

함수

정렬과필터

피벗테이블

파워쿼리

숫자와 날짜/시간 데이터 입력하기

● **예제파일**: 숫자형데이터.xlsx ● **완성파일**: 숫자형데이터_완성.xlsx

1 [Sheet1] 시트에서 B8셀에 『2345000』을 입력하고 Enter 를 누릅니다. B9셀에는 『1234567890123456』
을 입력한 후 Enter 를 누릅니다.

TIP

숫자는 열다섯 자리까지만 표시되므로 B9셀에 입력한 '1234567890123456'의 열여섯 번째 숫자 '6'은 수식 표시줄에
'0'으로 바뀌어 표시됩니다.

2 B8셀과 B9셀 데이터가 모두 오른쪽 맞춤으로 입력되지만, B9셀에 입력한 숫자는 열다섯 자리
이상의 숫자이므로 지수 형태로 표시됩니다. 이번에는 C8셀에 『2022/12/31』을 입력하고 Enter
를 누르면 날짜 데이터이기 때문에 '2022-12-31'로 표시되고 오른쪽 맞춤으로 입력됩니다.
D8셀에 시간 데이터인 『11:35:20』을 입력하고 Enter 를 누르면 오른쪽 맞춤으로 입력됩니다.

TIP

날짜 데이터를 입력하려면 하이픈(–)이나 슬래시(/)로 년, 월, 일을 구분해야 해요. 현재 시간을 빠르게 입력하고 싶으면
Ctrl + Shift + ; 을, 컴퓨터 시스템 날짜를 입력하려면 Ctrl + ; 을 누르세요.

EXCEL 04 한자로 변환하고 입력 형태 지정하기

● **예제파일**: 한자변환.xlsx ● **완성파일**: 한자변환_완성.xlsx

1 [Sheet1] 시트에서 B12셀에 한자로 변환할 텍스트인 『예산』을 입력하고 [검토] 탭-[언어] 그룹에서 [한글/한자 변환]을 클릭하세요.

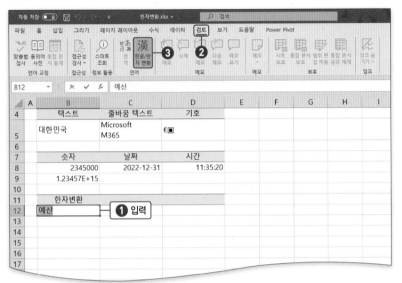

문서시작

문서편집

서식지정

차트

함수

정렬과필터

피벗테이블

파워쿼리

> **TIP**
>
> 『예산』을 입력하고 [한자]를 눌러도 [한글/한자 변환] 대화상자를 열 수 있어요.

2 [한글/한자 변환] 대화상자가 열리면 한자와 입력 형태를 선택할 수 있어요. 여기서는 '한자 선택'에서는 [豫算]을, '입력 형태'에서는 [한글(漢字)]를 선택하고 [변환]을 클릭하세요.

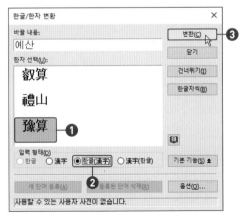

3 B12셀의 '예산'이 한자 '예산(豫算)'으로 변환되었는지 확인하세요.

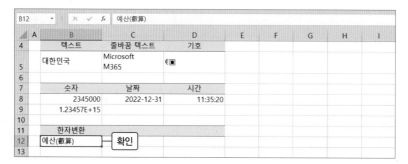

잠깐만요 > '잉크 수식' 기능으로 복잡한 수식 직접 입력하기

[삽입] 탭-[기호] 그룹에서 [수식]의 목록 단추(▼)를 클릭하면 목록에서 제공된 수식을 그대로 선택하여 삽입할 수 있어요. 이렇게 하면 수식이 개체로 입력되어 이미지처럼 크기와 위치를 조절할 수 있습니다. 직접 수식을 입력하려면 [삽입] 탭-[기호] 그룹에서 [수식]의 목록 단추(▼)를 클릭하고 해당하는 명령을 선택한 후 수식 기호 및 구조 라이브러리를 사용하여 텍스트 상자에 입력해야 합니다.

◉ **예제파일**: 수식입력.xlsx ◉ **완성파일**: 수식입력_완성.xlsx

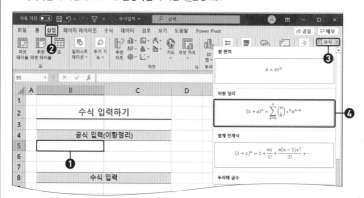

[삽입] 탭-[기호] 그룹에서 [수식]-[잉크 수식]을 선택하여 '잉크 수식' 기능을 이용하면 더 쉽게 수식을 입력할 수 있습니다. '잉크 수식'은 마우스나 펜으로 수식을 직접 입력한 후 엑셀 문서에 삽입하기 때문에 복잡한 수식도 쉽게 작성할 수 있어요.

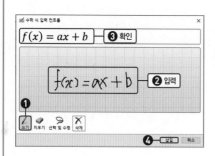

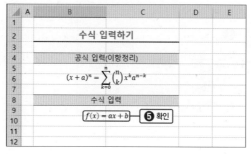

EXCEL 05 자동 채우기 핸들로 연속 데이터 입력하기

● **예제파일**: 데이터채우기.xlsx ● **완성파일**: 데이터채우기_완성.xlsx

1 엑셀에서는 연속된 데이터의 경우 규칙만 잘 활용해도 많은 양의 데이터를 순식간에 입력할 수 있어요. '12월 업무 계획 일정표'에 일련번호를 입력하기 위해 [업무일정표] 시트의 A5셀에 『1』을 입력하고 A5셀의 자동 채우기 핸들(✚)을 A34셀까지 드래그하세요.

▶영상강의◀

2 A5셀부터 A34셀까지 '1'이 복사되어 똑같이 채워지면 1씩 증가하는 수로 변경해 볼게요. [자동 채우기 옵션] 단추(📷)를 클릭하고 [연속 데이터 채우기]를 선택하세요.

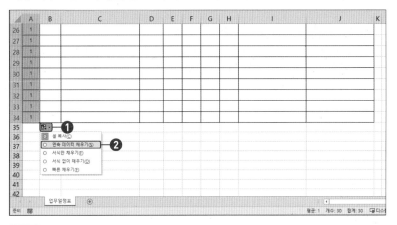

TIP

숫자가 입력된 셀을 자동 채우기 핸들로 드래그하면 똑같은 숫자로 복사되어 채워지지만, 날짜나 요일, 분기와 같은 데이터는 자동으로 연속 데이터로 채워집니다.

3 이번에는 반복되는 데이터를 빠르게 입력하기 위해 B5셀부터 아래쪽 방향으로『영업』,『생산』,『품질』,『전산』,『인사』를 순서대로 입력하세요. B5:B9 범위를 선택하고 B9셀의 자동 채우기 핸들을 B34셀까지 드래그하세요.

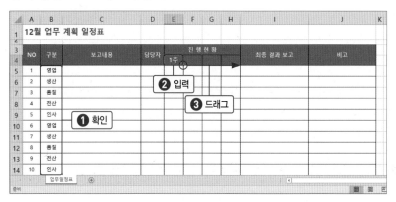

4 '구분' 항목에 데이터가 반복되어 채워졌는지 확인하세요. 이제 숫자와 문자가 섞인 데이터를 연속으로 입력해 볼게요. E4셀에『1주』를 입력하고 E4셀의 자동 채우기 핸들을 H4셀까지 오른쪽 방향으로 드래그하세요.

5 E4:H4 범위에 숫자가 하나씩 증가한 데이터가 자동으로 채워졌는지 확인하세요.

EXCEL 06 입력 데이터 수정하고 삭제하기

● **예제파일**: 데이터수정.xlsx　● **완성파일**: 데이터수정_완성.xlsx

1　[업무일정표] 시트에서 '12월 업무 계획 일정표'의 '12'를 '01'로 수정하기 위해 A1셀을 선택하세요. 수식 입력줄에서 '12'를 드래그하여 선택하고 『01』을 입력한 후 Enter를 누르면 제목이 수정됩니다.

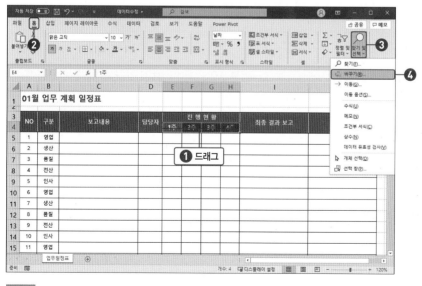

2　여러 셀의 내용을 한꺼번에 수정해 볼게요. '1주'~'4주'를 '1차'~'4차'로 바꾸기 위해 E4:H4 범위를 선택하고 **[홈] 탭-[편집] 그룹**에서 **[찾기 및 선택]**을 클릭한 후 **[바꾸기]**를 선택하세요.

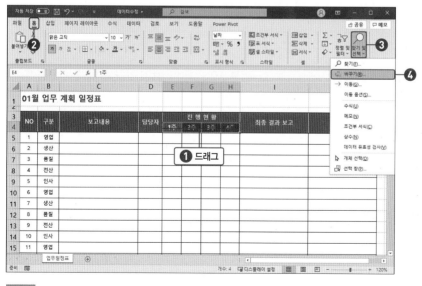

TIP

Ctrl+H를 눌러도 [바꾸기] 대화상자를 열 수 있습니다.

33

3 [찾기 및 바꾸기] 대화상자의 [바꾸기] 탭이 열리면 '찾을 내용'에는『주』를, '바꿀 내용'에는『차』를 입력하고 [모두 바꾸기]를 클릭하세요. 네 개의 항목이 바뀌었다는 메시지 창이 열리면 [확인]을 클릭하고 [찾기 및 바꾸기] 대화상자로 되돌아오면 [닫기]를 클릭합니다.

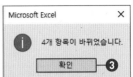

4 이번에는 '최종 결과 보고' 항목의 전체 데이터를 삭제해 볼게요. I3:I34 범위를 선택하고 선택 영역에서 마우스 오른쪽 단추를 클릭한 후 [삭제]를 선택하세요.

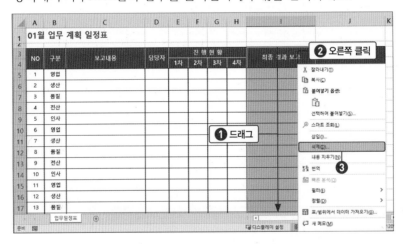

5 [삭제] 대화상자가 열리면 [셀을 왼쪽으로 밀기]를 선택하고 [확인]을 클릭하세요.

6 '최종 결과 보고' 항목이 삭제되면서 '비고' 항목이 왼쪽으로 이동되었는지 확인하세요.

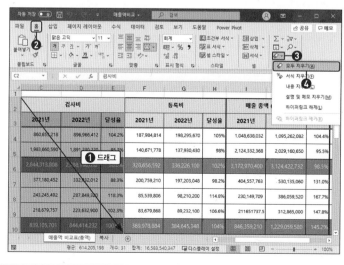

문서시작

문서편집

서식지정

차트

함수

정렬과필터

피벗테이블

파워쿼리

잠깐만요 > 셀에 입력된 데이터 깔끔하게 지우기

셀 또는 범위에 입력된 데이터를 삭제하는 가장 간단한 방법은 Delete 를 누르는 것입니다. 하지만 이렇게 삭제하면 내용만 지워질 뿐 서식은 그대로 남습니다. 또한 셀이나 범위를 삭제하면 다른 셀이 왼쪽이나 오른쪽으로 밀려 셀의 위치가 변경되기도 합니다. 따라서 셀에 입력된 데이터와 서식을 모두 깔끔하게 지우려면 [홈] 탭-[편집] 그룹에서 [지우기]를 클릭하고 [모두 지우기]를 선택하세요.

03 자유롭게 셀과 워크시트 다루기

엑셀 학습을 시작하자마자 셀에 데이터를 입력하는 다양한 방법부터 배웠습니다. 왜냐하면 셀(cell)은 데이터를 입력하는 기본 단위이며, 작업 영역인 워크시트의 가장 중요한 구성 요소이기 때문이죠. 따라서 셀과 워크시트를 다루는 것은 엑셀 문서 편집의 기초 중의 기초라고 할 수 있습니다. 이번 섹션에서는 셀에 입력한 데이터를 자유자재로 다루기 위해 셀 범위의 선택부터 복사와 이동, 행과 열의 편집, 워크시트의 기본 편집 기능까지 배워보겠습니다.

PREVIEW

▲ 셀 이동 및 복사하기

▲ 시트 이름 변경하고 시트 탭 위치 변경하기

EXCEL 01 빠르게 셀 범위 선택하기

● **예제파일:** 정산내역_셀범위선택.xlsx

셀에 입력한 데이터에 서식을 지정하거나 복사 및 이동과 같은 편집을 해야 한다면 해당 셀이나 범위를 선택해야 해요. 보통 셀 범위를 선택할 때는 해당 범위를 선택하는데, 여러 범위를 동시에 선택하거나 화면에서 벗어날 만큼 많은 양의 데이터를 선택할 때는 마우스만 사용하여 영역을 지정하는 것이 쉽지 않아요. 이번에는 키보드와 마우스를 사용하여 빠르고 다양하게 셀 범위를 선택하는 방법에 대해 알아보겠습니다.

1 | 마우스와 Shift로 연속된 범위 선택하기

한 화면에 모두 보이지 않을 만큼 연속된 데이터의 범위를 선택해 볼게요. 선택해야 하는 전체 셀 범위에서 시작 셀을 선택하고 화면의 스크롤바를 아래쪽으로 드래그한 후 Shift를 누른 상태에서 마지막 셀을 선택하세요.

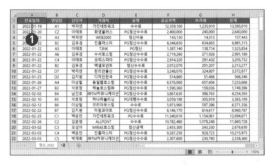 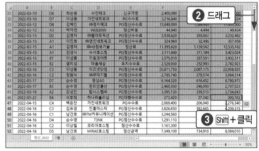

2 | 마우스와 Ctrl 사용해 떨어져 있는 범위 선택하기

서로 떨어져 있는 여러 범위를 동시에 선택하려면 먼저 첫 번째 범위를 선택하고 Ctrl을 누른 상태에서 다른 범위를 선택하세요.

 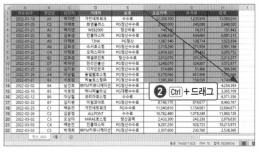

3 | 다중 열과 행 선택하기

열 머리글이나 행 머리글을 선택하면 열 전체 또는 행 전체를 선택할 수 있어요. 서로 떨어져 있는 다중 행을 범위로 지정하려면 먼저 선택할 행 머리글을 드래그하여 범위로 지정하고 Ctrl 을 누른 상태에서 다른 행 머리글을 드래그하여 선택하세요. 이와 같은 방법으로 열 범위도 지정할 수 있어요. 워크시트의 전체 셀을 선택하려면 화면의 왼쪽 맨 위에서 A열과 1행 사이에 위치한 [시트 전체 선택] 단추(▦)를 클릭하세요.

▲ 다중 행 선택하기

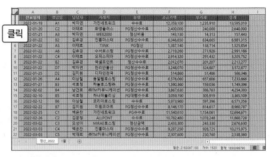

▲ 전체 셀 선택하기

▶영상강의◀

4 | 키보드 사용해 범위 선택하기

한꺼번에 범위로 지정할 데이터가 많으면 마우스보다 키보드를 사용하는 것이 훨씬 더 편리합니다. 시작 범위를 선택하고 Ctrl + Shift 를 누른 상태에서 방향키(←, ↑, →, ↓)를 눌러 데이터 범위의 끝까지 한 번에 선택해 보세요. 전체 범위를 빠르게 선택하려면 데이터 범위에 있는 하나의 셀을 선택하고 Ctrl + A 를 누르세요.

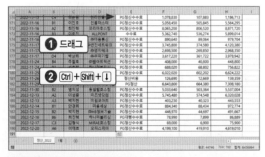

▲ 방향키로 데이터의 범위 선택하기

▲ 연속된 전체 범위 선택하기

> **TIP**
>
> Shift 는 연속된 셀을 하나씩 선택하고 Ctrl 은 데이터 범위의 끝으로 선택 셀을 이동시킵니다. 따라서 Ctrl 과 Shift 를 함께 누르면 해당 범위의 맨 끝까지 연속된 모든 범위를 선택할 수 있어요.

EXCEL 02 셀 데이터 복사하고 이동하기

● **예제파일**: 정산내역_셀복사이동.xlsx ● **완성파일**: 정산내역_셀복사이동_완성.xlsx

1 [정산_2022] 시트에서 '1월' 데이터인 A1:H13 범위를 선택하고 [홈] 탭-[클립보드] 그룹에서 [복사]를 클릭하세요.

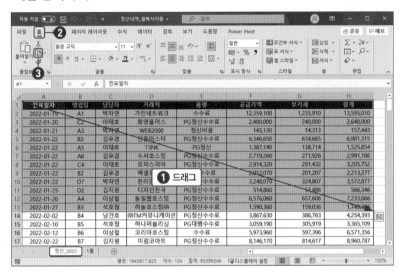

▶영상강의◀

2 [1월] 시트로 이동하여 A1셀을 선택하고 [홈] 탭-[클립보드] 그룹에서 [붙여넣기]의 [📋]를 클릭하세요. **1** 과정에서 복사한 데이터가 A1셀부터 삽입되면 [붙여넣기 옵션] 단추([📋(Ctrl)▼])를 클릭하고 '붙여넣기'에서 [원본 열 너비 유지]([📋])를 클릭하세요.

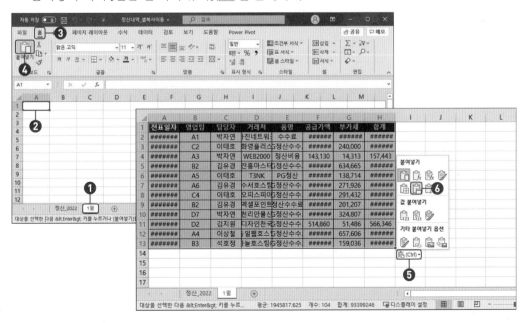

3 원본 데이터 범위의 열 너비까지 복사했으면 복사한 '1월' 데이터를 다른 셀로 이동해 볼게요. 범위가 선택된 상태에서 **[홈] 탭–[클립보드] 그룹**의 **[잘라내기]**를 클릭하세요.

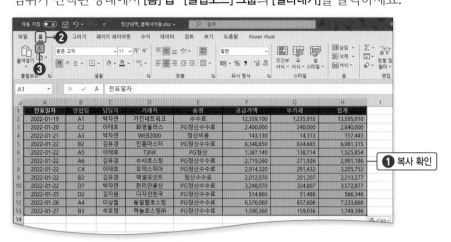

4 데이터를 이동하여 붙여넣을 위치인 A15셀을 선택하고 **[홈] 탭–[클립보드] 그룹**에서 **[붙여넣기]**의 □를 클릭하거나 Ctrl + V 를 누르세요.

5 잘라낸 데이터 범위가 A15셀부터 붙여넣어지면서 이동했는지 확인하세요.

EXCEL 03 항목 위치 이동하고 열 너비 조정하기

● **예제파일**: 정산내역_항목이동.xlsx   ● **완성파일**: 정산내역_항목이동_완성.xlsx

1 [정산_2022] 시트에서 '품명' 항목을 '담당자' 항목의 앞으로 이동해 볼게요. E1:E190 범위를 선택하고 [홈] 탭-[클립보드] 그룹에서 [잘라내기]를 클릭하세요.

TIP

E1셀을 선택하고 Ctrl+Shift+↓를 누르면 E1:E190 범위를 한 번에 선택할 수 있습니다.

2 잘라낸 데이터를 삽입하기 위해 C1셀을 선택하고 마우스 오른쪽 단추를 클릭한 후 [잘라낸 셀 삽입]을 선택하세요.

41

3 '품명' 항목의 모든 데이터가 '담당자' 항목의 앞으로 이동되었으면 달라진 열 너비를 조정해 볼게요. A열 머리글부터 E열 머리글까지 선택하고 C열과 D열의 경계선에 마우스 포인터를 올려놓은 후 ✛ 모양으로 변경되면 더블클릭하세요.

4 열 너비가 모두 조정되었으면 Ctrl 을 이용해서 '영업팀' 항목과 '담당자' 항목에 해당하는 B열 머리글과 D열 머리글을 차례대로 클릭하여 모두 선택하세요. 선택한 D열 머리글의 오른쪽 경계선에 마우스 포인터를 올려놓고 ✛ 모양으로 변경되면 드래그하여 열 너비를 [9]로 조정하세요.

5 B열 머리글과 D열 머리글의 너비가 지정한 열 너비만큼 한 번에 조정되었는지 확인하세요.

열 너비 확인

EXCEL 04 시트 이름과 시트 탭 위치 변경하기

● **예제파일**: 사업계획_시트편집.xlsx   ● **완성파일**: 사업계획_시트편집_완성.xlsx

1 시트를 편집하고 서식을 지정하려면 리본 메뉴에서 해당 명령을 찾는 것보다 시트 탭에서 바로 가기 메뉴를 사용하는 것이 훨씬 더 빠르고 편리해요. 여기서는 [Sheet2] 시트 탭의 이름을 바꾸기 위해 변경할 시트 탭에서 마우스 오른쪽 단추를 클릭하고 [이름 바꾸기]를 선택하세요.

> **TIP**
>
> 시트 탭을 더블클릭해도 이름을 바꿀 수 있어요. 또한 [홈] 탭-[셀] 그룹에서 [서식]을 클릭하고 '시트 구성'에서 [시트 이름 바꾸기]를 선택해도 됩니다.

2 [Sheet2] 시트 탭에 『사업계획_2023』을 입력하고 Enter 를 누르세요. 이와 같은 방법으로 [Sheet3] 시트 이름도 『사업계획_2024』로 변경하세요.

❶ 입력

❷ 이름 변경

3 이번에는 시트 탭의 위치를 이동해 볼게요. [2개년사업계획] 시트 탭을 선택한 상태에서 오른쪽으로 드래그하면 맨 뒤에 ▼가 표시됩니다. 이와 같은 방법으로 [2개년사업계획] 시트 탭을 원하는 위치로 이동하세요.

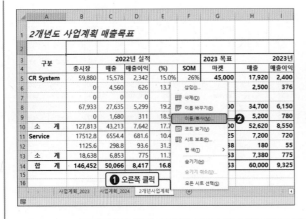

잠깐만요 > 하나의 시트만 다른 통합 문서로 복사하기

여러 개의 시트가 포함된 엑셀 문서에서 원하는 하나의 시트만 복사하여 새로운 통합 문서로 열 수 있습니다. 복사한 시트는 통합 문서로 저장하고 **[파일] 탭–[공유]**를 선택하여 전자메일이나 OneDrive로 공유할 수 있어요.

❶ 복사할 시트 탭에서 마우스 오른쪽 단추를 클릭하고 **[이동/복사]**를 선택하세요.
❷ [이동/복사] 대화상자가 열리면 '대상 통합 문서'에서 [(새 통합 문서)]를 선택하고 [복사본 만들기]에 체크한 후 [확인]을 클릭하세요.

EXCEL 05 시트 숨기기와 취소하기

◉ **예제파일**: 사업계획_시트숨기기.xlsx ◉ **완성파일**: 사업계획_시트숨기기_완성.xlsx

1 [2개년사업계획] 시트를 제외한 시트를 숨겨볼게요. [사업계획_2023] 시트를 선택하고 Shift 를 누른 상태에서 [사업계획_2024] 시트를 선택하여 두 개의 시트를 모두 선택합니다. 선택한 시트에서 마우스 오른쪽 단추를 클릭하고 [숨기기]를 선택하세요.

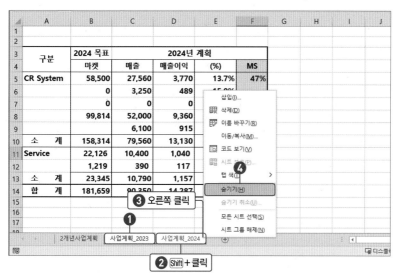

2 선택한 시트가 숨겨졌으면 숨기기를 취소해 볼까요? 시트 탭에서 마우스 오른쪽 단추를 클릭하고 [숨기기 취소]를 선택합니다. [숨기기 취소] 대화상자가 열리면 '하나 이상의 시트 숨기기 취소'에서 [사업계획_2023]을 선택하고 [확인]을 클릭한 후 [사업계획_2023] 시트가 다시 표시되었는지 확인하세요.

04 인쇄 환경 설정 및 통합 문서 저장하기

워크시트에 입력한 데이터나 양식 문서는 화면에 보이는 대로 인쇄되지 않는 경우가 많아요. 따라서 용지의 크기와 여백 등을 고려하여 여러 페이지로 나눠 인쇄해야 하거나 비율을 축소 또는 확대하는 등의 인쇄 설정 작업이 필요하죠. 또한 작업한 파일을 여러 사람들과 공유하거나 다른 컴퓨터에서 오류 없이 열어보려면 문서의 저장 형식도 중요해요. 이번 섹션에서는 인쇄에 필요한 환경 설정 방법과 다양한 형식으로 저장하는 방법에 대해 배워보겠습니다.

PREVIEW

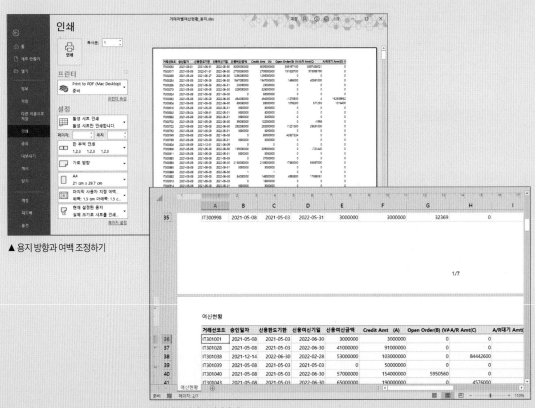

▲ 용지 방향과 여백 조정하기

▲ 머리글/바닥글 지정하기

EXCEL 01 용지 방향과 여백 지정하기

● 예제파일: 거래처별여신현황_용지.xlsx ● 완성파일: 거래처별여신현황_용지_완성.xlsx

1 열에 입력한 항목이 많아 문서를 가로로 인쇄하려면 용지의 방향을 변경해야 해요. [여신현황] 시트에서 [페이지 레이아웃] 탭-[페이지 설정] 그룹의 [용지 방향]을 클릭하고 [가로]를 선택하세요.

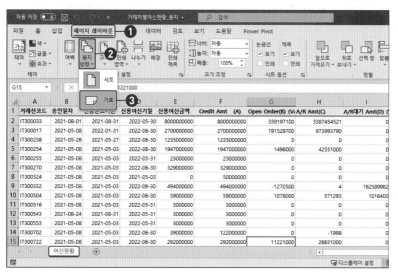

2 인쇄할 문서의 여백을 지정하기 위해 [페이지 레이아웃] 탭-[페이지 설정] 그룹에서 [여백]을 클릭하세요. 원하는 여백 스타일이 없으면 [사용자 지정 여백]을 선택하세요.

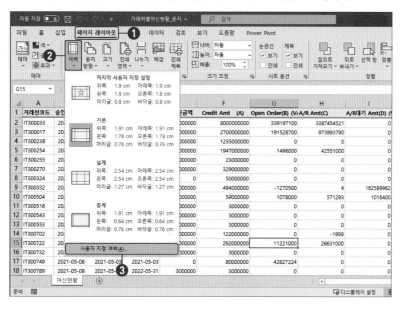

3 [페이지 설정] 대화상자의 [여백] 탭이 열리면 각 여백의 값을 변경합니다. 여기서는 '위쪽'과 '아래쪽'에는 『1.5』를, '왼쪽'과 '오른쪽'에는 『1.3』을 입력하고 [인쇄 미리 보기]를 클릭하세요.

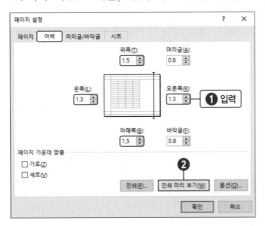

4 인쇄 미리 보기에서 [다음 페이지] 단추(▶)를 클릭해 인쇄할 화면을 차례대로 확인하세요.

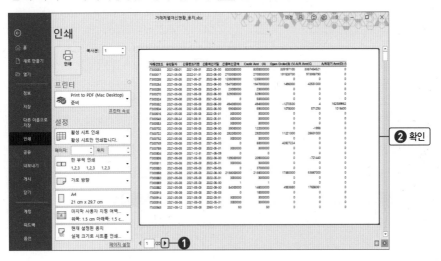

잠깐만요 > 인쇄용지의 여백 직접 조정하기

미리 보기 화면에서 용지의 여백을 지정할 수 있어요. [파일] 탭-[인쇄]를 선택하고 인쇄 미리 보기 화면의 오른쪽 아래에 있는 [여백 표시] 단추(▣)를 클릭하세요. 미리 보기 화면에 여백을 나타내는 선과 점이 표시되면 원하는 여백 만큼 여백 크기를 드래그하여 직접 조절해 보세요.

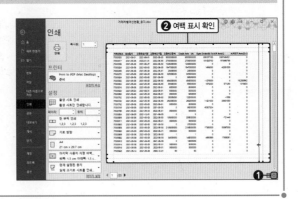

EXCEL 02 인쇄 페이지와 인쇄 제목 지정하기

◉ **예제파일**: 거래처별여신현황_페이지.xlsx ◉ **완성파일**: 거래처별여신현황_페이지_완성.xlsx

1 [여신현황] 시트에서 인쇄할 페이지를 쉽게 지정하기 위해 **[보기] 탭-[통합 문서 보기]** 그룹에서 **[페이지 나누기 미리 보기]**를 클릭하세요. 페이지 나누기 미리 보기 화면으로 변경되면 페이지를 구분하는 점선과 실선을 볼 수 있어요. '1페이지'를 구분하는 수직 점선을 오른쪽으로 드래그하여 1페이지의 영역을 '채권(C – F)' 항목까지 늘리세요.

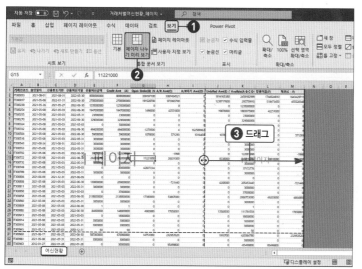

▶ 영상강의 ◀

TIP
점선을 드래그해서 강제로 페이지를 조정하면 실선으로 바뀌어요.

2 이번에는 1페이지의 내용 중 36행부터 다음 페이지로 인쇄하기 위해 A36셀을 선택합니다. **[페이지 레이아웃] 탭-[페이지 설정]** 그룹에서 **[나누기]**를 클릭하고 **[페이지 나누기 삽입]**을 선택하세요.

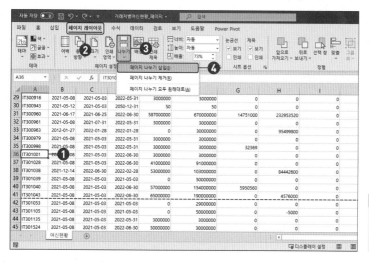

TIP
화면을 확대하여 좀 더 편리하게 작업하세요.

3 36행을 기준으로 36행부터 인쇄 페이지가 2페이지로 조정되었습니다. 첫 페이지를 제외한 다음 페이지부터는 각 항목의 이름이 인쇄되지 않으므로 페이지가 바뀌어도 항목이 계속 표시되도록 **[페이지 레이아웃] 탭-[페이지 설정] 그룹**에서 **[인쇄 제목]**을 클릭하세요.

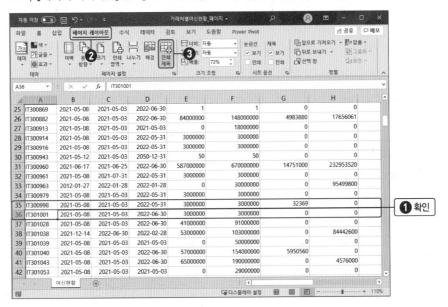

4 [페이지 설정] 대화상자의 [시트] 탭이 열리면 '인쇄 제목'의 '반복할 행'에 커서를 올려놓은 후 제목 행인 1행 머리글을 클릭하세요. '반복할 행'에 『$1:$1』이 입력되면 [인쇄 미리 보기]를 클릭하세요.

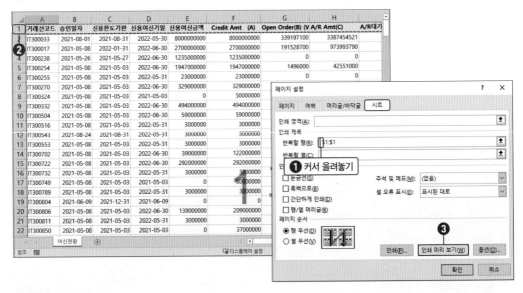

> **TIP**
>
> 제목 행의 머리글 선택이 어려우면 '반복할 행'에 직접 『$1:$1』을 입력하세요.

5 [이전 페이지] 단추(◀)나 [다음 페이지] 단추(▶)를 클릭하여 다른 페이지로 이동해 보면서 각 페이지마다 제목 행이 추가되었는지 확인하세요.

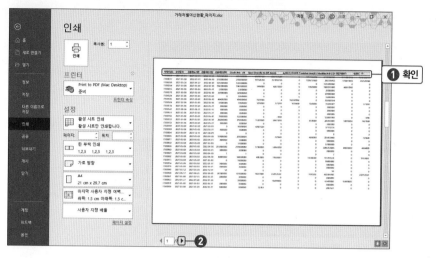

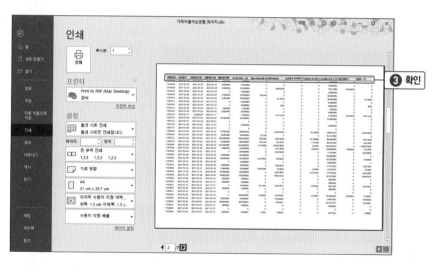

문서시작

문서편집

서식지정

차트

함수

정렬과필터

피벗테이블

파워쿼리

03 인쇄용지의 머리글/바닥글 지정하기

● **예제파일**: 거래처별여신현황_머리글바닥글.xlsx ● **완성파일**: 거래처별여신현황_머리글바닥글_완성.xlsx

1 엑셀에서는 인쇄용지의 레이아웃을 미리 보면서 작업할 수 있어요. 머리글/바닥글의 위치를 직접 지정하기 위해 [여신현황] 시트에서 **[보기] 탭–[통합 문서 보기] 그룹**의 **[페이지 레이아웃]**을 클릭하세요.

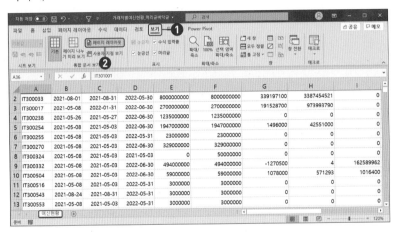

2 문서 보기가 변경되면서 A4용지에 여백과 머리글/바닥글이 표시되면 머리글 영역의 왼쪽 부분을 클릭하고 『여신현황』을 입력하세요. 리본 메뉴에 **[머리글 및 바닥글] 탭**이 표시되면 **[탐색] 그룹**에서 **[바닥글로 이동]**을 클릭하세요.

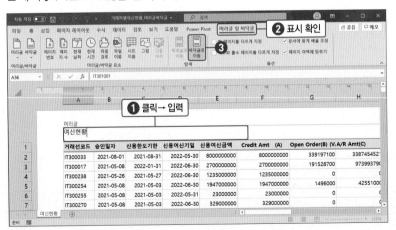

> **TIP**
>
> 표나 차트, 머리글 및 바닥글과 같이 특정 개체를 선택하면 리본 메뉴에 [표], [차트], [머리글 및 바닥글]와 같은 상황별 탭이 추가 표시됩니다. 엑셀 2019 이하 버전에서는 [머리글/바닥글 도구]로 표시됩니다.

3 바닥글 영역의 가운데 부분을 선택하고 [머리글 및 바닥글] 탭-[머리글/바닥글 요소] 그룹에서 [페이지 번호]를 클릭하세요. 바닥글 영역에 '&[페이지 번호]'가 나타나면 그 뒤에 『/』를 입력하고 [페이지 수]를 클릭하세요. 그러면 페이지 번호와 페이지 수가 '1/8'과 같은 형태로 표시됩니다.

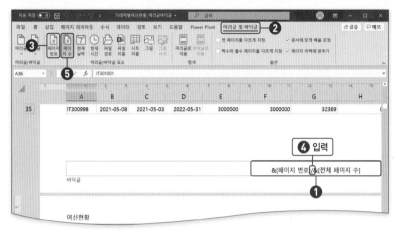

4 워크시트에 있는 임의의 셀을 더블클릭하여 [머리글 및 바닥글] 영역을 빠져나온 후 모든 페이지에 머리글과 바닥글이 제대로 삽입되었는지 확인하세요.

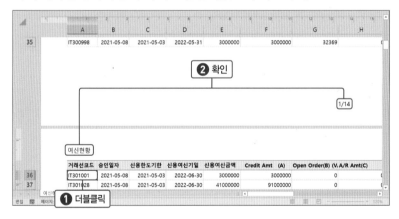

잠깐만요 > 인쇄용지의 가운데에 데이터 출력하기

문서의 데이터를 페이지의 가운데에 맞춰 인쇄하려면 [페이지 레이아웃] 탭-[페이지 설정] 그룹에서 [페이지 설정] 대화상자 표시 아이콘(⬛)을 클릭합니다. [페이지 설정] 대화상자가 열리면 [여백] 탭에서 '페이지 가운데 맞춤'의 [가로]에 체크하고 [확인]을 클릭하세요.

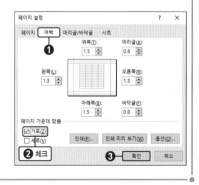

EXCEL 04 인쇄 매수 지정하고 용지에 맞게 인쇄하기

◉ **예제파일**: 판매수수료계산서_인쇄.xlsx ◉ **완성파일**: 판매수수료계산서_인쇄_완성.xlsx

1 [판매 수수료 계산] 시트에 있는 데이터를 한 장의 용지에 모두 인쇄해 볼게요. **[페이지 레이아웃]
탭-[크기 조정]** 그룹에서 '**너비**'와 '**높이**'를 모두 **[1페이지]**로 선택하세요.

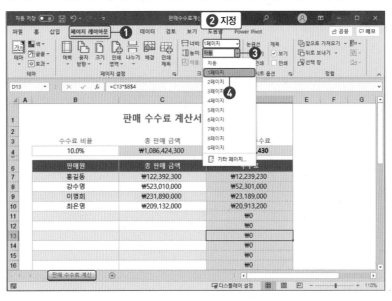

2 **[파일]** 탭-**[인쇄]**를 선택하고 인쇄 미리 보기 화면에서 문서가 한 장에 모두 인쇄되는지 확인합
니다. '인쇄'의 '복사본'에 『3』을 입력하고 '용지 크기'를 [A5]로 지정한 후 [인쇄]를 클릭하세요.

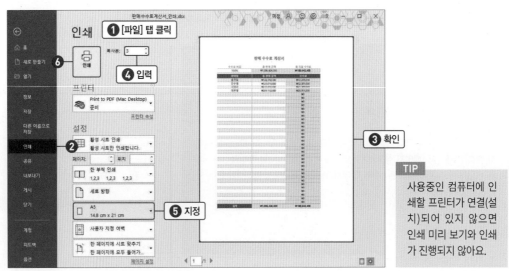

> **TIP**
>
> 사용중인 컴퓨터에 인
> 쇄할 프린터가 연결(설
> 치)되어 있지 않으면
> 인쇄 미리 보기와 인쇄
> 가 진행되지 않아요.

EXCEL 05 암호 지정해 통합 문서 저장하기

◉ **예제파일**: 판매수수료계산서_저장.xlsx ◉ **완성파일**: 판매수수료계산서_저장_완성.xlsx

1 보안이 필요한 문서에 암호를 설정해 볼게요. **[파일] 탭-[다른 이름으로 저장]**을 선택하고 '최근 항목'에 저장 폴더가 없으면 [찾아보기]를 클릭하세요.

2 [다른 이름으로 저장] 대화상자가 열리면 저장하려는 폴더를 선택하고 파일 이름을 입력하세요. 여기에서는 '문서' 폴더에 『판매수수료계산서』를 입력하고 읽기 암호를 지정하기 위해 [도구]를 클릭한 후 [일반 옵션]을 선택하세요.

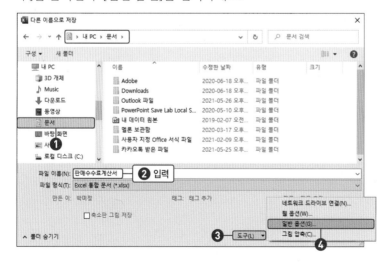

3 [일반 옵션] 대화상자가 열리면 '열기 암호'에 『1234』를 입력하고 [확인]을 클릭하세요.

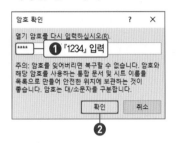

> **TIP**
> '쓰기 암호'는 내용을 변경하지 못하도록 지정하는 암호입니다.

4 [암호 확인] 대화상자가 열리면 다시 한 번 열기 암호 『1234』를 입력하고 [확인]을 클릭해 암호 지정을 완료하세요.

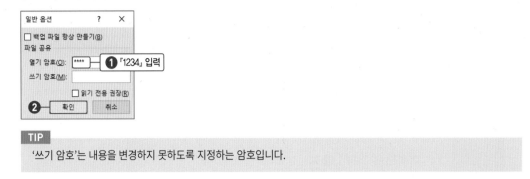

5 [다른 이름으로 저장] 대화상자로 되돌아오면 저장 폴더와 이름을 한 번 더 확인하고 [저장]을 클릭하세요.

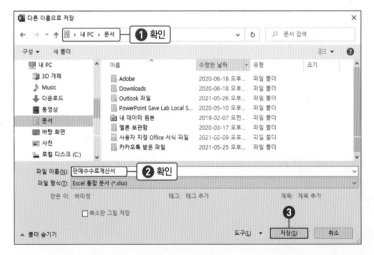

6 현재 실행된 엑셀 문서를 닫고 '문서' 폴더에서 '판매수수료계산서.xlsx'를 더블클릭하면 문서가 보호되어 있다는 [암호] 대화상자가 열립니다. '암호'에 『1234』를 입력하고 [확인]을 클릭하세요.

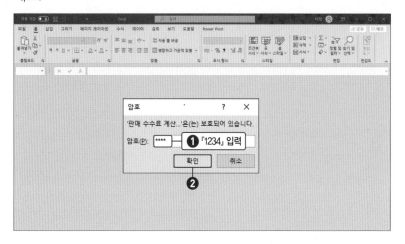

7 암호를 입력하여 쓰기 보호를 해제하라는 [암호] 대화상자가 열리면 [확인]을 클릭해야 문서를 열 수 있어요.

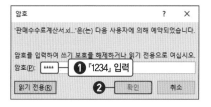

문서시작

문서편집

서식지정

차트

함수

정렬과필터

피벗테이블

파워쿼리

● **예제파일**: 매출액비교.xlsx

OneDrive에 문서 저장하고 웹에서 편집하기

마이크로소프트 오피스 2013 이상 엑셀에서는 오피스 계정으로 로그인하면 OneDrive에 문서를 저장한 후 언제, 어디에서나 기기(태블릿, 개인용 PC 등)에 상관없이 엑셀 문서를 저장하고 쉽게 편집할 수 있어요. OneDrive에 저장된 문서는 엑셀 프로그램이 없어도 '브라우저에서 열기'로 웹에서 바로 편집할 수 있습니다.

1 오피스 계정에 로그인되어 있는지 확인하고 **[파일] 탭-[다른 이름으로 저장]**을 선택하세요. 본인 계정의 OneDrive를 선택하고 오른쪽 창에서 저장하려는 폴더를 선택하세요. 여기서는 '문서' 폴더를 선택합니다. 만약 '문서' 폴더가 없으면 [새 폴더]를 클릭하여 '문서' 폴더를 추가한 후 사용하세요.

> **TIP**
> 만약 원하는 폴더가 없으면 [찾아보기]를 클릭하여 폴더의 위치를 선택하세요.

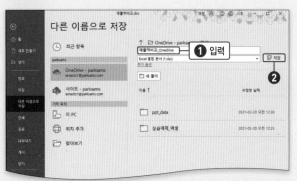

2 '문서' 폴더에 이름을 『매출액비교』로 입력하고 [저장]을 클릭하세요.

3 문서가 저장되면 실행중인 모든 프로그램을 종료합니다. 다시 웹 브라우저(인터넷 익스플로러나 크롬 등)를 실행하고 'onedrive.live.com'으로 이동한 후 본인의 계정으로 로그인하세요.

> **TIP**
> 해당 기능을 사용하고 싶으면 반드시 오피스 계정에 로그인해야 하므로 계정을 만들고 문서를 저장한 폴더를 찾아 클릭하세요.

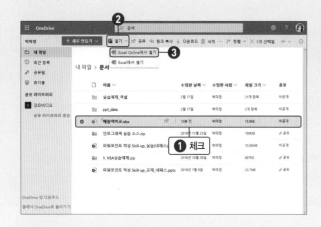

4 파일을 저장한 '문서' 폴더로 이동하여 편집할 파일을 선택하여 체크하고 [열기]–[Excel Online에서 열기]를 선택하세요.

TIP

[열기]–[Excel에서 열기]를 선택하면 데스크톱에 설치된 엑셀 앱으로 문서가 열립니다.

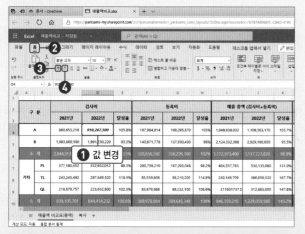

5 웹에서 문서가 실행되면 D4셀에 『910267500』을 입력하여 값을 변경합니다. [홈] 탭–[글꼴] 그룹에서 [굵게], [기울임꼴]을 차례대로 클릭하여 데이터를 강조하세요.

TIP

편집하고 수정한 사항은 OneDrive에 자동 저장되므로 따로 저장 명령을 실행하지 않아도 됩니다. 만약 컴퓨터에 복사본을 만들고 싶으면 [파일] 탭–[다른 이름으로 저장]을 선택하세요.

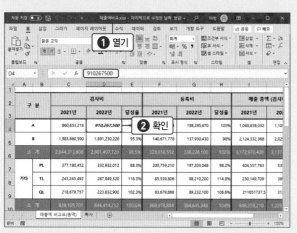

6 동일한 문서를 엑셀에서 실행해 봅니다. 브라우저를 닫고 엑셀을 실행한 후 '최근 항목'에서 OneDrive의 '문서' 폴더에 있는 '매출액비교.xlsx'를 선택합니다. D4셀에 수정된 값이 입력되어 있는지 확인하세요.

CHAPTER 02

시각적으로 데이터 표현하기

엑셀 워크시트에 입력한 데이터가 사용자가 원하는 대로 표현되지 않을 때가 많아요. 따라서 문서를 완성할 때까지 표시 형식, 글꼴, 맞춤, 채우기, 테두리, 보호 등의 기능을 이용해 데이터를 꾸미고 서식을 지정해야 합니다. 한 걸음 더 나아가 데이터를 좀 더 돋보이게 만들고 싶다면 엑셀의 시각화 기능을 적용해 보는 것도 좋습니다. 엑셀에서는 다양한 조건부 서식과 차트를 제공하고 있어서 전문 분석가가 아니어도 시각적으로 표현하여 원하는 결과를 쉽게 완성할 수 있어요.

EXCEL

01 셀 서식 지정해 문서 꾸미기

워크시트에 입력할 수 있는 데이터는 숫자, 문자, 날짜/시간 데이터입니다. 엑셀에서는 '셀(cell)'이라는 제한된 위치에서만 데이터를 표현할 수 있기 때문에 일반적인 워드프로세서와 다르게 결과가 표현되기도 합니다. 따라서 문서의 양식을 제대로 갖추려면 스타일을 적용하거나 셀 서식의 다양한 옵션을 이용해 데이터를 꾸밀 수 있어야 합니다. 이번 섹션에서는 문서의 기본 서식인 글꼴과 맞춤 지정부터 엑셀에서 제공하는 표시 형식을 이용해 좀 더 다양한 방법으로 데이터를 표시해 보겠습니다.

PREVIEW

▼

▲ 글꼴, 맞춤, 채우기, 테두리 지정과 서식 복사로 문서 꾸미기

▲ 셀 스타일과 사용자 지정 표시 형식으로 송장 꾸미기

EXCEL 01 제목과 텍스트 꾸미기

● **예제파일**: 선박운송_글꼴.xlsx ● **완성파일**: 선박운송_글꼴_완성.xlsx

1 [물류운송] 시트에서 제목이 입력된 A1셀을 선택하고 [홈] 탭-[글꼴] 그룹에서 [글꼴]은 [HY견명조]를, [글꼴 크기]는 [20]을 선택하세요

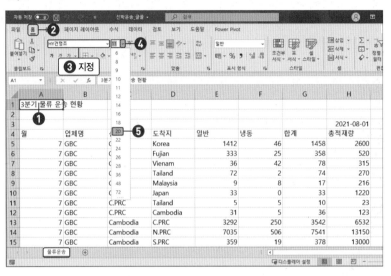

2 글꼴 스타일과 색을 지정해 볼게요. A1셀을 선택한 상태에서 [홈] 탭-[글꼴] 그룹의 [굵게]를 클릭하고 [글꼴 색]에서 '표준 색'의 [진한 파랑]을 선택하세요.

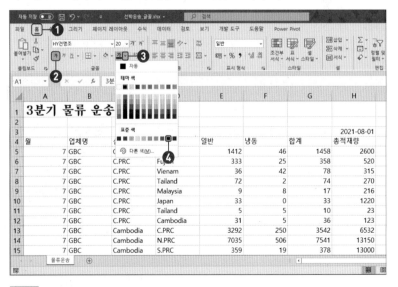

> **TIP**
> [홈] 탭-[글꼴] 그룹에서 [글꼴 색]의 목록 단추(▾)가 아닌 [글꼴 색](가)을 클릭하면 현재 셀에 지정된 색이 표시됩니다.

3 제목에 해당하는 A1:H1 범위를 선택하고 [홈] 탭-[글꼴] 그룹의 [채우기 색]에서 '테마 색'의 [흰색, 배경 1, 5% 더 어둡게]를 선택하세요.

4 이번에는 데이터 범위의 제목 행인 A4:H4 범위를 선택하고 [홈] 탭-[글꼴] 그룹에서 [글꼴 크기 크게]를 한 번 클릭하여 1pt 더 큰 [12pt]로 지정합니다. [채우기 색]에서 '테마 색'의 [녹색, 강조 6, 80% 더 밝게]를 선택하세요.

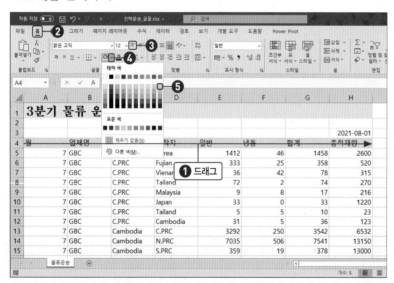

EXCEL 02 맞춤과 서식 복사로 보고서 꾸미기

◉ **예제파일**: 선박운송_맞춤.xlsx ◉ **완성파일**: 선박운송_맞춤_완성.xlsx

1 [물류운송] 시트에서 제목과 텍스트 데이터의 맞춤을 지정하기 위해 A1:H1 범위를 선택하고 **[홈] 탭-[맞춤] 그룹**에서 **[병합하고 가운데 맞춤]**을 클릭합니다.

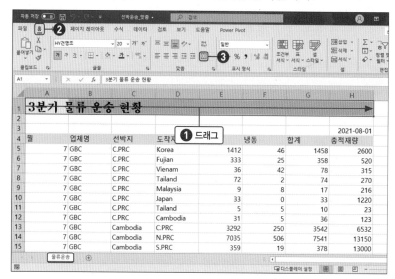

▶영상강의◀

2 제목 행의 맞춤을 지정하기 위해 A4:H4 범위를 선택하고 **[홈] 탭-[맞춤] 그룹**에서 **[맞춤 설정]** 대화상자 표시 아이콘(🖩)을 클릭합니다. [셀 서식] 대화상자의 [맞춤] 탭이 열리면 '텍스트 맞춤'의 '가로'에서 [균등 분할 (들여쓰기)]을 선택하고 '들여쓰기'에 [1]을 지정한 후 [확인]을 클릭하세요.

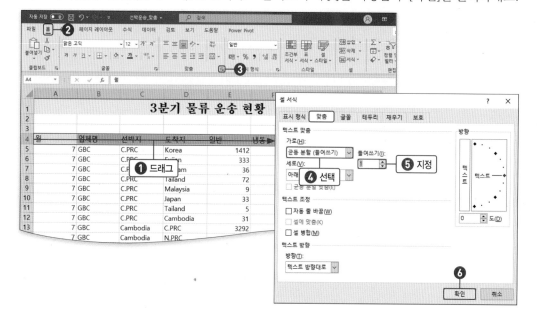

3 각 셀의 너비에 맞게 제목이 균등 분할되었으면 A5:A36 범위를 선택하고 [홈] 탭-[맞춤] 그룹에서 [병합하고 가운데 맞춤]을 클릭합니다. 셀이 블록 병합되면서 왼쪽 위의 값만 남고 나머지 값은 없어진다는 메시지 창이 열리면 [확인]을 클릭하세요.

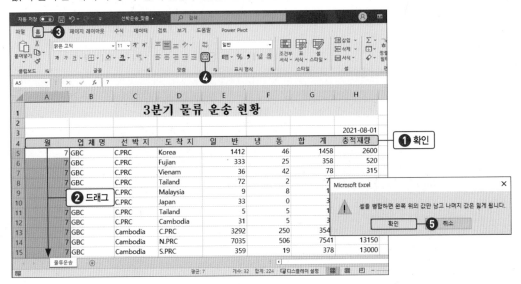

4 A5:A36 범위가 하나의 셀로 병합되면서 7월을 의미하는 숫자 '7'이 나타나면 A36셀의 자동 채우기 핸들(➕)을 A100셀까지 드래그한 후 8월 셀과 9월 셀도 병합되었는지 확인하세요.

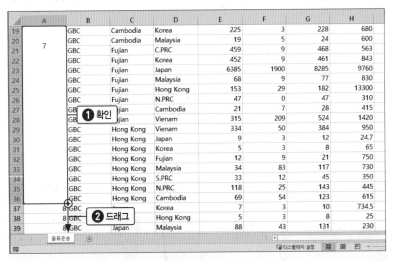

> **TIP**
>
> 병합될 셀의 크기가 모두 같은 경우 자동 채우기 핸들(➕)을 드래그하면 숫자가 증가하면서 셀들이 병합됩니다.

5 '월' 항목의 전체 범위인 A5:A100 범위를 선택한 상태에서 **[홈] 탭-[맞춤] 그룹**의 **[위쪽 맞춤]**을 클릭하여 월을 셀의 위쪽 맞춤으로 지정하세요.

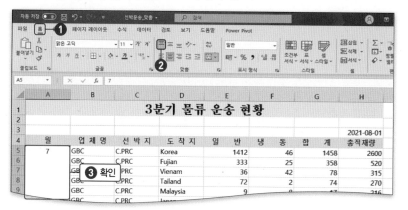

6 이와 같은 방법으로 '업체명' 항목에도 위쪽 맞춤을 복사해 볼게요. **[홈] 탭-[클립보드] 그룹**에서 **[서식 복사]**를 클릭하고 마우스 포인터가 ⊕ 모양으로 변경되면 B5셀을 선택하세요.

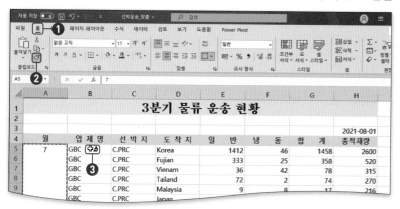

7 '업체명' 항목에도 하나의 셀에 위쪽 맞춤으로 서식이 복사되었어요. 이번에는 '선박지' 항목에서 텍스트가 같은 C5:C12 범위를 선택하고 **[홈] 탭-[맞춤] 그룹**에서 **[병합하고 가운데 맞춤]**을 클릭하세요.

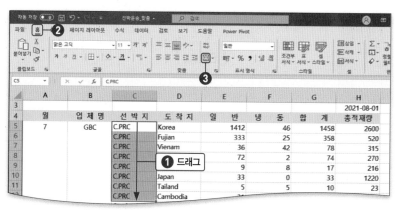

문서시작

문서편집

서식지정

차트

함수

정렬과필터

피벗테이블

파워쿼리

8 셀이 블록 병합되면서 왼쪽 위의 값만 남고 나머지 값은 없어진다는 메시지 창이 열리면 [확인]을 클릭하세요.

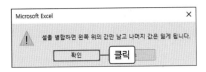

9 [홈] 탭-[맞춤] 그룹에서 [위쪽 맞춤]을 클릭하면 'C.PRC'가 셀에서 위쪽 맞춤으로 지정됩니다. 이와 같은 방법으로 다른 항목에도 위쪽 맞춤을 복사하기 위해 [홈] 탭-[클립보드] 그룹에서 [서식 복사]를 더블클릭하세요.

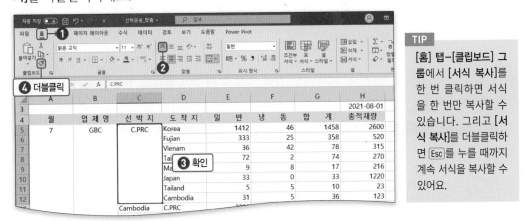

TIP

[홈] 탭-[클립보드] 그룹에서 [서식 복사]를 한 번 클릭하면 서식을 한 번만 복사할 수 있습니다. 그리고 [서식 복사]를 더블클릭하면 Esc 를 누를 때까지 계속 서식을 복사할 수 있어요.

10 마우스 포인터가 ➕ 모양으로 변경되면 '선박지' 항목의 각 항목에서 첫 번째 셀(C13셀, C21셀, C29셀, C37셀, C45셀, C53셀, C61셀, C69셀, C77셀, C85셀, C93셀)을 차례대로 클릭하여 서식을 복사하세요.

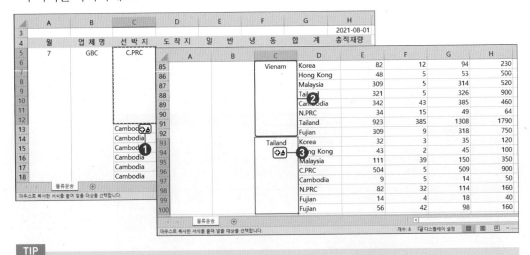

TIP

모두 같은 크기에 대한 셀 병합과 맞춤이므로 [홈] 탭-[클립보드] 그룹에서 [서식 복사]를 한 번 클릭하고 C13:C100 범위까지 드래그하여 선택해서 서식을 한 번에 복사해도 됩니다.

03 보고서에 테두리 지정하기

EXCEL

◉ **예제파일**: 선박운송_테두리.xlsx ◉ **완성파일**: 선박운송_테두리_완성.xlsx

1 [물류운송] 시트에서 A1셀을 선택하고 **[홈] 탭-[글꼴] 그룹**에서 **[테두리]**의 목록 단추(⏷)를 클릭한 후 '테두리'에서 **[아래쪽 이중 테두리]**를 선택하세요.

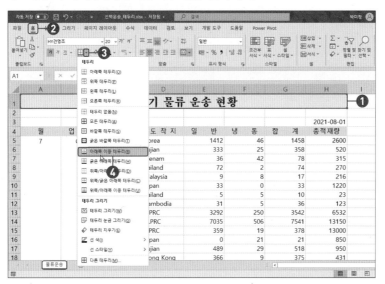

TIP

[테두리](⊞)를 클릭하면 최근에 지정된 테두리가 곧바로 적용됩니다. 따라서 적용하려는 테두리 스타일이 아니면 목록 단추(⏷)를 클릭하여 다른 테두리를 선택해야 해요.

2 제목의 아래쪽에 이중 테두리가 지정되었으면 내용의 전체 범위인 A4:H100 범위를 선택하고 **[홈] 탭-[글꼴] 그룹**에서 **[테두리]**의 목록 단추(⏷)를 클릭합니다. 원하는 테두리가 없으면 **[다른 테두리]**를 선택하세요.

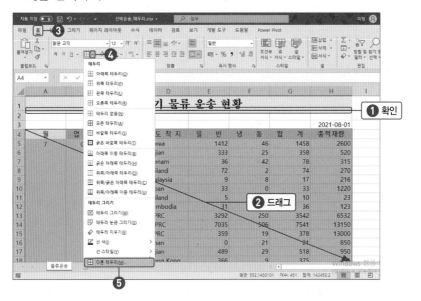

3 [셀 서식] 대화상자의 [테두리] 탭이 열리면 '선'의 '스타일'에서 [중간 실선]을 선택하고 '테두리'에서 위쪽 테두리와 아래쪽 테두리를 직접 클릭하세요. '선'의 '스타일'에서 [가는 실선]을 선택하고 '미리 설정'에서 [안쪽]을 클릭한 후 [확인]을 클릭하세요.

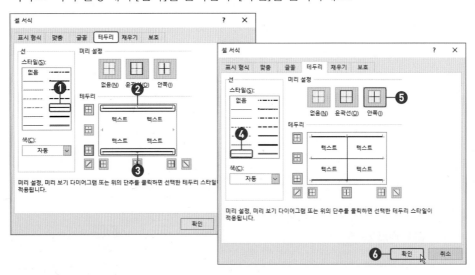

4 표에 지정한 테두리가 모두 표시되었는지 확인하세요.

	월	업 체 명	선 박 지	도 착 지	일 반	냉 동	합 계	총적재량
3분기 물류 운송 현황								
								2021-08-01
	7	GBC	C.PRC	Korea	1412	46	1458	2600
				Fujian	333	25	358	520
				Vienam	36	42	78	315
				Tailand	72	2	74	270
				Malaysia	9	8	17	216
				Japan	33	0	33	1220
				Tailand	5	5	10	23
				Cambodia	31	5	36	123
			Cambodia	C.PRC	3292	250	3542	6532
				N.PRC	7035	506	7541	13150
				S.PRC	359	19	378	13000
				Japan	0	21	21	850
				Fujian	489	29	518	950
				Hong Kong	366	9	375	431
				Korea	225	3	228	680
				Malaysia	19	5	24	600
			Fujian	C.PRC	459	9	468	563
				Korea	452	9	461	843
				Japan	6385	1900	8285	9760
				Malaysia	68	9	77	830

확인

물류운송

04 숫자와 날짜 데이터에 표시 형식 지정하기

EXCEL

● **예제파일**: 물품송장_표시형식.xlsx ● **완성파일**: 물품송장_표시형식_완성.xlsx

1 엑셀에서 숫자 데이터를 입력하면 쉼표나 통화 기호, 백분율 등이 자동으로 입력되지 않으므로 표시 형식을 직접 지정해야 합니다. [송장] 시트에서 G7:I30 범위를 선택하고 Ctrl 을 누른 상태에서 I33:I34 범위를 선택한 후 **[홈] 탭-[표시 형식] 그룹**에서 **[쉼표 스타일]**을 클릭하세요.

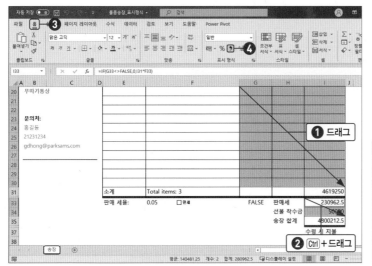

> **TIP**
>
> 다양한 숫자 표시 형식을 지정하려면 Ctrl + 1 을 눌러 [셀 서식] 대화상자를 열고 [표시 형식] 탭의 [숫자], [통화], [회계] 범주에서 원하는 표시 형식을 선택하세요.

2 '송장 합계'에 통화 기호를 표시해 볼게요. I31셀을 선택하고 Ctrl 을 누른 상태에서 I35셀을 선택한 후 **[홈] 탭-[표시 형식] 그룹**에서 **[회계 표시 형식]**을 클릭하세요.

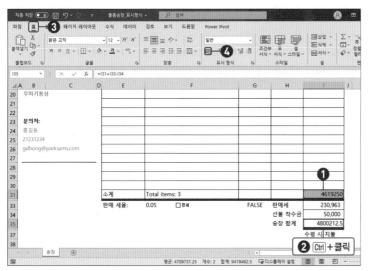

> **TIP**
>
> 원화(₩)가 아닌 달러($)나 그 밖의 통화 기호로 표시하려면 **[홈] 탭-[표시 형식] 그룹**에서 **[회계 표시 형식]**의 목록 단추 ▽ 를 클릭하고 다른 통화를 선택하면 됩니다.

3 F33셀을 선택하고 [홈] 탭-[표시 형식] 그룹에서 [백분율 스타일]을 클릭하세요. F33셀의 숫자 데이터가 백분율로 표시되면 소수점 이하 첫째 자리까지 표시하기 위해 [자릿수 늘림]을 클릭하세요. 그러면 '5%'가 '5.0%'로 변경되어 표시됩니다.

4 이번에는 날짜 데이터가 있는 B1셀을 선택하고 [홈] 탭-[표시 형식] 그룹에서 [표시 형식]의 목록 단추( )를 클릭하세요. 원하는 날짜 스타일이 없으면 [기타 표시 형식]을 선택하세요.

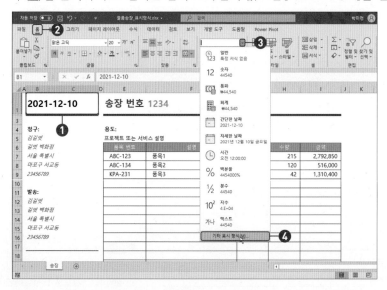

5 [셀 서식] 대화상자의 [표시 형식] 탭이 열리면 '범주'에서는 [날짜]를, '형식'에서는 [14-Mar-12]를 선택하고 [확인]을 클릭하세요. 그러면 '2021-12-10'이 '10-Dec-21'로 변경되어 표시됩니다.

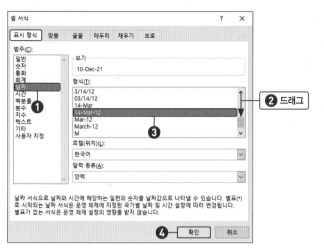

6 이번에는 전화번호에 표시 형식을 지정하기 위해 B9셀을 선택하고 [Ctrl]을 누른 상태에서 B16셀과 B25셀을 차례대로 클릭하여 모두 선택하세요. **[홈] 탭-[표시 형식] 그룹**에서 **[표시 형식]** 대화상자 표시 아이콘(⤡)을 클릭하세요.

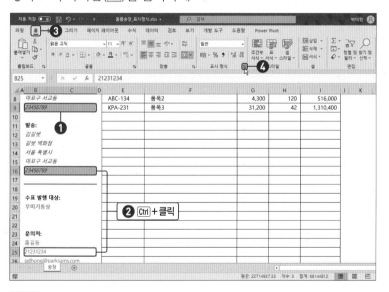

> **TIP**
>
> 리본 메뉴에서 기본적으로 제공하는 표시 형식이 아니면 [표시 형식] 대화상자 표시 아이콘(⤡)을 클릭하거나 [Ctrl]+[1]을 눌러 [셀 서식] 대화상자를 열고 [표시 형식] 탭에서 지정하세요.

문서시작

문서편집

서식지정

차트

함수

정렬과필터

피벗테이블

매크로처리

7 [셀 서식] 대화상자의 [표시 형식] 탭이 열리면 '범주'에서 [기타]를 선택하고 '형식'에서 [전화번호 (국번 3자리)]를 선택한 후 [확인]을 클릭하세요.

8 B9셀과 B16셀, B25셀에 전화번호가 제대로 표시되었는지 확인하세요.

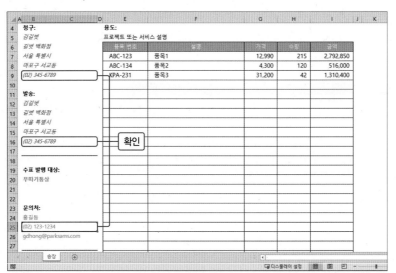

EXCEL 05 사용자 지정 표시 형식 살펴보기

실무에서 사용하는 데이터 표시 형식은 엑셀에서 제공하는 서식만으로는 표현하기 어려운 것이 많아요. 이때 사용자 지정 표시 형식을 사용하면 데이터를 좀 더 다양하게 표현할 수 있습니다. 다만 문자의 경우에는 표시 형식이 따로 없어요.

1 | 숫자와 문자 데이터에 사용하는 코드

▶영상강의◀

엑셀에서 제공하는 모든 표시 형식은 사용자가 코드를 사용해서 표시할 수 있어요. 백분율 표시 형식의 경우 사용자 지정 표시 형식을 이용하면 '0%'와 같이 표시되죠. 사용자 지정 표시 형식에 사용하는 대표적인 숫자 기호는 #과 0으로, 숫자의 위치와 대부분의 숫자 형식을 표현할 수 있습니다. 따라서 이들 기호로 사용하는 표시 형식만 잘 익혀두면 숫자를 다양한 형식으로 활용할 수 있어요.

기호	기능	결과값
#	숫자 표시 기호로, 유효하지 않은 0은 표시 안 함	12
0	숫자 표시 기호로, 유효하지 않은 0은 0으로 표시	012
?	소수점 위나 아래에 있는 유효하지 않은 0 대신 공백을 추가해서 자릿수 맞춤	3/10
@	텍스트 표시 기호로, 입력한 텍스트 의미	길벗
소수점(.)	소수점 표시	1.00
쉼표(,)	세 자리마다 자릿수를 구분하고 숫자 기호의 뒤에 표시하면 3의 배수로 자릿수 숨김	1,234
" "	큰따옴표(" ") 안에 문자를 그대로 표시	1,234"원"
G/표준	표시 형식을 지정하지 않은 입력 상태 그대로의 숫자를 표시	1234
₩, $	통화 기호를 그대로 표시	$1,234

2 | 날짜 데이터에 사용하는 코드

날짜를 표시하는 기호는 Y, M, D입니다. 이들 기호를 사용하여 날짜와 요일에 대한 표시 형식을 지정할 수 있어요.

기호	표시 형식	기능	결과값
Y	yy	날짜에서 두 자리로 연도 표시	21
	yyyy	날짜에서 네 자리로 연도 표시	2021
M	m	날짜에서 한 자리로 월 표시	1
	mm	날짜에서 두 자리로 월 표시	01
	mmm	날짜에서 영문 세 글자로 월 표시	Jan
	mmmm	날짜에서 전체 글자로 월 표시	January
	mmmmm	날짜에서 대문자 한 글자로 월 표시	J
D	d	날짜에서 일 표시	9
	dd	날짜에서 두 자리로 일 표시	09
	ddd	날짜에서 영문 세 글자로 일 표시	Sun
	dddd	날짜에서 전체 글자로 일 표시	Sunday
A	aaa	날짜에서 한 글자로 한글 요일 표시	목
	aaaa	날짜에서 세 글자로 한글 요일 표시	목요일

3 | 시간 데이터에 사용하는 코드

시간을 표시하는 기호는 H, M, S로, 시간에 대한 표시 형식을 지정할 수 있어요.

기호	표시 형식	기능	결과값
H	h	시간에서 시 표시	5:30
	hh	시간에서 두 자리로 시 표시	17:30
	[h], [hh]	총 경과 시간을 시로 표시	30:15
M	m	시간에서 한 자리로 분 표시	11:8
	mm	시간에서 두 자리로 분 표시	11:08
	[m], [mm]	총 경과 시간을 분으로 환산하여 표시	300
S	s	시간에서 한 자리로 초 표시	11:20:9
	ss	시간에서 두 자리로 초 표시	11:20:09
	[s], [ss]	총 경과 시간을 초로 환산하여 표시	1200
AM/PM	am/pm	오전, 오후를 영문 'am', 'pm'으로 표시	11:30 AM
	오전/오후	오전, 오후를 한글 '오전', '오후'로 표시	11:30 오후

06 송장에 사용자 지정 표시 형식 지정하기

● **예제파일**: 물품송장_사용자지정.xlsx ● **완성파일**: 물품송장_사용자지정_완성.xlsx

1 [송장] 시트의 '수량' 항목에서 숫자의 뒤에 단위를 표시해 볼까요? H7:H30 범위를 선택하고 **[홈]** 탭-**[표시 형식] 그룹**에서 **[표시 형식]**의 목록 단추(⌄)를 클릭한 후 **[기타 표시 형식]**을 선택하세요.

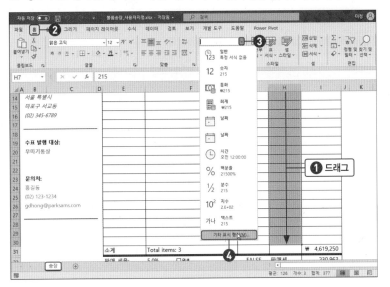

> **TIP**
>
> 숫자의 뒤에 단위를 직접 입력하면 텍스트 데이터가 되므로 숫자를 계산할 수 없어요. 하지만 숫자에 표시 형식으로 단위를 입력하면 숫자값은 변하지 않기 때문에 사용자 지정 표시 형식을 이용해서 숫자를 문자로 표시하는 것입니다.

2 [셀 서식] 대화상자의 [표시 형식] 탭이 열리면 기존 범주에는 없는 표시 형식이므로 '범주'에서 [사용자 지정]을 선택합니다. '형식'에서 [#,##0]을 선택하고 '#,##0'의 뒤에 『"ea"』를 추가 입력한 후 [확인]을 클릭하세요.

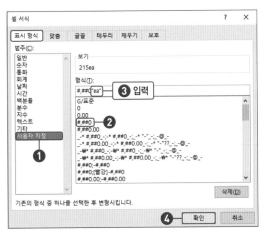

> **TIP**
>
> 숫자 값에 세 자리마다 쉼표를 표시하는 형식 코드는 '#,##0'입니다. 또한 사용자 지정 표시 형식으로 문자를 입력하려면 반드시 큰따옴표("")안에 입력해야 해요.

3 '수량' 항목에서 숫자의 뒤에 'ea' 단위가 표시되었으면 날짜 데이터의 형식을 변경해 볼게요. B1 셀을 선택하고 **[홈] 탭-[표시 형식] 그룹**에서 **[표시 형식]** 대화상자 표시 아이콘(⬚)을 클릭하세요.

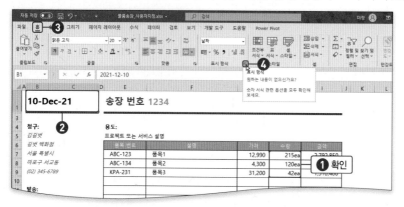

4 [셀 서식] 대화상자의 [표시 형식] 탭이 열리면 '범주'에서 [사용자 지정]을 선택하고 '형식'에 『dd-mmm-yy (aaa)』를 입력한 후 [확인]을 클릭하세요.

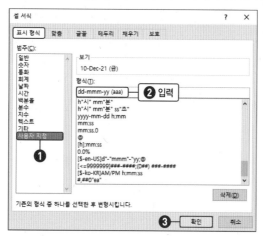

TIP

날짜의 형식을 지정하는 방법에 대해서는 76쪽을 참고 하세요.

5 B1셀의 날짜의 서식이 바뀌었는지 확인하세요. 이제 송장 번호의 표시 형식을 변경하기 위해 F1 셀을 선택하고 **[홈] 탭-[표시 형식] 그룹**에서 **[표시 형식]** 대화상자 표시 아이콘(⬚)을 클릭하세요.

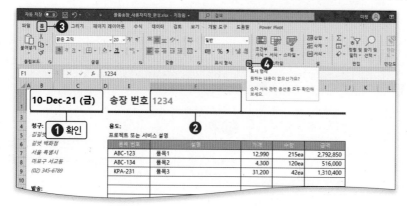

6 [셀 서식] 대화상자의 [표시 형식] 탭이 열리면 '범주'에서 [사용자 지정]을 선택하고 '형식'에 『"P-"00000』을 입력한 후 [확인]을 클릭하세요.

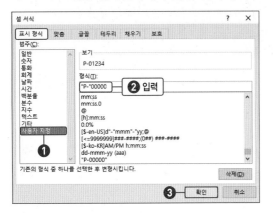

7 F1셀의 송장 번호가 'P-01234'로 표시되었는지 확인하세요. 수식 입력줄을 확인해 보면 실제 값은 '1234'로 바뀌지 않았어요.

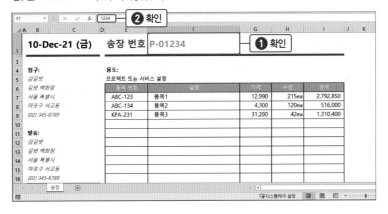

잠깐만요 > 실무에서 자주 사용하는 사용자 지정 표시 형식 살펴보기

숫자가 너무 커서 천 단위를 숨기고 싶거나, 전화번호 앞에 0을 표시하고 싶거나, 빈 셀로 표시하고 싶으면 다음의 방법을 이용하세요.

• **너무 큰 숫자에서 천 단위 숨기기: #,##0,,**
   세 자리마다 콤마를 표시하고 오른쪽 여섯 자리를 생략하는 기호로, 맨 뒤의 쉼표(,)는 3의 배수로 숨기는 기호입니다.
• **전화번호 앞에 0 표시하기: 000-0000-0000**
   실제 입력된 숫자의 앞에 0은 표시되지 않으므로 자릿수만큼 0으로 표시합니다.
• **빈 셀처럼 표시하기: ;;;**
   콜론(;)은 표시 형식의 조건을 구분하는 기호로, '양수;음수;0;문자'일 때 모두 빈 값으로 표시됩니다.

	입력값	표시 형식	결과값
천 단위, 백만 단위 숨기기	32139000000	#,##0,,	32,139
숫자 앞에 0 표시하기	1012345678	000-0000-0000	010-1234-5678
빈 셀로 표시하기	모든 값	;;;	

02 조건부 서식 지정해 데이터 강조하기

조건부 서식은 조건에 맞는 데이터만 서식을 이용해 시각적으로 강조하는 기능으로, 차트를 만들지 않아도 값의 크기를 한눈에 비교할 수 있어서 기초 데이터를 분석할 때 매우 편리하죠. 따라서 조건부 서식은 실제 업무에서 가장 많이 쓰이는 기능 중 하나로, 숫자를 다양한 방법으로 표시할 수 있어서 정확한 분석과 문제 해결도 가능합니다. 이번 섹션에서는 방대한 양의 데이터 중에서 조건에 맞는 데이터만 골라 특정 서식을 적용하는 방법을 배워보겠습니다.

PREVIEW

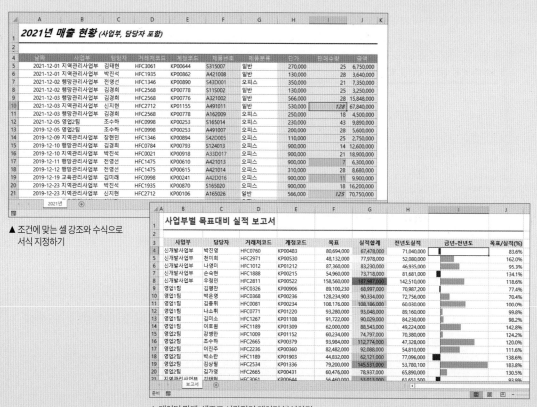

▲ 조건에 맞는 셀 강조와 수식으로 서식 지정하기

▲ 데이터 막대, 색조로 시각적인 데이터 분석하기

EXCEL 01 특정 조건에 맞는 데이터 강조하기

● **예제파일**: 매출현황_셀강조.xlsx ● **완성파일**: 매출현황_셀강조_완성.xlsx

1 [2021년] 시트에서 문자 'D'가 포함된 제품 번호에 서식을 지정하기 위해 '제품번호' 항목인 F5:F262 범위를 선택하세요. **[홈] 탭-[스타일] 그룹**에서 **[조건부 서식]**을 클릭하고 **[셀 강조 규칙]-[텍스트 포함]**을 선택합니다.

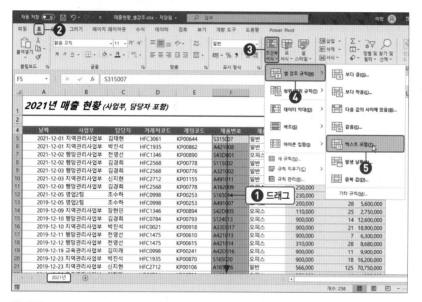

TIP

F5셀을 선택하고 Ctrl + Shift + ↓ 를 누르면 F5:F262 범위를 한 번에 선택할 수 있습니다.

2 **[텍스트 포함]** 대화상자가 열리면 '다음 텍스트를 포함하는 셀의 서식 지정'에 『D』를 입력하고 '적용할 서식'에서 **[빨강 텍스트]**를 선택한 후 **[확인]**을 클릭하세요.

3 'D'가 포함된 제품 번호에 '빨강 텍스트' 서식이 지정되었어요. 이번에는 '판매수량' 항목인 I5:I262 범위를 선택하고 [홈] 탭-[스타일] 그룹에서 [조건부 서식]을 클릭한 후 [셀 강조 규칙]에서 원하는 조건이 없으므로 [기타 규칙]을 선택하세요.

TIP

F5셀을 선택하고 Ctrl+Shift+↓를 누르면 F5:F262 범위를 한 번에 선택할 수 있습니다. '적용할 서식'에서 제공하는 서식 외에 사용자가 원하는 서식을 직접 선택할 수 있어요.

4 [새 서식 규칙] 대화상자가 열리면 '규칙 유형 선택'에서 [다음을 포함하는 셀만 서식 지정]을 선택하세요. '규칙 설명 편집'의 '다음을 포함하는 셀만 서식 지정'에서 [셀 값], [>=]를 선택하고 값에 『100』을 입력한 후 [서식]을 클릭하세요.

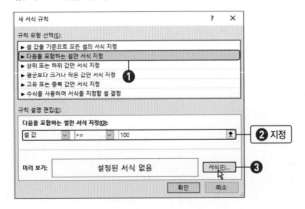

5 [셀 서식] 대화상자가 열리면 [글꼴] 탭에서 '글꼴 스타일'은 [굵게 기울임꼴]을, '색'은 '표준 색'에서 [진한 빨강]을 선택하고 [확인]을 클릭하세요.

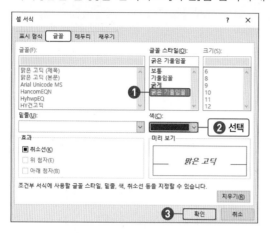

6 [새 서식 규칙] 대화상자로 되돌아오면 '미리 보기'에서 지정한 서식을 확인하고 [확인]을 클릭하여 규칙 편집을 끝내세요.

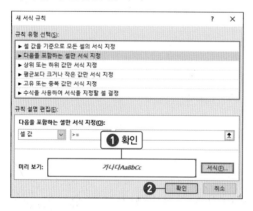

7 판매 수량이 100 이상인 데이터에 '굵은 기울임꼴', '진한 빨강' 서식이 적용되었는지 확인하세요.

문서시작

문서편집

서식지정

차트

함수

정렬과필터

피벗테이블

파워쿼리

EXCEL 02 상위/하위 20개 판매 수량에 서식 지정하기

● **예제파일**: 매출현황_상위하위.xlsx   ● **완성파일**: 매출현황_상위하위_완성.xlsx

1 [2021년] 시트에서 상위 20개 항목에 해당하는 판매 수량을 알아보기 위해 I5:I262 범위를 선택하세요. [홈] 탭-[스타일] 그룹에서 [조건부 서식]을 클릭하고 [상위/하위 규칙]-[상위 10개 항목]을 선택하세요.

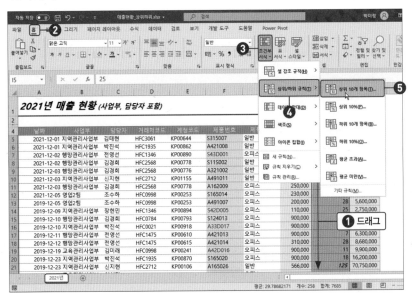

2 [상위 10개 항목] 대화상자가 열리면 '다음 상위 순위에 속하는 셀의 서식 지정' 값에 [20]을 지정하세요. '적용할 서식'에서 [진한 노랑 텍스트가 있는 노랑 채우기]를 선택하고 [확인]을 클릭하세요.

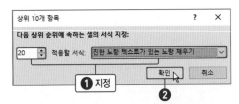

3 이번에는 하위 20개 항목에 해당하는 판매 수량에 대한 서식을 지정해 볼게요. I5:I262 범위를 선택한 상태에서 **[홈] 탭-[스타일] 그룹**의 **[조건부 서식]**을 클릭하고 **[상위/하위 규칙]-[하위 10개 항목]**을 선택하세요.

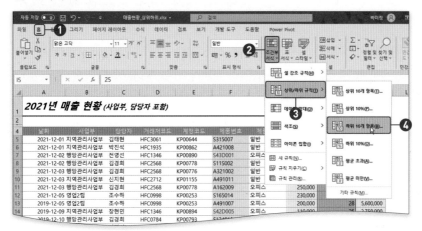

4 **[하위 10개 항목]** 대화상자가 열리면 '다음 하위 순위에 속하는 셀의 서식 지정' 값에 **[20]**을 지정합니다. '적용할 서식'에서 **[진한 빨강 텍스트가 있는 연한 빨강 채우기]**를 선택하고 **[확인]**을 클릭하세요.

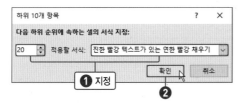

5 상위/하위 20개 항목에 해당되는 셀에 지정한 서식을 확인하세요.

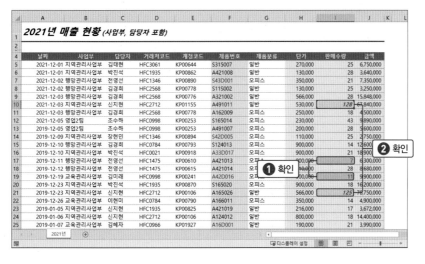

수식으로 조건부 서식과 새 규칙 지정하기

● **예제파일**: 매출현황_수식.xlsx ● **완성파일**: 매출현황_수식_완성.xlsx

1 조건에 해당하는 범위가 아닌 다른 범위에 서식을 지정해야 할 경우에는 수식을 사용해야 합니다. [2021년] 시트에서 전체 레코드에 서식을 지정하기 위해 A5:J262 범위를 선택하고 **[홈]** **탭-[스타일] 그룹**에서 **[조건부 서식]**을 클릭한 후 **[새 규칙]**을 선택하세요.

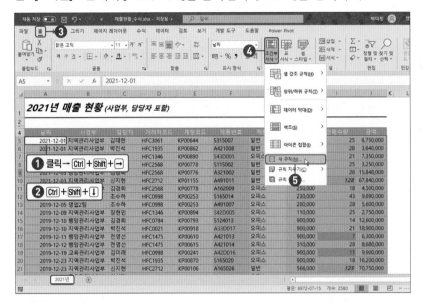

> **TIP**
>
> A5셀을 선택하고 Ctrl+Shift+→를 누른 후 다시 Ctrl+Shift+↓를 누르면 A5:J262 범위를 한 번에 선택할 수 있어요.

2 [새 서식 규칙] 대화상자가 열리면 '규칙 유형 선택'에서 [수식을 사용하여 서식을 지정할 셀 결정]을 선택하세요. '규칙 설명 편집'의 '다음 수식이 참인 값의 서식 지정'에『=$J5>10000000』을 입력하고 [서식]을 클릭하세요.

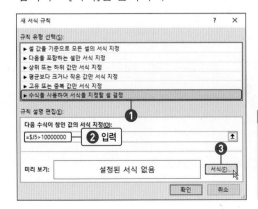

> **TIP**
>
> '=$J5>10000000'은 금액이 10,000,000 이상인 경우 행 전체에 서식을 지정하는 수식인데, 여기서 'J5'에 $ 기호가 붙는 것에 주의하세요. 이것에 대해서는 88쪽의 '잠깐만요'를 참고하세요.

3 [셀 서식] 대화상자가 열리면 [채우기] 탭을 클릭하고 '배경색'에서 두 번째 줄의 마지막 색을 선택한 후 [확인]을 클릭하세요. [새 서식 규칙] 대화상자로 되돌아오면 '미리 보기'에서 지정한 서식을 확인하고 [확인]을 클릭하여 규칙 편집을 끝내세요.

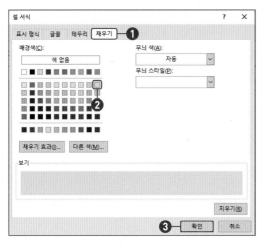
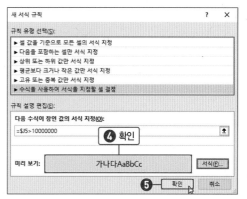

4 같은 범위에 서식이 지정되어 조건이 겹치는 경우에는 이전 서식을 확인할 수 없으므로 규칙을 편집해야 합니다. A5:J262 범위를 선택한 상태에서 **[홈] 탭-[스타일] 그룹**의 **[조건부 서식]**을 클릭하고 **[규칙 관리]**를 선택하세요.

5 [조건부 서식 규칙 관리자] 대화상자가 열리면 '서식 규칙 표시'에서 [현재 워크시트]를 선택하고 [셀 값 >= 100]을 선택한 후 [위로 이동] 단추( )를 세 번 클릭하여 맨 위로 이동합니다.

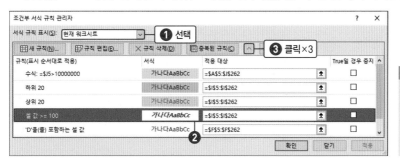

> **TIP**
> '셀 값 >= 100' 조건은 셀 값이 100 이상이면 굵게, 기울임꼴, 진한 빨강 서식이 지정됩니다.

문서작성

문서편집

서식지정

차트

함수

정렬과필터

피벗테이블

파워쿼리

6 [수식: =$J5>=10000000]을 선택하고 [아래로 이동] 단추(⌄)를 세 번 클릭하여 맨 아래쪽으로 이동한 후 [확인]을 클릭하세요. '수식 =$J5>=10000000' 조건은 J5셀 값이 10000000 이상이면 **2** 과정에서 지정한 서식이 지정됩니다.

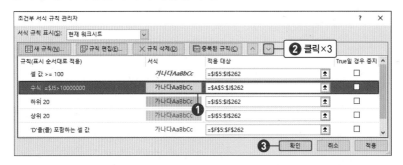

7 규칙 순서가 변경되면서 조건에 해당하는 모든 규칙이 제대로 표시되었는지 확인하세요.

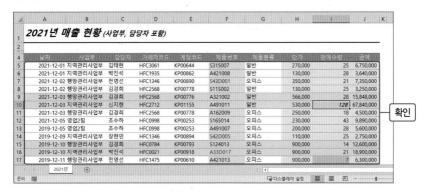

▶영상강의◀

잠깐만요 > 조건부 서식에서 수식을 작성할 때의 주의 사항 알아보기

조건부 서식을 지정할 때 수식을 사용하면 좀 더 다양하게 조건을 지정할 수 있어요. 하지만 수식을 사용해 조건부 서식을 지정할 때 반드시 주의해야 할 규칙이 있으므로 꼭 기억하세요.

1. 셀 범위의 선택 방향 고려하기
서식을 지정할 범위를 선택하는 방향에 따라 수식에서 사용할 셀이 결정됩니다. 예를 들어 A5:A262 범위에서 A5셀부터 드래그하여 범위를 지정하면 수식에 적용될 셀은 첫 번째인 A5셀이 되고, 반대로 드래그할 경우에는 A262셀이 됩니다.

2. 첫 번째 셀만 지정해 수식의 참조 적용하기
수식에 적용하는 참조는 범위에서 첫 번째 셀만 지정하여 작성하므로 참조가 중요합니다. 만약 다중 항목인 A5:J262 범위의 경우 수식에서 사용할 참조는 'J5'와 같이 열을 고정한 혼합 참조로 지정해야 행 단위로 서식이 지정됩니다. 다음의 서식 결과를 살펴보면 행(레코드) 단위로 지정된 것을 볼 수 있습니다.

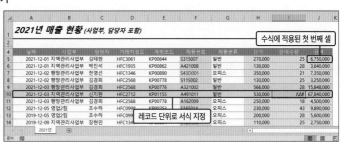

▲ 레코드(행) 단위로 지정된 조건부 서식

EXCEL 04 색조와 데이터 막대 지정해 매출 분석하기

● **예제파일**: 매출보고서_색조.xlsx ● **완성파일**: 매출보고서_색조_완성.xlsx

1 [보고서] 시트에서 금년도 실적 합계에 대한 크기를 시각적으로 강조해서 표시해 볼게요. G4:G36 범위를 선택하고 **[홈] 탭–[스타일] 그룹**에서 **[조건부 서식]**을 클릭한 후 **[색조]–[파랑 – 흰색 – 빨강 색조]**를 선택하세요.

2 '실적합계' 항목 값의 크기에 따라 색상이 지정되었으면 '금년–전년도' 항목의 차이 값과 값의 크기를 표시하기 위해 I4:I36 범위를 선택하세요. **[홈] 탭–[스타일] 그룹**에서 **[조건부 서식]**을 클릭 하고 **[데이터 막대]**에서 '단색 채우기'의 **[주황 데이터 막대]**를 클릭하세요.

3 '금년-전년도' 항목의 값의 크기와 양수/음수에 따라 막대의 색상과 크기가 지정되었으면 작성된 규칙을 수정해 볼까요? '금년-전년도' 항목이 선택된 상태에서 **[홈] 탭-[스타일] 그룹**의 **[조건부 서식]**을 클릭하고 **[규칙 관리]**를 선택하세요.

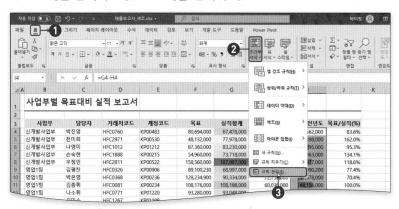

4 [조건부 서식 규칙 관리자] 대화상자가 열리면 [데이터 막대]를 선택하고 [규칙 편집]을 클릭하세요.

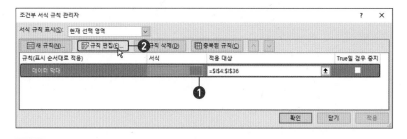

> **TIP**
> 워크시트에서 데이터 막대가 지정된 셀을 선택하거나 선택한 후 [규칙 편집]을 클릭해야 규칙을 곧바로 선택할 수 있어요.

5 [서식 규칙 편집] 대화상자가 열리면 [음수 값 및 축]을 클릭하세요.

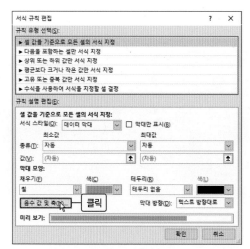

6 [음수 값 및 축 설정] 대화상자가 열리면 '음수 막대 채우기 색'의 [채우기 색]에서 '테마 색'의 [검정, 텍스트 1, 25% 더 밝게]를 선택하고 [확인]을 클릭하세요. [서식 규칙 편집] 대화상자로 되돌아오면 '규칙 설명 편집'의 '서식 스타일'에서 [막대만 표시]에 체크하고 [확인]을 클릭하세요.

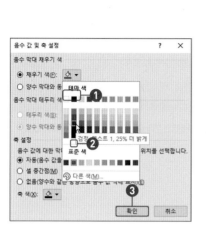
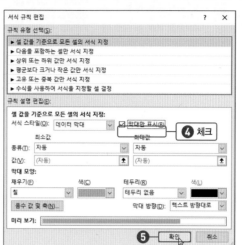

7 [조건부 서식 규칙 관리자] 대화상자로 되돌아오면 [확인]을 클릭하여 규칙 편집을 끝내세요.

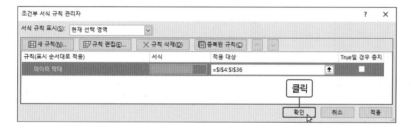

8 '금년−전년도' 항목의 데이터 막대의 규칙이 변경되면서 음수 값 막대의 색이 검은색으로 바뀌었는지 확인하세요.

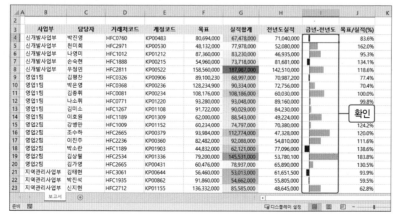

▶ 영상강의 ◀

03 차트와 스파크라인으로 데이터 표현하기

데이터를 시각화하는 가장 쉬운 방법은 차트를 사용하는 것입니다. 엑셀에서는 버전이 올라갈수록 분석 기능인 차트가 특히 강화되었는데, 입력된 데이터만 선택해도 다양하게 분석할 수 있는 도구를 제공하기 때문이죠. 또한 데이터에 적합한 추천 차트를 제공하고 있어서 쉽고 빠르게 분석 자료를 시각화하여 만들 수 있어요. 이번 섹션에서는 기본 차트부터 엑셀 2016 이후에 추가된 선버스트 차트나 히스토그램과 같은 분석 차트에 대해 알아보고 데이터를 시각화하는 효율적인 방법에 대해 배워보겠습니다.

PREVIEW

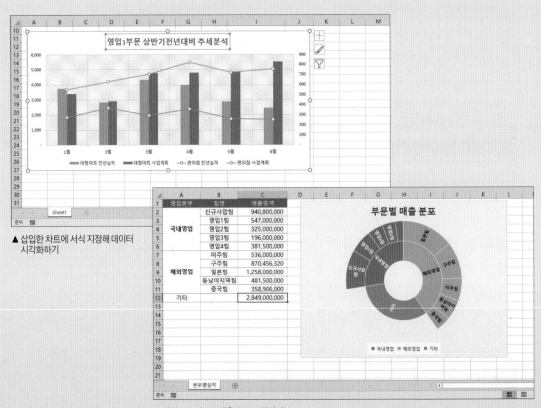

▲ 삽입한 차트에 서식 지정해 데이터 시각화하기

▲ 선버스트 차트로 계층 구조 표현하기

EXCEL 01 차트의 구성 요소와 빠른 차트 작성법 익히기

1 | 차트의 구성 요소

요약된 데이터를 차트로 표현하면 여러 개의 값을 동시에 시각적으로 비교할 수 있습니다. 따라서 원하는 관점에 따라 다양한 차트로 작성한 후 구성 요소를 편집해 좀 더 효율적으로 표현할 수 있어야 합니다. 차트의 구성 요소는 차트에 따라 다르게 나타날 수 있습니다.

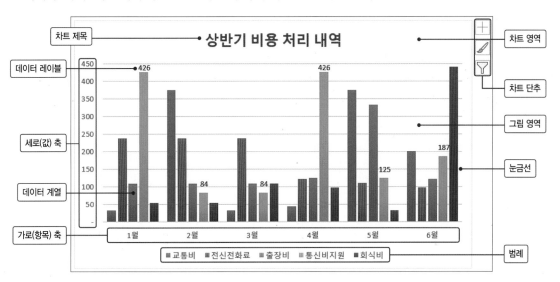

2 | 빠르게 기본 차트 그리기

워크시트에 차트를 삽입하려면 차트로 작성할 데이터 범위를 선택하고 **[삽입] 탭-[차트] 그룹**에서 원하는 차트를 선택해야 해요. 단축키를 사용하면 기본 차트를 좀 더 빠르게 삽입할 수 있어요.

같은 워크시트에 차트를 삽입한 경우

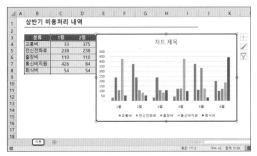

▲ 데이터 범위 선택 후 Alt + F1 을 눌러 같은 시트에 차트 삽입하기

새로운 워크시트에 차트를 삽입한 경우

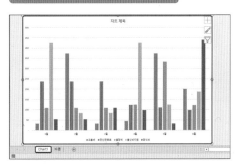

▲ 데이터 범위 선택 후 F11 을 눌러 새로운 시트에 차트 삽입하기

추천 차트 이용해 빠르게 차트 삽입하기

● **예제파일**: 판매계획및실적_차트삽입.xlsx   ● **완성파일**: 판매계획및실적_차트삽입_완성.xlsx

1 [5월실적] 시트에서 차트로 표현하고 싶은 B4:E11 범위를 선택하고 **[삽입] 탭-[차트] 그룹**에서 **[추천 차트]**를 클릭하세요.

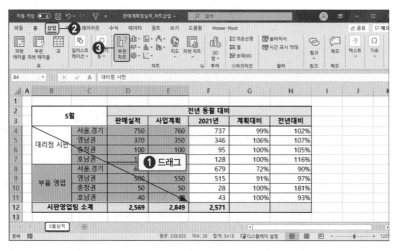

> **TIP**
>
> 계열 이름에 해당되는 '판매실적'(D3셀)과 '사업계획'(E3셀)은 병합된 셀 때문에 차트의 표현 범위에 포함되지 않았습니다.

2 엑셀에서는 데이터를 가장 잘 표현해 주는 다양한 스타일의 분석 차트를 제공하고 있어요. [차트 삽입] 대화상자가 열리면 [추천 차트] 탭에서 [묶은 세로 막대형]을 선택하고 [확인]을 클릭하세요.

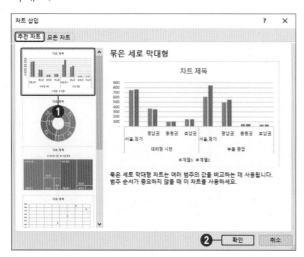

3 묶은 세로 막대형 차트가 삽입되면 B14셀의 위치로 드래그하여 이동하고 차트의 오른쪽 아래 모서리에 마우스 포인터를 올려놓은 후 ↖ 모양으로 변경되면 드래그하여 원하는 크기로 변경하세요. 작성한 차트의 스타일을 빠르게 변경하기 위해 차트를 선택한 상태에서 차트의 오른쪽 위에 있는 [차트 스타일] 단추(✎)를 클릭하고 [스타일]에서 [스타일 6]을 선택하세요.

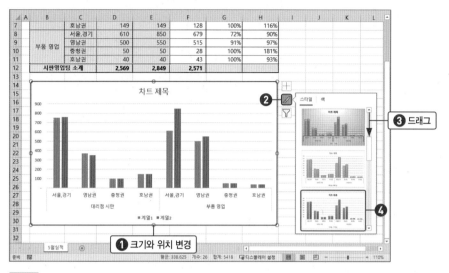

TIP

차트 스타일은 [**차트 디자인**] 탭-[**차트 스타일**] 그룹에서 [**자세히**] 단추(▾)를 클릭한 후 원하는 스타일을 선택해도 됩니다.

4 차트의 구성 요소 중에서 차트의 오른쪽 위에 있는 [차트 요소] 단추(⊞)를 클릭하고 [눈금선] 의 [기본 주 세로]에 체크하여 차트에 세로 주 눈금선을 추가하세요.

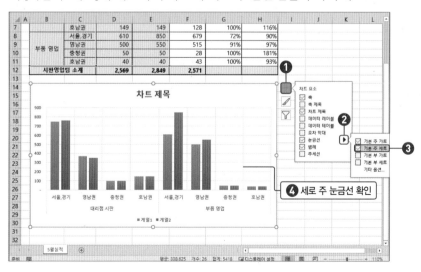

★ 우선순위

문서시작

문서편집

서식지정

차트

함수

정렬과필터

피벗테이블

파워쿼리

EXCEL 03 차트의 종류와 차트 데이터 편집하기

● **예제파일**: 판매계획및실적_차트편집.xlsx ● **완성파일**: 판매계획및실적_차트편집_완성.xlsx

1 이미 작성한 차트를 다른 차트로 변경해 볼게요. [5월실적] 시트에서 차트를 선택하고 **[차트 디자인] 탭-[종류] 그룹**에서 **[차트 종류 변경]**을 클릭하세요.

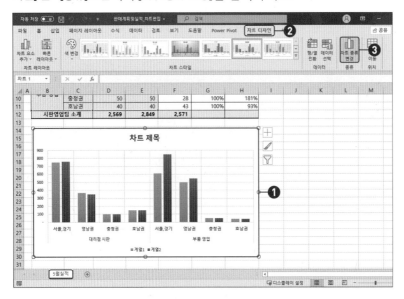

2 [차트 종류 변경] 대화상자가 열리면 [모든 차트] 탭에서 [가로 막대형]을 선택하고 오른쪽 창에서 [누적 가로 막대형]의 왼쪽 차트를 선택한 후 [확인]을 클릭하세요.

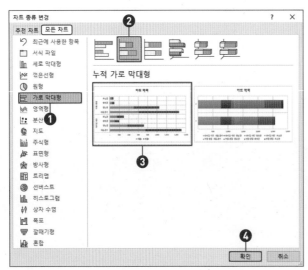

3 누적 가로 막대형 차트로 변경되었으면 '계열1', '계열2'로 표시된 계열 이름을 편집해 볼게요. 차트를 선택한 상태에서 **[차트 디자인]** 탭-**[데이터]** 그룹에서 **[데이터 선택]**을 클릭하세요.

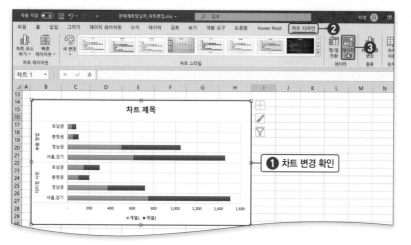

4 [데이터 원본 선택] 대화상자가 열리면 '범례 항목(계열)'에서 [계열1]을 선택하고 [편집]을 클릭합니다. [계열 편집] 대화상자가 열리면 '계열 이름'에 『판매실적』을 입력하고 [확인]을 클릭하세요.

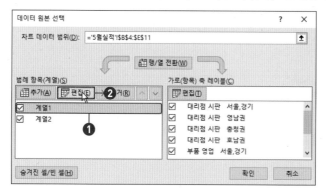

5 [데이터 원본 선택] 대화상자로 되돌아오면 **4** 과정과 같은 방법으로 [계열2]를 선택하고 [편집]을 클릭합니다. [계열 편집] 대화상자에서 '계열 이름'에 『사업계획』을 입력하고 [확인]을 클릭하세요.

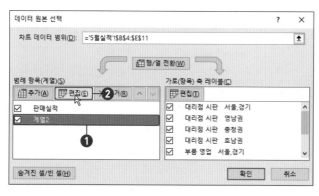

우선순위

문서시작

문서편집

서식지정

차트

함수

정렬과필터

피벗테이블

피벗쿼리

6 [데이터 원본 선택] 대화상자로 되돌아오면 '범례 항목(계열)'의 이름이 제대로 변경되었는지 살펴보고 [확인]을 클릭하세요.

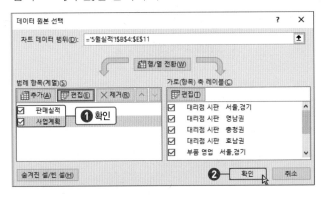

7 차트의 범례에서 계열 이름이 변경되었는지 확인하고 차트 제목에 『계획대비 판매실적』을 입력하여 차트 편집을 완성하세요.

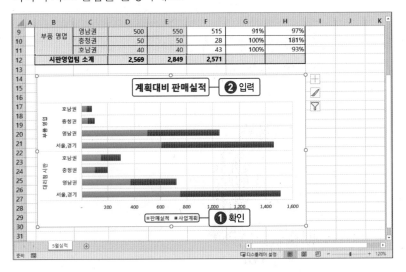

잠깐만요 > 차트에서 특정 요소 빠르게 편집하기

차트를 선택하면 차트의 오른쪽 위에 [차트 요소] 단추(⊞), [차트 스타일] 단추(🖌), [차트 필터] 단추(▽)가 표시되는데, 이들 단추를 이용해 서식과 구성 요소를 추가하고 데이터 편집을 쉽게 할 수 있습니다. 차트에서 빼야 할 항목이 있으면 [차트 필터] 단추(▽)를 클릭하고 해당 항목의 체크를 해제한 후 [적용]을 클릭합니다.

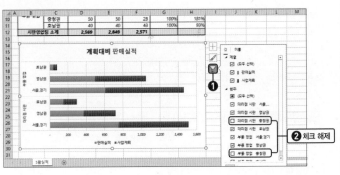

EXCEL 04 차트에 세부 서식 지정하기

● **예제파일**: 판매계획및실적_차트서식.xlsx ● **완성파일**: 판매계획및실적_차트서식_완성.xlsx

1 차트 스타일을 적용하여 작성한 차트라도 세부 서식까지 지정하면 좀 더 보기 좋은 차트로 만들 수 있어요. [5월실적] 시트에서 차트의 가로(값) 축을 선택하고 **[서식] 탭-[현재 선택 영역]** 그룹에서 **[선택 영역 서식]**을 클릭하세요.

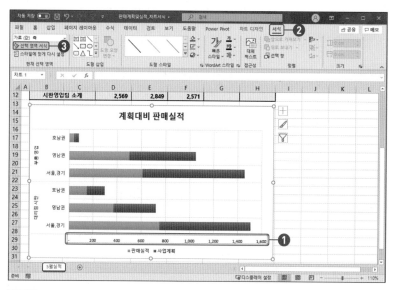

TIP

차트에서 가로(값) 축을 직접 선택하지 않고 **[서식] 탭-[현재 선택 영역]** 그룹에서 **[차트 요소]**의 목록 단추(⌄)를 클릭한 후 **[가로 (값) 축]**을 선택해도 됩니다

2 화면의 오른쪽에 [축 서식] 작업 창이 열리면 [축 옵션] 단추(■)를 클릭하고 '경계'의 '최대값'은 [1800.0]으로, '단위'의 '기본'은 [300.0]으로 변경하세요.

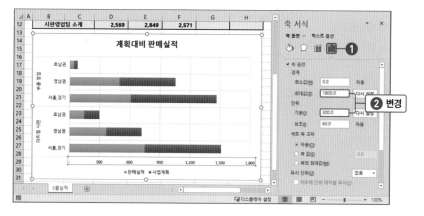

3 데이터 막대 중에서 하나의 계열인 '사업계획' 막대를 클릭하여 모두 선택합니다. [데이터 계열 서식] 작업 창에서 [계열 옵션] 단추(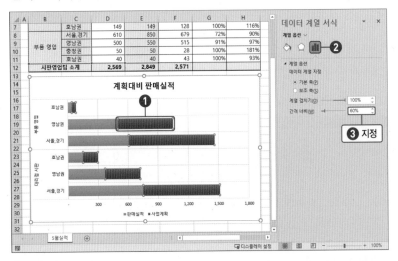)를 클릭하고 '간격 너비'를 [60%]로 지정하면 각 항목 간의 간격이 좁아지면서 계열의 막대 너비가 넓어집니다.

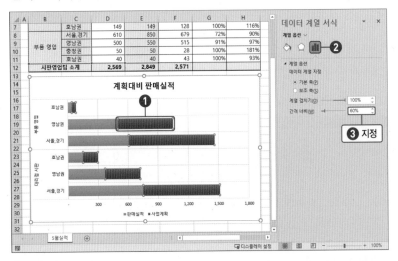

TIP

'사업계획' 막대를 하나만 클릭해도 모든 '사업계획' 막대를 한 번에 선택할 수 있습니다. 만약 하나의 '사업계획' 막대만 선택하고 싶으면 해당 막대만 천천히 두 번 클릭하세요. 그리고 데이터 막대를 선택하면 **2** 과정의 [축 서식] 작업 창이 [데이터 계열 서식] 작업 창으로 바뀝니다.

---

4 차트에서 그림 영역을 선택하고 [그림 영역 서식] 작업 창에서 [채우기 및 선] 단추(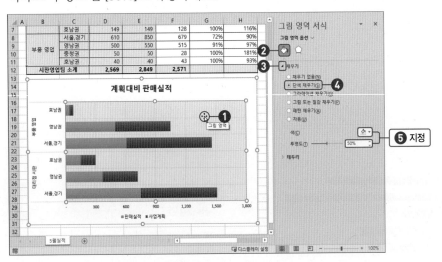)를 클릭한 후 '채우기'에서 [단색 채우기]를 선택하세요. '색'은 '테마 색'에서 [연한 노랑, 배경 2]를 선택하고 '투명도'는 [50%]로 지정하세요.

5 [페이지 레이아웃] 탭-[테마] 그룹에서 [색]을 클릭하고 'Office'에서 [보라Ⅱ]를 선택합니다.

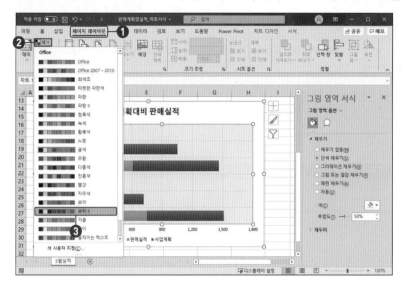

6 차트를 포함한 전체 워크시트의 색상에 적용된 셀 색의 선택한 '보라Ⅱ' 테마 색으로 변경되었는지 확인하세요.

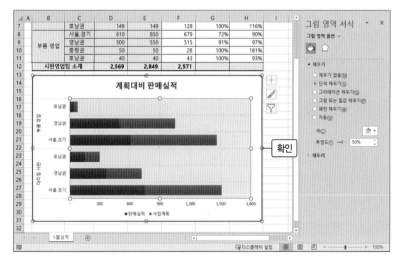

▶영상강의◀

EXCEL 05 스파크라인 이용해 판매 추이 살펴보기

◉ **예제파일**: 영업1부문매출_스파크라인.xlsx ◉ **완성파일**: 영업1부문매출_스파크라인._완성.xlsx

1 [Sheet1] 시트에서 스파크라인을 삽입할 I4:I7 범위를 선택하고 **[삽입] 탭-[스파크라인] 그룹**에서 **[꺾은선형]**을 클릭합니다. [스파크라인 만들기] 대화상자가 열리면 '원하는 데이터 선택'의 '데이 터 범위'에 『C4:H7』을 입력하고 [확인]을 클릭하세요.

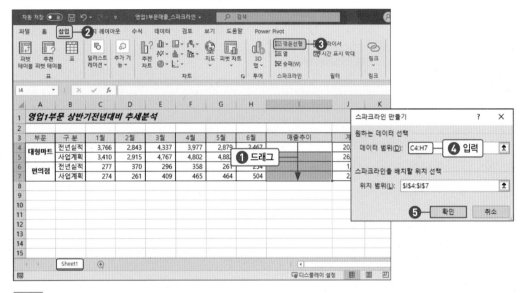

> 스파크라인은 배경처럼 삽입되는 작은 차트이기 때문에 텍스트나 값이 입력된 셀에도 삽입할 수 있습니다.

2 I4:I7 범위에 꺾은선형 스파크라인이 삽입되면 스파크라인의 디자인을 변경해 볼게요. **[스파크 라인] 탭-[표시] 그룹**에서 **[높은 점]**에 체크하세요.

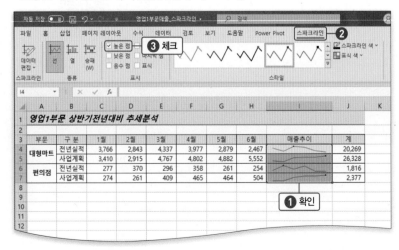

3 다시 [스파크라인] 탭-[스타일] 그룹에서 [자세히] 단추(▼)를 클릭하고 [진한 회색, 스파크라인 스타일 어둡게 #3]을 선택하세요.

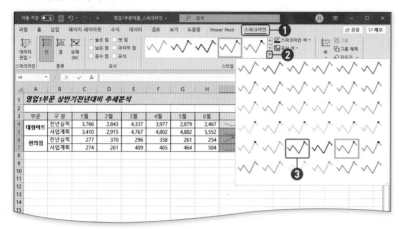

4 선택한 스타일로 꺾은선형 스파크라인이 변경되었으면 [스파크라인] 탭-[종류] 그룹에서 [열]을 클릭하세요.

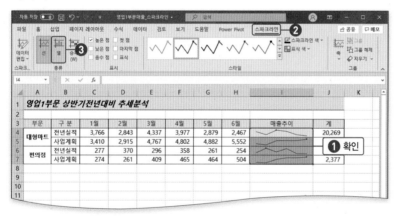

5 열 스파크라인으로 변경되었으면 [스파크라인] 탭-[그룹] 그룹에서 [그룹 해제]를 클릭하세요.

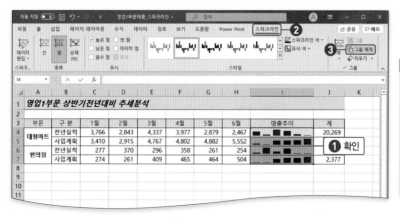

> **TIP**
>
> 셀에 삽입된 스파트라인은 전체가 하나의 그룹으로 지정되어 있기 때문에 하나의 셀에 삽입된 스파크라인을 편집하면 전체 셀에 똑같이 적용됩니다.

6 I5셀을 선택하고 Ctrl을 누른 상태에서 I7셀을 선택한 후 [스파크라인] 탭-[그룹] 그룹에서 [지우기]를 클릭하세요.

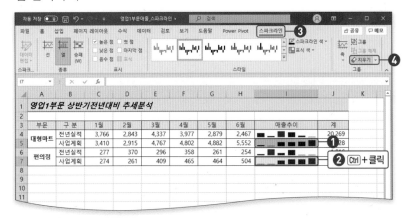

7 그룹이 해제되었기 때문에 '사업계획' 분야의 스파크라인만 삭제되었는지 확인하세요.

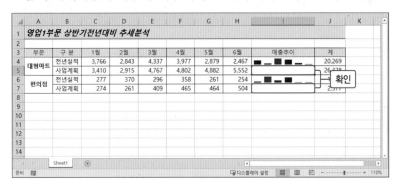

잠깐만요 > 스파크라인의 종류 살펴보기

스파크라인은 하나의 셀 안에 삽입하는 작은 차트로, 하나의 셀 안에 값의 추이를 표현할 수 있어요. 스파크라인에는 선 스파크라인과 열 스파크라인, 승패 스파크라인이 있습니다.

- **선 스파크라인**: 꺾은선형 차트처럼 데이터가 시간의 흐름에 따라 변화되는 추이를 비교할 때 편리합니다.
- **열 스파크라인**: 세로 막대형 차트처럼 데이터의 크기에 따라 열 크기가 다른 스파크라인으로, 데이터를 크기로 비교할 때 편리합니다.
- **승패 스파크라인**: 값이 단순히 양수와 음수로 나뉘는 데이터를 표시할 때 적당한 스파크라인으로, 이익이 났는지의 여부를 판단할 때 유용합니다.

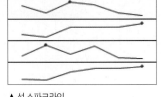

▲ 선 스파크라인

▲ 열 스파크라인

▲ 승패 스파크라인

서로 다른 차트를 하나로 표현하기 – 콤보 차트

EXCEL 06

● **예제파일**: 영업1부문매출_콤보차트.xlsx   ● **완성파일**: 영업1부문매출_콤보차트._완성.xlsx

1 콤보 차트는 성격이 다른 데이터나 값 차이가 큰 데이터를 하나의 차트에 표현할 수 있어요. [Sheet1] 시트에서 차트에 포함할 A3:H7 범위를 선택하고 **[삽입] 탭–[차트] 그룹**에서 **[콤보 차트 삽입]**을 클릭한 후 **[사용자 지정 콤보 차트 만들기]**를 선택하세요.

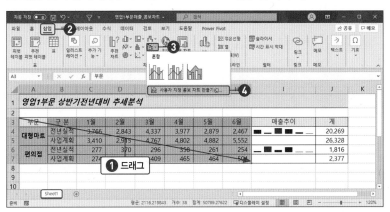

▶영상강의◀

2 [차트 삽입] 대화상자가 열리면 [모든 차트] 탭에서 [혼합]을 선택하세요. 대화상자의 오른쪽 아래에 있는 '편의점 전년실적' 계열과 '편의점 사업계획' 계열의 차트 종류를 '꺾은선형'의 [표식이 있는 누적 꺾은선형]으로 지정하고 [보조 축]에 체크한 후 [확인]을 클릭하세요.

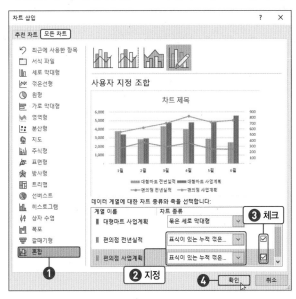

TIP

콤보 차트는 서로 다른 종류의 차트를 사용해야 작성할 수 있어요. 값의 차이가 큰 경우에는 보조 축으로 표시하는 것이 좋습니다.

3 콤보 차트가 삽입되면 차트의 크기를 조정하고 표의 아래쪽으로 위치를 이동하세요. 차트 제목을 변경하고 표의 데이터와 연동시키기 위해 차트 제목을 선택한 후 수식 입력줄에 『=』를 입력합니다. A1셀을 선택하고 수식 입력줄에 '=Sheet1!$A$1'이 입력된 것을 확인한 후 Enter 를 누르세요.

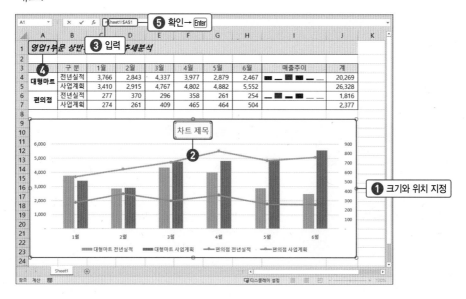

4 차트 제목이 A1셀 데이터로 자동 변경되었는지 확인하고 [차트 디자인] 탭-[차트 스타일] 그룹에서 [스타일 5]를 선택하여 차트를 완성하세요.

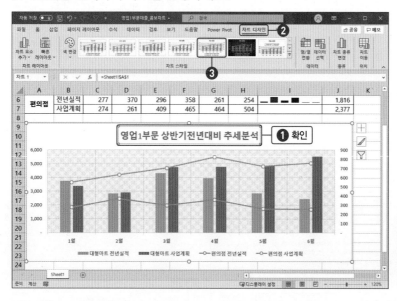

> **TIP**
> 표식처럼 차트의 요소마다 서식을 따로 지정할 수 있어요.

EXCEL 07

데이터의 계층 구조 표현하기
– 선버스트 차트

● **예제파일**: 해외영업실적_선버스트.xlsx   ● **완성파일**: 해외영업실적_선버스트._완성.xlsx

1 계층 구조로 된 데이터를 표현할 경우 트리맵과 선버스트 차트가 효과적입니다. [본부별실적] 시트에서 A1:C12 범위를 선택하고 [**삽입**] 탭–[**차트**] 그룹에서 [**계층 구조 차트 삽입**]을 클릭한 후 '선 버스트'에서 [**선버스트**]를 클릭하세요.

TIP

선버스트 차트는 하나의 원이 계층 구조의 각 수준을 나타내면서 가장 안쪽에 있는 원이 계층 구조의 가장 높은 수준을 나타내는 차트로, 계층 구조 데이터를 표시하는 데 적합해요.

2 선버스트 차트가 삽입되면 차트의 크기와 위치를 다음의 그림과 같이 조절하고 [**차트 디자인**] 탭–[**차트 스타일**] 그룹에서 [**스타일 8**]을 선택하세요.

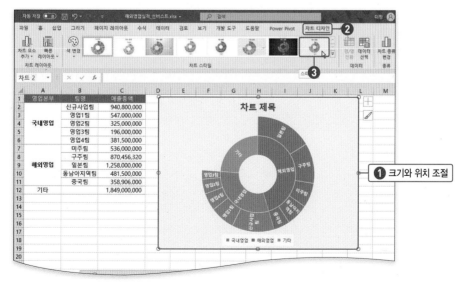

3 이번에는 차트의 색상 구조를 변경해 볼게요. **[차트 디자인]** 탭-**[차트 스타일]** 그룹에서 **[색 변경]**을 클릭하고 '색상형'에서 **[다양한 색상표 3]**을 선택하세요.

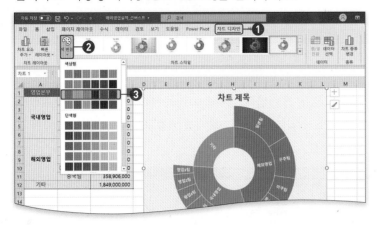

4 차트의 색이 변경되었으면 차트 제목에 『부문별 매출 분포』를 입력하세요.

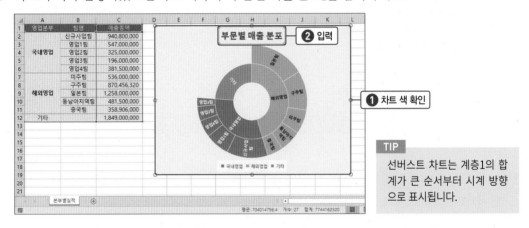

> **TIP**
> 선버스트 차트는 계층1의 합계가 큰 순서부터 시계 방향으로 표시됩니다.

5 '기타' 부문인 C12셀의 값을 '2,849,000,000'으로 변경하고 차트의 분포가 달라졌는지 확인하세요.

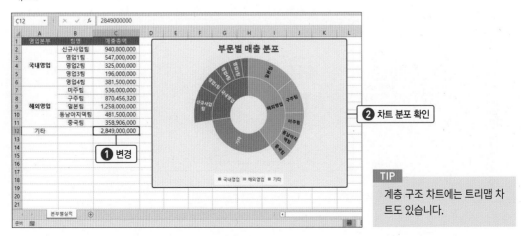

> **TIP**
> 계층 구조 차트에는 트리맵 차트도 있습니다.

데이터와 손익계산서 분석하기

1 | 파레토 차트로 비용 지출이 가장 큰 항목 알아보기

◉ **예제파일**: 분석차트.xlsx ◉ **완성파일**: 분석차트_완성.xlsx

'분석차트' 파일의 데이터에는 내림차순으로 정렬된 열과 총 누적 백분율을 나타내는 선이 모두 포함되어 있습니다. 파레토 차트에서는 데이터 집합 중 가장 큰 요소가 강조 표시되어 몇 가지 중요한 항목만 집중해서 결과를 확인할 수 있어요. 이번에는 비용 지출이 가장 큰 항목이 무엇인지 파레토 차트로 알아보겠습니다.

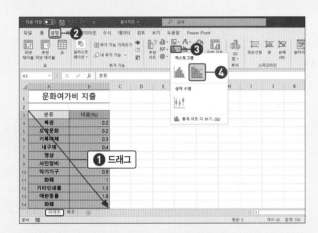

1 [파레토] 시트에서 A3:B23 범위를 선택하세요. **[삽입] 탭-[차트] 그룹**에서 **[통계 차트 삽입]**을 클릭하고 '히스토그램'에서 **[파레토]**를 선택하세요.

TIP

이탈리아의 경제학자인 빌프레드 파레토(Vilfredo Federico Damaso Pareto)의 이름을 빌린 파레토 차트는 '현상이나 원인을 분류하여 크기의 순서에 따라 데이터를 막대형 그래프와 누적 꺾은선형 그래프 형태로 표시한 차트'입니다.

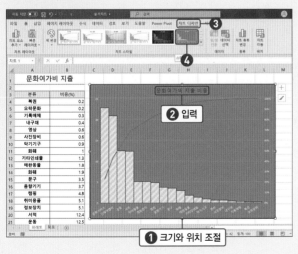

2 파레토 차트가 삽입되면 차트의 크기와 위치를 조절하고 차트 제목에 『문화여가비 지출 비용』을 입력한 후 원하는 차트 스타일로 변경하세요. 차트를 작성해 보면 '문화여가비' 중에서 '문화서비스', '단체여행비', 운동', '서적' 항목에 지출이 많다는 것을 알 수 있어요.

2 | 폭포 차트로 손익계산서 분석하기

● **예제파일**: 분석차트.xlsx   ● **완성파일**: 분석차트_완성.xlsx

폭포 차트는 값을 더하거나 뺄 때의 누계를 나타내고 초기값(◉순수입)이 양의 값 및 음의 값에 의해 어떤 영향을 받았는지 이해하는 데 매우 유용합니다. 초기값 및 계산값 막대는 주로 가로 축에서 시작되지만, 다음 값은 중간부터 막대가 시작되는데, 이러한 모양 때문에 폭포 차트를 '다리형 차트'라고도 부릅니다. 폭포 차트는 주로 재무 데이터와 같이 입·출입에 관련된 데이터를 표시하는 데 적합해요.

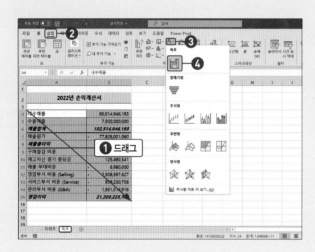

1 [폭포] 시트에서 손익계산서 범위인 A4:B15 범위를 선택하세요. [삽입] 탭-[차트] 그룹에서 **[폭포, 깔대기형, 주식형, 표면형 또는 방사형 차트 삽입]**을 클릭하고 **[폭포]**를 선택하세요.

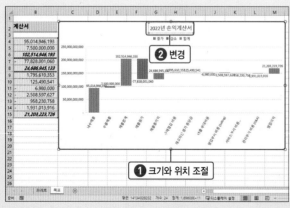

2 폭포 차트가 삽입되면 차트의 크기와 위치를 조절하고 차트 제목을 『2022년 손익계산서』로 변경합니다.

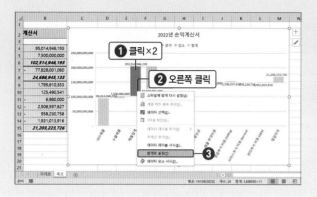

3 차트에 사용한 데이터에는 SUBTOTAL 함수로 계산된 '매출합계', '매출총이익'과 같은 '소계'가 포함되어 있습니다. '합계' 부분을 표시하기 위해 '매출합계' 막대만 두 번 클릭하여 선택하고 마우스 오른쪽 단추를 클릭한 후 [합계로 설정]을 선택하세요.

TIP

'매출합계' 막대를 한 번 클릭하면 모든 막대가 선택되므로 한 번 더 클릭하여 '매출합계' 막대만 선택하세요.

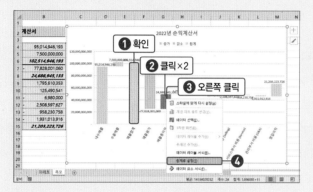

4 '매출합계' 항목의 합계가 설정되면서 막대의 모양이 변경되면 '매출 총이익' 막대에서도 마우스 오른쪽 단추를 클릭한 후 [합계로 설정]을 선택하세요.

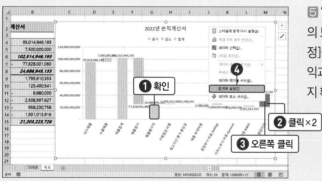

5 '매출 총이익' 항목의 합계가 설정되면서 막대의 모양이 변경되면 '영업이익' 막대도 [합계로 설정]을 지정하여 차트를 완성합니다. 차트에서 이익과 비용에 대한 데이터가 분명하게 표시되었는지 확인하세요.

CHAPTER 03

수식 계산과 실무 함수 다루기

엑셀은 기본적으로 수식을 계산하고 데이터를 분석하는 프로그램으로, 연산자나 함수를 이용해 원하는 값을 구할 수 있어요. 또한 엑셀에서 제공하는 함수를 활용하면 숫자 데이터뿐만 아니라 텍스트 데이터에서도 원하는 값을 추출하거나 데이터끼리 연결하여 새로운 값을 얻을 수도 있고, 기간을 계산하거나 특정 위치의 값 또는 정보를 구할 수도 있어요. 이번 장에서는 수식에 필요한 연산자와 참조 등을 정확히 이해하면서 기본 함수 및 실무 함수를 통해 데이터를 원하는 형태로 완벽하게 구하는 방법에 대해 배워봅니다.

EXCEL

01 수식과 자동 함수 익히기

워크시트에 입력할 수 있는 데이터에는 숫자 데이터, 문자 데이터, 날짜 데이터 또는 시간 데이터가 있습니다. 엑셀은 일반적인 워드프로세서와는 다르게 데이터를 '셀(cell)'이라는 제한된 공간(위치)에만 입력할 수 있어요. 그래서 엑셀에서 모든 계산의 기본은 '셀'이며, 셀을 참조하는 것이 곧 '수식'이 됩니다. 이번에는 셀 참조 유형부터 수식의 사용법, 자동 합계 함수까지 수식을 작성할 때 필요한 전반적인 내용에 대해 알아보겠습니다.

PREVIEW

▲ 연산자와 다양한 참조 방법,
   이름 사용해 수식 계산하기

▲ 자동 합계 함수와 함수 라이브러리 사용하기

EXCEL 01 수식 작성과 셀 참조 유형 알아보기

★ 우선순위

문서시작

문서편집

서식지정

차트

함수

정렬과필터

피벗테이블

파워쿼리

1 | 수식 작성의 기본

수식을 작성하려면 반드시 등호(=)나 부호(+, −)로 시작해야 해요. 이렇게 시작한 수식에는 셀 주소가 포함되는데, 이것을 '셀을 참조한다'라고 합니다. 따라서 참조한 셀의 내용이 변경되면 수식의 결과값도 자동으로 변경되고 등호와 참조 주소, 그리고 연산자로 이루어진 수식의 결과값이 셀에 나타나요. 반면 수식은 수식 입력줄에 표시됩니다.

2 | 연산자의 종류

엑셀에서 사용하는 연산자는 크게 '산술 연산자', '비교 연산자', '연결 연산자'가 있고 범위를 표시하거나 계산 순서를 표시하는 '참조 연산자'의 기호가 있습니다.

연산자	기능	종류
산술 연산자	사칙연산자를 비롯하여 기본적인 엑셀의 수학 연산자가 포함	+, -, *, /, %, ^
비교 연산자	값을 서로 비교할 때 사용하는 연산자로, 참(true)과 거짓(false)으로 표시	=, >, <, >=, <=, <>, ><
연결 연산자	문자와 문자, 문자와 숫자, 문자와 수식 결과 등을 연결하는 연산자로, 결과값은 반드시 텍스트	&
참조 연산자	주로 계산에 사용하는 셀이나 범위를 지정할 때 사용	콤마(,), 콜론(:), 소괄호(())

3 | 셀 참조 유형

셀을 수식에 참조할 때 '상대 참조'와 '절대 참조', 그리고 이 두 방식을 혼합한 형태인 '혼합 참조' 유형이 있습니다. 데이터의 위치나 계산 방법에 따라 참조의 유형을 다양하게 사용할 수 있고, F4 를 눌러 참조 형식을 변경할 수 있어요.

참조 구분	기능	사용 예
상대 참조	선택한 셀을 기준으로 상대적인 위치 반영	A1, B1
절대 참조	행과 열에 $ 기호를 붙여서 표시하고 참조 위치가 변하지 않음	$A$1, $B$1
혼합 참조	상대 참조와 절대 참조의 혼합 참조로, 계산 수식 방향에 따라 셀 주소를 다르게 적용	$A1, A$1

4 | 다양한 유형의 참조 위치

다른 워크시트나 통합 문서의 셀을 참조할 경우 참조 형식이 다르게 표시됩니다.

위치	수식에서의 참조 방법	사용 예
현재 워크시트	=셀 주소	=A1
다른 워크시트	=워크시트명!셀 주소	=매출!A1
다른 통합 문서	=[전체 경로\통합 문서명]워크시트명!셀 주소	='D:\엑셀2019\[매출액비교.xlsx] 전년대비실적'!A1

잠깐만요 > **상대 참조 수식과 절대 참조 수식을 사용해야 하는 이유 살펴보기**

[수식] 탭-[수식 분석] 그룹에서 [수식 표시]를 클릭하여 워크시트에 수식을 표시하면 금액과 부가세가 입력된 수식을 확인할 수 있어요. '금액' 항목의 경우에는 상대 참조로 입력된 수식으로 셀마다 참조가 달라지지만, '부가세' 항목에서는 I3셀이 고정되어 같은 참조로 입력되어 있습니다. 왜냐하면 $ 기호는 I열과 3행 앞에 붙어있어서 행과 열을 모두 고정시키기 때문이에요.

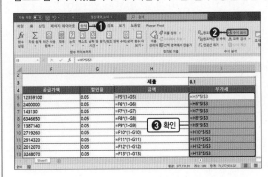

EXCEL 02 기본 연산자로 정산 내역 계산하기

● 예제파일: 정산내역_수식.xlsx   ● 완성파일: 정산내역_수식_완성.xlsx

1 [Sheet1] 시트에서 할인된 금액으로 계산하기 위해 H5셀에 『=F5*(1-G5)』를 입력하고 `Enter`를 누르세요.

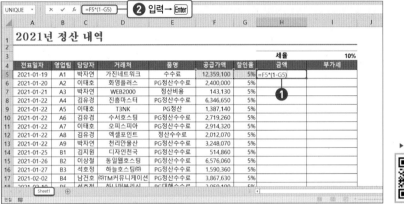

> **TIP**
>
> H5셀에 함수식을 작성할 때 참조할 주소를 직접 입력하지 않고 마우스로 F5셀과 G5셀을 선택하면 함수식에 셀 주소가 자동으로 입력되어 편리합니다.

2 H5셀에 금액이 계산되면 다시 H5셀을 선택하고 H5셀의 자동 채우기 핸들(+)을 더블클릭하여 H193셀까지 수식을 복사하세요.

> **TIP**
>
> H5셀의 자동 채우기 핸들을 H193셀까지 드래그해도 수식을 복사할 수 있어요.

117

3 '금액' 항목에 할인된 금액이 계산되면 부가세를 계산해 볼게요. I5셀에『=H5*』를 입력하고 이어서 I3셀을 선택한 후 F4 를 눌러 절대 참조 형식인 '$I$3'으로 변경하고 Enter 를 누르세요.

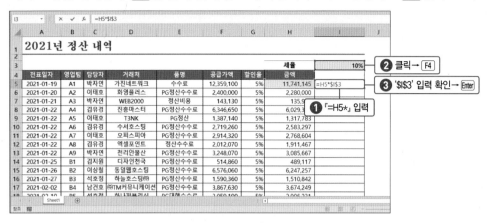

4 I5셀에 부가세를 계산했으면 다시 I5셀을 선택하고 I5셀의 자동 채우기 핸들을 더블클릭하여 I193셀까지 수식을 복사하세요.

EXCEL 03 이름 사용해 수식 계산하기

● **예제파일**: 정산내역_이름.xlsx　● **완성파일**: 정산내역_이름_완성.xlsx

1 고정적인 범위를 반복해서 수식에 사용할 때는 절대 참조를 사용하지 않고 이름을 지정하여 수식에 적용해도 됩니다. [Sheet1] 시트에서 I3셀을 선택하고 이름 상자에 『세율』을 입력하세요.

2 1 과정에서 작성한 이름은 통합 문서에서 마음대로 사용할 수 있어요. 부가세를 계산하기 위해 I5셀에 『=H5*세율』을 입력하고 Enter를 누르세요.

> **TIP**
>
> 이름은 기본적으로 절대 참조로 작성되므로 '세율'은 절대 참조로 수식에 입력되는 것과 같습니다.

3 I5셀에 부가세가 계산되면 I5셀의 자동 채우기 핸들(+)을 더블클릭하여 마지막 셀까지 수식을 복사하세요. 이름을 편집하기 위해 **[수식] 탭-[정의된 이름] 그룹**에서 **[이름 관리자]**를 클릭하세요.

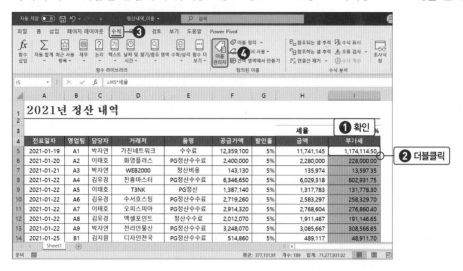

4 [이름 관리자] 대화상자가 열리면 [세율]을 선택하고 [편집]을 클릭합니다. [이름 편집] 대화상 자가 열리면 '이름'에『부가세』를 입력하고 [확인]을 클릭하세요.

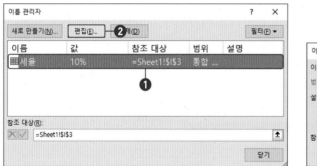

5 [이름 관리자] 대화상자로 되돌아오면 변경한 이름을 확인하고 [닫기]를 클릭하세요.

6 이름을 변경해도 수식 결과는 바뀌지 않아요. 이름이 잘 변경되었는지 확인하기 위해 I5셀을 더블클릭해서 수식을 표시한 후 살펴보면 수식에 '세율'이 아닌 '부가세'가 입력되어 있어요.

TIP

입력한 수식을 확인하려면 해당 셀을 더블클릭하여 셀에 수식을 나타내거나 셀을 선택하고 수식 입력줄에 입력된 수식을 살펴보세요.

잠깐만요 > 이름 작성 규칙과 이름 상자 살펴보기

1. 이름 작성 규칙 익히기
이름을 작성할 때는 다음과 같은 규칙을 지켜야 합니다.

대상	작성 규칙
유효 문자	• 이름의 첫 번째 문자는 문자, 밑줄(_) 또는 백슬래시(\)여야 합니다. • 이름의 나머지 문자는 문자, 숫자, 마침표 및 밑줄이 될 수 있습니다.
셀 참조 허용 안 함	이름이 'A1'이나 'R1C1'과 같이 셀 참조와 같으면 안 됩니다.
공백 사용 못 함	공백은 사용할 수 없으므로 단어 구분 기호로 '거래처_수량'과 같이 밑줄이나 마침표(.)를 사용합니다.
이름	• 이름에는 최대 255개 문자로 지정할 수 있습니다. • 통합 문서에 유일한 이름이어야 하고, 워크시트로 영역이 제한되면 시트마다 같은 이름을 부여할 수 있습니다.
영문자의 대소문자 구분 여부	이름에서는 영문자의 대문자와 소문자가 구별되지 않으므로 영문자의 대문자와 소문자를 포함해서 지정할 수 있습니다.

2. 이름 상자 살펴보기
이름 상자에는 다른 스타일의 이름도 포함되어 있어요. 이름 상자에서는 표를 관리할 수도 있고, 워크시트에서만 사용되는 이름과 통합 문서 전체에 사용되는 이름으로 구별해서 사용할 수도 있어요. 이름은 셀이나 범위를 선택한 후 이름 상자에 직접 입력하거나, [수식] 탭-[정의된 이름] 그룹에서 [이름 정의]를 클릭하여 [이름 관리자] 대화 상자를 열고 작성하면 됩니다. 하지만 이름을 삭제하려면 반드시 [이름 관리자] 대화상자에서 삭제하려는 이름을 선택하고 [삭제]를 클릭해야 해요.

[이름 관리자] 대화상자에서는 이름 정의, 편집, 삭제와 필터 기능을 사용할 수도 있고, 셀 또는 범위 외에 수식을 이름으로 정의할 수도 있는데, [필터]를 클릭하면 다양한 스타일에 대한 이름을 선택하여 편집할 수 있어요. 이 때 잘못된 이름은 필터로 추출하여 한 번에 삭제하는 것이 편리합니다.

▲ 필터 클릭해 다양한 스타일의 이름 편집하기

EXCEL 04 자동 합계 함수로 계산하기

● 예제파일: 거래처별요약_자동합계.xlsx **● 완성파일:** 거래처별요약_자동합계_완성.xlsx

1 [Sheet1] 시트에서 '정산금액' 합계를 구하기 위해 C26셀을 선택하고 **[홈] 탭-[편집] 그룹**에서 **[자동 합계]**를 클릭하세요.

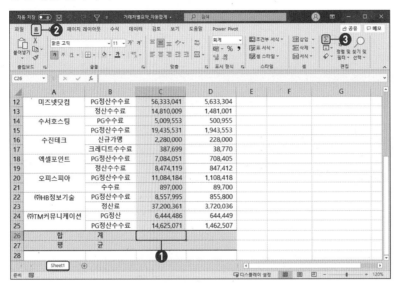

▶영상강의◀

2 C26셀과 인접한 셀 범위인 C4:C25 범위가 자동으로 선택되면 Enter를 눌러 합계를 계산하세요.

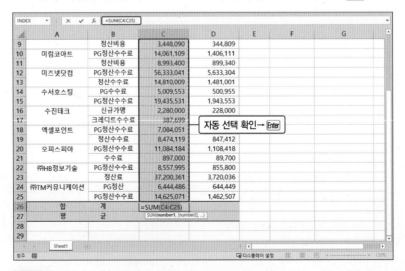

TIP

[홈] 탭-[편집] 그룹에서 [자동 합계]를 클릭하면 선택한 셀로부터 인접한 숫자 범위가 모두 선택됩니다. 따라서 C26셀의 경우에는 바로 인접한 C4:C25 범위가 자동으로 선택됩니다.

3 C26셀에 합계가 계산되면 평균을 구하기 위해 C27셀을 선택하세요. **[홈] 탭-[편집] 그룹**에서 **[자동 합계]**의 목록 단추(⌄)를 클릭하고 **[평균]**을 선택하세요.

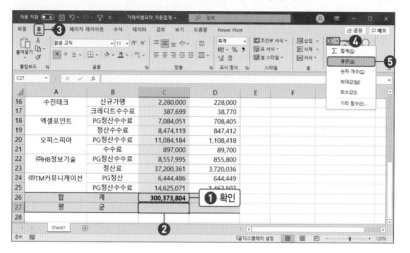

4 C27셀에 AVERAGE 함수가 입력되면서 인접한 숫자 범위가 자동으로 인식됩니다. 이때 '합계' 셀인 C26셀까지 선택되므로 C4:C25 범위를 다시 선택하고 Enter 를 누르세요.

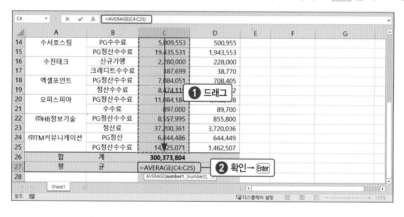

5 C27셀에 평균을 구했습니다. '세금' 항목도 수식이 같으므로 C26:C27 범위를 선택하고 C27셀의 자동 채우기 핸들(+)을 D27셀까지 드래그하여 함수식을 복사하세요.

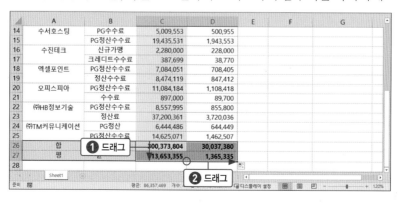

우선순위

문서시작

문서편집

서식지정

차트

함수

정렬과필터

피벗테이블

파워쿼리

EXCEL 05 함수 라이브러리로 업체 수와 최고 금액 구하기

● **예제파일**: 거래처별요약_함수.xlsx   ● **완성파일**: 거래처별요약_함수_완성.xlsx

1 [Sheet1] 시트에서 G3셀을 선택하고 **[수식] 탭-[함수 라이브러리] 그룹**에서 **[함수 더 보기]**를 클릭한 후 **[통계]-[COUNTA]**를 선택하세요.

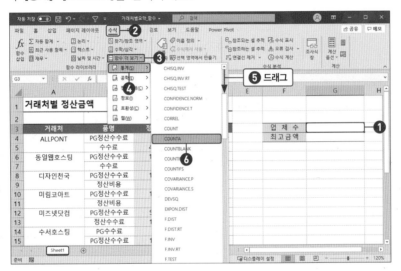

> **TIP**
> COUNT 함수는 숫자 셀만 계산하기 때문에 문자를 대상으로 셀을 셀 때는 COUNTA 함수를 사용해야 합니다.

2 COUNTA 함수의 [함수 인수] 대화상자가 열리면 'Value1'에『A4:A25』를 입력하고 [확인]을 클릭하세요.

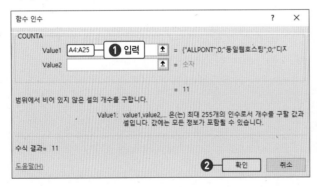

> **TIP**
> 함수 인수 상자가 열려있는 상태에서 A4: A25 범위를 직접 드래그하여 'Value1' 값에 『A4:A25』를 입력하는 것이 편리합니다.

3 이번에는 최고 금액을 계산하기 위해 G4셀을 선택하고『=MA』를 입력하세요. 'MA'로 시작하는 모든 함수가 목록으로 나타나면 목록에서 [MAX]를 더블클릭하거나 [MAX]를 선택하고 [Tab]을 누르세요.

	A	B	C	D	E	F	G	H
1	거래처별 정산금액							
2								
3	거래처	품명	정산금액	세금		업 체 수	11	
4	ALLPONT	PG정산수수료	5,408,405	540,840		최고금액	=MA	
5		수수료	40,200,083	4,020,008				
6	동일웹호스팅	PG정산수수료	14,079,068	1,407,907				
7		수수료	3,432,000	343,200				
8	디자인천국	PG정산수수료	18,128,551	1,812,855				
9		정산비용	3,448,090	344,809				
10	미림코아트	PG정산수수료	14,061,109	1,406,111				
11		정산비용	8,993,400	899,340				
12	미즈넷닷컴	PG정산수수료	56,333,041	5,633,304				
13		정산수수료	14,810,009	1,481,001				
14	수서호스팅	PG수수료	5,009,553	500,955				
15		PG정산수수료	19,435,531	1,943,553				

① 『=MA』 입력

MATCH
MAX   최대값을 구합니다. 논...
MAXA

② 더블클릭

4 G4셀에『=MAX(』가 입력되면 이어서『C4:C25)』를 추가 입력하고 [Enter]를 누르세요. 이때 G4셀에 함수식『=MAX(C4:C25)』를 곧바로 입력해도 됩니다.

	A	B	C	D	E	F	G	H
1	거래처별 정산금액							
2								
3	거래처	품명	정산금액	세금		업 체 수		
4	ALLPONT	PG정산수수료	5,408,405	540,840		최고금액	=MAX(C4:C25)	
5		수수료	40,200,083	4,020,008				
6	동일웹호스팅	PG정산수수료	14,079,068	1,407,907				
7		수수료	3,432,000	343,200				
8	디자인천국	PG정산수수료	18,128,551	1,812,855				
9		정산비용	3,448,090	344,809				
10	미림코아트	PG정산수수료	14,061,109	1,406,111				
11		정산비용	8,993,400	899,340				
12	미즈넷닷컴	PG정산수수료	56,333,041	5,633,304				
13		정산수수료	14,810,009	1,481,001				
14	수서호스팅	PG수수료	5,009,553	500,955				
15		PG정산수수료	19,435,531	1,943,553				

G4   fx   =MAX(C4:C25)

입력 → Enter

5 함수 라이브러리에서 제공하는 함수를 이용해서 G3셀에는 업체 수가, G4셀에는 최고 금액이 계산되었는지 확인하세요.

	A	B	C	D	E	F	G	H
1	거래처별 정산금액							
2								
3	거래처	품명	정산금액	세금		업 체 수	11	
4	ALLPONT	PG정산수수료	5,408,405	540,840		최고금액	56,333,041	
5		수수료	40,200,083	4,020,008				
6	동일웹호스팅	PG정산수수료	14,079,068	1,407,907				
7		수수료	3,432,000	343,200				
8	디자인천국	PG정산수수료	18,128,551	1,812,855				
9		정산비용	3,448,090	344,809				
10	미림코아트	PG정산수수료	14,061,109	1,406,111				
11		정산비용	8,993,400	899,340				
12	미즈넷닷컴	PG정산수수료	56,333,041	5,633,304				
13		정산수수료	14,810,009	1,481,001				
14	수서호스팅	PG수수료	5,009,553	500,955				
15		PG정산수수료	19,435,531	1,943,553				

확인

02 기본 함수 익히기

연산자를 사용하는 것보다 엑셀에서 제공하는 함수를 사용하면 좀 더 쉽게 정확한 결과를 얻을 수 있어요. 함수는 미리 작성된 수식 프로그램으로, 함수에서 요구하는 인수만 정확히 입력하면 아무리 복잡한 연산이라도 원하는 결과를 빠르게 계산할 수 있습니다. 엑셀에서는 데이터에 따라 적용할 수 있는 많은 함수를 제공합니다. 특히 수학/삼각 함수, 통계 함수, 텍스트 함수, 논리 함수, 정보 함수는 워크시트 계산에 꼭 필요한 기본 함수이기 때문에 정확하게 이해하고 사용하세요.

PREVIEW

▲ 논리, 통계 함수로 교육 평가하기

▲ 텍스트, 날짜 함수로 고객 민원 처리 현황 완성하기

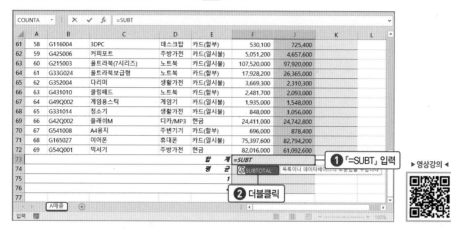

EXCEL 01 판매 합계와 평균 구하기 – SUBTOTAL 함수

● **예제파일:** 10월매출_요약(SUBTOTAL).xlsx   ● **완성파일:** 10월매출_요약(SUBTOTAL)_완성.xlsx

1 매출에 대한 합계를 SUM 함수가 아닌 그룹별 소계를 구하는 SUBTOTAL 함수로 구해볼게요.
[A매출] 시트에서 F73셀을 선택하고 『=SUBT』를 입력하면 함수 목록에 [SUBTOTAL]이 표시
됩니다. 이 함수를 더블클릭하거나 Tab 을 눌러 선택하세요.

	A	B	C	D	E	F	J	K	L
61	58	G116004	3DPC	데스크탑	카드(할부)	530,100	725,400		
62	59	G42S006	커피포트	주방가전	카드(일시불)	5,051,200	4,657,600		
63	60	G215003	울트라북(7시리즈)	노트북	카드(일시불)	107,520,000	97,920,000		
64	61	G33G024	울트라북보급형	노트북	카드(할부)	17,928,200	26,365,000		
65	62	G352004	다리미	생활가전	카드(일시불)	3,669,300	2,310,300		
66	63	G431010	쿨링패드	노트북	카드(할부)	2,481,700	2,093,000		
67	64	G49Q002	게임용스틱	게임기	카드(일시불)	1,935,000	1,548,000		
68	65	G331014	청소기	생활가전	카드(일시불)	848,000	1,056,000		
69	66	G42Q002	플래쉬M	디카/MP3	현금	24,411,000	24,742,800		
70	67	G541008	A4용지	주변기기	카드(할부)	696,000	878,400		
71	68	G165027	이어폰	휴대폰	카드(일시불)	75,397,600	82,794,200		
72	69	G54Q001	믹서기	주방가전	현금	82,016,000	61,092,600		
73					합 계	=SUBT			
74					평 균				

① 『=SUBT』 입력   ▶영상강의◀

② 더블클릭

2 SUBTOTAL 함수의 첫 번째 인수는 소계를 구할 함수를 선택하는 것입니다. 여기서는 합계를
구해야 하므로 『9』를 입력하거나 더블클릭하여 선택하세요.

	A	B	C	D	E	F	J	K	L	M
61	58	G116004	3DPC	데스크탑	카드(할부)	530,100	725,400			
62	59	G42S006	커피포트	주방가전	카드(일시불)	5,051,200	4,657,600			
63	60	G215003	울트라북(7시리즈)	노트북	카드(일시불)	107,520,000	97,920,000			
64	61	G33G024	울트라북보급형	노트북	카드(할부)	17,928,200	26,365,000			
65	62	G352004	다리미	생활가전	카드(일시불)	3,669,300	2,310,300			
66	63	G431010	쿨링패드	노트북	카드(할부)	2,481,700	2,093,000			
67	64	G49Q002	게임용스틱	게임기	카드(일시불)	1,935,000	1,548,000			
68	65	G331014	청소기	생활가전	카드(일시불)	848,000	1,056,000	(▬)1 – AVERAGE		
69	66	G42Q002	플래쉬M	디카/MP3	현금	24,411,000	24,742,800	(▬)2 – COUNT		
70	67	G541008	A4용지	주변기기	카드(할부)	696,000	878,400	(▬)3 – COUNTA		
71	68	G165027	이어폰	휴대폰	카드(일시불)	75,397,600	82,794,200	(▬)4 – MAX		
72	69	G54Q001	믹서기	주방가전	현금	82,016,000	61,092,600	(▬)5 – MIN		
73					합 계	=SUBTOTAL(		(▬)6 – PRODUCT		
74					평 균			(▬)7 – STDEV.S		
75								(▬)8 – STDEV.P		
76								9 – SUM		
77								(▬)10 – VAR.S		
78						더블클릭		(▬)11 – VAR.P		
79								(▬)101 – AVERAGE		

> **TIP**
> SUBTOTAL 함수는 함수 번호로 1~11까지 지정할 수 있습니다. 이 중 합계(SUM)는 9, 평균(AVERAGE)은 1, 개수
> (COUNT)는 2로 지정하세요.

3 '9'가 입력되면 두 번째 인수를 입력하기 위해 『,』를 입력합니다. 이어서 합계를 구할 매출 범위인 『J4:J72』와 『)』를 차례대로 입력하여 함수식 =SUBTOTAL(9,J4:J72)를 완성하고 Enter 를 누르세요.

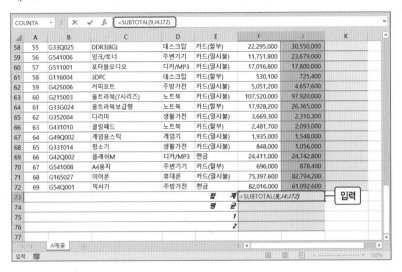

4 F73셀에 합계가 계산되면 함수 마법사를 이용해서 평균을 구해볼게요. J74셀을 선택하고 **[수식] 탭-[함수 라이브러리]** 그룹에서 **[수학/삼각]**을 클릭한 후 **[SUBTOTAL]**을 선택합니다.

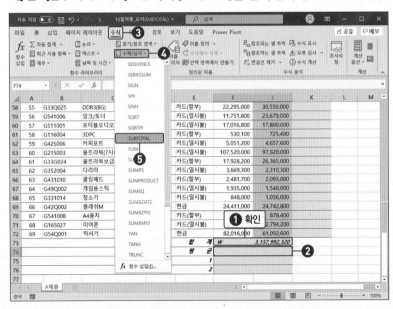

5 SUBTOTAL 함수의 [함수 인수] 대화상자가 열리면 'Function_num'에는 평균인 『1』을, 'Ref1'에는 '금액'의 전체 범위인 『J4:J72』를 입력하고 [확인]을 클릭하세요.

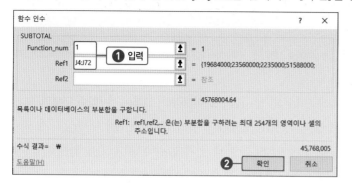

6 J74셀에 계산된 평균 값을 확인하세요.

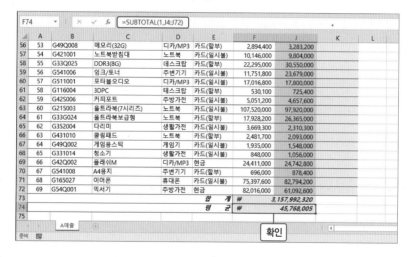

SUM 함수와 SUBTOTAL 함수의 차이점 살펴보기

'금액' 필드의 경우 SUM 함수는 금액 전체의 합계를 나타내지만, SUBTOTAL 함수는 필터링된 금액의 합계를 표시합니다. '분류' 필드에서 필터 단추(▼)를 클릭하고 [데스크탑]과 [휴대폰], [(필드 값 없음)]에 체크하면 SUBTOTAL 함수로 계산된 금액의 합계는 필터 전의 '3,157,992,320'에서 '1,061,494,500'으로 달라집니다.

02 금액에 대한 매출순위 구하기
– RANK.EQ 함수

◉ **예제파일**: 10월매출_요약(RANK.EQ).xlsx　　◉ **완성파일**: 10월매출_요약(RANK.EQ)_완성.xlsx

1　[A매출] 시트에서 K4셀을 선택하고 **[수식] 탭–[함수 라이브러리] 그룹**에서 **[함수 더보기]**를 클릭한 후 **[통계]–[RANK.EQ]**를 선택합니다. RANK.EQ 함수의 [함수 인수] 대화상자가 열리면 'Number'에는 판매금액인 『J4』를, 'Ref'에는 '금액'의 전체 범위인 『J4:J72』를 입력하고 F4를 눌러 절대 참조로 변경한 후 [확인]을 클릭하세요.

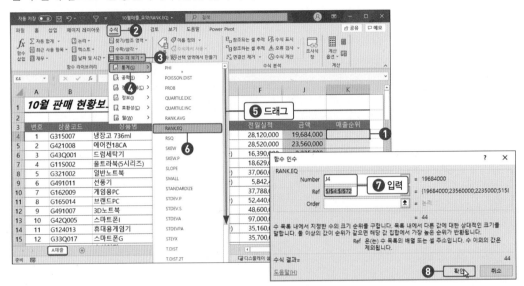

> **TIP**
>
> RANK.EQ 함수의 마지막 인수인 'Order'는 생략 가능합니다. 생략하거나 『0』을 입력하면 오름차순으로, 0이 아닌 값을 입력하면 내림차순으로 순위를 계산합니다.

2　K4셀에 매출순위가 계산되면 K4셀의 자동 채우기 핸들(✚)을 K72셀까지 드래그하여 함수식을 복사하세요.

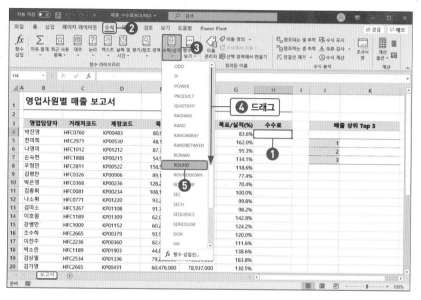

EXCEL 03 영업사원에게 지급할 매출 수수료 구하기 - ROUND 함수

● **예제파일**: 매출_수수료(ROUND).xlsx ● **완성파일**: 매출_수수료(ROUND)_완성.xlsx

1 영업사원에게 지급할 매출 수수료를 2%로 계산해 볼게요. [보고서] 시트에서 H4셀을 선택하고 [수식] 탭-[함수 라이브러리] 그룹에서 [수학/삼각]을 클릭한 후 [ROUND]를 선택하세요.

2 ROUND 함수의 [함수 인수] 대화상자가 열리면 'Number'에는 매출의 2%인 값인 『F4*0.02』를, 'Num_digits'에는 100의 자리까지 표시하기 위해 『-2』를 입력하고 [확인]을 클릭하세요.

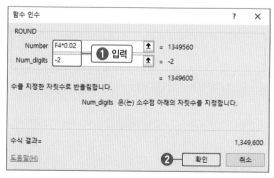

> **TIP**
>
> 'Number'와 'Num_digits'에 자릿수를 지정하는 방법에 대해서는 132쪽의 '잠깐만요'를 참고하세요.

3 H4셀에 수수료가 계산되면 H4셀의 자동 채우기 핸들(✚)을 더블클릭하여 나머지 셀에 함수식을 복사하세요.

EXCEL 04 순위별 매출 항목 지정하고 매출 Top3 구하기 – LARGE 함수

● **예제파일**: 매출_수수료(LARGE).xlsx   ● **완성파일**: 매출_수수료(LARGE)_완성.xlsx

1 매출 순위를 나타내는 셀에 표시 형식을 지정해 볼게요. [보고서] 시트에서 J5:J7 범위를 선택하고 [홈] 탭-[표시 형식] 그룹에서 [표시 형식] 대화상자 표시 아이콘(⬐)을 클릭하세요.

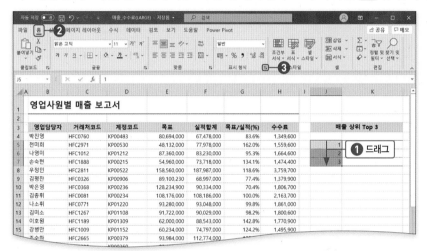

TIP

Ctrl + 1 을 눌러 [셀 서식] 대화상자를 열고 [표시 형식] 탭을 선택해도 됩니다.

2 [셀 서식] 대화상자의 [표시 형식] 탭이 열리면 '범주'에서 [사용자 지정]을 선택하세요. '형식'에서 [G/표준]을 선택하고 'G/표준' 뒤에 『"위 매출"』을 입력한 후 [확인]을 클릭하세요.

TIP

'1위 매출'을 문자로 직접 입력하면 LARGE 함수에서 'K' 값의 인수로 사용할 수 없기 때문에 숫자를 사용해서 '1위 매출'로 표시했어요.

3 J5:J7 범위에 순위별 매출 항목을 지정했으면 K5셀에 순위별 매출을 계산해 볼게요. K5셀을 선택하고 [수식] 탭-[함수 라이브러리] 그룹에서 [함수 더 보기]를 클릭한 후 [통계]-[LARGE]를 선택하세요.

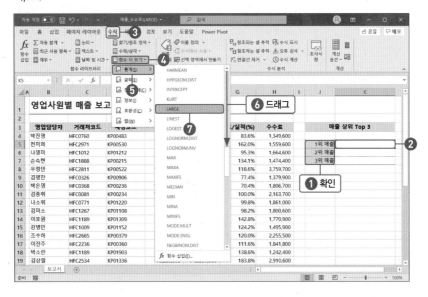

4 LARGE 함수의 [함수 인수] 대화상자가 열리면 'Array'에 커서를 올려놓고 '실적 합계' 항목인 F4:F36 범위를 선택한 후 F4를 눌러 절대 참조를 변경하세요. 'K'에 커서를 올려놓고 순위인 J5셀을 선택하거나 직접 『J5』를 입력한 후 [확인]을 클릭하세요.

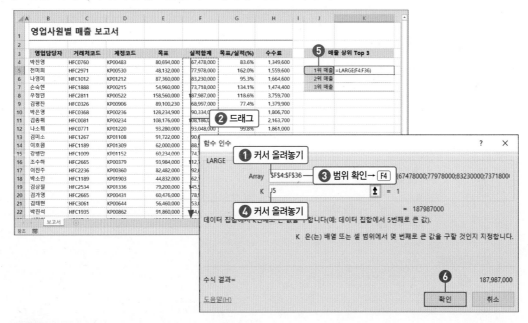

TIP

'K' 값에 해당하는 J5셀에는 문자가 아닌 숫자 '1'이 입력되어 있어요.

5 K5셀에 1위 매출이 계산되면 나머지 순위의 매출도 계산하기 위해 K5셀의 자동 채우기 핸들 (╋)을 더블클릭합니다. 이 경우 테두리의 서식이 달라지므로 [자동 채우기 옵션] 단추(📧)를 클릭하고 [서식 없이 채우기]를 선택하세요.

6 K5셀의 테두리 서식은 제외하고 나머지 셀에 순위 매출이 계산되었는지 확인하세요.

문서시작

문서편집

서식지정

차트

함수

정렬과필터

피벗테이블

파워쿼리

05 평가 참여 횟수 계산하고 과락 확인하기 – COUNT, OR 함수

● **예제파일**: 교육및평가(COUNT,OR).xlsx ● **완성파일**: 교육및평가(COUNT,OR)_완성.xlsx

1 [Sheet1] 시트에서 I4셀을 선택하고 함수식 『=COUNT(D4:F4)』를 입력한 후 Enter를 누르세요.

2 I4셀에 임석민의 평가 횟수를 구했으면 과락 여부를 알아볼게요. J4셀을 선택하고 **[수식] 탭**-**[함수 라이브러리] 그룹**에서 **[논리]**를 클릭한 후 **[OR]**을 선택하세요.

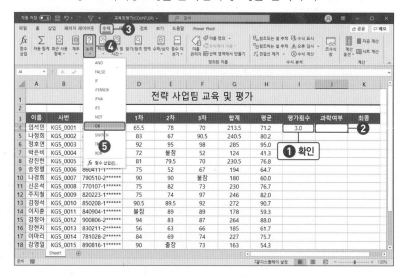

3 각 차수의 점수가 60 미만인 경우나 점수가 없는 경우(불참, 출장)에 과락을 지정해 볼게요. OR 함수의 [함수 인수] 대화상자가 열리면 'Logical1'에는『D4<60』을, 'Logical2'에는『E4<60』을, 'Logical3'에는『F4<60』을, 'Logical4'에는『I4<3』을 입력하고 [확인]을 클릭하세요.

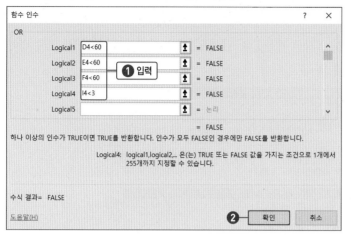

4 J4셀에 임석민의 과락 여부가 계산되면 I4:J4 범위를 선택하고 J4셀의 자동 채우기 핸들(✚)을 더블클릭하여 나머지 셀에 함수식을 복사하세요.

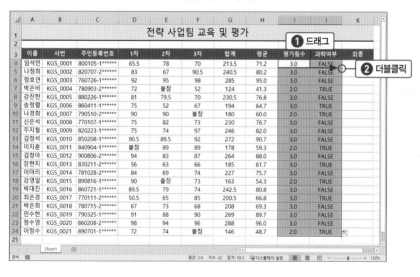

06 최종 평가 결과 계산하기 – IF 함수

◉ **예제파일**: 교육및평가(IF).xlsx ◉ **완성파일**: 교육및평가(IF)_완성.xlsx

1 [Sheet1] 시트에서 최종 평가 결과를 계산하기 위해 K4셀을 선택하고 [**수식**] 탭-[**함수 라이브러리**] 그룹에서 [**논리**]를 클릭한 후 [**IF**]를 선택합니다.

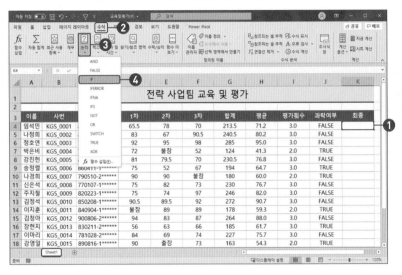

2 IF 함수의 [함수 인수] 대화상자가 열리면 먼저 평균이 70이 넘고 과락이 아닌 경우에는 AND 함수로 계산하기 위해 'Logical_test'에『AND(H4>70,J4=FALSE)』를 입력합니다.

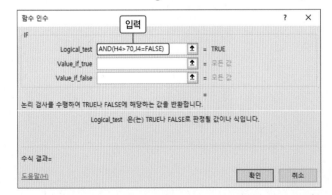

3 'Value_if_true'에는 『"합격"』을, 'Value_if_false'에는 빈 값을 입력하기 위해 『""』를 입력하고 [확인]을 클릭합니다.

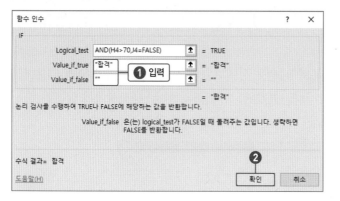

TIP

'Value_if_true'에 『합격』을 입력해도 자동으로 큰따옴표("")가 붙어서 『"합격"』으로 입력됩니다.

4 K4셀에 임석민의 최종 결과가 계산되면 J4셀의 자동 채우기 핸들(✚)을 더블클릭하여 나머지 셀에 함수식을 복사하세요.

EXCEL 07 반품/교환 문자 추출하기 – LEFT 함수

● **예제파일**: 고객민원(LEFT).xlsx ● **완성파일**: 고객민원(LEFT)_완성.xlsx

1 [Sheet1] 시트에서 '처리유형' 항목의 B4셀을 선택하고 **[수식] 탭–[함수 라이브러리] 그룹**에서 **[텍스트]**를 클릭한 후 **[LEFT]**를 선택합니다. LEFT 함수의 [함수 인수] 대화상자가 열리면 'Text'에는 처리 코드인『A4』를, 'Num_chars'에는『2』를 입력하고 [확인]을 클릭하세요.

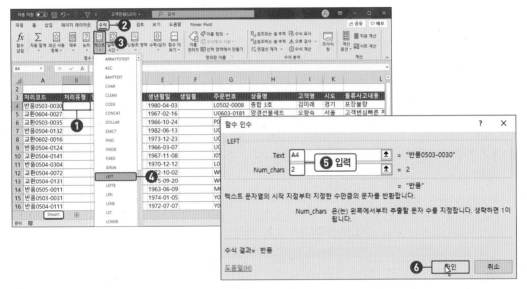

> **TIP**
>
> LEFT 함수는 문자열에서 왼쪽부터 지정한 개수만큼 문자를 추출하는 함수로, '처리코드' 항목에서 왼쪽에 있는 두 글자를 '처리유형' 항목에 표시합니다.

2 B4셀에 처리 유형이 표시되면 B4셀의 자동 채우기 핸들(➕)을 더블클릭하여 나머지 셀에 함수식을 복사하세요.

EXCEL 08 처리일자와 생일 월 구하기 – DATE, MONTH 함수

◉ **예제파일**: 고객민원(DATE,MONTH).xlsx　◉ **완성파일**: 고객민원(DATE,MONTH)_완성.xlsx

1 [Sheet1] 시트에서 처리일자를 작성하기 위해 D4셀을 선택하고 **[수식] 탭–[함수 라이브러리] 그룹**에서 **[날짜 및 시간]**을 클릭한 후 **[DATE]**를 선택하세요.

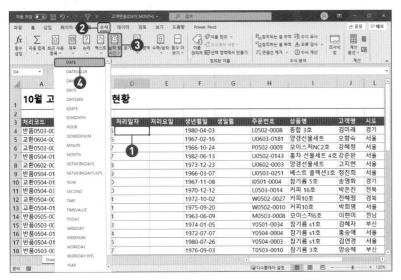

2 DATE 함수의 [함수 인수] 대화상자가 열리면 'Year'에는 『2022』를, 'Month'에는 『10』을, 'Day'에는 일에 해당하는 『C4』를 입력하고 [확인]을 클릭하세요.

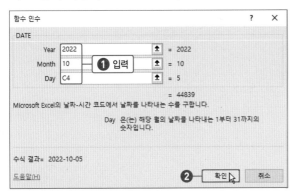

TIP

현재 문서에는 10월의 고객 민원 처리 현황으로 일자만 표시되어 있지만, DATE 함수를 사용하여 연월일이 모두 표시된 날짜 데이터를 완성해 보겠습니다

3 D4셀에 처리일자를 구했으면 D4셀의 자동 채우기 핸들(➕)을 더블클릭하여 나머지 셀에 함수식을 복사하세요. 이번에는 G4셀에 『=MONTH(F4)&"월"』을 입력하고 Enter 를 누릅니다.

4 G4셀에 생년월일에서 생일 월을 구했으면 G4셀의 자동 채우기 핸들을 더블클릭하여 나머지 셀에 함수식을 복사하세요.

EXCEL 09 처리 날짜의 요일 구하기 – TEXT 함수

● **예제파일**: 고객민원(TEXT).xlsx   ● **완성파일**: 고객민원(TEXT)_완성.xlsx

1 [Sheet1] 시트에서 E4셀을 선택하고 **[수식] 탭 –[함수 라이브러리] 그룹**에서 **[텍스트]**를 클릭한 후 **[TEXT]**를 선택합니다. TEXT 함수의 [함수 인수] 대화상자가 열리면 'Value'에는 처리 날짜인 『D4』를, 'Format_text'에는 한글로 처리 요일을 표시하는 서식 코드인 『"aaa"』를 입력하고 [확인]을 클릭하세요.

▶영상강의◀

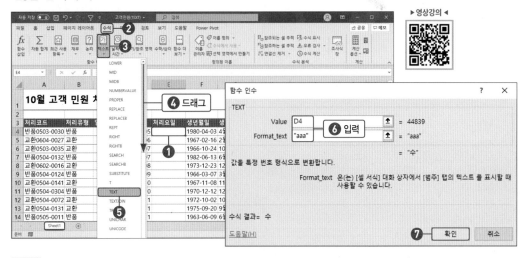

TIP

TEXT 함수는 숫자 데이터를 문자로 바꾸는 함수로, 날짜에서 요일 형식의 숫자 데이터를 문자로 바꿔줍니다. 이와 반대로 문자를 숫자로 변경하는 함수는 VALUE 함수입니다. 한글로 요일을 표시하는 서식에 대해서는 76쪽을 참고하세요.

2 E4셀에 처리 요일이 표시되면 E4셀의 자동 채우기 핸들(✚)을 더블클릭하여 나머지 셀에 함수식을 복사하세요.

03 고급 실무 함수 익히기

비즈니스 데이터를 깊이 있게 분석하여 결과 보고서를 작성하려면 요약에 필요한 함수나 찾기/참조 함수 등의 실무 함수를 적절하게 사용할 수 있어야 합니다. 또한 하나의 함수가 아닌 다양한 함수를 중첩하여 사용하면 복잡하게 계산하지 않아도 다양한 형태의 분석을 단 하나의 셀에서 처리할 수 있습니다. 이번 섹션에서는 업무의 효율성을 높여주고 시간을 절약할 수 있는 다양한 실무 고급 함수에 대해 배워보겠습니다.

PREVIEW

▲ 논리와 집계 함수로 요약 보고서 완성하기

▲ 날짜와 참조 함수로 작업 기간과 수당 구하기

EXCEL 01 행사 매출 분류명 구하기 – IFS, VLOOKUP 함수

● **예제파일**: 행사매출(IFS,VLOOKUP).xlsx　● **완성파일**: 행사매출(IFS,VLOOKUP)_완성.xlsx

1 [Data] 시트에서 B2셀을 선택하고 **[수식] 탭-[함수 라이브러리] 그룹**에서 **[논리]**를 클릭한 후 **[IFS]**를 선택하세요.

IFS 함수는 엑셀 2019부터 새로 제공되는 함수로, IF 함수를 반복해서 사용하는 효과와 같습니다.

2 IFS 함수의 [함수 인수] 대화상자가 열리면 첫 번째 조건과 값을 입력하기 위해 'Logical_test1'에는 『A2="A01"』을, 'Value_if_true1'에는 『"기초"』를, 'Logical_test2'에는 『A2="B13"』을, 'Value_if_true2'에는 『"바디"』를 입력하세요. 마지막으로 'Logical_test3'에는 『TRUE』를, 'Value_if_true3'에는 『"색조"』를 입력하고 [확인]을 클릭하세요.

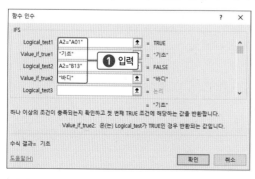 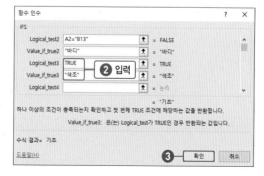

TIP

인수 중에서 'Logical_test1'는 조건이고, 'Value_if_true1'은 그 조건에 해당하는 값이며, 마지막 조건의 'TRUE'는 나머지 값을 의미합니다. 즉 '기초'와 '바디'가 아닌 나머지 모든 값입니다.

3 B2셀에 최종 결과가 계산되면 B2셀의 자동 채우기 핸들(✛)을 더블클릭하여 나머지 셀에 함수 식을 복사하세요.

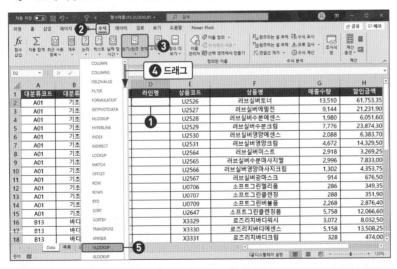

4 이번에는 라인코드에 따른 '라인명'을 계산하기 위해 D2셀을 선택하고 [수식] 탭-[함수 라이브러 리] 그룹에서 [찾기/참조 영역]을 클릭한 후 [VLOOKUP]을 선택하세요.

TIP

VLOOKUP 함수는 표의 첫 열에서 값을 찾아 지정한 열의 같은 행의 값을 되돌려주는 함수입니다.

5 VLOOKUP 함수의 [함수 인수] 대화상자가 열리면 다음과 같이 지정하고 [확인]을 클릭하세요.

- **Lookup_value**: 찾으려고 하는 코드 값 『C2』 입력
- **Table_array**: 커서 올려놓고 [목록] 시트로 이동 → 전체 범위인 C2:D7 범위 선택 → [F4] 눌러 절대 참조로 변경
- **Col_index_num**: 두 번째 열의 값을 가져와야 하므로 『2』 입력
- **Range_lookup**: 『0』 입력

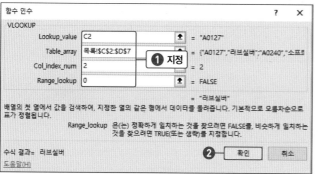

> **TIP**
>
> 이 함수식은 라인코드 'A0127'을 [목록] 시트에 있는 셀 범위(C2:D7)의 1열에서 찾아 같은 행에 있는 두 번째 열인 '라인명'의 값인 '러브실버'를 가져오는 것입니다.

6 D2셀에 코드명이 표시되면 D2셀의 자동 채우기 핸들(✚)을 더블클릭하여 나머지 셀에 함수식을 복사하세요.

EXCEL 02 라인별, 분류별 판매수량과 총매출 구하기 – SUMIFS 함수

● **예제파일**: 행사매출(SUMIFS).xlsx　● **완성파일**: 행사매출(SUMIFS)_완성.xlsx

1 대분류명을 선택하기 위해 [요약] 시트에서 B3셀을 선택하고 **[데이터] 탭–[데이터 도구] 그룹**에서 **[데이터 유효성 검사]**를 클릭하세요. [데이터 유효성] 대화상자의 [설정] 탭이 열리면 '제한 대상'에서 [목록]을 선택합니다. '원본'에 커서를 올려놓은 상태에서 [목록] 시트로 이동한 후 A2:A4 범위를 드래그하여 『=목록!$A$2:$A$4』를 입력하고 [확인]을 클릭하세요.

▶영상강의◀

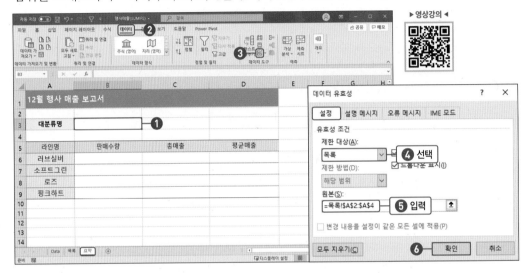

2 B3셀의 오른쪽에 목록 단추(▾)가 나타나면 클릭하고 [기초]를 선택하세요.

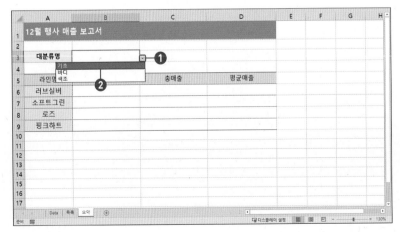

3 '기초'의 '러브실버' 판매수량을 알아볼게요. B6셀을 선택하고 **[수식] 탭−[함수 라이브러리] 그룹**에서 **[수학/삼각]**을 클릭한 후 **[SUMIFS]**를 선택하세요.

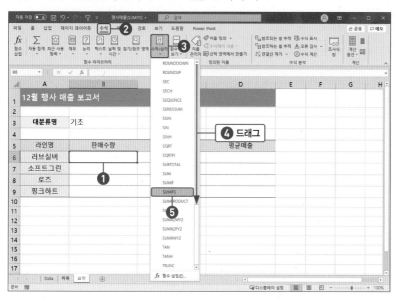

4 SUMIFS 함수의 [함수 인수] 대화상자가 열리면 다음과 같이 지정하세요.

> • **Sum_range**: 커서 올려놓고 [Data] 시트로 이동 → '매출수량' 항목인 G2:G41 범위 선택 → F4 두 번 눌러 혼합 참조 'G$2:G$41'로 변경
> • **Criteria_range1**: 커서 올려놓고 [Data] 시트로 이동 → '대분류명' 항목인 B2:B41 범위 선택 → F4 눌러 절대 참조로 변경
> • **Criteria1**: 조건에 해당하는 B3셀 선택 → F4 눌러 절대 참조로 변경

TIP

'Sum_range'가 혼합 참조인 이유는 계산 후 오른쪽 방향으로 모두 복사할 때 '매출수량' 항목에서 '할인금액' 항목으로 범위가 변경되어야 하기 때문입니다. 첫 번째 조건인 B3셀의 '기초'는 함수식을 복사할 때 위치를 고정시켜야 하므로 F4 를 눌러 절대 참조($B$3)로 지정해야 합니다.

5 두 번째 조건에 대한 인수를 다음과 같이 지정하고 [확인]을 클릭하세요.

> • **Criteria_range2**: 커서 올려놓고 [Data] 시트로 이동 → '라인명' 항목인 D2:D41 범위 선택 → F4 눌러 절대 참조로 변경
> • **Criteria2**: 『A6』 입력 → F4 세 번 눌러 혼합 참조 '$A6'으로 변경

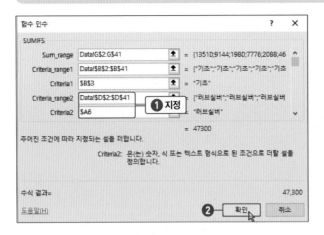

6 B6셀에 '러브실버'의 판매수량이 계산되면 B6셀의 자동 채우기 핸들(╋)을 C6셀까지 드래그하여 복사합니다. B6:C6 범위의 자동 채우기 핸들을 다시 더블클릭하여 나머지 셀에 함수식을 복사하세요. 테두리 서식이 달라지지 않도록 [자동 채우기 옵션] 단추(⊞)를 클릭하고 [서식 없이 채우기]를 선택합니다.

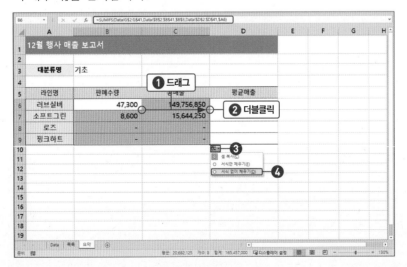

03 매출 평균 구하기 – IFERROR, AVERAGEIFS 함수

EXCEL

◉ **예제파일**: 행사매출(AVERAGEIFS).xlsx ◉ **완성파일**: 행사매출(AVERAGEIFS)_완성.xlsx

1 매출 보고서에서 평균 매출 조건에 대한 맞는 값이 없으면 '#DIV/0' 오류가 발생한다는 것을 고려해서 수식을 작성해야 합니다. [요약] 시트에서 '러브실버'의 평균 매출 값을 계산하기 위해 D6 셀을 선택하고 **[수식] 탭-[함수 라이브러리] 그룹**에서 **[논리]**를 클릭한 후 **[IFERROR]**를 선택하세요.

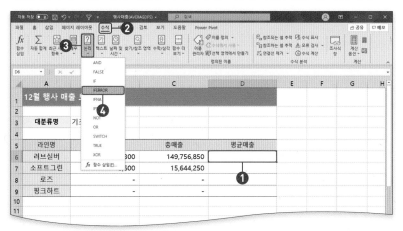

> **TIP**
>
> IFERROR 함수는 함수식의 결과가 오류일 경우 되돌려줄 값을 포함하는 함수입니다.

2 IFERROR 함수의 [함수 인수] 대화상자가 열리면 'Value'에 평균 값을 계산하기 위한 함수 『AVERAGEIFS( )』를 입력하고 수식 입력줄에 있는 [AVERAGEIFS]를 클릭하세요.

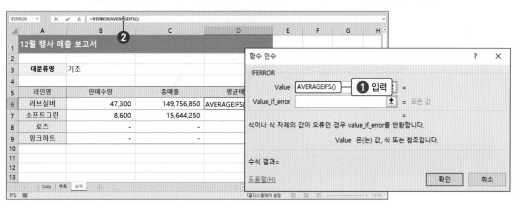

> **TIP**
>
> 함수 안에 함수를 중첩하려면 수식 입력줄의 왼쪽에 있는 이름 상자에서 중첩 함수를 선택해도 되지만, 중첩할 함수를 입력한 후 수식 입력줄에서 함수를 선택하는 것이 더 편리합니다.

3 다시 AVERAGEIFS 함수의 [함수 인수] 대화상자가 열리면 다음과 같이 지정하세요.

> • **Average_range**: 커서 올려놓고 [Data] 시트로 이동 → '할인금액' 항목인 H2:H41 범위 선택 → F4 눌러 절대 참조로 변경
> • **Criteria_range1**: 커서 올려놓고 [Data] 시트로 이동 → '대분류명' 항목인 B2:B41 범위 선택 → F4 눌러 절대 참조로 변경
> • **Criteria1**: 조건에 해당하는 B3셀 선택 → F4 눌러 절대 참조로 변경

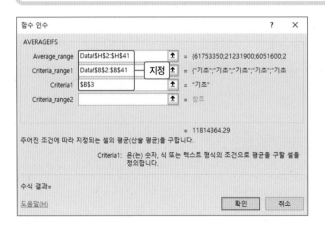

4 두 번째 조건에 대한 인수를 다음과 같이 지정하고 수식 입력줄에 있는 [IFERROR]를 클릭하세요.

> • **Criteria_range2**: 커서 올려놓고 [Data] 시트로 이동 → '라인명' 항목인 D2:D41 범위 선택 → F4 눌러 절대 참조로 변경
> • **Criteria2**: 『A6』 입력

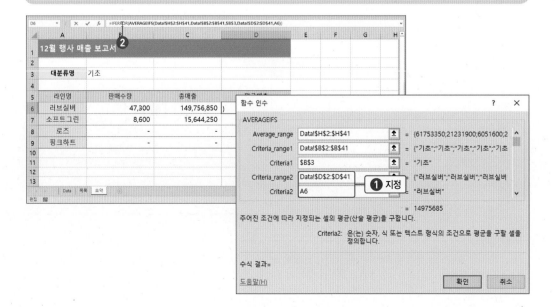

5 다시 IFERROR 함수의 [함수 인수] 대화상자가 열리면 'Value_if_error'에 『0』을 입력하고 [확인]을 클릭하세요.

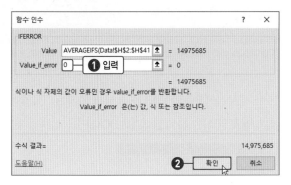

6 D6셀에 '러브실버'의 평균 매출이 계산되면 D6셀의 자동 채우기 핸들(＋)을 더블클릭하여 나머지 셀에 함수식을 복사하세요. 테두리 서식이 달라지지 않도록 [자동 채우기 옵션] 단추(📋)를 클릭하고 [서식 없이 채우기]를 선택합니다.

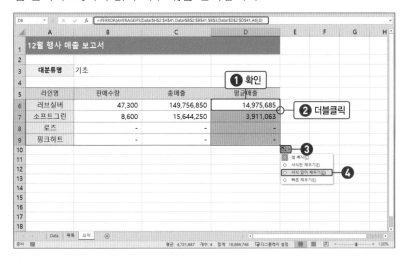

TF팀 명단 가져오기
– VLOOKUP, COLUMN 함수

◉ **예제파일**: TF팀구성(VLOOKUP,COLUMN).xlsx   ◉ **완성파일**: TF팀구성(VLOOKUP,COLUMN)_완성.xlsx

1 [TF팀] 시트의 직원명부에서 특정 인원을 뽑아 새로운 TF팀의 명단을 작성해 볼게요. B4셀을 선택하고 [수식] 탭-[함수 라이브러리] 그룹에서 [찾기/참조 영역]을 클릭한 후 [VLOOKUP]을 선택하세요.

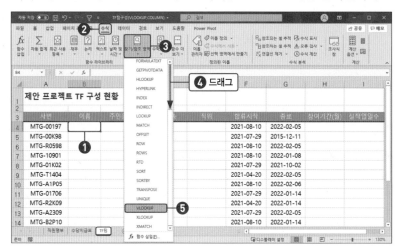

▶ 영상강의 ◀

2 VLOOKUP 함수의 [함수 인수] 대화상자가 열리면 다음과 같이 지정하고 [확인]을 클릭하세요.

- **Lookup_value**: 『$A4』 입력
- **Table_array**: 커서 올려놓고 [직원명부] 시트로 이동 → 전체 범위인 A1:H31 선택 → F4 눌러 절대 참조로 변경
- **Col_index_num**: [직원명부] 시트의 두 번째 열(이름)을 계산식으로 작성하기 위해 『COLUMN( )』 입력
- **Range_lookup**: 『0』 입력

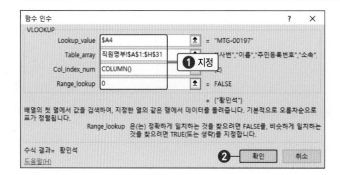

154

3 B4셀에 사번에 해당하는 사원 이름이 표시되면 B4셀의 자동 채우기 핸들(╋)을 E4셀까지 드래그하세요. E4셀의 자동 채우기 핸들을 더블클릭하여 E15셀까지 함수식을 복사하세요.

잠깐만요 > 혼합 참조와 COLUMN 함수의 유용성 살펴보기

1. 혼합 참조로 지정해야 하는 이유
수식에 참조 방식을 변경하는 이유는 딱 한 가지 경우입니다. 계산된 수식을 다른 셀에 복사할 때 셀이 이동하면서 위치가 바뀌기 때문에 F4 를 눌러 절대 참조나 혼합 참조로 변경해야 해요. 이 경우에는 좌우로 수식을 복사하는데, 위의 실습에서 행 방향으로는 사번에 따라 셀 주소가 변하므로 상대 참조로 지정해야 합니다. 하지만 열 방향으로 복사할 때는 사번이 이름(B열)으로 변경되지 않아야 하므로 154쪽의 **2** 과정에서 'Lookup_value'에 열 고정/행 변환의 참조인 '$A4'를 지정해야 합니다.

2. COLUMN 함수로 열 번호 정하기
VLOOKUP 함수의 세 번째 인수는 참조할 열의 번호를 입력해야 합니다. '이름'이 아닌 '주민등록번호'를 구하는 수식이 되면 참조 범위의 세 번째 열로 값이 바뀌어야 하는데, 상수값 『2』를 입력하면 다음 수식을 오른쪽으로 복사해도 값도 변경되지 않아요. 따라서 이런 수식을 자연스럽게 해결할 수 있는 계산식이 바로 COLUMN 함수나 ROW 함수입니다. 행이나 열이 바뀔 때마다 숫자가 증가하는 값을 지정하려면 COLUMN 함수나 ROW 함수를 사용해 보세요. COLUMN 함수의 경우 위의 실습 중 '이름' 항목에서는 '2'로, '주민등록번호' 항목에서는 '3'이 됩니다.

	A	B	C	D	E	F	G	H
1			COLUMN함수로 열번호 알아보기					
2								
3	열1	열2	열3	열4	열5	열6	열7	열8
4				=Column( )				
5	1	2	3	4	5	6	7	8
6								

참여 기간과 참여일수 알아보기
– NETWORKDAYS, DATEDIF 함수

● **예제파일**: TF팀구성(DATEDIF,NETWORKDAYS).xlsx   ● **완성파일**: TF팀구성(DATEDIF,NETWORKDAYS)_완성.xlsx

1 [TF팀] 시트에서 H4셀에 『=DATEDIF(F4,G4,"M")』을 입력하고 Enter 를 누릅니다.

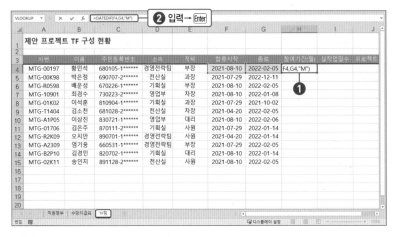

2 H4셀에 참여기간(월)이 계산되면 실제로 일을 한 일수를 구해볼게요. I4셀을 선택하고 [**수식**] 탭-[**함수 라이브러리**] 그룹에서 [**날짜 및 시간**]을 클릭하고 [**NETWORKDAYS**]를 선택하세요.

3 NETWORKDAYS 함수의 [함수 인수] 대화상자가 열리면 'Start_date'에는 시작 날짜인 『F4』를, 'End_date'에는 종료 날짜인 『G4』를 입력하고 [확인]을 클릭합니다.

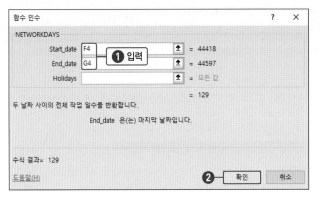

4 I4셀에 실제 작업일 수가 계산되면 H4:I4 범위를 선택하고 I4셀의 자동 채우기 핸들을 더블클릭하여 나머지 셀에 함수식을 복사합니다.

직급별 프로젝트 수당 구하기
– INDEX, MATCH 함수

● **예제파일**: TF팀구성(INDEX,MATCH).xlsx ● **완성파일**: TF팀구성(INDEX,MATCH)_완성.xlsx

1 [TF팀] 시트에서 J4셀에 『=H4*』를 입력하고 [수식] 탭–[함수 라이브러리] 그룹에서 [찾기/참조 영역] 을 클릭한 후 [INDEX]를 선택하세요.

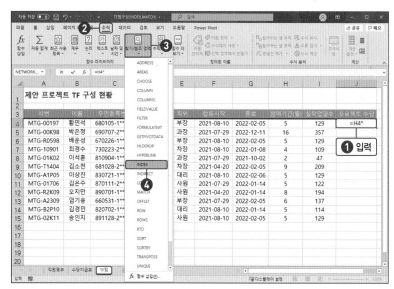

2 INDEX 함수의 [인수 선택] 대화상자가 열리면 [array,row_num,column_num]을 선택하고 [확인]을 클릭하세요.

3 INDEX 함수의 [함수 인수] 대화상자가 열리면 다음과 같이 입력하고 수식 입력줄에서 [MATCH]를 클릭합니다.

> • **Array**: 커서 올려놓고 [수당지급표] 시트로 이동 → 수당 범위인 B4:F6 선택 → F4 눌러 절대 참조로 변경
> • **Row_num**: 『1』입력
> • **Column_num**: 『MATCH( )』입력

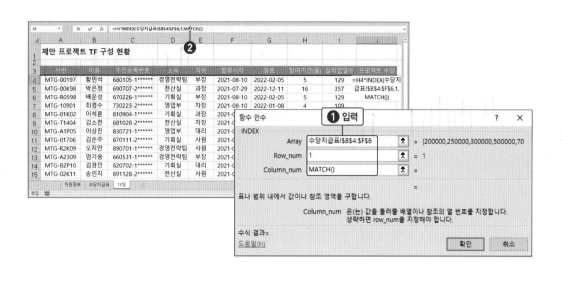

4 MATCH 함수의 [함수 인수] 대화상자가 열리면 다음과 같이 입력하고 [확인]을 클릭하세요.

> • **Lookup_value**: 『E4』입력
> • **Lookup_array**: 커서 올려놓고 [수당지급표] 시트로 이동 → B3:F3 선택 → F4 눌러 절대 참조로 변경
> • **Match_type**: 『0』입력

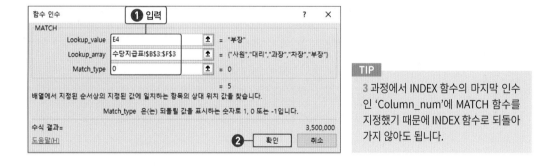

TIP

3 과정에서 INDEX 함수의 마지막 인수인 'Column_num'에 MATCH 함수를 지정했기 때문에 INDEX 함수로 되돌아가지 않아도 됩니다.

5 J4셀에 참여 개월 수와 출장 수당을 곱한 값이 계산되면 J4셀의 자동 채우기 핸들(➕)을 더블클릭하여 나머지 셀에 함수식을 복사하세요.

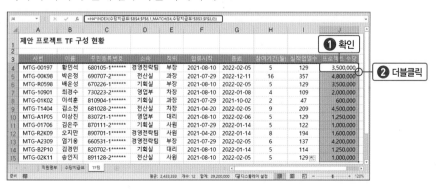

중첩 함수를 쉽게 작성하는 노하우!

1 | 수식 대치하여 중첩 함수 작성하기

함수를 중첩해서 사용하면 함수식을 여러 개의 셀에 나누어 계산하지 않고 하나의 셀에 깔끔하게 작성할 수 있어서 매우 유용해요. 그러나 함수식이 복잡해지면 어떤 함수로 시작하고 인수의 어느 부분에 다른 함수를 중첩해야 하는지 모를 수 있기 때문에 대부분 함수식을 계산하고 해당 결과를 다른 셀에 참조하는 방법으로 계산해야 합니다. 이 경우 다음에서 제시하는 방법으로 함수를 중첩하면 아무리 복잡한 중첩 함수도 정말 쉽게 작성할 수 있어요.

❶ 함수식은 일반적인 계산 순서의 반대 순서대로 입력하세요.

금액의 평균을 구하고 반올림할 경우 함수식에서는 ROUND 함수를 먼저 실행하고 그 안에 AVERAGE 함수를 중첩해야 합니다. 좀 더 많은 함수를 한 번에 입력하려면 순서가 무척 복잡하겠지만, 계산의 작업 순서를 반대로 생각하면 간단해집니다.

❷ 다른 함수식에 참조한 함수식을 대치하세요.

생각했던 계산 순서대로 다른 셀에 계산하고 처음 함수식을 복사한 후 해당 값을 참조하고 있는 또 다른 함수식에 복사한 함수식을 대치하세요. 예를 들어 B2셀에 '=AVERAGE(A2:A10)'으로 계산된 함수식이 있고 C3셀에 '=ROUND(B2)'로 계산된 함수식이 있다면 B2셀의 'AVERAGE(A2:A10)'을 복사하여 '=ROUND(B2)'의 'B2' 대신 '=AVERAGE(A2:A10)'으로 작성하세요.

2 | 직급별 프로젝트 수당의 함수식 대치하기

◉ **예제파일**: TF팀구성_수당.xlsx   ◉ **완성파일**: TF팀구성_수당_완성.xlsx

▶영상강의◀

이번에는 158쪽의 '06. 직급별 프로젝트 수당 구하기 – INDEX, MATCH 함수'의 함수식에 다른 함수식을 대치하여 다시 계산해 보겠습니다.

1 직급의 열 위치를 알아내기 위해 M4셀에 함수식 『=MATCH(E4,직급,0)』을 입력하고 Enter 를 누르세요.

	직위	주소	합류시작	종료	참여기간(월)	실작업일수	프로젝트 수당		직급의 열번호	수당
4	부장	경기도 군포시	2015-08-10	2016-02-05	5		130		=MATCH(E4,직급,0)	
5	과장	경기도 남양주시	2015-07-29	2015-12-11	4		98			
6	부장	부산시 동래구	2015-08-10	2016-02-05	5		130			

입력 → Enter

2 수당지급표에서 직급에 따른 출근 수당을 계산하기 위해 N4셀에 『=INDEX(수당,1,M4)』를 입력하고 Enter를 누르세요. 이렇게 작성한 결과로 프로젝트 수당을 계산하기 위해 K4셀을 선택하고 『=I4*N4』를 입력한 후 Enter를 누르세요.

3 작성한 함수식을 '프로젝트 수당' 수식에 대치해 볼게요. 먼저 첫 번째 함수식인 M4셀을 더블클릭하여 함수식을 표시하고 '='를 뺀 'MATCH(E4,직급,0)'을 드래그하여 복사한 후 Enter를 누르세요.

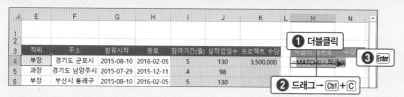

4 수당 셀인 N4셀을 더블클릭하여 함수식을 표시한 후 'M4'를 삭제하고 복사한 함수식을 붙여넣습니다.

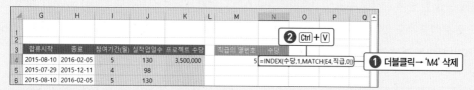

5 이와 같은 방법으로 INDEX 함수 전체인 'INDEX(수당,1,MATCH(E4,직급,0))'을 복사한 후 Enter를 누릅니다.

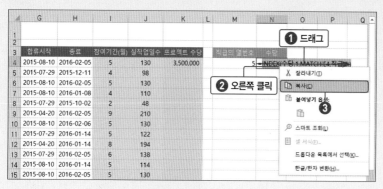

6 '프로젝트 수당' 항목의 함수식을 표시하고 'N4'를 삭제한 후 5에서 복사한 함수식을 붙여넣으세요. 그러면 전체 함수식이 완성되면서 M4셀과 N4셀을 삭제해도 문제가 되지 않습니다.

데이터베이스 관리와 데이터 분석하기

엑셀을 사용하는 가장 큰 이유는 바로 '계산'과 '분석' 기능 때문이죠. '분석' 기능을 제대로 사용하려면 '데이터베이스(database)'라고 부르는 대량의 데이터 집합을 규칙에 맞게 저장하고 관리할 수 있어야 해요. 따라서 엑셀에서는 데이터베이스를 쉽고 빠르게 다룰 수 있는 '표' 기능을 제공합니다. 표를 활용하면 데이터의 검색 및 추가, 삭제 등을 한 번에 해결할 수도 있고 데이터베이스를 다양한 형태로 정렬하거나 필터, 부분합, 피벗 테이블 기능으로 분석할 수도 있어요. 이번 장에서는 표를 사용하여 데이터베이스를 정렬해 보고 '분석의 꽃'이라고 부르는 '피벗 테이블 분석' 기능까지 배워봅니다.

EXCEL

01 데이터베이스 다루기

데이터베이스(database)란, 규칙에 맞게 데이터의 구성 요소를 작성 및 저장해 놓은 데이터 집합체를 말합니다. 따라서 데이터만 잘 정리해 놓아도 다양한 보고서나 분석 자료에 매우 유용하게 활용할 수 있죠. 특히 엑셀에서 제공하는 '표' 기능은 데이터베이스를 쉽게 다룰 수 있도록 도와줍니다. 이번 섹션에서는 데이터베이스를 작성하고, 정렬하며, 부분합으로 소계를 구하는 방법까지 알아보겠습니다. 데이터 분석을 위한 기초 단계이므로 예제를 꼭 따라해 보세요

PREVIEW

▲ 표 작성하고 요약 행과 구조적 참조로 계산하기

▲ 정렬된 데이터로 부분합 계산하고 결과만 복사하기

EXCEL 01 표 삽입하고 꾸미기

● **예제파일**: 행사매출_표.xlsx   ● **완성파일**: 행사매출_표_완성.xlsx

1 [Data] 시트에서 표를 삽입하기 위해 데이터 범위에 있는 하나의 셀을 선택하고 **[삽입] 탭-[표]
그룹**에서 **[표]**를 클릭하세요.

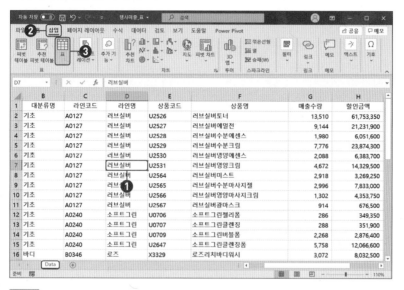

Ctrl+T를 눌러도 빠르게 표를 삽입할 수 있어요.

2 [표 만들기] 대화상자가 열리면 [머리글 포함]에 체크되어 있는지 확인하고 [확인]을 클릭하
세요.

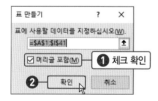

TIP

인접한 영역의 데이터 범위가 모두 선택되므로 표로 사용할 데이터 범위가 자동으로 지정됩니다.

165

3 데이터베이스에 표 서식이 적용되면서 표가 삽입되면 다른 스타일의 표 서식을 적용해 볼게요. **[표 디자인] 탭-[표 스타일] 그룹**에서 **[자세히]** 단추(▼)를 클릭하고 표 스타일 목록에서 '중간'의 **[주황, 표 스타일 보통 3]**을 선택하세요.

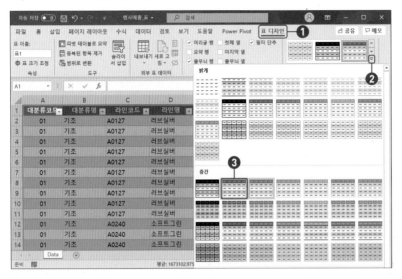

TIP

표를 선택하면 리본 메뉴에 [표 디자인] 탭이 표시됩니다. 표가 삽입되면 표 스타일 갤러리에서 원하는 표 스타일의 위에 마우스 포인터를 올려놓을 때마다 표 스타일이 적용되어 미리 보기로 편리하게 확인할 수 있어요.

4 표가 지정한 표 스타일로 변경되면 **[표 디자인] 탭-[표 스타일 옵션] 그룹**에서 **[마지막 열]**에 체크하여 표를 꾸미세요.

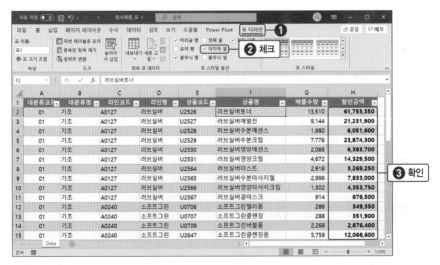

EXCEL 02 표 편집하고 요약 행 지정하기

● **예제파일**: 행사매출_표편집.xlsx   ● **완성파일**: 행사매출_표편집_완성.xlsx

1 표가 삽입되면 표에 '표1', '표2'와 같은 이름이 붙는데, 표 이름을 변경해 볼게요. [Data] 시트에서 표 안에 있는 하나의 셀을 선택하고 **[표 디자인] 탭-[속성] 그룹**에서 '**표 이름**'에 『행사매출』을 입력한 후 Enter를 누르세요.

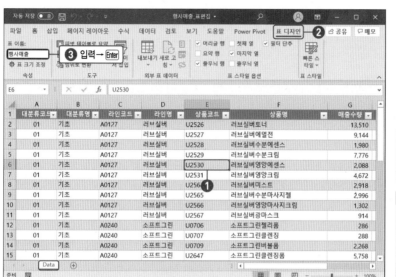

▶영상강의◀

2 새 필드를 추가하기 위해 I1셀에 『수량비율』을 입력하고 Enter를 누르세요. 그러면 표 서식이 유지된 상태로 표가 확장됩니다.

	D	E	F	G	H	I
1	라인명	상품코드	상품명	매출수량	할인금액	수량비율
2	러브실버	U2526	러브실버토너	13,510	61,753,350	
3	러브실버	U2527	러브실버에멀전	9,144	21,231,900	
4	러브실버	U2528	러브실버수분에센스	1,980	6,051,600	
5	러브실버	U2529	러브실버수분크림	7,776	23,874,300	
6	러브실버	U2530	러브실버영양에센스	2,088	6,383,700	
7	러브실버	U2531	러브실버영양크림	4,672	14,329,500	
8	러브실버	U2564	러브실버미스트	2,918	3,269,250	
9	러브실버	U2565	러브실버수분마사지젤	2,996	7,833,000	
10	러브실버	U2566	러브실버영양마사지크림	1,302	4,353,750	
11	러브실버	U2567	러브실버광마스크	914	676,500	
12	소프트그린	U0706	소프트그린젤리품	286	349,350	
13	소프트그린	U0707	소프트그린클렌징	288	351,900	
14	소프트그린	U0709	소프트그린버블품	2,268	2,876,400	
15	소프트그린	U2647	소프트그린클렌징품	5,758	12,066,600	
16	로즈	X3329	로즈리치바디워시	3,072	8,032,500	
17	로즈	X3330	로즈리치바디에센스	5,158	13,508,250	
18	로즈	X3331	로즈리치바디크림	328	474,000	

❶ 입력 → Enter
❷ 확인

3 추가한 필드(항목)의 할인 금액을 계산해 볼게요. I2셀에 『=』를 입력하고 G2셀을 클릭하여 『[@
매출수량]』을 입력한 후 『/SUM([매출수량])』을 입력하고 Enter 를 누르세요

> **TIP**
>
> '[@매출수량]'은 현재 표의 '매출수량' 필드라는 구조에서 현재 행(@)의 요소라는 의미입니다. 표 계산은 하나의 셀에
> 대한 계산이 아니라 필드가 구조적으로 참조되기 때문이죠.

4 수식이 구조적으로 참조되면서 결과가 한 번에 계산되었으면 '수량비율' 필드 전체를 선택합니
다. [홈] 탭-[표시 형식] 그룹에서 [백분율]을 클릭하여 수량 비율을 백분율로 표시하세요.

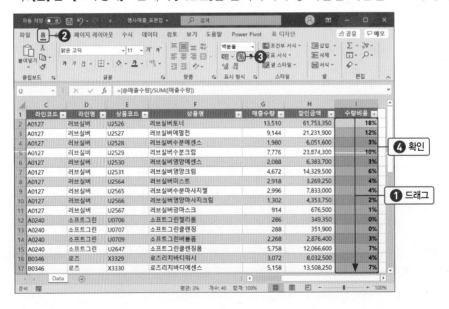

5 [홈] 탭-[표시 형식] 그룹에서 [자릿수 늘림]을 클릭하여 수량 비율을 소수점 이하 첫째 자리까지 표시하세요.

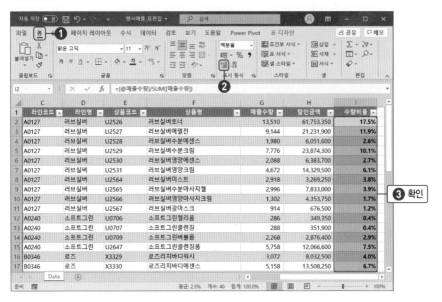

6 이번에는 표에 대한 요약을 계산하기 위해 표를 선택한 상태에서 [표 디자인] 탭-[표 스타일 옵션] 그룹에서 [요약 행]에 체크하세요. 표의 아래쪽에 '요약' 행이 추가되면 '매출수량' 항목의 G42셀을 선택하고 '요약' 행의 목록 단추(▼)를 클릭한 후 [합계]를 선택하세요.

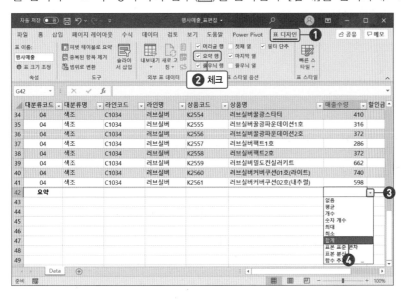

문서작성

문서편집

서식지정

차트

함수

정렬과필터

피벗테이블

파워쿼리

7 G42셀에 '매출수량' 항목의 매출수량에 대한 소계가 표시되었는지 확인하세요.

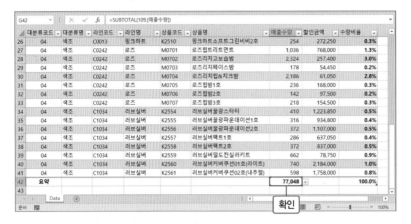

잠깐만요 > 계산된 열이 자동으로 채워지지 않을 때의 해결 방법 살펴보기

표에서 구조적 참조 방법으로 계산된 열은 자동으로 계산된 열이 만들어져서 모든 셀에 수식이 채워져요. 그런데 해당 기능이 중지되어 실행되지 않는다면 계산된 셀의 끝에 나타난 [자동 고침 옵션] 단추(📝)를 클릭하고 [이 수식이 있는 이 열의 모든 셀 덮어쓰기]를 선택하세요.

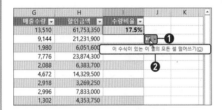

모든 셀의 수식이 채워지지 않은 것은 자동 고침 옵션에서 일부 옵션이 지정되지 않았거나 수식 작성 후 [자동으로 계산된 열 만들기 중지]를 선택했기 때문이에요. 그러므로 다시 해당 기능을 변경하려면 다음과 같이 진행하세요.

❶ [파일] 탭-[옵션]을 선택하여 [Excel 옵션] 창을 열고 [언어 교정] 범주를 선택한 후 [자동 고침 옵션]을 클릭하세요.
❷ [자동 고침] 대화상자가 열리면 [입력할 때 자동 서식] 탭에서 '작업할 때 자동으로 서식 설정'의 [표에 수식을 채워 계산된 열 만들기]에 체크하고 [확인]을 클릭하세요.

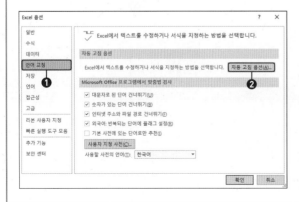

03 필드 조건 이용해 데이터 정렬하기

EXCEL

● **예제파일**: 행사매출_정렬.xlsx ● **완성파일**: 행사매출_정렬_완성.xlsx

1 엑셀에서 가장 단순한 정렬 방법은 해당 필드에서 직접 정렬하는 방법입니다. [Data] 시트에서 '라인명' 항목에 있는 하나의 셀을 선택하고 마우스 오른쪽 단추를 클릭한 후 [정렬]–[텍스트 오름차순 정렬]을 선택하세요.

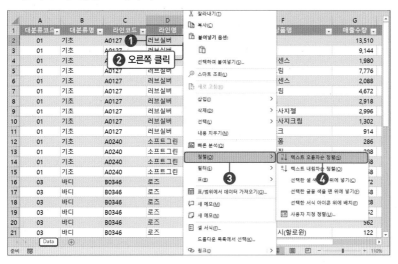

2 ㄱ, ㄴ, ㄷ, …의 순서대로 라인명 이름이 정렬되었는지 확인하세요.

	A	B	C	D	E	F	G
1	대분류코드	대분류명	라인코드	라인명	상품코드	상품명	매출수량
2	01	기초	A0127	러브실버	U2526	러브실버토너	13,510
3	01	기초	A0127	러브실버	U2527	러브실버에멀전	9,144
4	01	기초	A0127	러브실버	U2528	러브실버수분에센스	1,980
5	01	기초	A0127	러브실버	U2529	러브실버수분크림	7,776
6	01	기초	A0127	러브실버	U2530	러브실버영양에센스	2,088
7	01	기초	A0127	러브실버	U2531	러브실버영양크림	4,672
8	01	기초	A0127	러브실버	U2564	러브실버미스트	2,918
9	01	기초	A0127	러브실버	U2565	러브실버수분마사지젤	2,996
10	01	기초	A0127	러브실버	U2566	러브실버영양마사지크림	1,302
11	01	기초	A0127	러브실버	U25	러브실버광마스크	914
12	04	색조	C1034	러브실버	K25	러브실버꿀광스타터	410
13	04	색조	C1034	러브실버	K2555	러브실버꿀광파운데이션1호	316
14	04	색조	C1034	러브실버	K2556	러브실버꿀광파운데이션2호	372
15	04	색조	C1034	러브실버	K2557	러브실버팩트1호	286
16	04	색조	C1034	러브실버	K2558	러브실버팩트2호	372
17	04	색조	C1034	러브실버	K2559	러브실버밀도컨실러키트	662
18	04	색조	C1034	러브실버	K2560	러브실버커버쿠션01호(라이트)	740
19	04	색조	C1034	러브실버	K2561	러브실버커버쿠션02호(내추럴)	598
20	03	바디	B0346	로즈	X3329	로즈리치바디워시	3,072
21	03	바디	B0346	로즈	X3330	로즈리치바디에센스	5,158

3 이번에는 리본 메뉴를 사용해 할인금액을 기준으로 데이터를 정렬해 볼게요. '할인금액' 항목에 있는 하나의 셀을 선택하고 [데이터] 탭-[정렬 및 필터] 그룹에서 [숫자 내림차순 정렬]을 클릭하세요.

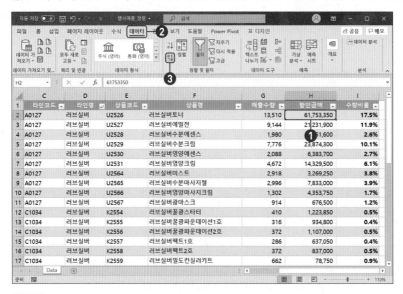

TIP

각 필드의 성격에 따라 텍스트, 숫자, 날짜/시간에 대한 정렬 목록이 표시됩니다.

4 '할인금액'이 가장 큰 데이터부터 정렬되었는지 확인하세요.

EXCEL 04 다중 조건 지정해 데이터 정렬하기

● **예제파일**: 행사매출_다중정렬.xlsx ● **완성파일**: 행사매출_다중정렬_완성.xlsx

1 데이터에 여러 가지 조건을 적용하여 정렬해 봅시다. [Data] 시트에서 데이터 범위에 있는 하나의 셀을 선택하고 **[데이터] 탭-[정렬 및 필터] 그룹**에서 **[정렬]**을 클릭하세요.

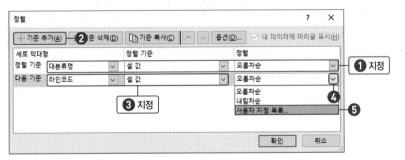

2 [정렬] 대화상자가 열리면 분류에 대한 정렬 방식을 지정하기 위해 '정렬 기준'에서는 [대분류명], [셀 값]을 지정하고 '정렬'에서 [오름차순]을 선택하세요. [기준 추가]를 클릭하고 '다음 기준'은 [라인코드], '정렬 기준'은 [셀 값], '정렬'은 [사용자 지정 목록]으로 지정하세요.

173

3 [사용자 지정 목록] 대화상자의 [사용자 지정 목록] 탭이 열리면 '사용자 지정 목록'에서 [새 목록]을 선택하세요. '목록 항목'에 다음의 그림과 같이 순서대로 목록을 입력하고 [추가]와 [확인]을 차례대로 클릭하세요.

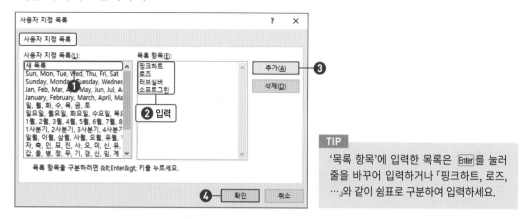

TIP

'목록 항목'에 입력한 목록은 Enter를 눌러 줄을 바꾸어 입력하거나 『핑크하트, 로즈, …』와 같이 쉼표로 구분하여 입력하세요.

4 [정렬] 대화상자로 되돌아오면 [기준 추가]를 클릭하고 '다음 기준'은 [매출수량], '정렬 기준'은 [셀 값], '정렬'은 [내림차순]으로 지정한 후 [확인]을 클릭하세요.

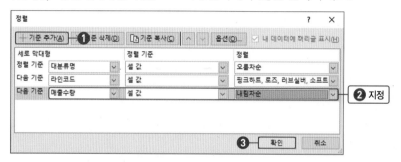

5 '대분류명', '라인코드', '매출수량' 순으로 데이터가 정렬되었는지 확인하세요.

	A	B	C	D	E	F	G	H
1	대분류코드	대분류명	라인코드	라인명	상품코드	상품명	매출수량	확인금액
2	01	기초	A0127	러브실버	U2526	러브실버토너	13,510	61,753,350
3	01	기초	A0127	러브실버	U2527	러브실버에멀전	9,144	21,231,900
4	01	기초	A0127	러브실버	U2529	러브실버수분크림	7,776	23,874,300
5	01	기초	A0127	러브실버	U2531	러브실버영양크림	4,672	14,329,500
6	01	기초	A0127	러브실버	U2565	러브실버수분마사지젤	2,996	7,833,000
7	01	기초	A0127	러브실버	U2564	러브실버미스트	2,918	3,269,250
8	01	기초	A0127	러브실버	U2530	러브실버영양에센스	2,088	6,383,700
9	01	기초	A0127	러브실버	U2528	러브실버수분에센스	1,980	6,051,600
10	01	기초	A0127	러브실버	U2566	러브실버영양마사지크림	1,302	4,353,750
11	01	기초	A0127	러브실버	U2567	러브실버광마스크	914	676,500
12	01	기초	A0240	소프트그린	U2647	소프트그린클렌징폼	5,758	12,066,600
13	01	기초	A0240	소프트그린	U0709	소프트그린버블폼	2,268	2,876,400
14	01	기초	A0240	소프트그린	U0707	소프트그린클렌징	288	351,900
15	01	기초	A0240	소프트그린	U0706	소프트그린젤리폼	286	349,350
16	03	바디	B0346	로즈	X3330	로즈리치바디에센스	5,158	13,508,250
17	03	바디	B0346	로즈	X3329	로즈리치바디워시	3,072	8,032,500
18	03	바디	B0346	로즈	X3333	로즈리치넥크림	562	1,237,500
19	03	바디	B0346	로즈	X3336	로즈리치바디크림(할로윈)	362	75,000
20	03	바디	B0346	로즈	X3332	로즈리치바디미스트	352	765,000
21	03	바디	B0346	로즈	X3331	로즈리치바디크림	328	474,000

정렬 확인

EXCEL 05 부분합 이용해 요약 보고서 작성하기

● **예제파일**: 선박운송_부분합.xlsx　● **완성파일**: 선박운송_부분합_완성.xlsx

1 조건에 맞춰 그룹별 소계를 구해볼게요. [3사분기] 시트에서 데이터 범위에 있는 하나의 셀을 선택하고 **[데이터] 탭-[개요] 그룹**에서 **[부분합]**을 클릭하세요.

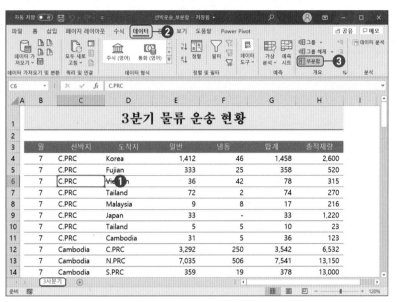

2 [부분합] 대화상자가 열리면 '그룹화할 항목'에서는 [월]을, '사용할 함수'에서는 [합계]를 선택하고 '부분합 계산 항목'에서 [일반], [냉동], [합계]에만 체크한 후 [확인]을 클릭하세요.

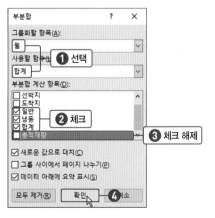

TIP

'부분합 계산 항목'은 소계를 계산할 필드여서 숫자로 된 항목이어야 하므로 텍스트 항목인 경우에는 적용할 함수에서 [개수]를 선택해야 합니다. 여기서는 월별 '일반', '냉동', '합계' 항목의 부분합을 요약할 수 있어요.

3 부분합이 계산되면서 7월과 8월, 9월의 아래쪽에 '요약' 행이 추가되었습니다. 다른 항목에 대한 요약을 추가하려면 [데이터] 탭-[개요] 그룹에서 [부분합]을 클릭하세요.

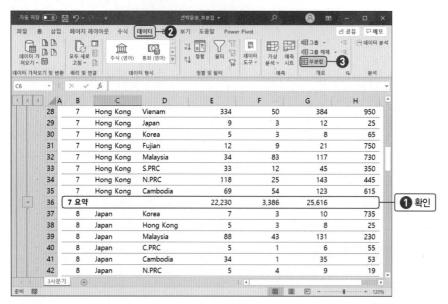

TIP

부분합이 계산되면 '요약' 결과를 볼 수 있는 워크시트의 왼쪽에 윤곽 기호(1 2 3)가 생겨요. – 단추나 + 단추를 클릭하여 내용을 확대 및 축소해서 요약 내용을 펼쳐보거나 숨길 수 있습니다.

4 [부분합] 대화상자가 열리면 '그룹화할 항목'에서는 [선박지]를, '사용할 함수'에서는 [개수]를 선택하세요. '부분합 계산 항목'에서 [합계]에만 체크하고 [새로운 값으로 대치]의 체크를 해제한 후 [확인]을 클릭하세요.

TIP

[새로운 값으로 대치]에 체크하면 부분합은 매번 새로운 요약으로 바뀝니다.

5 선박지별로 그룹화되면서 선박지의 개수가 요약되었는지 확인하고 3번 윤곽 기호(③)를 클릭하세요.

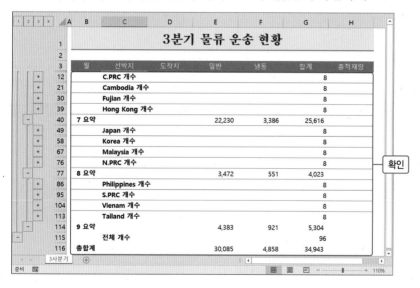

6 월별 요약과 함께 선박지별 개수가 제대로 요약되었는지 확인하세요.

부분합 이용해 요약 보고서의 결과 복사하기

● 예제파일: 선박운송_부분합복사.xlsx   ● 완성파일: 선박운송_부분합복사_완성.xlsx

1 부분합 부분만 다른 시트에 복사하기 위해 [3사분기] 시트에서 D열 머리글을 클릭하여 D열 전체를 선택하세요. Ctrl 을 누른 상태에서 H열 머리글을 클릭하여 H열 전체를 선택하고 마우스 오른쪽 단추를 클릭한 후 [숨기기]를 선택하세요.

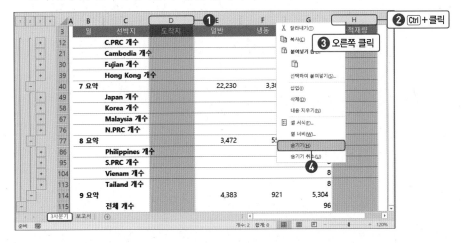

2 이번에는 화면에 보이는 내용만 복사해 볼게요. B3:G116 범위를 선택하고 **[홈] 탭-[편집] 그룹**에서 **[찾기 및 선택]**을 클릭한 후 **[이동 옵션]**을 선택하세요. [이동 옵션] 대화상자가 열리면 [화면에 보이는 셀만]을 선택하고 [확인]을 클릭하세요.

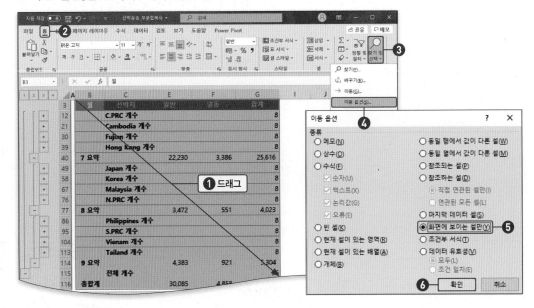

3 화면에 보이는 셀만 모두 선택되면 **[홈] 탭-[클립보드] 그룹**에서 **[복사]**(Ctrl+C)를 클릭하세요.

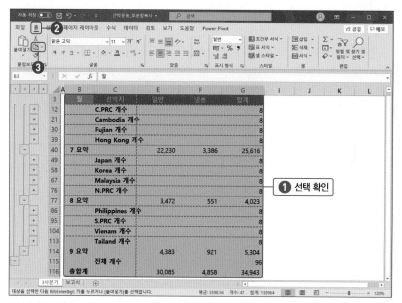

① 선택 확인

> **TIP**
>
> 선택된 범위가 복사되면 숨겨진 범위는 복사에서 제외됩니다.

4 복사한 데이터를 붙여넣기 위해 [보고서] 시트로 이동하여 A1셀을 선택하고 **[홈] 탭-[클립보드] 그룹**에서 **[붙여넣기]**의 📋를 클릭하세요.

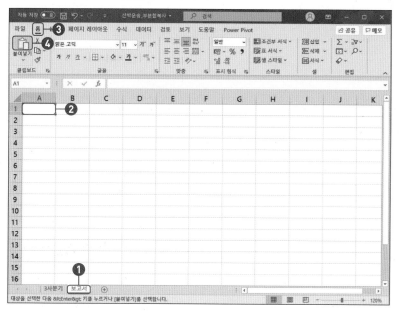

문서서식

문서편집

서식지정

차트

함수

정렬과필터

피벗테이블

파워쿼리

5 다음의 사항을 참고하여 복사한 보고서의 열 너비와 맞춤, 테두리 등의 서식을 꾸미세요.

- **열 너비**: 데이터에 맞춰 지정
- **맞춤**: '7 요약', '8 요약', '9 요약'은 병합하고 가운데 맞춤, 아래쪽 맞춤으로 지정
- **테두리**: 기존의 테두리와 같은 색상으로 모든 범위에 가로 선 그리고 선박지별 개수 요약 셀의 왼쪽에 세로 선 지정

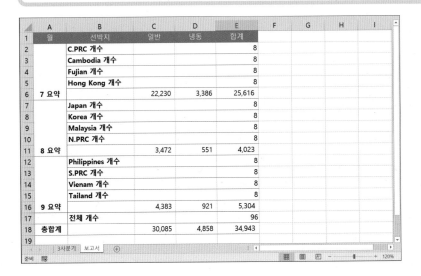

6 [3사분기] 시트로 되돌아와서 [데이터] 탭-[개요] 그룹에서 [부분합]을 클릭합니다. [부분합] 대화상자가 열리면 [모두 제거]를 클릭하세요.

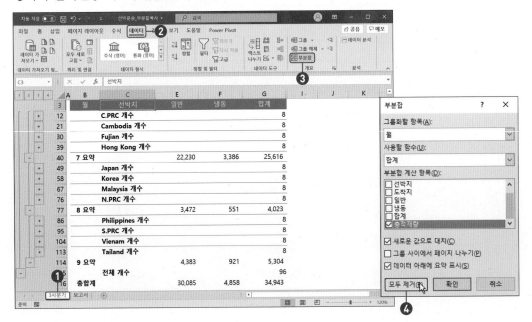

7 요약된 보고서에서 부분합이 취소되면서 원래의 데이터베이스로 되돌아오면 숨겨진 열의 머리글이 포함된 B열 머리글부터 I열 머리글까지 드래그하여 선택합니다. 선택 영역에서 마우스 오른쪽 단추를 클릭하고 [숨기기 취소]를 선택하세요.

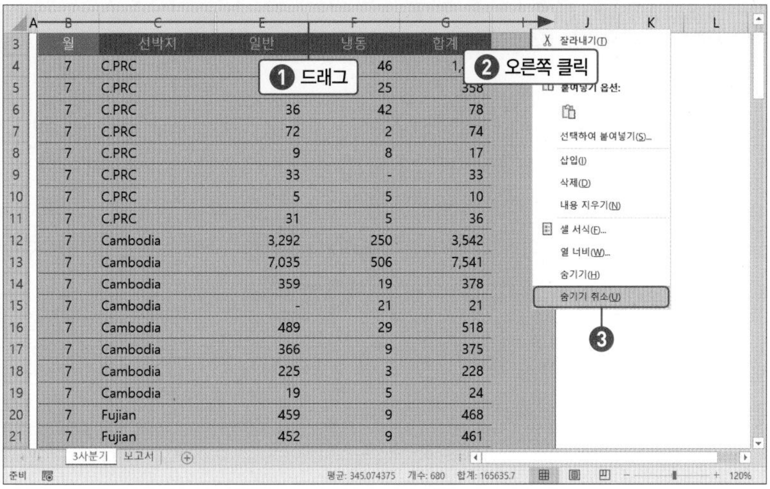

8 **1** 과정에서 숨겨졌던 D열과 H열이 표시되었는지 확인하세요.

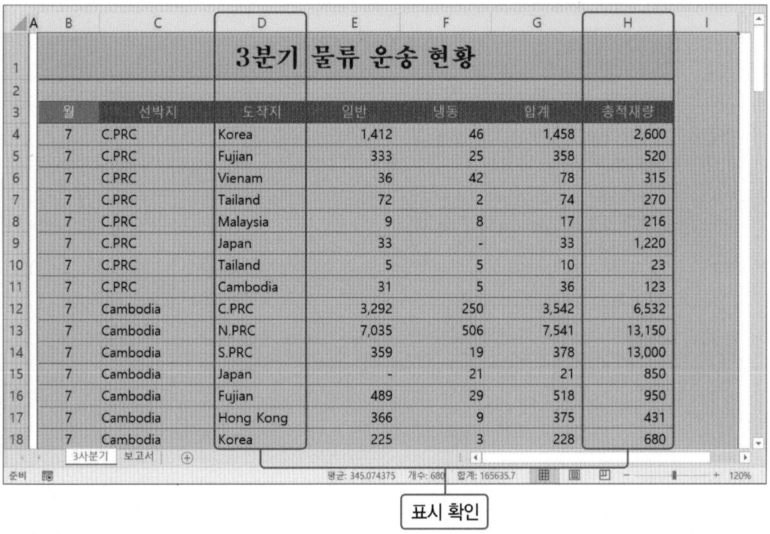

문서서식

문서편집

서식지정

차트

함수

정렬과필터

피벗테이블

화면관리

181

02 원하는 데이터 검색하고 추출하기

방대한 양의 데이터베이스에서 원하는 데이터만 검색하고 추출해야 한다면 너무 막연할 것입니다. 하지만 엑셀에서 제공하는 '필터' 기능을 활용하면 쉽게 해결할 수 있어요. 수백 개나 수만 개의 데이터라도 각필드에 저장된 자료에 조건이나 수식을 지정하면 사용자가 원하는 결과를 쉽게 얻을 수 있어요. 이번 섹션에서는 단순 조건을 지정하는 자동 필터부터 중첩 조건이나 수식을 대입해야 하는 고급 필터까지 지정해 보면서 다양한 데이터를 검색하고 추출하는 방법에 대해 배워봅니다.

PREVIEW

	A	B	C	D	E	F	G	H	I	J
1	사번	이름	주민등록번호	소속	직위	입사일	최종학력	주소1	주소2	
2	MTG-01808	우상호	830715-2******	홍보부	사원	2013-12-25	학사	경기도	과천시	
3	MTG-01908	문명철	820325-1******	홍보부	대리	2014-01-07	학사	서울시	종로구	
4	MTG-T2008	강경희	860208-2******	기획실	대리	2014-02-17	학사	충청북도	천안시	
5	MTG-R2209	이철희	800308-1******	기획실	대리	2014-09-19	석사	경상북도	구미시	
6	MTG-B2P10	김경민	820702-1******	기획실	대리	2015-08-08	학사	경상북도	포항시	

직원명부 / 외주업체파견 +

준비

▲ 자동 필터로 여러 조건을 만족하는 자료 추출하기

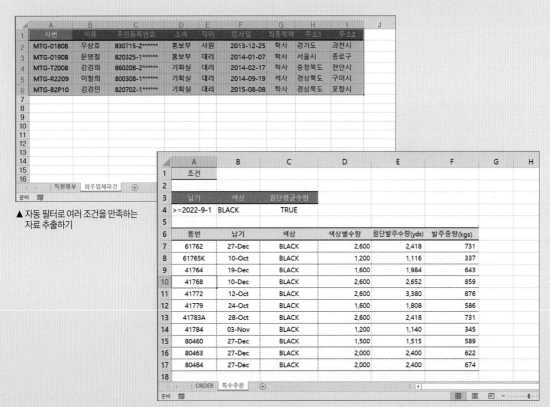

	A	B	C	D	E	F	G	H
1	조건							
2								
3	납기	색상	원단평균수량					
4	>=2022-9-1	BLACK		TRUE				
5								
6	품번	납기	색상	색상별수량	원단발주수량(yds)	발주중량(kgs)		
7	61762	27-Dec	BLACK	2,600	2,418	731		
8	61765K	10-Oct	BLACK	1,200	1,116	337		
9	41764	19-Dec	BLACK	1,600	1,984	643		
10	41768	10-Dec	BLACK	2,600	2,652	859		
11	41772	12-Oct	BLACK	2,600	3,380	876		
12	41779	24-Oct	BLACK	1,600	1,808	586		
13	41783A	28-Oct	BLACK	2,600	2,418	731		
14	41784	03-Nov	BLACK	1,200	1,140	345		
15	80460	27-Dec	BLACK	1,500	1,515	589		
16	80463	27-Dec	BLACK	2,000	2,400	622		
17	80464	27-Dec	BLACK	2,000	2,400	674		
18								

ORDER / 특수주문 +

준비

▲ 고급 필터로 추출하고 원하는 항목만 복사하기

EXCEL 01 자동 필터 이용해 데이터 추출하기

● **예제파일**: 외주업체파견_자동필터.xlsx   ● **완성파일**: 외주업체파견_자동필터_완성.xlsx

1 [직원명부] 시트에서 특정 출판사의 도서만 필터링하기 위해 데이터 범위에 있는 하나의 셀을 선택하고 **[홈]** 탭-**[편집]** 그룹에서 **[정렬 및 필터]**를 클릭한 후 **[필터]**를 선택하세요.

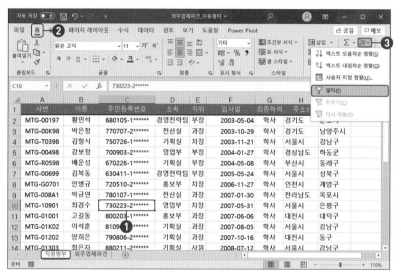

> **TIP**
>
> 단축키 Ctrl+Shift+T를 누르거나 **[데이터]** 탭-**[정렬 및 필터]** 그룹에서 **[필터]**를 클릭해도 됩니다.

2 '소속' 항목의 필터 단추(▼)를 클릭하고 [(모두 선택)]의 체크를 해제하세요. '소속' 항목 중에서 [기획실], [홍보부]에 체크하고 [확인]을 클릭하세요.

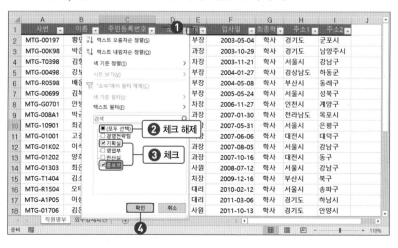

문서시작

문서편집

서식지정

차트

함수

정렬과필터

피벗테이블

파워쿼리

3 선택한 소속 항목에 대한 데이터만 추출되었으면 '일사일'이 2013년 이후인 데이터만 추출해 볼게요. '입사일' 항목의 필터 단추(▼)를 클릭하고 [날짜 필터]-[이후]를 선택하세요.

TIP

각 항목의 데이터(숫자, 텍스트, 날짜)에 따라 제공되는 연산자가 달라집니다. '일사일' 항목의 데이터는 날짜 데이터이므로 이와 관련된 연산자가 표시됩니다.

4 [사용자 지정 자동 필터] 대화상자가 열리면 '입사일'에서 [이후]가 선택되었는지 확인하고 『2013-1-1』을 입력한 후 [확인]을 클릭하세요.

5 첫 번째 '소속' 조건(기획실, 홍보부)과 2013년 이후인 '입사일' 조건을 만족하는 데이터가 필터링되었습니다. 추출된 데이터를 다른 시트에 복사하기 위해 필터링된 데이터 전체를 선택하고 Ctrl+C를 눌러 복사하세요.

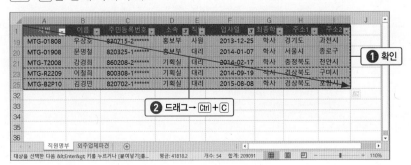

6 [외주업체파견] 시트로 이동해서 A1셀을 선택하고 Ctrl+V를 누르거나 [홈] 탭-[클립보드] 그룹에서 [붙여넣기]를 클릭하세요. 데이터가 복사되면 [붙여넣기 옵션] 단추(📋(Ctrl)▾)를 클릭하고 [원본 열 너비 유지](📋)를 선택하세요.

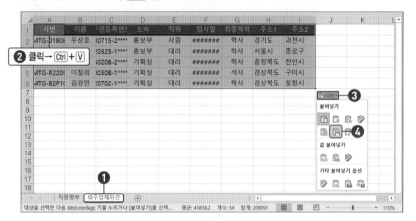

7 2013년 1월 1일 이후에 입사한 기획실, 홍보부 직원 명단이 필터링되었는지 확인하세요.

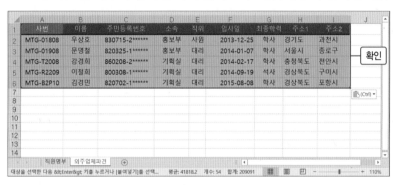

문서시작

문서편집

서식지정

차트

함수

정렬과필터

피벗테이블

파워쿼리

잠깐만요 > **필터 단추의 모양(▾, ⊤) 살펴보기**

필터가 적용된 필드의 단추는 ▾ 모양이 ⊤으로 바뀝니다. 해당 필터 단추(⊤)에 마우스 포인터를 올려놓으면 조건에 대한 정보가 스크린 팁으로 표시됩니다. 필터 단추(⊤)를 클릭하면 데이터의 종류에 따라 선택 가능한 여러 가지 필터 조건이 나타납니다. 텍스트, 날짜, 숫자에 따라 필터 조건을 다르게 선택할 수 있으며, 직접 항목 조건을 선택하거나 검색 창에 입력해서 조건을 선택할 수 있습니다.

EXCEL 02 고급 필터 이해하고 조건식 알아보기

자동 필터와 달리 고급 필터를 사용할 경우 데이터를 검색하고 추출하기 위한 조건식을 입력해야 합니다. 고급 필터는 조건 지정 방법만 제대로 알고 있으면 자동 필터만큼 쉽게 활용할 수 있어요.

1 | 고급 필터를 사용해야 하는 경우

- 필드(항목) 간에 OR 조건으로 데이터를 추출해야 할 때
- 수식을 포함한 조건으로 데이터를 추출해야 할 때

2 | AND 조건으로 지정하기

필드와 필드 간의 조건을 AND 조건으로 지정하려면 같은 행에 조건을 입력해야 합니다. 먼저 조건을 지정할 필드명을 입력한 후 해당 필드에 조건 값을 차례로 입력하세요.

예 '과일류'이면서 '2022년 4월 1일' 이후 판매된 데이터

분류	판매일자
과일류	>=2022-4-1

3 | OR 조건으로 지정하기

필드와 필드 간의 조건을 OR 조건으로 지정하려면 서로 다른 행에 조건을 입력해야 합니다.

예 '과일류'이거나 '2022년 4월 1일' 이후 판매된 데이터

분류	판매일자
과일류	
	>=2022-4-1

4 | AND와 OR 조건 혼합해 지정하기

필드 간에 AND와 OR 조건이 혼합되어 있는 경우 조건 간의 관계를 정확히 이해해야 합니다.

예 '과일류'이면서 판매량이 '500' 이상이거나, '공산품'이면서 판매량이 '500' 이상인 데이터

분류	판매량
과일류	>=500
공산품	>=500

5 | 수식으로 조건 지정하기

수식으로 조건을 지정할 때는 수식의 결과가 TRUE이거나 FALSE로 표시되어야 하고, 필드명은 데이터베이스의 필드명과 다르게 입력하거나 생략해야 합니다.

예 부서가 '인사과'이면서 평균 판매량 이상인 데이터

분류	평균 판매량 이상
과일류	FALSE

문서서식

문서편집

서식지정

차트

함수

정렬과필터

피벗테이블

파워쿼리

EXCEL 03 고급 필터 이용해 데이터 추출하기

● **예제파일**: 주문_고급필터.xlsx ● **완성파일**: 주문_고급필터_완성.xlsx

1 고급 필터는 다른 위치에 조건식을 작성해야 하므로 [ORDER] 시트에서 M5:O7 범위에 다음의 그림과 같은 조건식을 작성합니다. 조건식은 품번이 'Q'로 끝나면서 납기일이 2022년 9월 이후이거나, 발주 중량이 800kgs 이상인 주문건에 대한 필터링입니다.

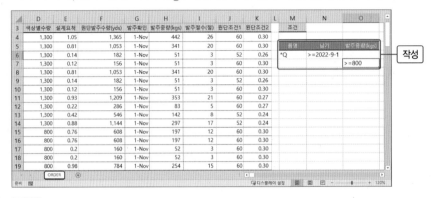

2 데이터 범위에 있는 하나의 셀을 선택하고 [데이터] 탭-[정렬 및 필터] 그룹에서 [고급]을 클릭하세요.

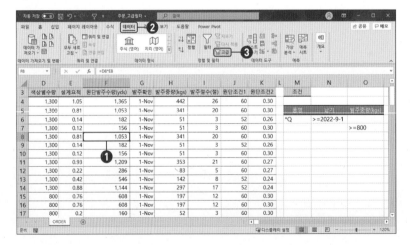

3 [고급 필터] 대화상자가 열리면 '목록 범위'에 자동으로 전체 범위가 잘 지정되었는지 확인합니다. '조건 범위'에 커서를 올려놓고 M5:O7 범위를 선택한 후 [확인]을 클릭하세요.

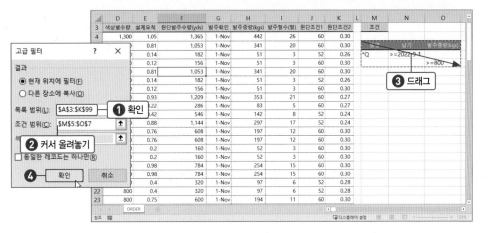

> **TIP**
>
> '복사 위치'는 현재 위치에 필터링되기 때문에 따로 지정할 필요가 없습니다.

4 고급 필터로 조건을 지정한 결과를 살펴보면 품번이 'Q'로 끝나면서 2022년 9월 이후의 주문이거나, 발주 중량이 800kgs 이상인 주문만 추출된 것을 확인할 수 있어요.

문서서식

문서편집

서식지정

차트

함수

정렬과필터

피벗테이블

파워쿼리

04 함수식 적용한 데이터 추출하기

● **예제파일**: 주문_수식.xlsx ● **완성파일**: 주문_수식_완성.xlsx

1 [특수주문] 시트에서 다음의 그림과 같이 A3:B4 범위에 납기와 색상에 대한 조건을 입력하세요. C3셀에는 『원단평균수량』을, C4셀에는 『=ORDER!F4>=AVERAGE(ORDER!F$4:F$99)』를 입력하고 [Enter]를 누르세요.

▶영상강의◀

> **TIP**
>
> 조건식은 '품번', '납기일'이 2022년 9월 1일 이후이면서 '색상'은 'BLACK', '원단발주수량'은 평균 이상인 주문건에 대해 지정하는 함수식입니다. C3셀의 이름은 [ORDER] 시트의 원본 데이터의 필드명과 다르게 지정해야 해요.

2 조건식에 함수식을 지정하면 '원단평균수량'이 [TRUE]나 [FALSE]로 표시됩니다. 이와 같은 조건으로 데이터를 필터링하기 위해 워크시트에 있는 하나의 빈 셀을 선택하고 **[데이터] 탭-[정렬 및 필터] 그룹**에서 **[고급]**을 클릭하세요.

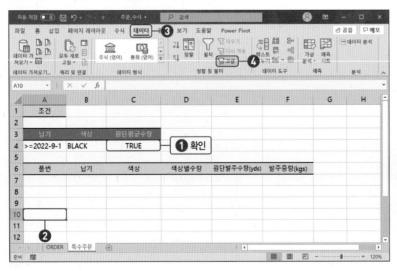

> **TIP**
>
> 필터링된 결과를 다른 시트에 복사하려면 결과를 표시할 시트에서 '고급 필터' 명령을 실행해야 해요.

3 [고급 필터] 대화상자가 열리면 '목록 범위'에 커서를 올려놓고 [ORDER] 시트의 전체 범위인 A3:K99 범위를 선택하세요. 이와 같은 방법으로 '조건 범위'에 커서를 올려놓고 [특수주문] 시트의 A3:C4 범위를 선택한 후 '결과'에서 [다른 장소에 복사]를 선택합니다. '복사 위치'에 커서를 올려놓고 [특수주문] 시트에 미리 입력해 놓은 머리글 행인 A6:F6 범위를 선택한 후 [확인]을 클릭하세요.

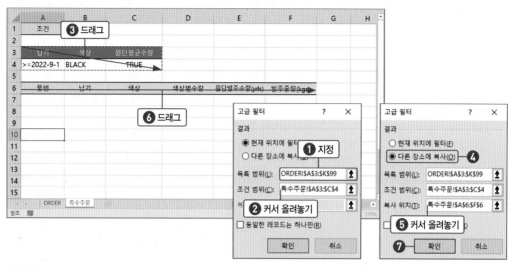

TIP

'목록 범위'나 '조건 범위'는 직접 주소를 입력하는 것보다 시트에 범위를 선택하는 것이 더 편리합니다. 원하는 항목만 결과를 추출하려면 항목 이름을 미리 입력하고 입력된 항목을 복사 위치에 지정해야 합니다.

4 필드명에 해당하는 데이터만 지정한 조건에 맞게 추출되었는지 확인하세요.

	A	B	C	D	E	F	G	H
1	조건							
2								
3	납기	색상	원단평균수량					
4	>=2022-9-1	BLACK	TRUE					
5								
6	품번	납기	색상	색상별수량	원단발주수량(yds)	발주중량(kgs)		
7	61762	27-Dec	BLACK	2,600	2,418	731		
8	61765K	10-Oct	BLACK	1,200	1,116	337		
9	41764	19-Dec	BLACK	1,600	1,984	643		
10	41768	10-Dec	BLACK	2,600	2,652	859		
11	41772	12-Oct	BLACK	2,600	3,380	876		확인
12	41779	24-Oct	BLACK	1,600	1,808	586		
13	41783A	28-Oct	BLACK	2,600	2,418	731		
14	41784	03-Nov	BLACK	1,200	1,140	345		
15	80460	27-Dec	BLACK	1,500	1,515	589		
16	80463	27-Dec	BLACK	2,000	2,400	622		
17	80464	27-Dec	BLACK	2,000	2,400	674		
18								

EXCEL 05 색상별로 데이터 정렬하고 추출하기

● **예제파일**: 매출_색정렬및필터.xlsx　　● **완성파일**: 매출_색정렬및필터_완성.xlsx

1 조건부 서식이 지정된 데이터를 색상별로 정렬해 볼게요. [매출] 시트에서 데이터 범위에 있는 하나의 셀을 선택하고 **[홈] 탭-[편집] 그룹**에서 **[정렬 및 필터]**를 클릭한 후 **[사용자 지정 정렬]**을 선택하세요.

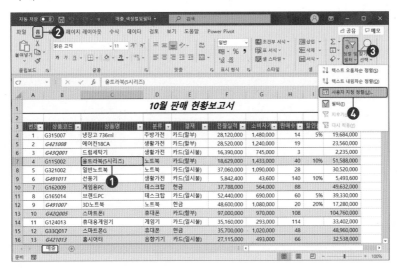

2 [정렬] 대화상자가 열리면 첫 번째 '정렬 기준'은 [금액]과 [셀 색]을, '색'은 [연한 파랑]을 지정하세요. [기준 복사]를 클릭하여 두 번째 정렬 기준을 추가하고 '다음 기준'을 [금액], [셀 값], [내림차순]으로 선택하세요. 이와 같은 방법으로 세 번째 기준을 [금액], [셀 색], [노랑]으로 지정하고 [확인]을 클릭하세요.

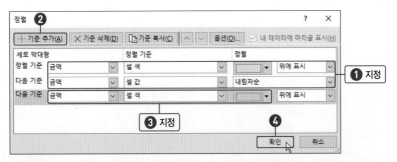

TIP

연한 파랑은 'RGB(220, 237, 248)'로, 노랑은 'RGB(255, 235, 156)'으로 표시되어 있습니다.

3 앞의 과정에서 지정한 기준대로 데이터가 정렬되었으면 상품 코드의 색상이 파랑인 경우만 추출해 볼게요. '상품코드' 항목의 필터 단추(▼)를 클릭하고 [색 기준 필터]를 선택한 후 '글꼴 색 기준 필터'에서 [파랑]을 클릭하세요.

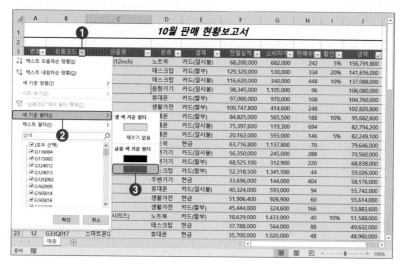

4 정렬된 데이터에서 상품 코드가 파란색인 데이터만 추출되었는지 확인하세요.

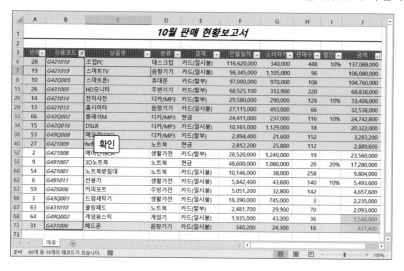

문서시작

문서편집

서식지정

차트

함수

정렬과필터

피벗테이블

파워쿼리

03 전문 분석 기능 다루기

엑셀의 중요한 기능 중 하나는 바로 '강력한 분석' 기능입니다. 엑셀에서는 대량의 데이터를 사용자가 원하는 관점에 따라 요약하고 비교 및 탐색까지 할 수 있는 '피벗 테이블' 기능뿐만 아니라 슬라이서와 시간 표시 막대로 데이터를 시각적으로 분석할 수 있는 '필터' 기능까지 제공합니다. 이 밖에도 3차원 맵에서 시간이 지남에 따라 가상으로 표현되는 지리적 데이터 연출도 가능합니다. 이번 섹션에서는 피벗 테이블과 다양한 필터로 요약하는 기능에 대해 배워봅니다.

PREVIEW

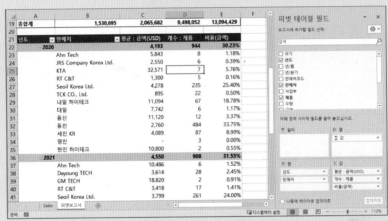

▲ 피벗 테이블로 요약 변경하고
값 표시 형식으로 비율 표시하기

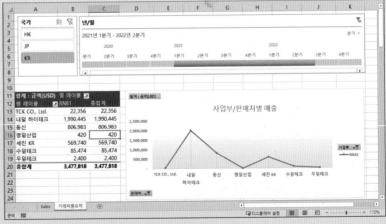

▲ 시간 도구 막대와 슬라이서를 포함한 피벗 테이블 작성하기

EXCEL 01 추천 피벗 테이블 적용하고 꾸미기

● **예제파일**: 판매_추천피벗.xlsx ● **완성파일**: 판매_추천피벗_완성.xlsx

1 [Sales] 시트에서 판매 데이터를 요약하기 위해 데이터 범위에 있는 하나의 셀을 선택하고 **[삽입] 탭-[표] 그룹**에서 **[추천 피벗 테이블]**을 클릭하세요. [권장 피벗 테이블] 대화상자가 열리면 [합계 : 금액(USD), 합계 : 금액, 합계 : 수량(년/분기(+) 기준)]을 선택하고 [확인]을 클릭하세요.

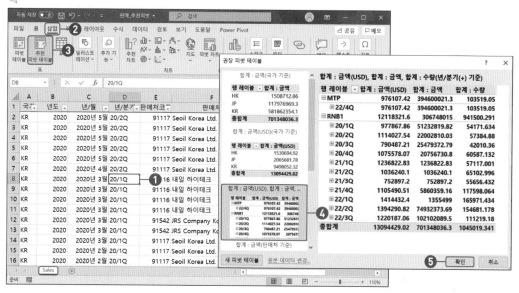

2 추천 피벗 테이블로 사업부와 년/분기별 금액(USD), 수량, 금액 합계가 요약되었어요. 화면의 오른쪽에 나타난 [피벗 테이블 필드] 작업 창에서 [수량]과 [금액]의 체크를 해제하여 보고서에서 제외하고 [국가] 필드를 '열' 영역으로 드래그하여 추가하세요.

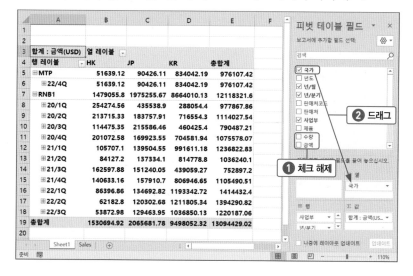

문서시작

문서편집

서식지정

차트

함수

정렬과필터

피벗테이블

파워쿼리

3 [디자인] 탭-[피벗 테이블 스타일] 그룹에서 [자세히] 단추(▼)를 클릭하고 '밝게'에서 [연한 파랑, 피 벗 스타일 밝게 9]를 선택하세요. 피벗 테이블 보고서를 꾸몄으면 [피벗 테이블 필드] 작업 창을 닫으세요.

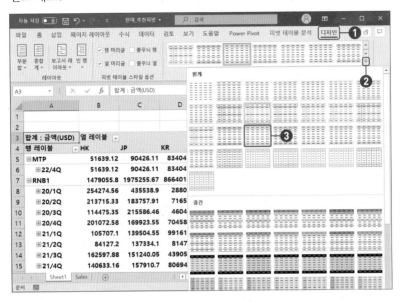

TIP

리본 메뉴의 [피벗 테이블 분석] 탭과 [디자인] 탭은 해당 피벗 테이블을 선택해야 나타납니다.

4 '합계 : 금액(USD)'의 숫자 데이터 범위(B5:E19)를 선택하고 [홈] 탭-[표시 형식] 그룹에서 [쉼표 스타일]을 클릭하여 보고서를 완성하세요.

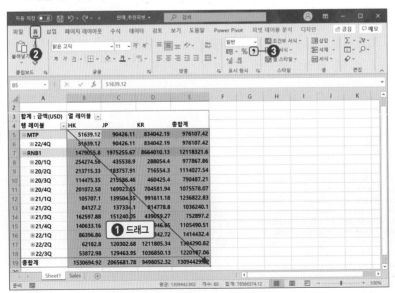

문서시작

문서편집

서식지정

차트

함수

정렬과필터

피벗테이블

파워쿼리

EXCEL 02 피벗 테이블 보고서에 요약 보고서 추가하기

● **예제파일**: 판매_피벗보고서.xlsx   ● **완성파일**: 판매_피벗보고서_완성.xlsx

1 [Sales] 시트에서 데이터 범위에 있는 하나의 셀을 선택하고 **[삽입] 탭–[표] 그룹**에서 **[피벗 테이블]**을 클릭하세요.

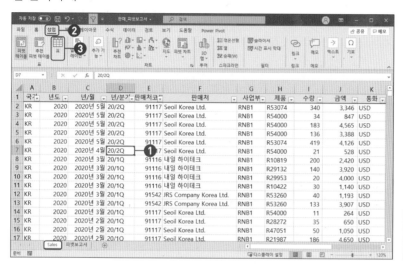

▶영상강의◀

2 [피벗 테이블 만들기] 대화상자가 열리면 '표 또는 범위 선택'의 '표/범위'에 자동으로 전체 범위가 잘 지정되었는지 확인하고 피벗 테이블 보고서를 넣을 위치에서 [기존 워크시트]를 선택하세요. '위치'에 커서를 올려놓고 [피벗보고서] 시트에서 A21셀을 선택하여 지정한 후 [확인]을 클릭하세요.

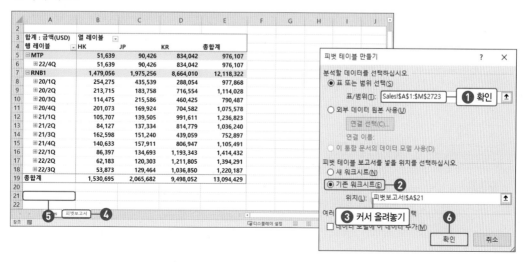

3 [피벗보고서] 시트에서 이미 작성된 피벗 테이블 보고서의 아래쪽에 있는 A21셀부터 새로운 보고서가 삽입되었습니다. 화면의 오른쪽에 있는 [피벗 테이블 필드] 작업 창에서 [판매처], [금액(USD)], [영업이익]에 순서대로 체크하면 [판매처]는 '행' 영역으로, [금액(USD)]와 [영업이익]은 '값' 영역으로 추가됩니다.

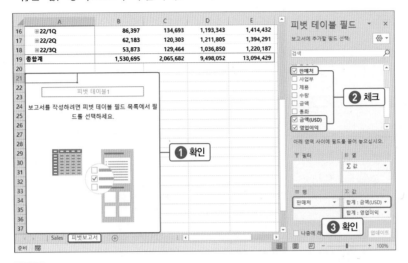

TIP
텍스트와 날짜로 된 필드는 '행' 영역으로, 숫자로 된 필드는 '값' 영역으로 자동 추가됩니다.

4 [피벗 테이블 필드] 작업 창의 필드 목록 중에서 [년도]를 '행' 영역으로 드래그하여 추가합니다. '행' 영역에서 [년도]를 선택하고 [처음으로 이동]을 선택하세요.

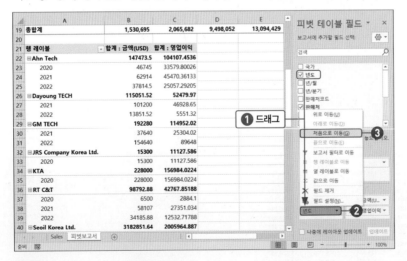

TIP
[년도] 항목은 숫자로 되어 있어서 필드에 체크하면 '값' 영역에 자동으로 추가됩니다. 따라서 [년도] 항목을 '행' 영역으로 추가하려면 직접 드래그해야 합니다.

198

5 [디자인] 탭-[피벗 테이블 스타일] 그룹에서 '밝게'의 [연한 옥색, 피벗 스타일 밝게 14]를 선택하세요. 피벗 테이블의 스타일이 변경되었으면 [디자인] 탭-[레이아웃] 그룹에서 [보고서 레이아웃]을 클릭하고 **[개요 형식으로 표시]**를 선택하여 보고서를 완성하세요.

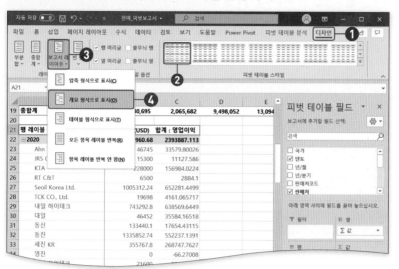

잠깐만요 > 피벗 테이블에서 데이터 그룹화와 해제 이해하기

피벗 테이블의 데이터를 그룹화하면 분석할 데이터의 하위 집합을 표시하는 데 도움이 됩니다. 예를 들어 날짜 및 시간 필드는 분기 및 월 단위로 그룹화할 수 있고 숫자도 그룹화할 수 있습니다. 특히 엑셀에서는 날짜 및 시간의 경우 '시간 그룹화'라는 기능에 의해 자동으로 그룹화됩니다.

예 [피벗 테이블 필드] 작업 창에서 [년/월]에 체크하면 '행' 영역에 [열], [분기], [년/월] 항목으로 그룹화됩니다.

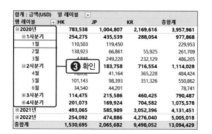

그 밖의 그룹화는 **[피벗 테이블 분석] 탭-[그룹] 그룹**에서 **[선택 항목 그룹화]**를 클릭하여 [그룹화] 대화상자를 열고 [시작]과 [끝], 그리고 '단위'를 선택하여 지정합니다.

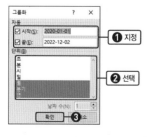

EXCEL 03 피벗 테이블에 값 요약하고 표시 형식 변경하기

◉ **예제파일**: 판매_개수와비율.xlsx ◉ **완성파일**: 판매_개수와비율_완성.xlsx

1 [피벗보고서] 시트에서 [피벗 테이블 필드] 작업 창의 '보고서에 추가할 필드 선택'에서 [영업이익]의 체크를 해제하세요.

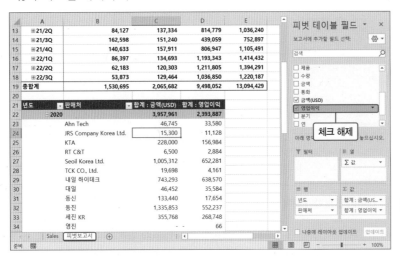

▶영상강의◀

2 요약 방법을 변경하기 위해 '합계 : 금액(USD)' 항목에 있는 하나의 셀을 선택하고 마우스 오른쪽 단추를 클릭한 후 [값 요약 기준]-[평균]을 선택하세요.

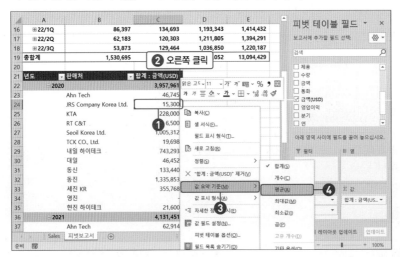

200

3 '합계'가 '평균'으로 변경되었으면 [피벗 테이블 필드] 작업 창의 '보고서에 추가할 필드 선택'에서 [제품]과 [금액(USD)]을 '값' 영역으로 드래그하여 추가하세요. 이때 '금액(USD)' 필드는 이미 보고서에 추가된 상태이므로 다시 추가할 때는 필드 값을 '값' 영역으로 직접 드래그해야 합니다.

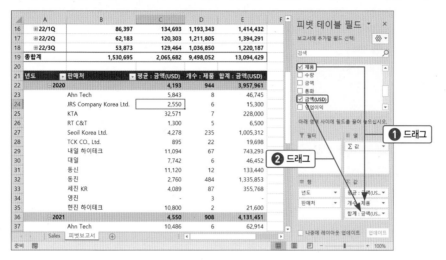

4 추가한 '합계 : 금액(USD)' 항목을 편집하기 위해 E23셀을 선택하고 **[피벗 테이블 분석] 탭–[활성 필드] 그룹**에서 **[필드 설정]**을 클릭하세요.

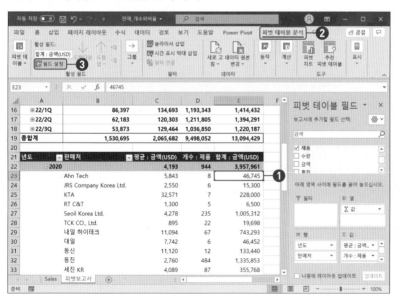

> **TIP**
> 보고서의 항목 이름에서 마우스 오른쪽 단추를 클릭하고 [값 표시 형식]–[상위 행 합계 비율]을 선택해도 됩니다.

문서시작

문서편집

서식지정

차트

함수

정렬과필터

피벗테이블

파워쿼리

5 [값 필드 설정] 대화상자가 열리면 '사용자 지정 이름'에 『비율(금액)』을 입력하여 필드 이름을 변경합니다. [값 표시 형식] 탭의 '값 표시 형식'에서 [상위 행 합계 비율]을 선택하고 [확인]을 클릭하세요.

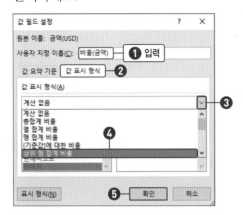

6 항목 이름이 '비율(금액)'으로 변경되고 부분합 비율이 100% 기준으로 계산되었습니다. 이와 같이 평균, 개수, 합계로 요약한 보고서가 작성되면 열 너비를 조정하여 보고서를 완성하세요.

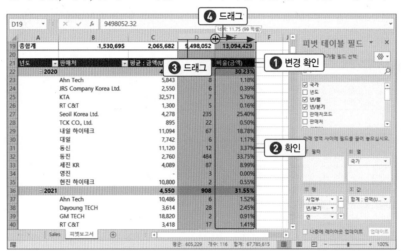

EXCEL 04 피벗 차트 이용해 보고서 작성하기

● **예제파일**: 판매_피벗차트.xlsx   ● **완성파일**: 판매_피벗차트_완성.xlsx

1 작성한 보고서를 바탕으로 차트를 작성해 볼게요. [거래처별요약] 시트에서 피벗 테이블 보고
서에 있는 하나의 셀을 선택하고 **[피벗 테이블 분석] 탭−[도구] 그룹**에서 **[피벗 차트]**를 클릭하세요.

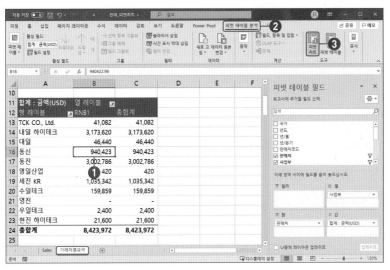

2 [차트 삽입] 대화상자가 열리면 [모든 차트] 탭에서 [꺾은선형]을 선택하고 [표식이 있는 꺾은선
형]을 선택한 후 [확인]을 클릭하세요.

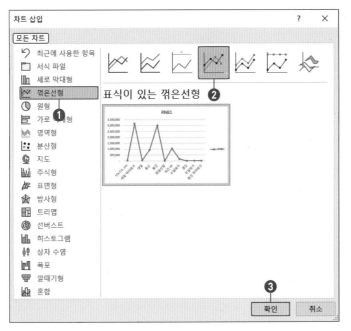

3 표식이 있는 꺾은선형 차트가 삽입되면 차트의 위치를 피벗 테이블 보고서의 오른쪽으로 이동하고 차트의 크기를 K24셀의 위치까지 조정한 후 차트 제목에 『사업부/판매처별 매출』을 입력하세요. 차트를 선택한 상태에서 [디자인] 탭-[차트 스타일] 그룹에서 [스타일 4]를 선택하세요.

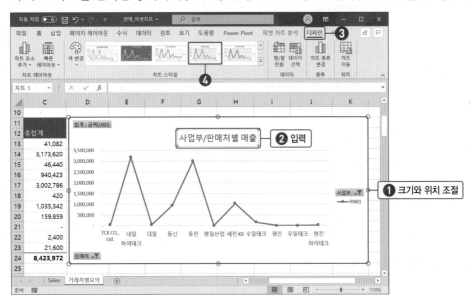

4 피벗 테이블 보고서와 연동되는 차트가 보기 좋게 완성되었는지 확인하세요.

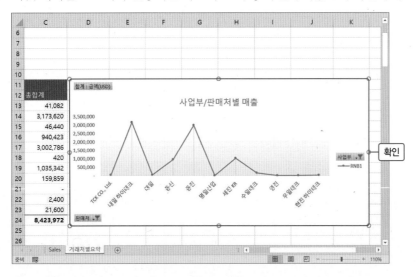

슬라이서와 시간 표시 막대 삽입해 필터링하기

● **예제파일**: 판매_필터도구.xlsx   ● **완성파일**: 판매_필터도구_완성.xlsx

1 [거래처별요약] 시트에 작성된 피벗 테이블과 차트에 필터 기능을 추가해 봅시다. 피벗 테이블 보고서에 있는 하나의 셀을 선택하고 **[피벗 테이블 분석] 탭-[필터] 그룹**에서 **[슬라이서 삽입]**을 클릭 하세요.

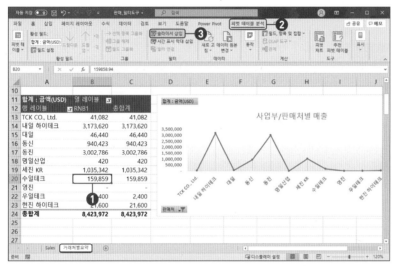

▶ 영상강의 ◀

TIP

[삽입] 탭-[필터] 그룹에서 **[슬라이서]**를 클릭해도 슬라이서를 삽입할 수 있어요.

2 [슬라이서 삽입] 대화상자가 열리면 다양한 필드 항목 중에서 필터로 사용할 [국가]에 체크하고 [확인]을 클릭하세요.

TIP

[슬라이서 삽입] 대화상자에서는 여러 개의 슬라이서에 체크하여 사용해도 됩니다.

3 [국가] 슬라이서가 삽입되면 A1셀에 맞춰 위치를 이동하고 슬라이서의 크기를 조절하세요. 또
다른 필터를 추가하기 위해 피벗 테이블 보고서에 있는 하나의 셀을 선택하고 **[피벗 테이블 분석]
탭-[필터] 그룹**에서 **[시간 표시 막대 삽입]**을 클릭하세요.

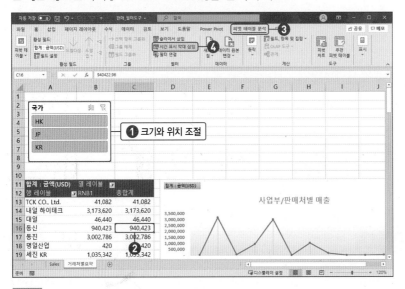

TIP

시간 표시 막대는 엑셀 2016 버전부터 추가된 기능입니다.

4 [시간 표시 막대 삽입] 대화상자가 열리면 [년/월]에 체크하고 [확인]을 클릭하세요.

잠깐만요 > 피벗 테이블 이동하기

작성한 피벗 테이블을 다른 위치로 이동하려면 **[피벗 테이블 분석] 탭-[동작] 그룹**에서 **[피
벗 테이블 이동]**을 클릭하여 이동 기능을 실행합니다. [피벗 테이블 이동] 대화상자가 열리
면 원하는 위치를 입력하거나 셀을 직접 클릭하여 이동 위치를 지정하세요.

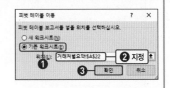

5 시간 표시 막대의 크기와 위치를 슬라이서와 차트에 맞춰 조절하세요. 필터의 옵션을 [분기]로 변경하고 [타임라인] 탭-[시간 표시 막대 스타일] 그룹에서 [연보라, 시간 표시 막대 스타일 밝게 4]를 클릭하세요.

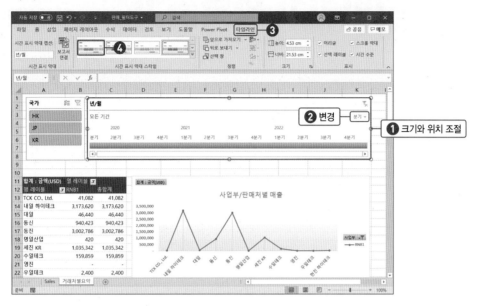

6 이번에는 보고서와 차트에 필터를 적용하기 위해 [국가] 슬라이서에서는 [KR]을 선택하고 시간 표시 막대에서는 '2021년 1분기'부터 '2022년 2분기'까지 드래그하여 기간을 정하세요. 이렇게 하면 필터에 대한 값이 적용되면서 피벗 테이블 보고서의 값과 피벗 차트의 모양이 변경됩니다.

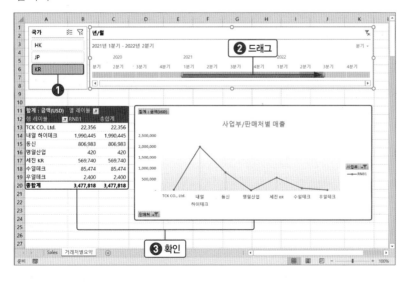

04 외부 데이터 가져오고 파워쿼리 활용하기 (2016 이상 버전)

엑셀 2016 이후부터는 파워쿼리가 새 기능으로 추가되어 데이터 추출, 변형, 전달 기능을 더욱 강력하게 사용할 수 있게 되었습니다. 파워쿼리는 다양한 프로그램으로 저장된 데이터를 엑셀로 가져올 수 있는 통로가 됩니다. 이번 섹션에서는 엑셀 문서 외에 CSV 파일과 같은 외부 데이터를 가져오고 엑셀에 맞는 데이터 형식으로 변경해 보겠습니다. 파워쿼리는 작업의 모든 과정을 자동으로 기록하기 때문에 데이터를 추가해도 '새로 고침'으로 모든 과정을 다시 실행해서 데이터를 새롭게 가져올 수 있습니다.

PREVIEW

▲ 쿼리로 통합 문서의 표 가져오기

▲ 쿼리 편집기로 데이터 편집하기

01 CSV 파일 가져오기

● **예제파일**: 새 통합 문서에서 시작하세요. ● **완성파일**: 특가전_완성.xlsx

1 새로운 통합 문서를 열고 [Sheet1] 시트에서 **[데이터] 탭-[데이터 가져오기 및 변환]** 그룹의 **[텍스트/ CSV]**를 클릭하세요. [데이터 가져오기] 대화상자가 열리면 부록 실습파일에서 '특가전.csv'를 선택하고 [가져오기]를 클릭하세요.

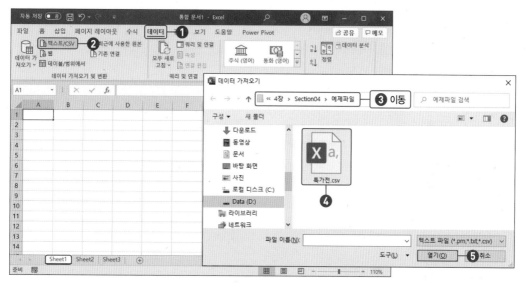

> **TIP**
>
> **[데이터] 탭-[데이터 가져오기 및 변환]** 그룹에서 [데이터 가져오기]를 클릭한 후 **[파일에서]-[텍스트/CSV]**를 선택해도 됩니다. 엑셀 2016에서는 **[텍스트/CSV]**가 아닌 **[새 쿼리]**에서 이 기능을 실행하세요.

2 [특가전.csv] 창이 열리면서 필드로 구분된 데이터가 필드에 표시되면 곧바로 엑셀로 가져오기 위해 [로드]를 클릭하세요.

> **TIP**
>
> 데이터의 형식이나 수정 내용이 있으면 [데이터 변환]을 클릭하여 쿼리 편집기에서 변환한 후 로드해야 합니다.

209

3 빈 통합 문서에 쿼리가 실행되면서 [특가전] 시트가 추가되고 CSV 파일이 [특가전] 표로 삽입되었는지 확인하세요.

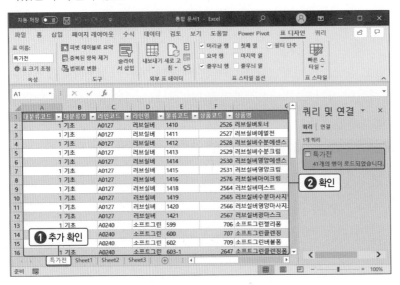

잠깐만요 > **CSV 파일을 엑셀에서 바로 실행하기 vs. 데이터 가져오기로 실행하기**

CSV 파일 형식의 텍스트 파일은 곧바로 실행해도 엑셀에서 쉽게 열리지만, 이렇게 가져온 파일은 데이터의 형식을 변경하거나 데이터를 추가했을 때 다시 같은 작업을 반복해야 합니다. 그러나 '데이터 가져오기' 기능으로 CSV 파일을 가져오면 가져오는 과정이 모두 쿼리에 저장되므로 새로 고침만으로도 추가된 데이터나 변경된 데이터를 쉽게 반영할 수 있습니다.

▲ 바로 실행한 CSV 파일(쿼리 연결과 표 지정이 안 된 경우)

02 다른 통합 문서에서 표 데이터 가져오기

EXCEL

◉ **예제파일**: 특가전_표가져오기.xlsx, 데이터가져오기.xlsx   ◉ **완성파일**: 특가전_표가져오기_완성.xlsx

1 [특가전] 시트에서 [데이터] 탭-[데이터 가져오기 및 변환] 그룹의 [데이터 가져오기]를 클릭하고 [파일에서]-[통합 문서에서]를 선택합니다. [데이터 가져오기] 대화상자가 열리면 부록 실습파일에서 '데이터가져오기.xlsx'를 선택하고 [가져오기]를 클릭하세요.

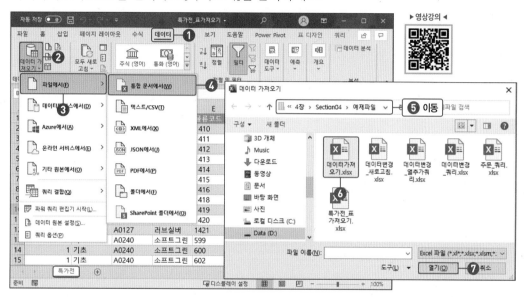

2 쿼리 편집기의 [탐색 창]이 열리면서 '데이터가져오기.xlsx'의 가져올 시트나 표가 표시되면 '주문_8월' 표를 선택하고 데이터를 변경하기 위해 [데이터 변환]을 클릭하세요.

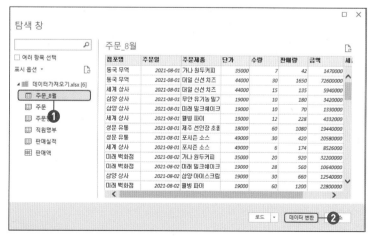

> **TIP**
>
> 탐색 창에서 표와 시트는 표 아이콘(▦)과 시트 아이콘(▦)으로 구분합니다.

3 [Power Query 편집기] 창이 열리면 다양한 데이터 편집 작업을 할 수 있는데, 여기서는 '점포 명'에서 원하는 데이터만 추출해 볼게요. '점포명' 필드를 선택하고 필터 단추(▼)를 클릭한 후 [POWER 마켓]과 [동국 무역]의 체크를 해제하고 [확인]을 클릭하세요.

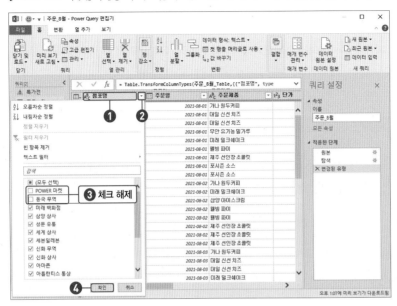

4 추출한 데이터를 엑셀로 로드하기 위해 **[홈] 탭–[닫기] 그룹**에서 **[닫기 및 로드]**의 📄를 클릭합니다.

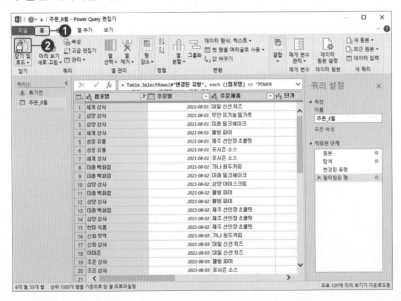

5 [주문_8월] 시트가 추가되면서 같은 이름의 표가 삽입되고 오른쪽에 있는 [쿼리 및 연결] 작업 창에는 '주문_8월' 쿼리가 생성되는지 확인하세요.

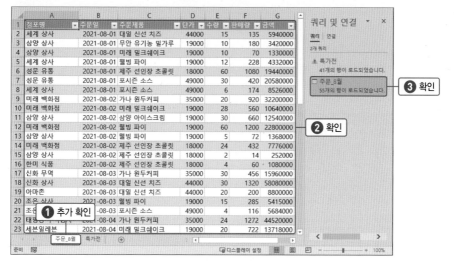

TIP

[Power Query 편집기] 창에서 수정하거나 쿼리 내용을 추가하려면 [쿼리 및 연결] 작업 창에서 해당 쿼리를 더블클릭하세요. 그러면 [Power Query 편집기] 창이 열리면서 다시 쿼리를 편집할 수 있습니다.

잠깐만요 > 쿼리 삭제하기

작성한 쿼리는 언제든지 작성 과정을 편집할 수 있어서 원본과의 연결을 통해 새롭게 적용할 수 있습니다. 만약 쿼리가 더 이상 필요 없으면 [쿼리 및 연결] 작업 창의 해당 쿼리에서 마우스 오른쪽 단추를 클릭하고 바로 가기 메뉴에서 [삭제]를 선택하세요. 그러면 원본 데이터와 연결이 끊어지면서 독립적인 데이터로 사용할 수 있습니다.

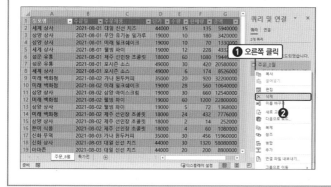

03 파워쿼리로 데이터 변경하기

● **예제파일**: 데이터변경_쿼리.xlsx   ● **완성파일**: 데이터변경_쿼리_완성.xlsx

1 [영업사원] 시트에서 표에 있는 하나의 셀을 선택하고 [데이터] 탭-[데이터 가져오기 및 변환] 그룹에서 [테이블/범위에서]를 클릭하세요.

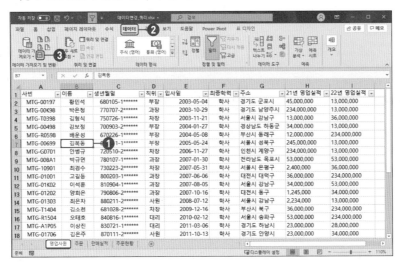

▶ 영상강의 ◀

TIP

표가 아닌 데이터 범위인 경우 자동으로 표가 삽입되면서 [Power Query 편집기] 창이 실행됩니다.

2 [Power Query 편집기] 창이 실행되면서 필드마다 데이터의 형식이 자동으로 변경됩니다. 추가로 필드의 데이터 형식을 변경하기 위해 '입사일' 필드의 머리글을 클릭하여 '입사일' 필드 전체를 선택하고 [홈] 탭-[변환] 그룹에서 [데이터 형식: 날짜/시간]을 클릭한 후 [날짜]를 선택하세요.

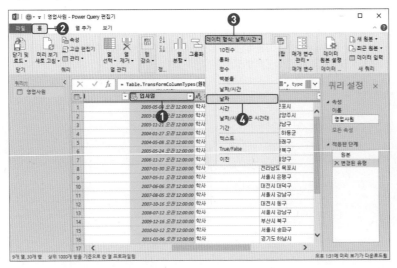

3 화면의 오른쪽 [쿼리 설정] 작업 창에서 이미 각 필드의 데이터 형식을 변경한 상태이기 때문에 '적용할 단계'에 [변경된 유형]이 추가된 상태입니다. 이번에 '입사일' 필드를 '날짜'로 변경하는 과정이 현재 단계에서 변경되도록 [열 형식 변경] 메시지 창에서 [현재 전환 바꾸기]를 클릭하세요.

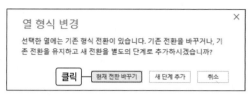

> **TIP**
> [새 단계 추가]를 클릭하면 '입사일' 필드는 '변경된 유형' 단계 외에 새로운 단계가 추가되면서 두 번 변경됩니다.

4 이번에는 Ctrl을 이용해 '21년 영업실적' 필드와 '22년 영업실적' 필드를 함께 선택하고 **[홈] 탭-[변환] 그룹**에서 **[데이터 형식: 정수]**를 클릭한 후 **[통화]**를 선택하세요.

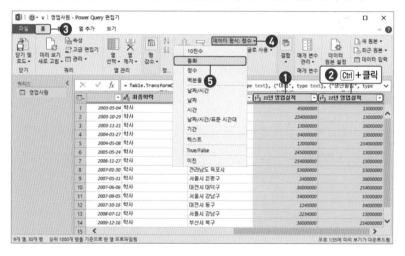

5 [열 형식 변경] 창이 열리면 [새 단계 추가]를 클릭하세요.

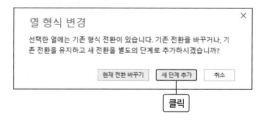

문서시작

문서편집

서식지정

차트

함수

정렬과필터

피벗테이블

파워쿼리

6 [쿼리 설정] 작업 창의 '적용된 단계'에서 [변경된 유형1]을 선택하고 마우스 오른쪽 단추를 클릭한 후 [이름 바꾸기]를 선택하세요.

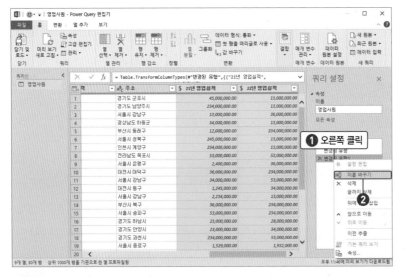

7 단계의 이름을 '통화유형변경'으로 변경하고 **[홈] 탭-[닫기] 그룹**에서 **[닫기 및 로드]**의 🗐를 클릭하여 [Power Query 편집기] 창을 닫으세요.

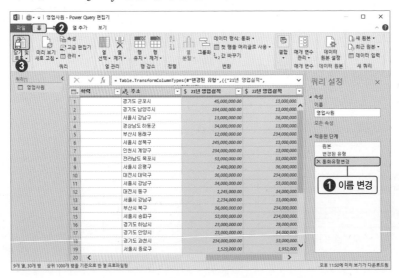

8 엑셀로 되돌아오면 [영업사원 (2)] 시트가 추가되면서 쿼리를 통해 가공된 '영업사원_2' 표가
추가되었는지 확인하세요.

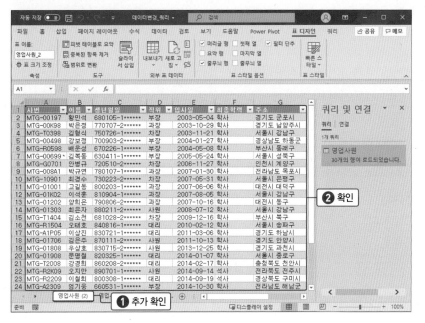

TIP

'영업사원_2' 표의 데이터 원본은 [영업사원] 시트에 있는 표로, 수정된 데이터가 있는 경우 쿼리를 다시 실행하면 됩
니다.

04 파워쿼리로 열 변환하고 추가하기

예제파일: 데이터변경_열추가쿼리.xlsx　　**완성파일**: 데이터변경_열추가쿼리_완성.xlsx

1 작성한 쿼리에 단계를 추가하거나 수정하려면 다시 [Power Query 편집기] 창을 실행해야 하므로 [영업사원_쿼리] 시트에서 **[데이터] 탭-[쿼리 및 연결] 그룹**에서 **[쿼리 및 연결]**을 클릭합니다. 화면의 오른쪽에 [쿼리 및 연결] 작업 창이 열리면 '영업사원' 쿼리에서 마우스 오른쪽 단추를 클릭하고 [편집]을 선택하세요.

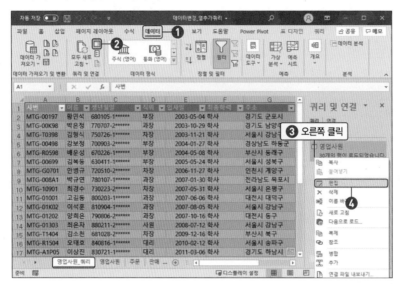

▶영상강의◀

2 [Power Query 편집기] 창이 열리면 '사번' 필드를 선택하고 **[홈] 탭-[변환] 그룹**에서 **[열 분할]**을 클릭한 후 **[구분 기호 기준]**을 선택합니다.

218

3 [구분 기호에 따라 열 분할] 창이 열리면 '구분 기호 선택 및 입력'에『–』을 입력하고 '다음 위치에 분할'에서 [맨 왼쪽 구분 기호에서]를 선택한 후 [확인]을 클릭하세요.

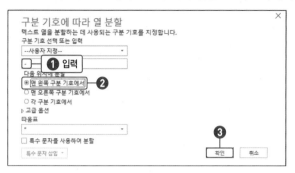

4 '사번' 필드가 '사번.1' 필드와 '사번.2' 필드로 분리되었으면 '사번.2' 필드의 이름을 더블클릭하여『사원코드』로 변경합니다. '사번.1' 필드는 선택하고 **[홈] 탭-[열 관리] 그룹**에서 **[열 제거]**의 ▨를 클릭하세요.

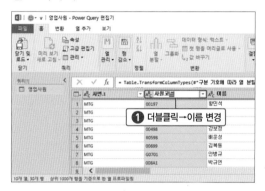 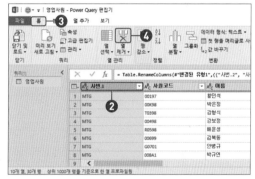

5 '사원코드' 필드만 남았으면 입사일을 이용해 새로운 열을 추가해 볼게요. **[열 추가] 탭-[일반] 그룹**에서 **[예제의 열]**의 ▤를 클릭하세요.

문서시작
문서편집
서식지정
차트
함수
정렬과필터
피벗테이블
피벗쿼리

6 '열1' 필드가 삽입되면 첫 행의 빈 곳을 더블클릭합니다. 여러 열을 사용해 만들어진 예제 목록이 표시되면 [5월 (입사일의 월 이름)]을 더블클릭하세요.

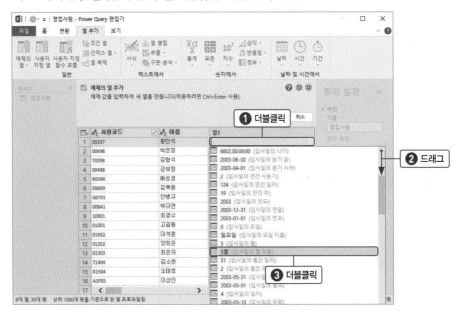

7 '열1' 필드에 '5월'이 삽입되면 [확인]을 클릭하거나 '5월'이 입력된 상태에서 Enter 를 눌러 열을 추가하세요.

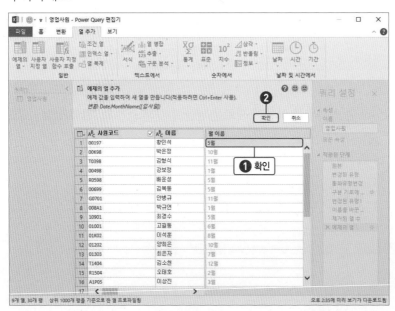

8 삽입된 '월 이름'을 더블클릭하여 '입사월'로 이름을 변경합니다. 편집 작업을 모두 마쳤으면 [홈] 탭-[닫기] 그룹에서 [닫기 및 로드]의 🔘를 클릭하세요.

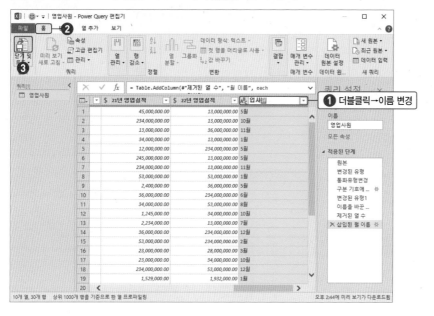

9 쿼리가 수정되면서 엑셀의 [영업사원_쿼리] 시트에서 '영업사원_2' 표의 내용이 바뀌었는지 확인하세요.

문서시작

문서편집

서식지정

차트

함수

정렬과필터

피벗테이블

피벗쿼리

EXCEL 05 데이터 추가하고 쿼리 새로 고치기

● **예제파일**: 데이터변경_새로고침.xlsx   ● **완성파일**: 데이터변경_새로고침_완성.xlsx

1 '영업사원_2' 표의 데이터 원본은 [영업사원] 시트에 있는 '영업사원' 표입니다. 32행에 다음의 데이터를 순서대로 추가 입력합니다.

> MTG-C0111, 강하늘, 890101-1******, 사원, 2019-04-05, 석사, 서울시 강남구, 92000000, 95340000

2 [영업사원_쿼리] 시트로 이동하여 아직까지 데이터 행이 31행인 것을 확인하고 [데이터] 탭-[쿼리 및 연결] 그룹에서 [쿼리 및 연결]을 클릭합니다.

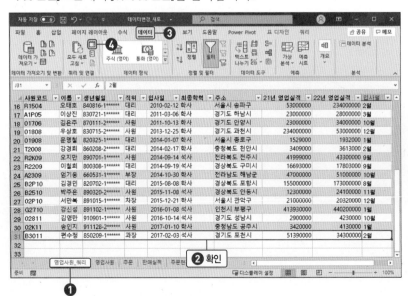

3 [쿼리 및 연결] 작업 창이 열리면 '영업사원' 쿼리에서 마우스 오른쪽 단추를 클릭하고 [새로 고침]을 선택하세요.

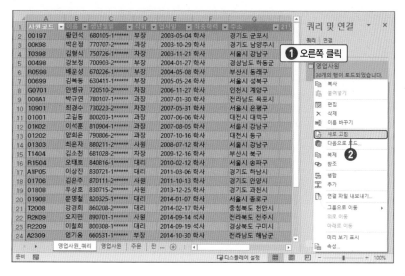

4 [새로 고침]이 실행되면서 쿼리에 적용했던 모든 단계가 다시 실행됩니다. [쿼리 및 연결] 작업 창의 '영업사원' 쿼리에 '31개의 행이 로드되었습니다.'가 표시되면서 새로운 32행이 추가되었는지 확인하세요.

문서시작

문서편집

서식지정

차트

함수

정렬과필터

피벗테이블

피벗쿼리

5 이번에는 작성한 쿼리를 삭제해 볼게요. [쿼리 및 연결] 작업 창에서 '영업사원' 쿼리를 선택하고 [쿼리] 탭-[편집] 그룹에서 [삭제]를 클릭합니다.

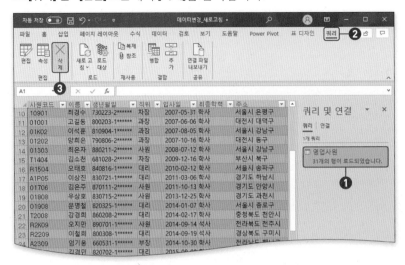

6 [쿼리 삭제] 대화상자가 열리면 [삭제]를 클릭하세요.

7 [쿼리 및 연결] 작업 창에서 '영업사원' 쿼리가 삭제되었습니다. 이렇게 '영업사원' 쿼리가 삭제되면 현재 '영업사원_2' 표의 원본이었던 '영업사원' 표와는 관계가 없어지므로 '영업사원' 표에 데이터를 추가하거나 변경해도 현재 데이터에 반영되지 않습니다.

핵심 실무노트 XLSX

보고서를 효과적으로 분석하고 컨트롤하기

1 | 피벗 테이블의 분석 기능을 조건부 서식으로 업그레이드하기

◎ **예제파일**: 판매_보고서.xlsx ◎ **완성파일**: 판매_보고서_완성.xlsx

테이블로 작성한 보고서에 조건부 서식과 같은 기능이나 필터 등을 사용하면 보고서를 더욱 효과적으로 분석 및 관리할 수 있습니다. 일반적인 데이터 범위에 지정하는 조건부 서식과는 달리 부분합이나 총합계가 포함된 데이터에 데이터 막대나 색조 등을 지정하려면 값의 일부분에 서식을 적용한 후 같은 항목으로 서식을 다시 확장해야 합니다.

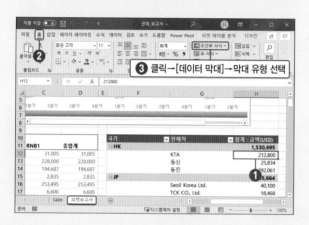

1 [피벗보고서] 시트에서 '합계 : 금액(USD)' 항목에 데이터 막대 서식을 지정해 볼게요. 판매 가격이 표시된 하나의 셀을 선택하고 [홈] 탭-[스타일] 그룹에서 [조건부 서식]을 클릭하여 원하는 데이터 막대로 서식을 지정하세요.

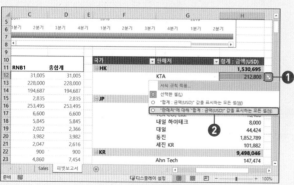

2 [서식 옵션] 단추(📋)를 클릭하고 ["판매처"에 대해 "합계 : 금액(USD)" 값을 표시하는 모든 셀]을 선택하세요.

225

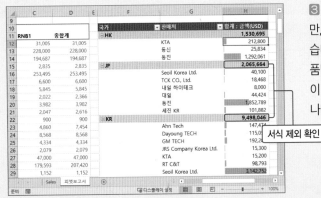

3 상품명 전체에 같은 조건부 서식이 적용되지만, 부분합이나 총합계에는 서식이 적용되지 않습니다. 왜냐하면 부분합이나 총합계와 일반 상품명에 대한 판매 가격은 동일하게 비교할 대상이 아니기 때문에 부분합이나 총합계를 제외한 나머지 값에만 서식이 적용됩니다.

2 슬라이서와 시간 표시 막대로 대시보드 작성하기

● **예제파일**: 판매_보고서연결.xlsx ● **완성파일**: 판매_보고서연결_완성.xlsx

하나의 워크시트에 다양한 관점의 보고서를 작성하고 한눈에 파악할 수 있도록 정리한 상태를 '대시보드(dashboard)'라고 합니다. 전체 보고서의 슬라이서와 시간 표시 막대를 '보고서 연결' 기능을 이용해 다양한 피벗 테이블에 연결하면 하나의 필터로 여러 개의 보고서를 컨트롤할 수 있는 대시보드를 만들 수 있어요.

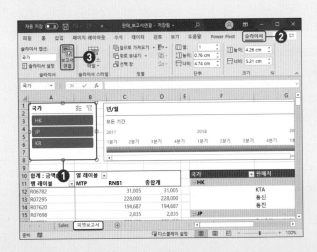

1 서로 다른 관점에서 작성된 두 개의 요약 보고서를 하나의 필터로 연결해 볼게요. [피벗보고서] 시트에서 [국가] 슬라이서를 선택하고 **[슬라이서] 탭-[슬라이서] 그룹**에서 [보고서 연결]을 클릭하세요.

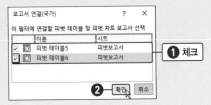

2 [보고서 연결(국가)] 대화상자가 열리면 연결할 피벗 테이블에 모두 체크하고 [확인]을 클릭하세요. 이때 같은 워크시트의 모든 피벗 테이블을 선택하면 됩니다.

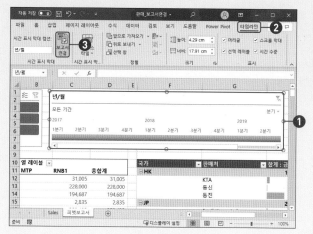

3 [국가] 슬라이서가 두 개의 피벗 테이블에 모두 연결되었습니다. 이와 같은 방법으로 시간 표시 막대를 선택하고 [타임라인] 탭-[시간 표시 막대] 그룹에서 [보고서 연결]을 클릭하세요.

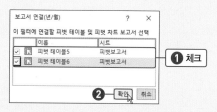

4 [보고서 연결(년/월)] 대화상자가 열리면 연결할 피벗 테이블에 모두 체크하고 [확인]을 클릭하세요.

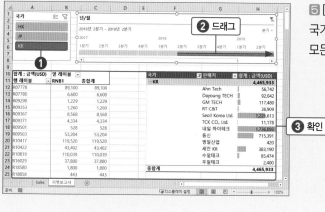

5 [국가] 슬라이서와 시간 표시 막대에서 원하는 국가와 기간을 선택하면 두 개의 보고서에 있는 모든 요약 내용이 변경됩니다.

찾아보기

EXCEL & POWERPOINT & WORD + HANGEUL

무작정
따라하기

엑셀
파워포인트
워드
+ 한글

파워포인트편

박미정, 박은진 지음

이 책의 구성

일단, '무작정' 따라해 보세요!

실제 업무에서 사용하는 핵심 기능만 쏙 뽑아 실무 예제로 찾기 쉬운 구성으로 중요도별로 배치하였기 때문에 **'무작정 따라하기'**만 해도 파워포인트 사용 능력이 크게 향상됩니다. **'Tip'**과 **'잠깐만요'**는 예제를 따라하는 동안 주의해야 할 점과 추가 정보를 친절하게 알려주고 **'핵심! 실무노트'**로 활용 능력을 업그레이드해 보세요.

반드시 알고 넘어가야 할 주요 내용 소개!

- 학습안 제시
- 결과 미리 보기
- 섹션별 주요 기능 소개

실무 업그레이드!

- 우선순위

필수 기능만 쏙 뽑아 실무에 딱 맞게!

- 핵심 기능/실무 예제
- 무작정 따라하기
- Tip/잠깐만요

검색보다 빠르다!

- 탭

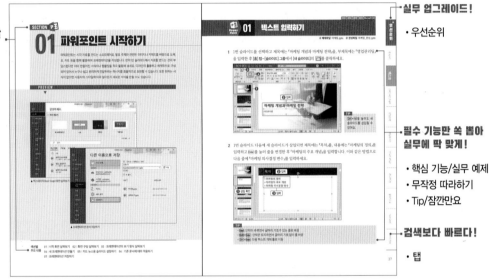

완벽한 이해를 돕기 위한 동영상 강의 제공!

- 저자 직강 영상

프로 비즈니스맨을 위한 활용 TIP!

- 핵심! 실무노트

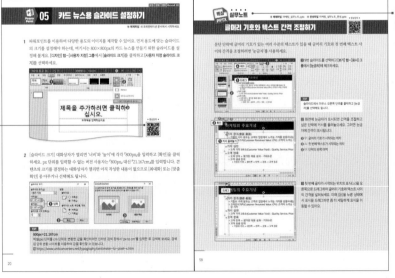

'검색보다 빠르고 동료보다 친절한' 엑셀&파워포인트&워드+한글 이렇게 활용하세요!

STEP 02 '우선순위'와 '실무 중요도'를 적극 활용하세요!

파워포인트 사용자들이 네이버 지식in, 오피스 실무 카페 및 블로그, 웹 문서, 뉴스 등에서 **가장 많이 검색하고 찾아본 키워드를 토대로 우선순위** 20개를 선정했어요. 이 정도만 알고 있어도 파워포인트를 문제없이 다룰 수 있고 언제, 어디서든지 원하는 기능을 **금방 찾아 바로 적용**해 볼 수 있어요!

순위 ▲	키워드	관련 내용은 여기서 학습하세요!	관련 페이지
1 ▲	텍스트 입력	메시지 전달의 기본, 주요 텍스트 강조 필요	37~39
2 ▲	그림 삽입	그림 삽입하고 [그림 도구]에서 다양하게 편집	79~81
3 ▲	도형 서식	도형 삽입하고 [도형 서식 도구]에서 다양하게 편집	63~67
4 ▲	슬라이드 쇼	F5 눌러 슬라이드 쇼를 진행하고 발표자 표시 도구 활용	146~147
5 ▲	도형 배치	겹쳐진 도형의 순서 변경하고 맨 앞, 맨 뒤 등에 도형 배치	65~67
6 ▲	비디오 삽입 및 재생	슬라이드 쇼에서 동영상을 원하는 구간만 선택 재생	116~117
7 ▲	디자인 아이디어	전문가급 디자인 레이아웃을 자동으로 적용하는 기능	186~187
8 ▲	스마트 가이드	개체의 간격과 줄을 빠르고 쉽게 정렬	64
9 ▲	스마트아트 그래픽	텍스트를 단숨에 비주얼 도해로 표현하는 기능	51~55
10 ▲	표 삽입	반복되는 텍스트를 일목요연하게 정리	95
11 ▲	차트 삽입	수치 데이터를 한눈에 보이는 메시지로 시각화하는 기능	103~105
12 ▲	배경 음악 삽입	슬라이드 쇼가 진행되는 동안 음악 재생	119~121
13 ▲	슬라이드 번호	삽입할 번호 위치와 서식 지정	164~165
14 ▲	로고 삽입	슬라이드 마스터로 일정 위치에 반복 삽입	160
15 ▲	그림 배경 제거	그림 배경을 제거해 투명하게 설정	84~85
16 ▲	슬라이드 마스터	슬라이드 마스터로 디자인 및 업무 능력 향상	153~159
17 ▲	화면 전환 효과	모핑 효과, 줌 아웃 등 다양한 연출 가능	139~143
18 ▲	애니메이션 효과	개체 나타내기, 강조, 이동 등 다양한 효과 적용	125~132
19 ▲	PDF 파일 형식	장치에 상관없이 파일 열기 가능	175
20 ▲	요약 확대/축소	하이퍼링크 기능을 대체하여 자유롭게 슬라이드 탐색	167~170

메시지 전달의 필수

필수 기능

기본 기능

디자인 활용

현업 활용도↑

디자인 통일성

업무 꿀팁

목차

스마트아트그래픽　**SECTION 04**　**스마트아트 그래픽으로 슬라이드 만들기**

CHAPTER 02　**도형과 그래픽 개체로
비주얼 프레젠테이션 만들기**

도형/도해　**SECTION 01**　**도형 이용해 도해 슬라이드 만들기**

목차

QR코드로 동영상 강의를 시청해 보세요!

책에 실린 QR코드를 통해 저자의 동영상 강의를 바로 시청할 수 있습니다.
유튜브에서 『오피스랩』을 검색해도 강의를 무료로 볼 수 있어요.

❶ 책 속 QR코드를 찾으세요.

❷ 스마트폰 카메라를 실행하고 QR코드를 비춰보세요.

❸ 동영상 강의 링크가 나타나면 화면을 터치해 강의를 시청하세요.

목차

길벗출판사 홈페이지에 무엇이든 물어보세요!

책을 읽다 막히는 부분이 있으면 '길벗 홈페이지(www.gilbut.co.kr)' 회원으로 가입하고 '고객센터' → '1 : 1 문의' 게시판에 질문을 올리세요. 지은이와 길벗 독자지원센터에서 신속하고 친절하게 답해 드립니다.

해당 도서의 페이지에서도 질문을 등록할 수 있어요. 홈페이지의 검색 창에 『무작정 따라하기 엑셀&파워포인트&워드+한글』를 입력해 해당 도서의 페이지로 이동하세요. 그런 다음, 질문이 있거나 오류를 발견한 경우 퀵 메뉴의 [도서문의]를 클릭해 문의 내용을 입력해 주세요. 꼭 로그인한 상태로 문의해 주세요.

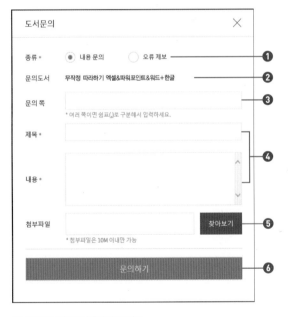

 예제파일 및 완성파일 다운로드

길벗출판사(www.gilbut.co.kr)에 접속하고 검색 창에 도서 제목을 입력한 후 [검색]을 클릭하면 학습자료를 다운로드 할 수 있어요. 회원으로 가입하지 않아도 자료를 받을 수 있어요.

❶ 문의의 종류를 선택해 주세요.

❷ 문의할 도서가 맞는지 확인해 주세요.

❸ 질문에 대한 답을 빠르게 찾을 수 있도록 해당 쪽을 기재해 주세요.

❹ 문의 내용을 입력해 주세요.

❺ 길벗 A/S 전담팀과 저자가 질문을 빠르게 파악할 수 있도록 관련 파일을 첨부해 주시면 좋아요.

❻ 모든 내용을 입력했다면 [문의하기]를 클릭해 질문을 등록하세요.

CHAPTER 01

기본 프레젠테이션 문서 작성하기

키노트, 프레지 등 발표를 도와주는 프로그램이 많지만, 파워포인트가 가장 대중화된 발표용 프로그램으로, 누구나 쉽게 쓸 수 있어요. 학교 과제, 직장인 실무 보고서 작성부터 사업 제안과 기획안 발표까지 파워포인트는 여러 사람들 앞에서 발표해야 할 때 가장 많이 널리 사용되고 있습니다. 하지만 파워포인트의 기능을 효율적으로 다루지 못한다면 오랜 시간을 투자하고도 전달력이 떨어지는 결과물이 나오는 경우가 많아요. 이번 장에서는 메시지를 효과적으로 전달하기 위해 가독성 높은 텍스트를 표현하는 방법과 슬라이드를 다루는 기본 기능에 대해 배워봅니다.

PowerPoint

01 파워포인트 시작하기

파워포인트는 시각 자료를 만드는 소프트웨어로, 발표 주제와 관련된 이미지나 키워드를 바탕으로 도해, 표, 차트 등을 함께 활용하여 프레젠테이션을 작성합니다. 만약 빈 슬라이드에서 자료를 만드는 것이 부담스럽다면 이미 만들어진 서식이나 템플릿을 적극 활용해 보세요. 디자인이 훌륭하고 체계적으로 구성되어 있어서 누구나 쉽고 편리하게 전달하려는 메시지를 효율적으로 표현할 수 있습니다. 또한 원하는 서식이 없으면 사용자의 스타일에 따라 얼마든지 새로운 서식을 만들 수도 있습니다.

PREVIEW

▼

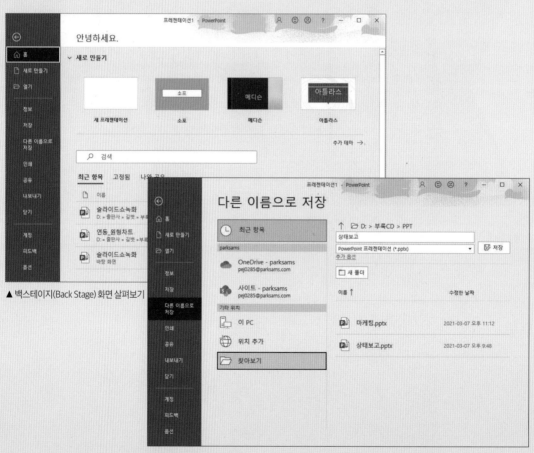

▲ 백스테이지(Back Stage) 화면 살펴보기

▲ 프레젠테이션 문서 저장하기

Power Point 01 시작 화면 살펴보기

파워포인트를 실행하면 나타나는 시작 화면에서는 최근에 사용한 문서를 다시 실행하거나 새로운 프레젠테이션 문서를 만들 수 있어요. 또한 제공되는 서식 파일이나 테마를 선택하여 프레젠테이션 문서를 작성할 수도 있어요.

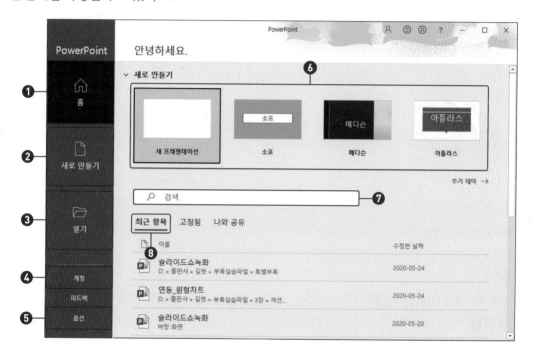

❶ **홈**: 파워포인트 프로그램의 시작 화면입니다. [홈]에서는 [새 프레젠테이션]과 '최근 항목'의 문서를 빠르게 선택하여 시작할 수 있어요.

❷ **새로 만들기**: 제공된 서식 파일을 이용하여 새 프레젠테이션 문서를 만들 수 있어요.

❸ **열기**: 최근에 사용한 프레젠테이션 문서뿐만 아니라 다른 경로(내 컴퓨터, OneDrive 등)에 저장한 문서를 열 수 있어요.

❹ **계정**: 사용하는 장치(PC, 태블릿 등)와 클라우드 서비스에서 마이크로소프트 계정을 설정해 사용할 수 있어요.

❺ **옵션**: 파워포인트의 환경 설정을 변경할 수 있어요.

❻ **[새 프레젠테이션]과 서식 파일**: 홈 화면에서 선택할 수 있는 기본 서식이나 테마를 사용하여 새 프레젠테이션을 시작할 수 있어요.

❼ **검색 입력 상자**: 찾으려는 서식 파일의 검색어를 입력하여 온라인 서식 파일 및 테마를 다운로드할 수 있어요.

❽ **최근 항목**: 최근에 작업한 파일 목록으로, 원하는 문서를 선택하여 빠르게 실행할 수 있어요.

Power Point 02 화면 구성 살펴보기

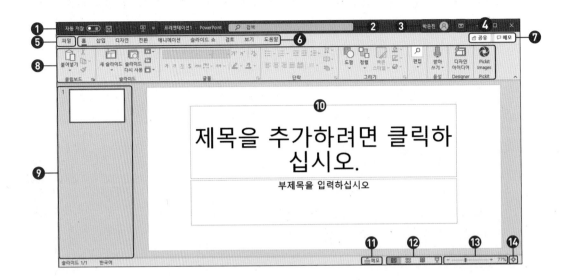

❶ **빠른 실행 도구 모음**: 자주 사용하는 도구를 모아놓은 곳으로, 사용자의 필요에 따라 도구를 추가 및 삭제할 수 있어요.

❷ **검색 상자**: 파워포인트 기능에 대한 도움말을 실행할 수 있어요.

❸ **사용자 계정**: 로그인한 사용자의 계정이 표시되고 계정을 관리하거나 다른 사용자로 전환할 수 있어요.

❹ **[리본 메뉴 표시 옵션] 단추(▭)**: 리본 메뉴의 탭과 명령 단추들을 모두 표시하거나 숨길 수 있어요.

❺ **[파일] 탭**: 파일을 열고 닫거나 저장 및 인쇄할 수 있고, 공유 및 계정, 내보내기 등의 문서 관리도 가능해요. 또한 다양한 파워포인트 옵션도 지정할 수 있어요.

❻ **탭**: 클릭하면 기능에 맞는 도구 모음이 나타납니다. 기본적으로 제공되는 탭 외에 도형, 그림, 표 등의 개체를 선택하면 개체를 편집할 수 있는 상황별 탭이 추가로 나타나요.

❼ **[공유], [메모]**: 공유 기능을 이용해서 해당 문서를 함께 작업하고 있는 다른 사용자를 확인하고 공유 옵션을 지정할 수 있어요. 메모를 이용하면 공동 작업자 간의 의견을 좀 더 쉽게 교환할 수 있어요.

❽ **리본 메뉴**: 선택한 탭과 관련된 명령 단추들이 비슷한 기능별로 묶인 몇 개의 그룹으로 구성되어 있어요.

❾ **슬라이드 축소판 그림 창**: 슬라이드의 축소판 그림이 나타나는 공간으로, 문서의 순서를 정하거나 슬라이드와 관련된 작업을 할 때 주로 사용해요.

❿ **슬라이드 창**: 파워포인트를 작업하는 기본 창으로, 개체를 삽입하거나 텍스트를 입력하고 편집할 때 사용해요.

⓫ **슬라이드 노트(📝메모)**: 클릭하면 [슬라이드 노트] 공간이 열리고 여기에 입력한 내용은 발표자용 서브 노트로 활용할 수 있어요.

⓬ **화면 보기 단추**: [기본] 단추(▭), [여러 슬라이드] 단추(▦), [읽기용 보기] 단추(▤), [슬라이드 쇼] 단추(모)를 클릭해서 화면 보기 상태를 선택할 수 있어요.

⓭ **확대/축소**: 슬라이드바를 드래그하거나 숫자를 클릭하여 화면 보기 비율을 10~400%까지 확대 및 축소할 수 있어요.

⓮ **최적화 보기 단추(◈)**: 슬라이드를 현재 창의 크기에 맞출 수 있어요.

Power Point 03 프레젠테이션의 보기 형식 살펴보기

1 | 기본 보기(⬜)

기본 보기는 파워포인트를 실행했을 때 볼 수 있는 가장 기본적인 화면으로, 슬라이드 내용을 편집할 때 사용해요. 다른 보기 상태에서 기본 보기로 전환하려면 **[보기] 탭-[프레젠테이션 보기] 그룹**에서 **[기본]**을 클릭하거나 화면의 오른쪽 아래에 있는 [기본] 단추(⬜)를 클릭하세요.

> **TIP**
>
> 화면의 왼쪽에 있는 슬라이드 축소판 그림 창과 오른쪽에 있는 슬라이드 창의 세로 경계선에 마우스 포인터를 올려놓은 후
> ↔ 모양으로 변경되었을 때 왼쪽이나 오른쪽으로 드래그하면 창 크기를 조절할 수 있어요.

2 | 여러 슬라이드 보기(⊞)

여러 슬라이드 보기는 한 화면에서 여러 슬라이드를 확인할 수 있는 화면으로, 슬라이드의 전체 흐름을 파악하거나 슬라이드 간 이동 및 삭제 등의 작업이 필요할 때 사용해요. **[보기] 탭-[프레젠테이션 보기] 그룹**에서 **[여러 슬라이드]**를 클릭하거나 화면의 오른쪽 아래에 있는 [여러 슬라이드] 단추(⊞)를 클릭하세요.

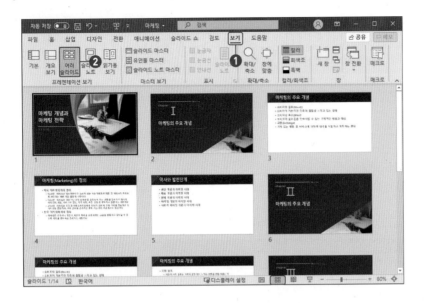

3 | 읽기용 보기(▤)

읽기용 보기는 파워포인트 문서에 적용한 애니메이션과 화면 전환 효과를 확인할 때 사용해요. [보기] 탭-[프레젠테이션 보기] 그룹에서 [읽기용 보기]를 클릭하거나 화면의 오른쪽 아래에 있는 [읽기용 보기] 단추(▤)를 클릭하세요. 읽기용 보기 화면에서 원래의 화면으로 되돌아오려면 Esc 를 누르세요.

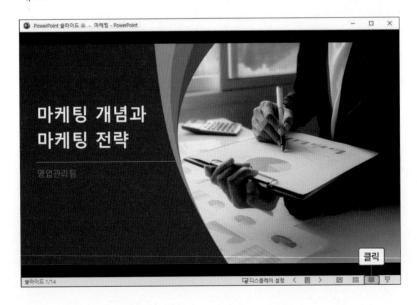

4 | 슬라이드 쇼(모)

슬라이드 쇼는 슬라이드의 내용이 전체 화면에 가득 채워지면서 애니메이션, 화면 전환, 동영상, 소리 등의 효과가 모두 실행됩니다. **[슬라이드 쇼] 탭-[슬라이드 쇼 시작] 그룹**에서 **[처음부터]** 또는 **[현재 슬라이드부터]**를 클릭하거나 화면의 오른쪽 아래에 있는 [슬라이드 쇼] 단추(모)를 클릭하세요. 슬라이드 쇼를 종료하려면 Esc 를 누르세요.

TIP
- [처음부터] 슬라이드 쇼: F5
- [현재 슬라이드부터] 슬라이드 쇼: Shift + F5

잠깐만요 > 자주 사용하는 슬라이드의 크기 살펴보기

용도	픽셀(px)	크기(cm)	용도	픽셀(px)	크기(cm)
유튜브 섬네일	1280×720	33.867×19.05	인스타그램 피드	1200×1200	31.75×31.75
인스타그램 스토리	1080×1920	28.575×50.8	카드뉴스, SNS	800×800	21.167×21.167
카드뉴스 가로	1200×800	31.75×21.167	카드뉴스 세로	800×1200	21.167×31.75
인포그래픽 가로	1920×1080	50.8×28.575	인포그래픽 세로	1080×1920	28.575×50.8
페이스북 커버	820×312	21.696×8.255	블로그 섬네일	800×800	21.167×21.167

문서시작

텍스트

스마트아트그래픽

도형/도해

그림/표/차트

오디오/비디오

애니메이션

슬라이드쇼

템플릿디자인

저장/인쇄

04 새 프레젠테이션 만들기

● **예제파일**: 새 프레젠테이션 문서에서 시작하세요.

1 기본 서식의 새 프레젠테이션 문서를 만들려면 [파일] 탭을 클릭하세요. 백스테이지(Back Stage) 화면이 열리면 [새로 만들기]를 선택하고 [새 프레젠테이션]을 선택하세요.

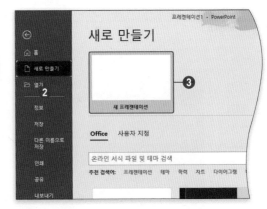

TIP

파워포인트 버전에 따라 [새 프레젠테이션]을 선택하고 [만들기]를 클릭해야 새 프레젠테이션(Ctrl + N)을 만들 수도 있어요.

2 기본 서식의 새 프레젠테이션 문서가 만들어지면 먼저 작성할 슬라이드의 크기와 방향을 선택해야 해요. 슬라이드의 크기를 바꾸려면 [디자인] 탭-[사용자 지정] 그룹에서 [슬라이드 크기]를 클릭하고 [표준(4:3)] 또는 [와이드스크린(16:9)]을 선택하세요. 그 외의 크기로 변경하려면 [사용자 지정 슬라이드 크기]를 선택해야 합니다.

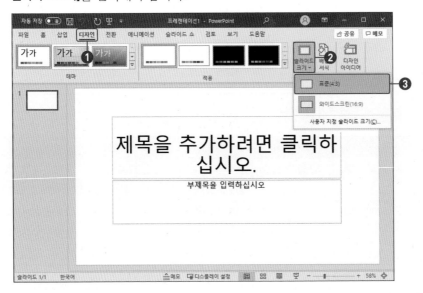

3 슬라이드의 크기가 표준(4:3) 크기인 새 프레젠테이션 문서를 만들었어요.

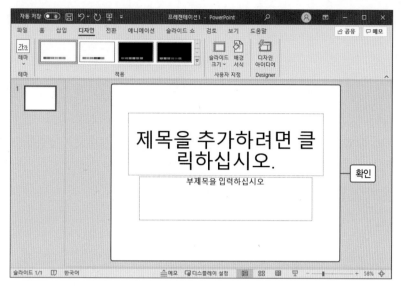

잠깐만요 > 새 슬라이드에 맞게 크기 조정하기

기존보다 슬라이드의 크기를 작게 변경할 경우에는 콘텐츠의 크기를 어떻게 변경할지 선택하는 대화상자가 열립니다.

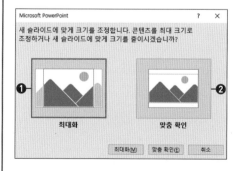

❶ **최대화**: 콘텐츠의 크기를 원래 상태로 유지하기 때문에 콘텐츠가 슬라이드의 밖으로 나갈 수도 있습니다.
❷ **맞춤 확인**: 슬라이드의 크기에 맞게 콘텐츠의 크기를 줄여서 표시합니다.

문서시작

텍스트

스마트아트그래픽

도형/도해

그림/표/차트

오디오/비디오

애니메이션

슬라이드쇼

테마디자인

저장/인쇄

05 카드 뉴스용 슬라이드 설정하기

● **예제파일**: 새 프레젠테이션 문서에서 시작하세요.

1 파워포인트를 이용하여 다양한 용도의 이미지를 제작할 수 있어요. 먼저 용도에 맞는 슬라이드 의 크기를 설정해야 하는데, 여기서는 800×800px의 카드 뉴스를 만들기 위한 슬라이드를 설 정해 볼게요. **[디자인] 탭-[사용자 지정] 그룹**에서 **[슬라이드 크기]**를 클릭하고 **[사용자 지정 슬라이드 크 기]**를 선택하세요.

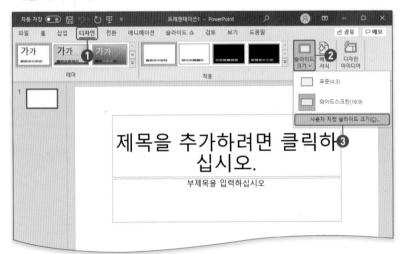

2 **[슬라이드 크기]** 대화상자가 열리면 '너비'와 '높이'에 각각 『800px』을 입력하고 **[확인]**을 클릭 하세요. px 단위를 입력할 수 없는 버전 사용자는 『800px』 대신 『21.167cm』를 입력합니다. 콘 텐츠의 크기를 결정하는 대화상자가 열리면 아직 작성한 내용이 없으므로 **[최대화]** 또는 **[맞춤 확인]** 중 아무거나 선택해도 됩니다.

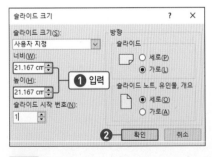

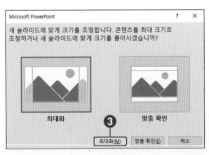

> **TIP**
>
> **800px=21.167cm**
> 픽셀(px) 단위를 cm 단위로 변환한 값을 확인하려면 인터넷 검색 창에서 'px to cm'를 입력한 후 검색해 보세요. 검색 된 단위 변환 사이트를 이용하여 값을 확인할 수 있습니다.
> 〔예〕https://www.unitconverters.net/typography/centimeter−to−pixel−x.htm

Power Point 06 기존 문서에 테마 적용하기

1 작성한 프레젠테이션 문서의 테마나 서식이 마음에 들지 않아 다른 디자인으로 변경하고 싶은 경우가 있어요. 이번에는 '상태보고.pptx' 문서에 '마케팅.pptx'의 테마를 적용할 것인데, 먼저 두 개의 파일을 열어서 디자인을 확인합니다.

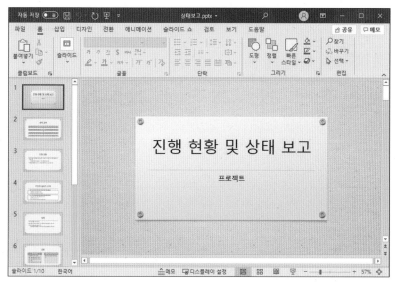

▶영상강의◀

▲ 상태보고.pptx

▲ 마케팅.pptx

2 '상태보고.pptx'를 선택하고 **[디자인] 탭─[테마] 그룹**에서 **[자세히]** 단추(⌄)를 클릭한 후 **[테마 찾아 보기]**를 선택합니다.

3 [테마 또는 테마 문서 선택] 대화상자가 열리면 부록 실습파일에서 '마케팅.pptx'를 선택하고 [적용]을 클릭하세요.

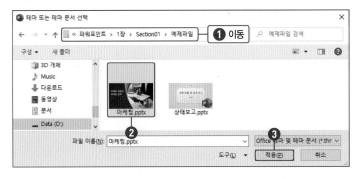

4 슬라이드를 이동하면서 '상태보고.pptx' 문서 전체에 '마케팅.pptx'의 배경 그림, 텍스트 서식, 글머리 기호의 모양, 컬러 등이 적용되었는지 확인하세요.

TIP

설정한 테마를 취소하고 기본 디자인으로 되돌아가려면 **[디자인] 탭─[테마] 그룹**에서 **[자세히]** 단추(⌄)를 클릭하고 **[Office 테마]**를 선택하세요.

07 프레젠테이션 저장하기

● **예제파일**: 앞의 실습에 이어서 실습하세요. ● **완성파일**: 프로젝트_상태보고.pptx

1 22쪽에서 완성한 프레젠테이션 문서를 저장하기 위해 **[파일] 탭**을 클릭하세요.

2 백스테이지 화면에서 **[다른 이름으로 저장]**을 선택하고 저장 위치를 지정하기 위해 [찾아보기]를 선택하세요.

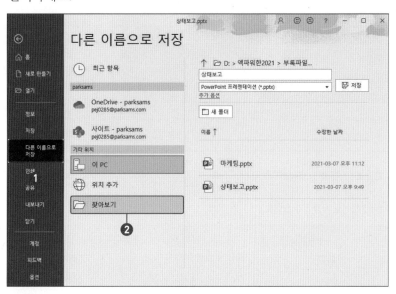

TIP

프레젠테이션 문서를 처음 저장한다면 **[파일] 탭-[저장]**을 선택해도 [다른 이름으로 저장] 대화상자가 열려요.
- **저장**: Ctrl + S 또는 빠른 실행 도구 모음의 [저장] 도구(🖫)
- **다른 이름으로 저장**: F12

3 [다른 이름으로 저장] 대화상자가 열리면 '파일 이름'에『프로젝트_상태보고』를 입력하고 [저장]을 클릭하세요. 이때 '파일 형식'은 'PowerPoint 프레젠테이션 (*.pptx)'으로 저장됩니다.

4 제목 표시줄에 **3** 과정에서 입력한 파일 이름이 표시되면 프레젠테이션 문서가 저장된 것입니다.

> **TIP**
> 저장된 다른 문서를 실행하려면 [파일] 탭-[열기]를 선택하고 [찾아보기]를 선택하여 [열기] 대화상자를 연 후 해당 파일을 찾아서 클릭하세요.

잠깐만요 > 자주 사용하는 저장 파일 형식 살펴보기

다양한 파일 형식으로 프레젠테이션 문서를 저장할 수 있어요.

파일 형식	확장자	파일 형식	확장자
프레젠테이션 문서	.pptx	매크로 포함 문서	.pptm
PowerPoint 97 – 2003	.ppt	PowerPoint 서식 파일	.potx
PDF 문서	.pdf	MPEG-4 비디오	.mp4
PowerPoint 쇼	.ppsx	Windows Media 비디오	.wmv
PNG 형식	.png	JPEG 파일 교환 형식	.jpg

잠깐만요 > 프레젠테이션 문서를 작성할 때의 꿀팁 익히기

1. 최근에 사용한 프레젠테이션 문서 빠르게 열기

백스테이지 화면에서 **[열기]**를 선택하고 [최근 항목]에서 최근에 실행한 파일을 찾아 선택하면 프레젠테이션 문서를 빠르게 열 수 있어요.

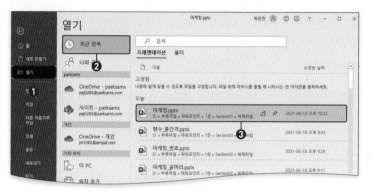

2. 최근에 사용한 파일 목록에 나타나는 파일 수 변경하기

[파일] 탭–[옵션]을 선택하여 [PowerPoint 옵션] 창을 열고 [고급] 범주에서 '표시'의 '표시할 최근 프레젠테이션 수'에 파일의 개수를 0~50 사이로 수정하세요. 만약 『0』을 입력하면 최근에 사용한 파일 목록에 파일이 표시되지 않습니다.

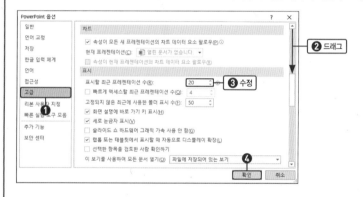

3. 자주 사용하는 파일이나 폴더를 목록에 고정 또는 고정 해제하기

백스테이지 화면에서 **[열기]**를 선택하고 [최근 항목]을 선택한 후 화면의 오른쪽 창에 나타난 목록에서 파일의 옆에 표시된 [이 항목을 목록에 고정] 단추(📌)를 클릭하거나, 마우스 오른쪽 단추를 클릭한 후 [목록에 고정]을 선택하면 해당 파일을 목록에 고정시킬 수 있어요. 이렇게 목록에 파일을 고정시키면 최근에 실행한 파일의 수가 많아도 항상 맨 위에 표시됩니다. 고정을 해제하려면 [이 항목을 목록에서 고정 해제] 단추(📌)를 클릭하거나, 마우스 오른쪽 단추를 클릭한 후 [목록에서 이 항목 고정 해제]를 선택하세요.

▲ 목록에 파일 고정하기

▲ 목록에서 파일 고정 해제하기

SECTION 02 자유자재로 슬라이드 다루기

파워포인트만큼 문서를 쉽게 작성하고 편집할 수 있는 친숙한 프로그램은 없어요. 이번 섹션에서는 프레젠테이션 문서를 만들기 위해 꼭 알아야 할 슬라이드 삽입 및 이동, 복사, 레이아웃 변경 등의 기본적인 슬라이드 편집 기능에 대해 배워보겠습니다. 여기서 알려주는 과정을 확실하게 알고 있어야 제2장 이후에 다루는 예제를 쉽게 따라할 수 있으니 잘 익혀두세요.

PREVIEW

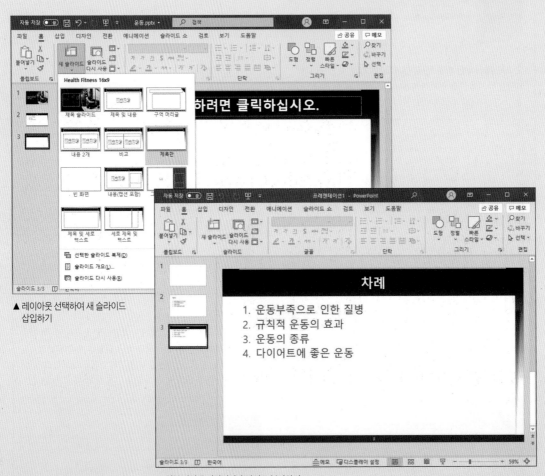

▲ 레이아웃 선택하여 새 슬라이드 삽입하기

▲ 원본 서식 유지하면서 슬라이드 복사하기

PowerPoint 01 새 슬라이드 삽입하기

◉ **예제파일**: 운동.pptx   ◉ **완성파일**: 운동_완성.pptx

1 2번 슬라이드의 아래쪽에 새 슬라이드를 삽입해 볼게요. 2번 슬라이드를 선택하고 [홈] 탭-[슬라이드] 그룹에서 [새 슬라이드]의 ^{새 슬라이드}을 클릭한 후 [제목만]을 선택하세요.

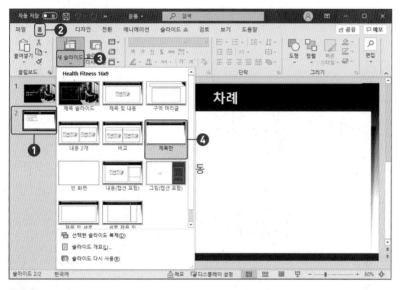

> **TIP**
>
> [새 슬라이드]의 ▥를 클릭하면 선택한 슬라이드와 같은 레이아웃의 슬라이드가 삽입됩니다. 단 '제목 슬라이드' 레이아웃의 다음에는 '제목 및 내용' 레이아웃 슬라이드가 삽입됩니다.

2 3번 슬라이드에 '제목만' 레이아웃을 가진 새 슬라이드가 삽입되었는지 확인하세요.

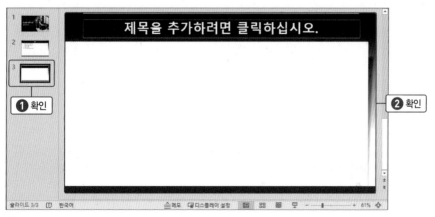

> **TIP**
>
> 새 슬라이드를 삽입할 수 있는 단축키는 Ctrl+M입니다.

27

02 슬라이드 선택하고 레이아웃 변경하기

● **예제파일**: 운동_레이아웃.pptx ● **완성파일**: 운동_레이아웃_완성.pptx

1 3번 슬라이드를 선택하고 `Ctrl`을 누른 상태에서 7번, 11번, 14번 슬라이드를 차례대로 클릭하여 모두 선택합니다. [홈] 탭-[슬라이드] 그룹에서 [레이아웃]을 클릭한 후 [구역 머리글]을 선택하세요.

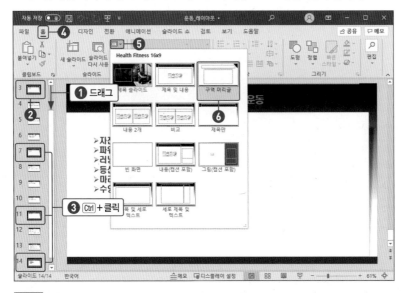

> **TIP**
>
> 슬라이드 창이나 슬라이드 축소판 그림 창에서 마우스 오른쪽 단추를 클릭하고 [레이아웃]을 선택해도 레이아웃을 선택할 수 있어요. 여러 개의 슬라이드는 다음과 같은 방법으로 선택할 수 있습니다.
> * **연속된 슬라이드 선택하기**: 첫 번째 슬라이드를 선택하고 `Shift`를 누른 상태에서 마지막 슬라이드를 클릭
> * **떨어져 있는 슬라이드 선택하기**: 첫 번째 슬라이드를 선택하고 `Ctrl`을 누른 상태에서 선택할 슬라이드를 차례대로 클릭

2 3번, 7번, 11번, 14번 슬라이드를 차례대로 선택하면서 모두 '구역 머리글' 레이아웃으로 변경되었는지 확인하세요.

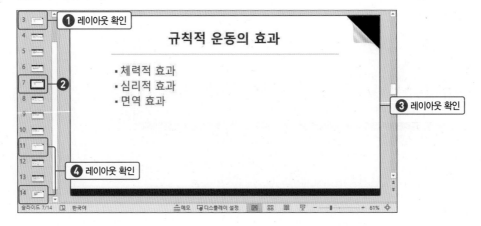

Power Point 03 슬라이드 복제하고 이동하기

◉ 예제파일: 운동_복제.pptx ◉ 완성파일: 운동_복제_완성.pptx

1 슬라이드 축소판 그림 창의 1번 슬라이드에서 마우스 오른쪽 단추를 클릭하고 [슬라이드 복제]를 선택하세요.

> **TIP**
>
> 슬라이드 복제([Ctrl]+[D])는 선택한 슬라이드의 바로 다음에 같은 슬라이드가 삽입되는 기능입니다. 원본 슬라이드와 인접한 위치에 슬라이드를 복사해야 할 때는 '복제' 기능을 사용하는 것이 편리해요.

2 1번 슬라이드가 복제되면서 2번 슬라이드로 추가되면 복제한 2번 슬라이드를 선택한 상태에서 맨 마지막 위치까지 드래그하여 이동하세요. 그러면 2번 슬라이드가 15번 슬라이드로 변경되면서 3번 슬라이드부터 슬라이드 번호가 하나씩 당겨져서 표현됩니다.

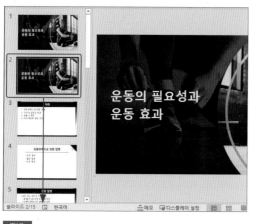
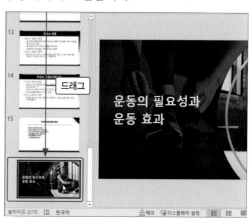

> **TIP**
>
> 슬라이드를 선택한 상태에서 [Ctrl]을 누르고 드래그하면 슬라이드를 복사할 수 있어요.

04 슬라이드 삭제하고 서식 재지정하기

◉ **예제파일**: 운동_삭제.pptx   ◉ **완성파일**: 운동_삭제_완성.pptx

1 슬라이드 축소판 그림 창의 3번 슬라이드에서 마우스 오른쪽 단추를 클릭하고 [슬라이드 삭제]를 선택하세요. 이 기능을 이용하면 불필요하게 작성된 슬라이드를 쉽게 삭제할 수 있어요.

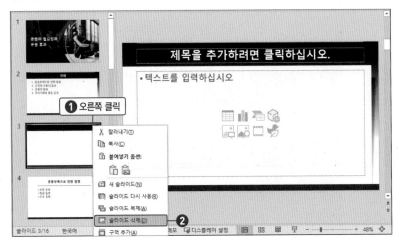

> **TIP**
> 슬라이드를 삭제하는 가장 쉬운 방법은 Delete 를 누르는 것입니다.

2 3번, 7번, 11번, 14번 슬라이드에 모두 '구역 머리글' 레이아웃이 적용되어 있는데, 14번 슬라이드만 글꼴, 줄 간격, 글머리 기호 등의 모양이 다르므로 레이아웃의 모양을 통일해 볼게요. 슬라이드 축소판 그림 창의 14번 슬라이드에서 마우스 오른쪽 단추를 클릭하고 [슬라이드 원래대로]를 선택하여 '구역 머리글' 레이아웃의 기본 모양으로 변경되었는지 확인하세요.

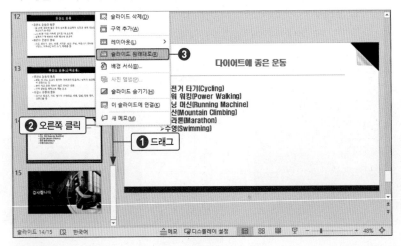

> **TIP**
> [슬라이드 원래대로]는 슬라이드에 적용된 사용자 서식을 지우고 해당 레이아웃의 기본 서식 상태로 되돌리는 기능으로, [홈] 탭-[슬라이드] 그룹에서 [다시 설정]을 클릭해도 됩니다.

Power Point

05 논리적 구역으로 슬라이드 관리하기

● **예제파일**: 운동_구역.pptx ● **완성파일**: 운동_구역_완성.pptx

1 슬라이드 축소판 그림 창의 3번 슬라이드에서 마우스 오른쪽 단추를 클릭하고 [구역 추가]를 선택하세요.

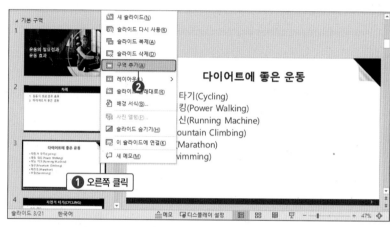

TIP

[홈] 탭-[슬라이드] 그룹에서 [구역]을 클릭하고 [구역 추가]를 선택해도 됩니다.

2 3번 슬라이드에 구역이 추가되면서 1번 슬라이드와 2번 슬라이드는 '기본 구역'이 되고 3번 슬라이드부터 9번 슬라이드는 '제목 없는 구역'으로 설정되었는지 확인하세요. [구역 이름 바꾸기] 대화상자가 열리면 설정할 '구역 이름'에 『다이어트 운동』을 입력하고 [이름 바꾸기]를 클릭하세요.

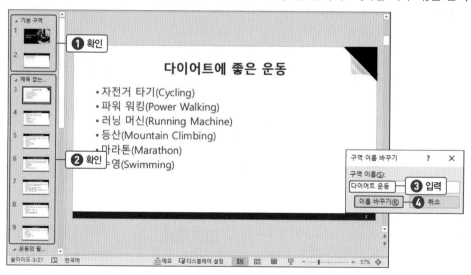

TIP

구역 이름 앞의 [구역 축소] 단추(◢)를 클릭하면 특정 구역의 슬라이드를 모두 축소하여 감출 수 있어요. 반대로 [구역 확장] 단추(▶)를 클릭하면 특정 구역의 모든 슬라이드가 표시되도록 확장할 수 있습니다.

문서시작 | 텍스트 | 스마트아트그래픽 | 도형/도해 | 그림표/차트 | 오디오/비디오 | 애니메이션 | 슬라이드쇼 | 테마디자인 | 저장/인쇄

3 구역 이름이 '다이어트 운동'으로 바뀌었으면 변경된 구역 이름에서 마우스 오른쪽 단추를 클릭한 후 [모두 축소]를 선택합니다.

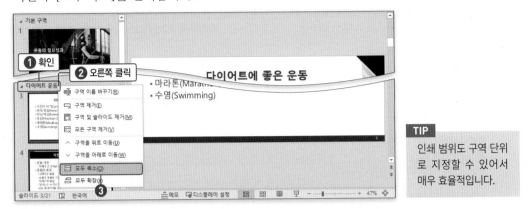

TIP

인쇄 범위도 구역 단위로 지정할 수 있어서 매우 효율적입니다.

4 슬라이드가 축소되면서 구역 이름만 표시되었으면 구역 이름 중 '다이어트 운동' 구역에서 마우스 오른쪽 단추를 클릭하고 [구역을 아래로 이동]을 선택합니다. 이렇게 하면 여러 슬라이드로 구성된 구역의 순서를 위쪽이나 아래쪽으로 이동할 수 있어요.

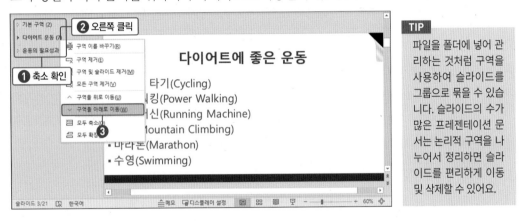

TIP

파일을 폴더에 넣어 관리하는 것처럼 구역을 사용하여 슬라이드를 그룹으로 묶을 수 있습니다. 슬라이드의 수가 많은 프레젠테이션 문서는 논리적 구역을 나누어서 정리하면 슬라이드를 편리하게 이동 및 삭제할 수 있어요.

5 '다이어트 운동' 구역이 '운동의 필요성과 효과' 구역의 아래쪽으로 이동했으면 '다이어트 운동' 구역의 이름 앞에 있는 [구역 확장] 단추(▶)를 클릭합니다. 구역이 확대되면 해당 구역을 확장하세요.

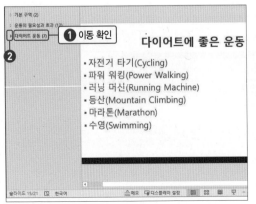

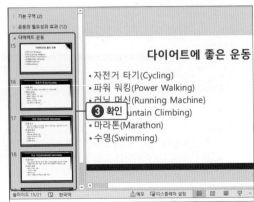

Power Point 06 슬라이드 복사하기

◉ **예제파일**: 운동_복사.pptx ◉ **완성파일**: 운동_복사_완성.pptx

1 슬라이드 축소판 그림 창의 2번 슬라이드에서 마우스 오른쪽 단추를 클릭하고 [복사]를 선택하세요.

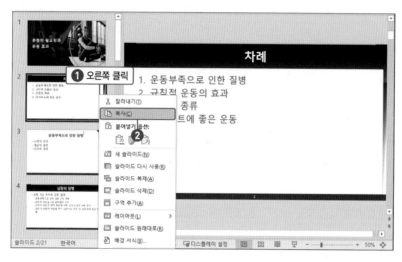

▶영상강의◀

TIP

단축키 Ctrl+C를 눌러도 슬라이드를 복사할 수 있어요.

2 6번과 7번 슬라이드 사이에서 마우스 오른쪽 단추를 클릭하고 '붙여넣기 옵션'에서 [대상 테마 사용]( )을 클릭하세요.

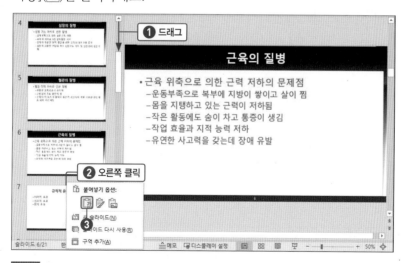

TIP

단축키 Ctrl+V를 누르거나 [홈] 탭-[클립보드] 그룹에서 [붙여넣기]의 를 클릭해도 됩니다.

문서시작

텍스트

스마트아트그래픽

도형/도해

그림/표/차트

오디오/비디오

애니메이션

슬라이드쇼

테마디자인

저장/인쇄

3 복사한 슬라이드를 붙여넣었으면 새 프레젠테이션을 만들기 위해 Ctrl + N을 누르세요.

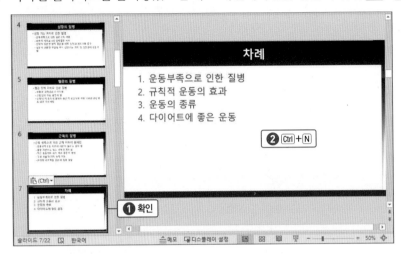

4 새 프레젠테이션이 열리면 [홈] 탭–[클립보드] 그룹에서 [붙여넣기]의 붙여넣기를 클릭하고 '붙여넣기 옵션'에서 [대상 테마 사용](📋)을 클릭하여 **1** 과정에서 복사한 슬라이드를 붙여넣으세요.

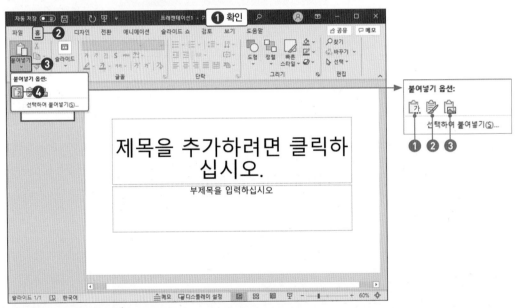

①대상 테마 사용(📋): 원본의 서식 없이 내용만 붙여넣습니다.
②원본 서식 유지(📋): 원본의 배경 서식과 내용을 함께 붙여넣습니다.
③그림(📋): 슬라이드 모양의 그림으로 붙여넣습니다.

5 2번 슬라이드가 추가되면 내용만 복사되었는지 확인합니다. **[홈] 탭-[클립보드] 그룹**에서 **[붙여넣기]**의 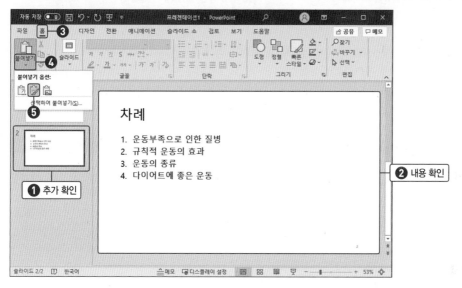를 한 번 더 클릭하고 '붙여넣기 옵션'에서 **[원본 서식 유지]**(📝)를 클릭하세요.

6 3번 슬라이드가 추가되면서 내용뿐만 아니라 원본의 배경도 유지되면서 함께 복사되었는지 확인합니다. 이와 같이 슬라이드를 복사할 때 내용만 복사할 것인지, 내용과 함께 서식도 복사할 것인지 선택해서 붙여넣을 수 있어요.

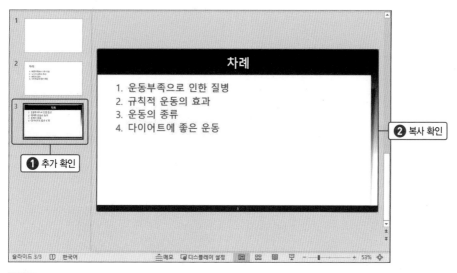

> **TIP**
>
> 슬라이드 축소판 그림 창에서 마우스 오른쪽 단추를 클릭해도 복사 & 붙여넣기할 수 있어요.

03 텍스트 슬라이드 만들기

프레젠테이션 디자인의 기본이면서 메시지를 전달하는 데 가장 중요한 요소는 바로 '텍스트'입니다. 입력한 글자에 다양한 모양의 글꼴, 색상, 글머리 기호를 지정하거나 적당한 줄 간격과 워드아트 서식을 적용하면 읽기 쉬우면서 보기에 좋은 텍스트 디자인을 할 수 있어요. 이번 섹션에서는 슬라이드에 입력한 글자를 다양한 모양 및 글꼴로 변경해 보고 정확한 내용을 전달하기 위한 글꼴 크기와 색상에 대해 알아봅니다.

PREVIEW

마케팅의 주요 개념

- 소비자의 필요(Needs)
  - 소비자가 기본적인 만족의 결핍을 느끼고 있는 상태
- 소비자의 욕구(Want)
  - 소비자가 필요들을 만족시킬 수 있는 구체적인 방법과 대상
- 교환(Exchange)
  - 가치 있는 제품 및 서비스에 대하여 대가를 지불하고 획득하는 행위

▲ 단락의 목록 수준 늘리기

향수의 제조과정

1. 향료 모으기
   - 대부분의 향수는 천연 향료와 합성 향료를 조합한 향료
   - 향수의 주원료가 되는 각종 꽃과 식물들은 주로 남미나 아시아, 페르시아 연안 및 유럽 등지가 산지
   - 천연 향료의 원료가 되는 꽃들은 매우 다양
     - 재스민, 장미, 오렌지꽃, 바이올렛, 앙골담초, 카네이션, 시클라멘, 치자꽃, 히아신스, 아이리스, 라일락, 은방울꽃, 목서초, 미모사, 수선화, 난, 지중해산 관상식물, 일랑일랑 등 수백 가지

▲ 줄 간격과 줄 바꿈 설정하기

Power Point 01 텍스트 입력하기

● **예제파일**: 마케팅.pptx   ● **완성파일**: 마케팅_완성.pptx

1 1번 슬라이드를 선택하고 제목에는 『마케팅 개념과 마케팅 전략』을, 부제목에는 『영업관리팀』 을 입력한 후 [홈] 탭-[슬라이드] 그룹에서 [새 슬라이드]의 ⬚를 클릭하세요.

2 1번 슬라이드 다음에 새 슬라이드가 삽입되면 제목에는 『목차』를, 내용에는 『마케팅의 정의』를 입력하고 Enter를 눌러 줄을 변경한 후 『마케팅의 주요 개념』을 입력합니다. 이와 같은 방법으로 다음 줄에 『마케팅 의사결정 변수』를 입력하세요.

TIP
- Enter : 단락이 바뀌면서 글머리 기호가 있는 줄로 바뀜
- Shift + Enter : 단락은 유지하면서 글머리 기호 없이 줄 바꿈
- Ctrl + Enter : 다음 텍스트 개체 틀로 이동

문서시작 · 텍스트 · 스마트아트그래픽 · 도형/도해 · 그림/표/차트 · 오디오/비디오 · 애니메이션 · 슬라이드쇼 · 테마디자인 · 저장/인쇄

02 글꼴 서식 지정해 텍스트 꾸미기

● **예제파일:** 마케팅_글꼴.pptx   ● **완성파일:** 마케팅_글꼴_완성.pptx

1 11번 슬라이드에서 첫 번째 검은색 도형 안쪽의 텍스트 상자를 선택하고 Shift 를 이용해 나머지 텍스트 상자들을 모두 선택하세요. [홈] 탭-[글꼴] 그룹에서 [글꼴 크기 크게]를 세 번 클릭하여 텍스트의 크기를 [28pt]로 지정하고 [굵게]를 클릭하세요.

> **TIP**
>
> [글꼴 크기 크게] 대신 '텍스트 크기'에서 『28pt』를 입력하거나 선택해도 됩니다. [홈] 탭-[글꼴] 그룹에서 [굵게], [기울임꼴], [밑줄], [텍스트 그림자], [취소선] 등은 한 번 클릭하면 기능이 적용되고 한 번 더 클릭하면 기능이 해제됩니다.

2 첫 번째 텍스트 상자의 'Product'에서 'P' 부분만 선택하고 [홈] 탭-[글꼴] 그룹에서 [글꼴 색]의 목록 단추(▾)를 클릭한 후 '테마 색'에서 [황금색, 강조 4]를 선택합니다.

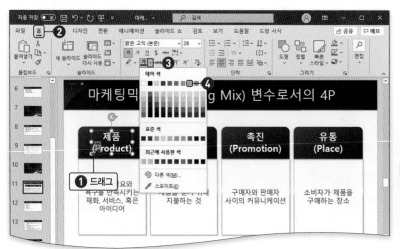

> **TIP**
>
> F4 를 눌러 방금 전의 작업을 빠르게 다시 실행할 수 있어요.

3 **2** 과정과 같은 방법으로 나머지 텍스트 상자의 'P'에도 같은 글꼴 색을 지정하세요. Shift를 이용해 네 개의 텍스트 상자를 차례대로 클릭하여 모두 선택하고 [홈] 탭-[글꼴] 그룹에서 [문자 간격]을 클릭한 후 [넓게]를 선택하세요.

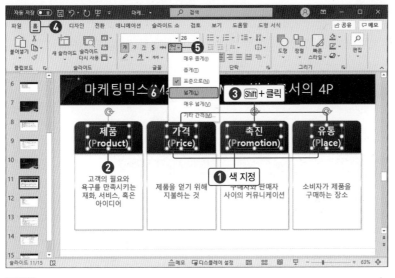

TIP

Shift+클릭하지 않고 네 개의 텍스트 상자가 모두 포함되도록 마우스로 크게 드래그해도 함께 선택할 수 있어요.

4 Esc를 눌러 텍스트 상자의 선택을 해제하고 문자 간격이 넓어졌는지 확인하세요.

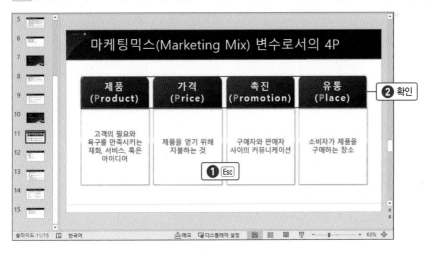

03 단락의 목록 수준 조절하기

● **예제파일**: 마케팅_단락.pptx ● **완성파일**: 마케팅_단락_완성.pptx

1 8번 슬라이드의 본문 텍스트에서 두 번째 줄을 드래그하여 선택하고 **[홈] 탭-[단락] 그룹**에서 **[목록 수준 늘림]**을 클릭하세요.

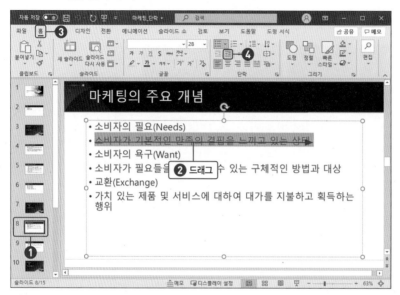

TIP

텍스트의 범위를 지정하려면 마우스 포인터가 I 모양일 때 드래그해야 합니다. 한 단락만 변경할 때는 범위 지정 대신 커서를 클릭한 후 작업해도 됩니다.

2 두 번째 줄의 내용이 들여쓰기되었는지 확인하세요. 이와 같은 방법으로 네 번째 줄과 여섯 번째 줄의 내용에도 '목록 수준 늘림'을 적용하여 목록을 들여쓰기하세요.

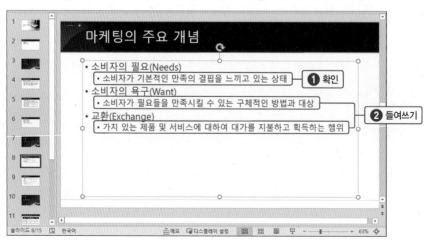

Power Point **04 글머리 기호의 모양과 색상 변경하기**

● **예제파일**: 마케팅_글머리.pptx   ● **완성파일**: 마케팅_글머리_완성.pptx

1 9번 슬라이드의 본문 텍스트에서 첫 번째 줄에 커서를 올려놓으세요. [홈] 탭-[단락] 그룹에서 [글머리 기호]의 목록 단추(▾)를 클릭하고 [글머리 기호 및 번호 매기기]를 선택하세요.

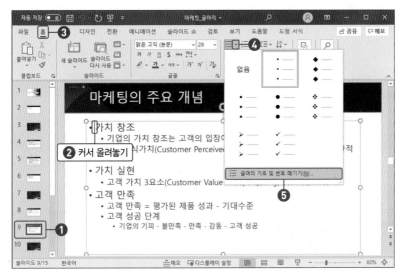

2 [글머리 기호 및 번호 매기기] 대화상자의 [글머리 기호] 탭이 열리면 [사용자 지정]을 클릭하세요. [기호] 대화상자가 열리면 '글꼴'에서는 [(현재 글꼴)]을, '하위 집합'에서는 [도형 기호]를 선택하고 기호 목록에서 [▶]을 선택한 후 [확인]을 클릭하세요.

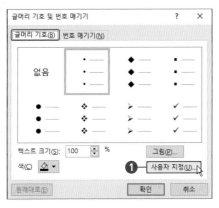

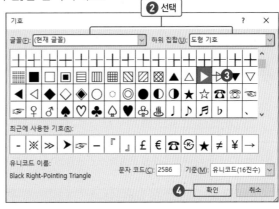

TIP

[기호] 대화상자에서 '글꼴'을 [Wingdings], [Wingdings2], [Webdings]로 지정하면 좀 더 다양한 그림 문자를 글머리 기호로 사용할 수 있어요.

3 [글머리 기호 및 번호 매기기] 대화상자의 [글머리 기호] 탭으로 되돌아오면 '텍스트 크기'는 [70%]로, '색'은 '테마 색'에서 [파랑, 강조 1]로 지정하고 [확인]을 클릭하세요.

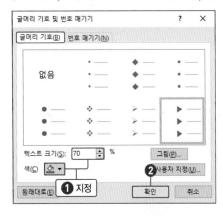

TIP

[사용자 지정] 대신 [그림]을 선택하면 그림을 글머리 기호로 설정할 수 있어요.

4 '가치 실현' 텍스트의 앞을 클릭하여 커서를 올려놓고 F4 를 누르면 **2** 과정에서 지정한 글머리 기호와 같은 모양의 글머리 기호가 삽입됩니다. 이와 같은 방법으로 '고객 만족' 텍스트 앞의 글머리 기호도 변경하세요.

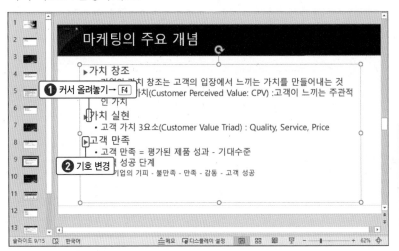

TIP

F4 는 마지막 작업을 한 번 더 반복하는 기능으로, 글머리 기호 변경처럼 복잡한 기능을 반복해서 작업할 때 사용하면 편리해요.

잠깐만요 > 단락의 목록 수준을 조절하는 간단한 방법 알아보기

목록 텍스트를 입력하기 전		목록 텍스트를 입력한 후	
문장의 맨 앞에 커서를 올려놓고 Tab 을 눌러 조절해야 편리합니다.		[홈] 탭-[단락] 그룹의 명령 단추를 이용하여 목록 수준을 조절해야 편리합니다.	
목록 수준 늘림	Tab	목록 수준 늘림	⬇
목록 수준 줄임	Shift + Tab	목록 수준 줄임	⬆

05 번호 목록에서 시작 번호 변경하기

Power Point

● **예제파일:** 마케팅_번호.pptx ● **완성파일:** 마케팅_번호_완성.pptx

1 12번 슬라이드에서 내용 개체 틀을 선택합니다. [홈] 탭-[단락] 그룹에서 [번호 매기기]의 목록 단추(▾)를 클릭하고 원숫자를 선택하세요.

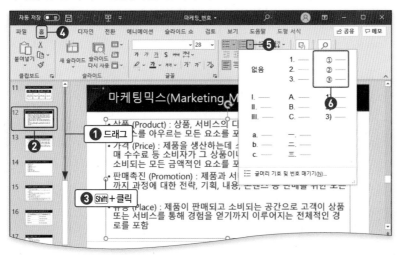

> **TIP**
>
> 전체가 아니라 특정 부분만 번호 목록으로 설정하려면 원하는 부분을 범위로 지정한 후 작업하세요. 번호를 없애려면 [홈] 탭-[단락] 그룹에서 [번호 매기기]를 클릭하거나 목록 단추(▾)를 클릭한 후 [없음]을 선택합니다.

2 13번 슬라이드에는 이미 번호가 매겨져 있는데, 앞 페이지에서 번호가 이어지도록 변경해 볼 게요. 내용 개체 틀을 선택하고 [홈] 탭-[단락] 그룹에서 [번호 매기기]의 목록 단추(▾)를 클릭한 후 [글머리 기호 및 번호 매기기]를 선택하세요.

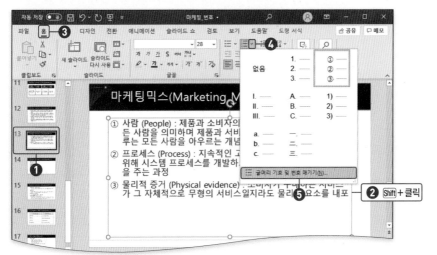

43

3 [글머리 기호 및 번호 매기기] 대화상자가 열리면 [번호 매기기] 탭에서 '시작 번호'에 『5』를 입력하고 [확인]을 클릭하세요.

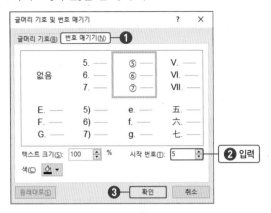

4 시작 번호가 ⑤로 변경되었는지 확인하고 ⑥ 목록의 마지막 위치를 클릭하여 커서를 올려놓은 후 Enter를 누르세요. 새로 줄이 추가되면 『파트너쉽 (Partnership)』을 입력하세요. 그러면 번호가 ⑦이 되면서 다음 줄은 ⑧로 자동 변경됩니다.

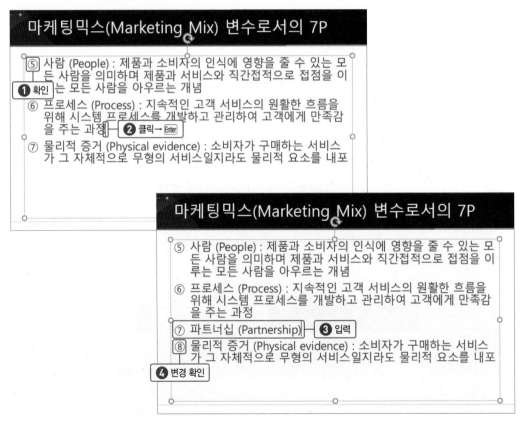

Power Point 06 텍스트 사이의 줄 간격 조절하기

◉ **예제파일**: 향수_줄간격.pptx ◉ **완성파일**: 향수_줄간격_완성.pptx

1 2번 슬라이드에서 내용 개체 틀을 선택하고 **[홈] 탭-[단락] 그룹**에서 **[줄 간격]**을 클릭한 후 **[1.5]**를 선택하세요.

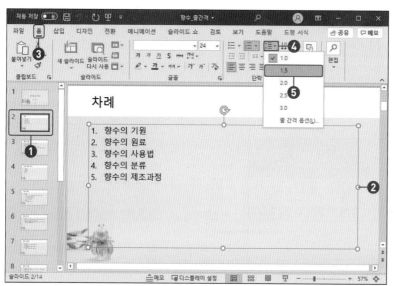

> **TIP**
>
> 줄마다 간격을 다르게 설정하려면 원하는 범위를 지정한 후 작업하세요.

2 목차에서 내용별 간격이 1.5줄로 조정되면서 넓어졌는지 확인하세요.

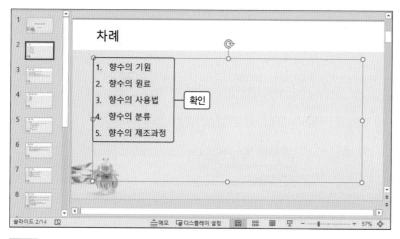

> **TIP**
>
> 목차 슬라이드는 내용이 많지 않으므로 줄 간격을 넓게 설정하는 경우가 많습니다.

3 11번 슬라이드에서 내용 개체 틀을 선택하고 **[홈] 탭-[단락] 그룹**에서 **[줄 간격]**을 클릭한 후 **[줄 간격 옵션]**을 선택합니다. [단락] 대화상자의 [들여쓰기 및 간격] 탭이 열리면 '간격'에서 '단락 앞'은 [12pt], '단락 뒤'는 [0pt], '줄 간격'은 [배수], '값'은 [0.9]로 지정하고 [확인]을 클릭하세요.

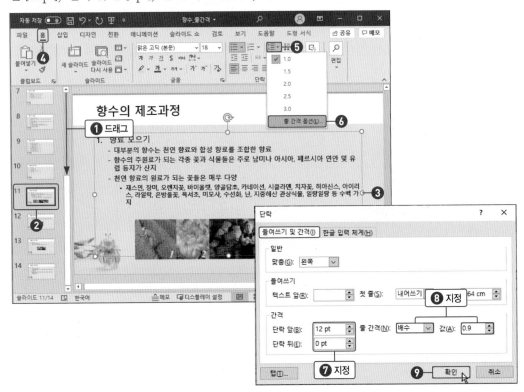

4 줄 사이 간격은 조금 좁게 설정하고 단락 앞에 여백을 지정하여 단락끼리 구분했습니다. 이렇게 지정하면 같은 단락의 내용은 모아 읽을 수 있어서 가독성이 더욱 좋아집니다.

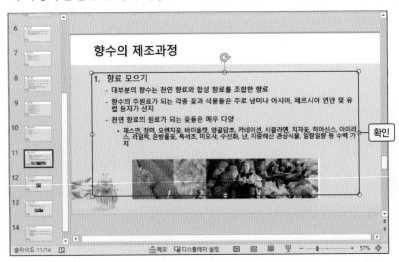

Power Point 07 한글 단어가 잘리지 않게 줄 바꾸기

● **예제파일**: 향수_줄바꿈.pptx ● **완성파일**: 향수_줄바꿈_완성.pptx

1 11번 슬라이드를 선택하면 마지막으로 줄 바꿈된 부분에서 단어 '수백 가지'가 잘려있네요. 내용 개체 틀을 선택하고 **[홈] 탭-[단락] 그룹**에서 **[단락]** 대화상자 표시 아이콘(🔽)을 클릭하세요. [단락] 대화상자가 열리면 [한글 입력 체계] 탭에서 '일반'의 [한글 단어 잘림 허용]의 체크를 해제하고 [확인]을 클릭하세요.

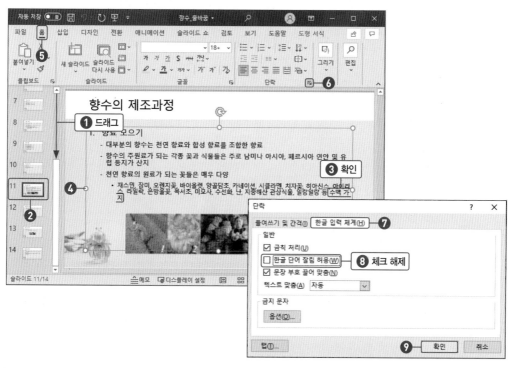

2 줄의 마지막에 위치한 한글 단어 '수백 가지'가 잘리지 않고 줄 바꿈되었는지 확인하세요.

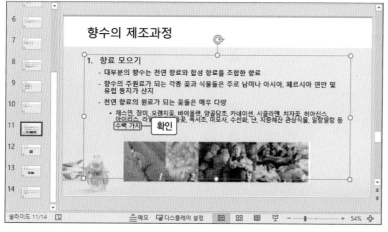

TIP

[홈] 탭-[단락] 그룹에서 [양쪽 맞춤]을 클릭하면 텍스트의 양쪽 끝을 깔끔하게 정렬되면서 줄을 맞출 수 있어요.

08 워드아트 빠른 스타일로 제목 꾸미기

● **예제파일**: 향수_워드아트.pptx ● **완성파일**: 향수_워드아트_완성.pptx

1 1번 슬라이드에서 제목 중 '향수'를 드래그해 선택하고 [도형 서식] 탭–[WordArt 스타일] 그룹에서 [자세히] 단추(▼)를 클릭합니다. 워드아트 빠른 스타일 목록이 나타나면 **[채우기: 흰색, 윤곽선: 주황, 강조색 2, 진한 그림자: 주황, 강조색 2]**를 선택하세요.

> **TIP**
>
> 워드아트 빠른 스타일은 텍스트의 채우기 색과 윤곽선, 그림자 등을 한 번에 바꿀 수 있는데, [도형 스타일] 그룹의 기능과 혼동하지 않도록 주의하세요. M365 이전 버전에서는 [그리기 도구]의 [도형 서식] 탭이 [서식] 탭으로 표시됩니다.

2 범위로 지정한 '향수'에만 워드아트 스타일이 적용되었으면 부제목에 적용된 워드아트를 지워 볼게요. 부제목 개체 틀을 선택하고 **[도형 서식] 탭–[WordArt 스타일] 그룹**에서 **[자세히] 단추(▼)**를 클릭한 후 **[WordArt 서식 지우기]**를 선택하세요.

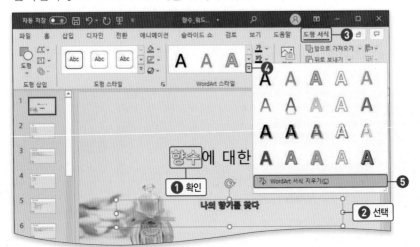

Power Point 09 · **텍스트 상자로 원하는 위치에 텍스트 입력하기**

◉ **예제파일**: 향수_텍스트상자.pptx ◉ **완성파일**: 향수_텍스트상자_완성.pptx

1 3번 슬라이드의 아래쪽에 출처를 표시하려고 하는데, 내용 개체 틀이 없는 위치에 텍스트를 입력하려면 텍스트 상자를 이용해야 합니다. **[삽입] 탭-[텍스트] 그룹**에서 **[텍스트 상자]**의 를 클릭하고 마우스 포인터가 ↓ 모양으로 변경되면 원하는 가로 길이만큼 드래그하세요.

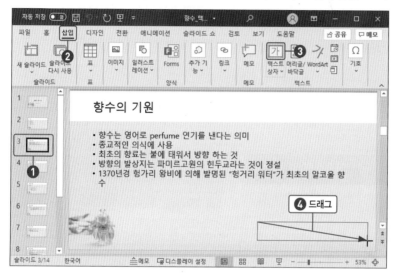

TIP

[홈] 탭-[그리기] 그룹에서 [도형]을 클릭하고 '기본 도형'에서 [텍스트 상자(▭)]를 클릭해도 됩니다.

2 텍스트 상자가 그려지면 『출처: 국제향료협회(IFRA)』를 입력하세요.

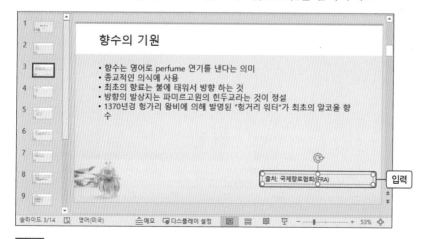

TIP

원하는 위치에 텍스트를 입력하려면 텍스트 상자 또는 도형을 그린 후 입력할 수 있어요. 텍스트 상자를 선택한 후 드래그하면 위치도 자유롭게 이동할 수 있습니다.

SECTION P표

04 스마트아트 그래픽으로 슬라이드 만들기

도해를 이용하면 텍스트보다 내용을 더욱 직관적으로 전달할 수 있고, 스마트아트 그래픽을 사용하면 좀 더 쉽고 빠르면서 효율적으로 내용을 전달할 수 있습니다. 내용 전달 목적에 맞게 디자인된 스마트아트 그래픽을 사용자의 필요에 따라 선택하고 텍스트만 입력하면 전문가처럼 고품질 프레젠테이션을 만들 수 있어요. 이번 섹션에서는 자신의 메시지를 가장 잘 표현할 수 있는 스마트아트 그래픽을 찾기 위한 다양한 형식의 레이아웃을 적용하는 방법에 대해 배워봅니다.

PREVIEW

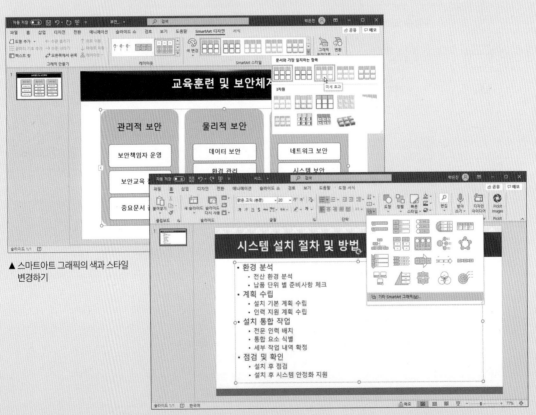

▲ 스마트아트 그래픽의 색과 스타일 변경하기

▲ 텍스트를 스마트아트 그래픽으로 변환하기

Power Point 01 스마트아트 그래픽 삽입하고 레이아웃 변경하기

● **예제파일**: 보안.pptx ● **완성파일**: 보안_완성.pptx

1 스마트아트 그래픽을 삽입하기 위해 내용 개체 틀에서 [SmartArt 그래픽 삽입] 단추(📊)를 클릭하세요. [SmartArt 그래픽 선택] 대화상자가 열리면 [목록형] 범주에서 [가로 글머리 기호 목록형]을 선택하고 [확인]을 클릭하세요.

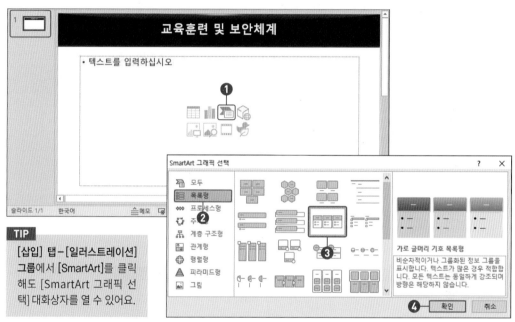

> **TIP**
>
> [삽입] 탭-[일러스트레이션] 그룹에서 [SmartArt]를 클릭해도 [SmartArt 그래픽 선택] 대화상자를 열 수 있어요.

2 '가로 글머리 기호 목록형' 스마트아트 그래픽이 삽입되면 텍스트 창을 열기 위해 스마트아트 그래픽의 왼쪽에 있는 ◀ 단추를 클릭하세요.

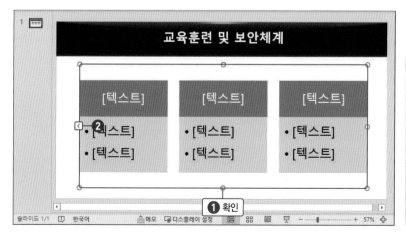

> **TIP**
>
> [SmartArt 디자인] 탭-[그래픽 만들기] 그룹에서 [텍스트 창]을 클릭해도 텍스트 창을 열 수 있어요. M365 이전 버전에서는 [SmartArt 도구]의 [SmartArt 디자인] 탭이 [디자인] 탭으로 표시됩니다.

3 텍스트 창에 다음과 같이 입력하고 [닫기] 단추(✕)를 클릭하세요. 이때 텍스트 창에 내용을 입력하지 않고 스마트아트 그래픽 개체를 하나씩 선택한 후 입력할 수도 있어요.

> 관리적 보안, 보안책임자 운영, 보안교육 점검, 중요문서 관리
> 물리적 보안, 데이터 보안, 환경 관리, 출입 통제, 전산장비 관리
> 기술적 보안, 네트워크 보안, 시스템 보안, 데이터베이스 보안, PC보안

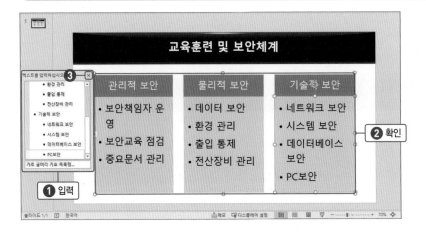

4 이번에는 삽입한 스마트아트 그래픽의 레이아웃을 다른 모양으로 변경해 볼게요. 스마트아트 그래픽을 선택한 상태에서 [SmartArt 디자인] 탭-[레이아웃] 그룹에서 [자세히] 단추(▽)를 클릭하고 [기타 레이아웃]을 선택하세요.

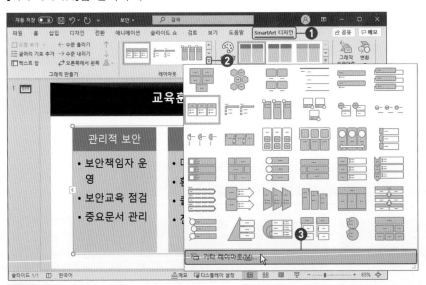

TIP

[SmartArt 디자인] 탭-[레이아웃] 그룹에서 [자세히] 단추(▽)를 클릭했을 때 원하는 레이아웃이 보이면 바로 선택해도 됩니다.

5 [SmartArt 그래픽 선택] 대화상자가 열리면 [목록형] 범주에서 [그룹화된 목록형]을 선택하고 [확인]을 클릭하세요.

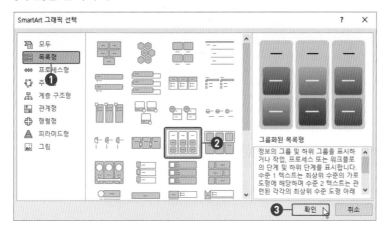

6 선택한 스마트아트 그래픽으로 변경되었는지 확인하고 텍스트의 크기를 보기 좋게 수정하세요.

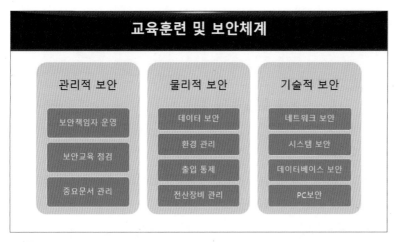

> **TIP**
>
> 텍스트 크기는 개체를 선택하고 [홈] 탭-[글꼴] 그룹에서 수정할 수도 있고 스마트아트 그래픽을 삽입한 후에도 레이아웃의 모양을 변경할 수 있어요.

문서시작

텍스트

스마트아트그래픽

도형/도해

그림/표/차트

오디오/비디오

애니메이션

슬라이드쇼

테마디자인

저장/인쇄

Power Point 02 스마트아트 그래픽의 색과 스타일 변경하기

● **예제파일**: 보안_스타일.pptx ● **완성파일**: 보안_스타일_완성.pptx

1 스마트아트 그래픽을 선택하고 [SmartArt 디자인] 탭−[SmartArt 스타일] 그룹에서 [색 변경]을 클릭한 후 '강조 3'에서 [색 윤곽선 − 강조 3]을 선택하여 색을 변경하세요.

TIP

스마트아트 그래픽 개체를 선택해야 리본 메뉴에 [SmartArt 디자인] 탭이 나타납니다.

2 스마트아트 그래픽의 스타일을 변경하기 위해 [SmartArt 디자인] 탭−[SmartArt 스타일] 그룹에서 [자세히] 단추(▼)를 클릭하고 [미세 효과]를 선택하세요.

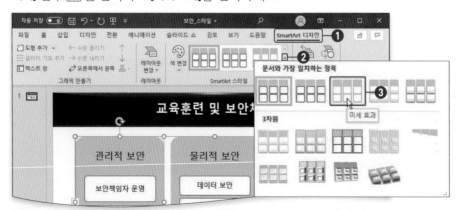

TIP

스마트아트 그래픽에서 변경한 색과 스타일을 기본값 상태로 되돌리려면 [SmartArt 디자인] 탭−[원래대로] 그룹에서 [그래픽 원래대로]를 클릭하세요.

Power Point 03 텍스트를 스마트아트 그래픽으로 변경하기

● **예제파일**: 시스템_변환.pptx ● **완성파일**: 시스템_변환_완성.pptx

1 텍스트가 입력된 내용 개체 틀을 선택하고 [홈] 탭-[단락] 그룹에서 [SmartArt 그래픽으로 변환]을 클릭한 후 [기타 SmartArt 그래픽]을 선택하세요. [SmartArt 그래픽 선택] 대화상자가 열리면 [프로세스형] 범주에서 [무작위 결과 프로세스형]을 선택하고 [확인]을 클릭하세요.

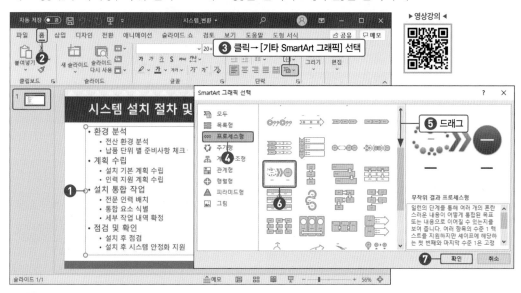

> ▶영상강의◀

TIP

내용이 없는 빈 스마트아트 그래픽을 삽입할 때는 [삽입] 탭-[일러스트레이션] 그룹에서 [SmartArt 그래픽 삽입]을, 입력한 텍스트를 그래픽으로 변환할 때는 [홈] 탭-[단락] 그룹에서 [SmartArt 그래픽 변환]을 이용하세요.

---

2 텍스트가 '무작위 결과 프로세스형' 스마트아트 그래픽으로 변환되었는지 확인하세요.

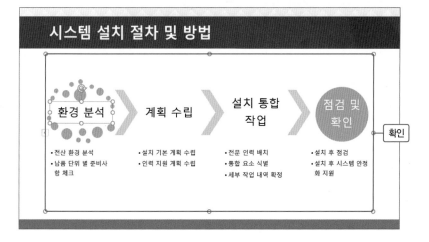

Power Point

04

스마트아트 그래픽을 텍스트로 변경하기

● **예제파일**: 시스템_텍스트로.pptx　　● **완성파일**: 시스템_텍스트로_완성.pptx

1 스마트아트 그래픽을 선택하고 **[SmartArt 디자인] 탭-[원래대로] 그룹**에서 **[변환]**을 클릭한 후 **[텍스트로 변환]**을 선택하세요.

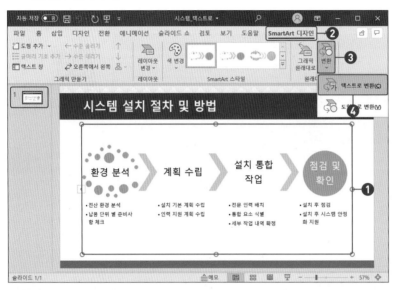

> **TIP**
>
> 스마트아트 그래픽은 텍스트로 변환할 수 있고, 텍스트는 [홈] 탭-[단락] 그룹에서 [SmartArt 그래픽으로 변환] 기능을
> 사용하여 다시 스마트아트 그래픽으로 변환할 수 있어요.

2 스마트아트 그래픽 개체가 텍스트로 변환되었는지 확인하세요.

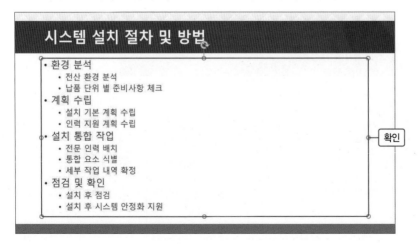

Power Point **05** **스마트아트 그래픽을 도형으로 변경하기**

● **예제파일**: 인재상_도형으로.pptx　　● **완성파일**: 인재상_도형으로_완성.pptx

1 스마트아트 그래픽을 선택하고 [SmartArt 디자인] 탭-[원래대로] 그룹에서 [변환]을 클릭한 후 [도형 **으로 변환**]을 클릭하세요.

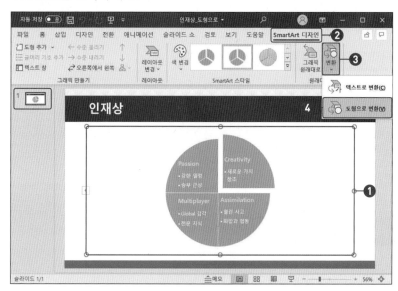

▶ 영상강의 ◀

TIP

스마트아트 그래픽을 도형으로 변환한 후에 는 다시 스마트아트 그래픽으로 되돌리는 기능은 없습니다.

2 스마트아트 그래픽이 도형으로 변환되면 리본 메뉴에는 [도형 서식] 탭이 표시됩니다. 이제 각 요소들은 도형처럼 이동하고 서식을 변경할 수 있으므로 떨어진 파이 조각만 선택하여 가운데 로 이동하세요.

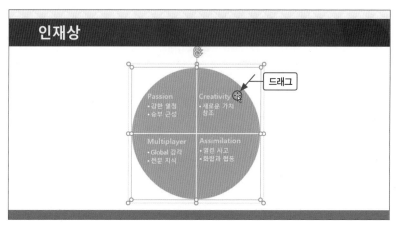

드래그

TIP

먼저 스마트아트 그래픽을 만든 후 도형으로 변환하면 비슷한 모양을 도형으로만 그릴 때보다 훨씬 시간을 절약할 수 있어요. 스마트아트 그래픽에 어떤 모양이 있는지 미리 파악해두면 작업 시간을 크게 단축시킬 수 있습니다.

● 예제파일: 마케팅_실무노트.pptx　● 완성파일: 마케팅_실무노트_완성.pptx　▶영상강의◀

글머리 기호와 텍스트 간격 조정하기

문단 단락에 글머리 기호가 있는 여러 수준의 텍스트가 있을 때 글머리 기호와 첫 번째 텍스트 사이의 간격을 조절하려면 '눈금자'를 사용하세요.

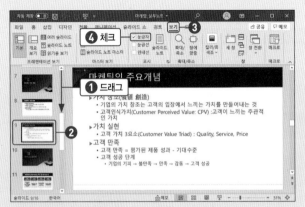

1 9번 슬라이드를 선택하고 [보기] 탭-[표시] 그룹에서 [눈금자]에 체크하세요.

TIP

슬라이드에서 마우스 오른쪽 단추를 클릭하고 [눈금자]를 선택해도 됩니다.

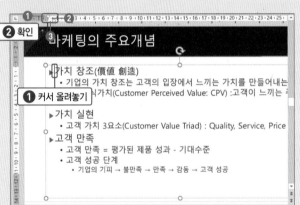

2 화면에 눈금자가 표시되면 간격을 조절하고 싶은 단락에 커서를 올려놓으세요. 그러면 눈금자에 간격이 표시됩니다.

1 ▽: 글머리 기호가 시작되는 위치

2 △: 첫 번째 텍스트가 시작되는 위치

3 ▢: 단락의 왼쪽 여백

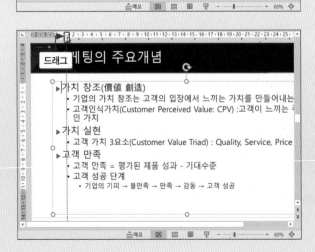

3 첫 번째 글자가 시작되는 위치의 표식(△)을 오른쪽으로 드래그하여 글머리 기호와 텍스트 사이의 간격을 넓혀보세요. 이때 [Ctrl]을 누른 상태에서 표식을 드래그하면 좀 더 세밀하게 표식을 이동할 수 있어요.

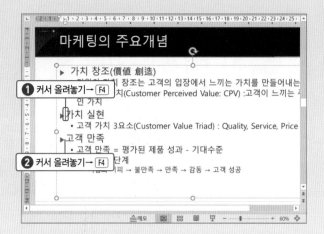

4 동일한 수준의 단락은 같은 간격으로 지정해야 합니다. 방금 전의 작업을 반복하기 위해 두 번째 단락에서 '가치 실현'의 첫 번째 글자에 커서를 올려놓고 F4 를 누르세요. 이와 같은 방법으로 세 번째 단락의 '고객 만족'도 간격을 조정하세요.

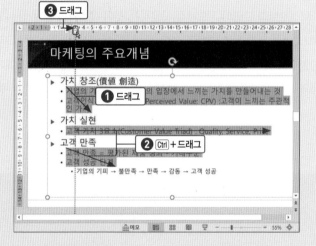

5 Ctrl 을 누른 상태에서 해당 단락들을 차례대로 드래그하여 모두 선택하고 눈금자의 ☐ 표식을 오른쪽으로 드래그하여 이동하세요.

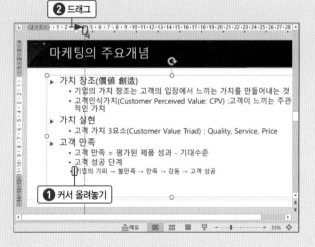

6 수준이 같은 단락의 간격을 동시에 조정했으면 맨 아랫줄의 단락 간격도 조절하세요.

도형과 그래픽 개체로
비주얼 프레젠테이션 만들기

프레젠테이션의 슬라이드를 디자인할 때 텍스트보다 그림이나 도해를 사용하는 것이 메시지를 전달하는 데 훨씬 더 유리합니다. 청중에게 슬라이드의 텍스트를 읽게 하는 것보다 그림, 표, 차트 등의 다양한 시각적 그래픽 개체를 활용하여 메시지의 근거를 뒷받침할 자료를 제시하는 것이 더욱 설득력 있기 때문이죠. 이번 장에서는 파워포인트에서 제공하는 여러 가지 도형과 그래픽 개체를 이용해 초보자도 시각적 자료를 멋지게 만들 수 있는 디자인 노하우를 배워봅니다.

PowerPoint

01 도형 이용해 도해 슬라이드 만들기

파워포인트에서는 도형에 핵심 키워드를 입력하여 표현하거나 도형으로 만든 도해를 이용해 전달하려는 내용을 쉽게 풀어서 설명하는 경우가 많아요. 그래서 파워포인트는 다른 프로그램보다 도형의 사용 빈도가 높은 편이죠. 이번 섹션에서는 내용에 적합한 도형을 그리고 다양한 서식을 적용하여 도해를 만들어본 후 균형 있게 배치하고 정렬하여 보기에 좋고 읽기도 쉬운 도해 슬라이드를 만들어 보겠습니다.

PREVIEW

▼

▲ 도형에 다양한 서식 설정하고
균형 있게 정렬하기

▲ 도형의 모양 변경하고 복제하기

Power Point 01 Shift 이용해 정원 그리고 수평으로 복사하기

● **예제파일:** 헬스케어_도형.pptx   ● **완성파일:** 헬스케어_도형_완성.pptx

1 [홈] 탭-[그리기] 그룹에서 [도형]을 클릭하고 '기본 도형'에서 [타원](◯)을 클릭하세요.

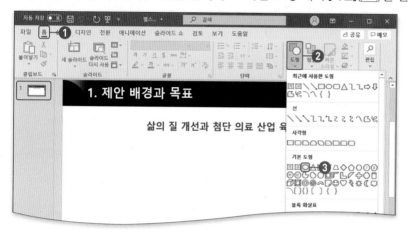

> **TIP**
>
> 컴퓨터 해상도에 따라 리본 메뉴에 대신 와 같이 나타날 수 있어요. 이 경우에는 [홈] 탭-[그리기] 그룹에서 [자세히] 단추(▾)를 클릭하여 도형 목록을 표시하세요.

2 마우스 포인터가 + 모양으로 변경되면 Shift 를 누른 상태에서 대각선 방향으로 드래그하여 정원을 그리세요.

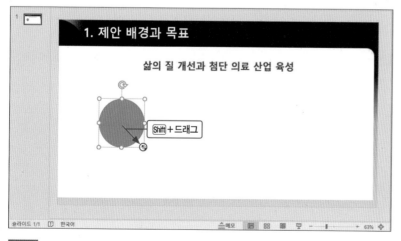

> **TIP**
>
> Shift 를 누르고 도형을 그리면 정원, 정사각형, 수평/수직선과 같은 정형 도형을 쉽게 그릴 수 있습니다. 가로로 네 개의 원을 만들 것이므로 원이 너무 크지 않게 그리세요.

우선순위

문서사전

텍스트

스마트아트그래픽

도형/도해

그림/표/차트

오디오/비디오

애니메이션

슬라이드쇼

테마디자인

저장/인쇄

3 [Ctrl]+[Shift]를 누른 상태에서 정원을 오른쪽으로 드래그하여 수평으로 복사하세요. [Ctrl]+[Shift]를 누른 상태에서 오른쪽으로 한 번 더 드래그하면 개체가 균등한 간격으로 배치되었다는 것을 알려주는 화살표 모양의 스마트 가이드(◀┈┈▶)가 나타납니다. 이 상태에서 마우스 단추에서 손을 떼어 복사할 위치를 결정하세요.

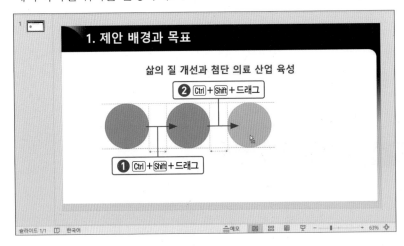

TIP
• 복사: [Ctrl]+드래그
• 수직/수평 이동:
[Shift]+드래그
• 수직/수평 복사:
[Ctrl]+[Shift]+드래그

4 이와 같은 방법으로 네 개의 원을 균등한 간격으로 복사하여 배치하세요.

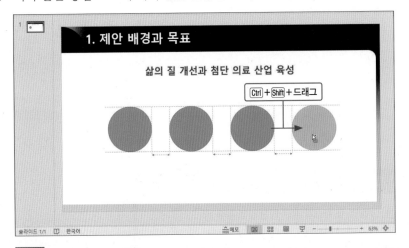

TIP

스마트 가이드(◀┈┈▶)
두 개 이상의 개체가 있는 슬라이드에서 하나의 개체를 선택하여 움직일 때 다른 개체의 테두리나 중심선 또는 균등한 간격의 위치를 점선이나 점선 화살표 모양으로 알려줍니다. 스마트 가이드가 나타나지 않으면 슬라이드의 빈 공간에서 마우스 오른쪽 단추를 클릭하고 [눈금 및 안내선]을 선택하세요. [눈금 및 안내선] 대화상자가 열리면 '안내선 설정'에서 [도형 맞춤 시 스마트 가이드 표시]에 체크하고 [확인]을 클릭합니다.

02 도형 그룹화하고 균형 있게 배치하기

우선순위

● **예제파일**: 헬스케어_정렬.pptx ● **완성파일**: 헬스케어_정렬_완성.pptx

1 줄이 맞지 않는 개체들을 균형 있게 배치해 볼게요. 네 개의 원형 도형이 모두 포함되도록 드래그하여 선택하고 [홈] 탭-[그리기] 그룹에서 [정렬]을 클릭한 후 [맞춤]-[위쪽 맞춤]을 선택하세요.

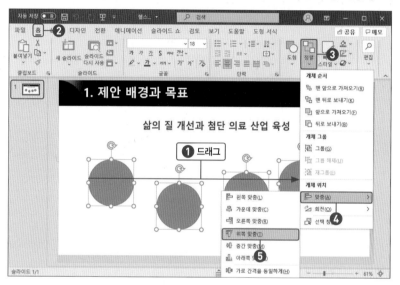

> **TIP**
>
> Shift 를 누른 상태에서 도형을 하나씩 선택해도 여러 개의 도형을 모두 선택할 수 있습니다.

2 네 개의 원형 도형을 모두 선택한 상태에서 [홈] 탭-[그리기] 그룹의 [정렬]을 클릭하고 [맞춤]-[가로 간격을 동일하게]를 선택하여 간격을 똑같이 정렬하세요.

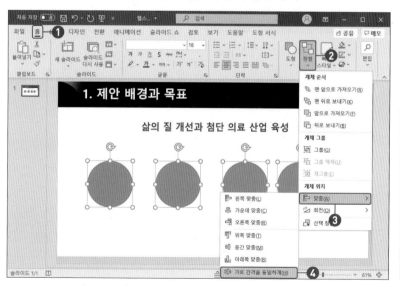

> **TIP**
>
> '가로 간격을 동일하게'는 가장 왼쪽과 오른쪽 개체는 움직이지 않고 그 사이에 있는 개체들을 이동해 일정한 간격으로 줄 맞춤하는 기능으로, 개체를 세 개 이상 선택했을 때 활성화됩니다.

3 [홈] 탭-[그리기] 그룹에서 [정렬]을 클릭하고 [그룹]을 선택해서 하나의 그룹으로 묶으세요.

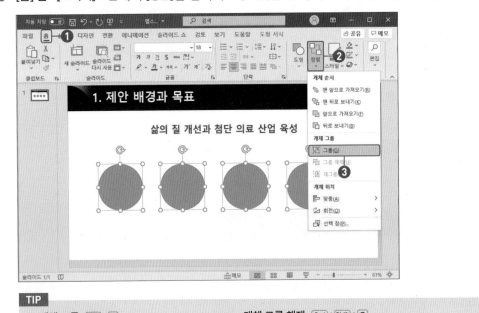

4 하나로 그룹화된 개체를 선택한 상태에서 [홈] 탭-[그리기] 그룹의 [정렬]을 클릭하고 '개체 위치'
에서 [맞춤]-[가운데 맞춤]을 선택하세요.

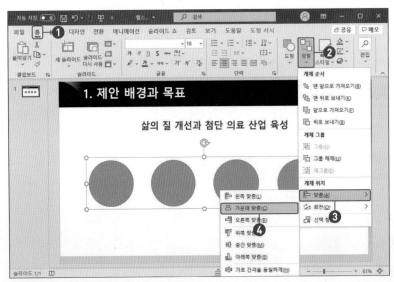

5 개체 그룹이 슬라이드의 가운데에 균형 있게 정렬되었는지 확인하세요.

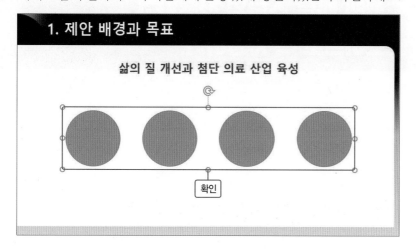

문서시작

텍스트

스마트아트그래픽

도형/도해

그림/표/차트

오디오/비디오

애니메이션

슬라이드쇼

테마디자인

저장/인쇄

잠깐만요 > 도형을 쉽게 그리는 방법 익히기

도형을 그릴 때 조합키(Shift, Ctrl, Alt)를 이용하면 쉽게 그릴 수 있습니다. 그리고 모양이 같은 여러 개의 도형을 그릴 때도 일일이 하나하나 그릴 필요 없이 같은 도형을 계속 그릴 수 있는 방법이 있으므로 잘 익혀두세요.

1. 조합키 이용해 도형 그리기

Shift, Ctrl, Alt를 이용하면 도형을 더욱 편리하고 정확하게 그릴 수 있으니 잘 활용해 보세요.

조합키	그리기	크기 조정하기	선택 후 드래그
Shift	정형으로 그리기 정원, 정사각형, 수평선, 수직선	가로와 세로 비율을 유지하면서 크기 조정	수평 이동, 수직 이동
Ctrl	점 대칭으로 그리기	점 대칭으로 크기 조정	복사
Alt	세밀하게 그리기	세밀하게 크기 조정	세밀하게 이동

2. 같은 도형 연속 그리기

같은 모양의 도형을 두 개 이상 계속 그려야 할 때 매번 도형을 선택하지 않고 도형에서 마우스 오른쪽 단추를 클릭한 후 [그리기 잠금 모드]를 선택하세요. 도형에 '그리기 잠금 모드'를 설정하면 Esc를 누를 때까지 같은 도형을 계속 그릴 수 있어요.

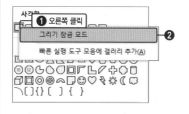

Power Point 03 도형에 빠른 스타일 적용하고 스포이트로 색 지정하기

● **예제파일**: 헬스케어_빠른스타일.pptx ● **완성파일**: 헬스케어_빠른스타일_완성.pptx

1 네 개의 원형 도형을 모두 선택하고 [홈] 탭-[그리기] 그룹에서 [빠른 스타일]을 클릭한 후 '테마' 스타일에서 [보통 효과-주황, 강조 2]를 선택하세요.

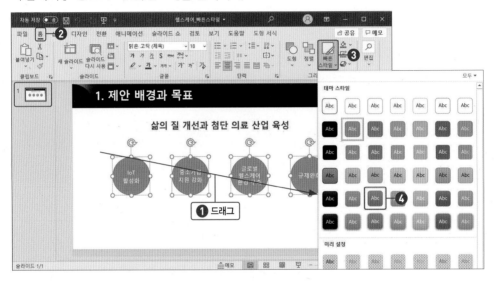

2 원형 도형의 스타일을 변경했으면 네 개의 원형 도형을 모두 선택한 상태에서 [홈] 탭-[그리기] 그룹의 [도형 윤곽선]의 목록 단추(▾)를 클릭하고 [스포이트]를 선택하세요.

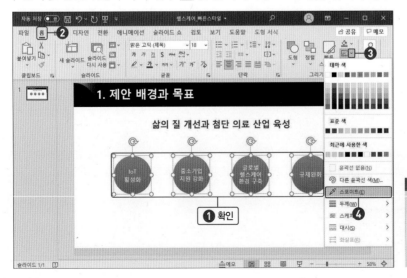

TIP

스포이트는 클릭한 위치의 색깔을 선택한 개체에 그대로 적용하는 기능입니다.

3 마우스 포인터가 🖋 모양으로 변경되면 윤곽선으로 지정할 화면 아래쪽의 노란색 배경 이미지를 클릭하세요. 그러면 선택한 도형의 윤곽선이 노란색으로 설정됩니다.

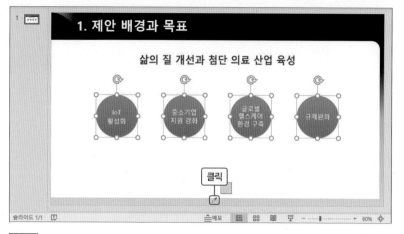

4 도형 윤곽선의 두께를 설정하기 위해 [홈] 탭-[그리기] 그룹에서 [도형 윤곽선]의 목록 단추(⌄)를 클릭하고 [두께]-[6pt]를 선택하세요.

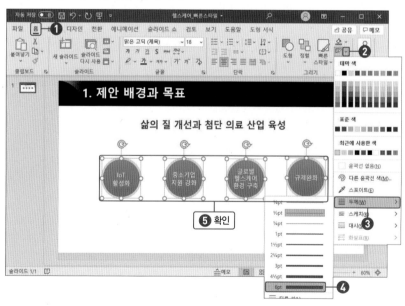

우선순위

문서시작

텍스트

스마트아트그래픽

도형/도해

그림/표/차트

오디오/비디오

애니메이션

슬라이드쇼

테마디자인

저장/인쇄

04 도형의 모양과 순서 변경하기

● **예제파일**: 추진전략_모양변경.pptx ● **완성파일**: 추진전략_모양변경_완성.pptx

1 Shift를 이용해 두 개의 흰색 사각형을 함께 선택합니다. **[도형 서식] 탭–[도형 삽입] 그룹**에서 **[도형 편집]–[도형 모양 변경]**을 선택하고 '사각형'에서 **[사각형: 둥근 모서리]**(□)를 클릭하세요.

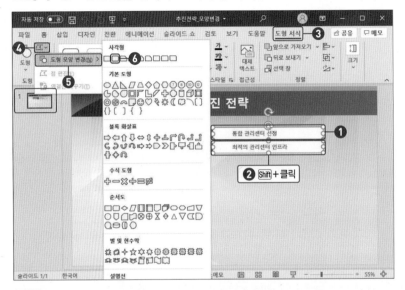

> **TIP**
>
> '도형 모양 변경'은 기존 도형에 입력된 텍스트와 서식을 그대로 유지하면서 도형의 모양만 변경하는 기능으로, 원하는 도형 모양으로 쉽게 변경하고 싶을 때 자주 사용합니다.

2 모서리가 둥근 사각형으로 도형의 모양이 변경되었으면 도형을 하나씩 선택한 후 모양 조정 핸들(●)을 오른쪽으로 드래그하여 모양을 최대한 둥글게 변경하세요.

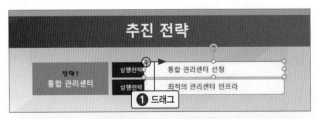

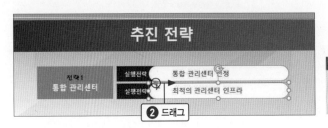

> **TIP**
>
> 모양 조정 핸들(●)을 반대쪽으로 드래그 하면 사각형처럼 뾰족해집니다.

3 Shift를 이용해 두 개의 흰색 둥근 모서리 도형을 선택합니다. **[도형 서식] 탭−[정렬] 그룹**에서 **[뒤로 보내기]의 목록 단추(⌄)**를 클릭한 후 **[맨 뒤로 보내기]**를 선택하세요.

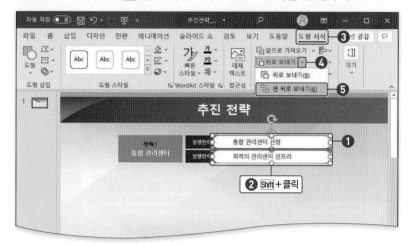

4 두 개의 흰색 '사각형: 둥근 모서리' 도형이 맨 뒤로 이동되었는지 확인하세요.

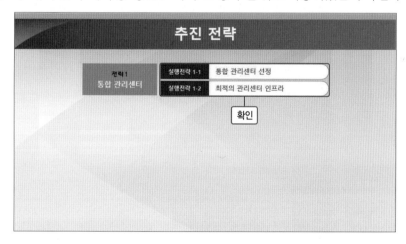

잠깐만요 > 도형을 선택했을 때 나타나는 핸들 살펴보기

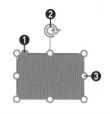

❶ **모양 조정 핸들**: 도형의 모양을 변경할 수 있어요. 도형에 따라 모양 조정 핸들이 없을 수도 있고, 두 개 이상 있기도 합니다. 모양 조정 핸들을 상하 또는 좌우로 드래그하면 같은 도형이라도 모양을 좀 더 다양하게 표현할 수 있어요.

❷ **회전 핸들**: 도형을 시계 방향 또는 반시계 방향으로 회전시킬 수 있어요.

❸ **크기 조정 핸들**: 도형의 크기를 조절할 수 있어요. 꼭지점에서는 가로와 세로를 함께 조절할 수 있고 나머지 점에서는 한 방향만 조절할 수 있어요.

05 복제 기능으로 반복된 도형 복사하기

● **예제파일**: 추진전략_복제.pptx ● **완성파일**: 추진전략_복제_완성.pptx

1 일정한 간격으로 같은 모양이 여러 번 반복될 때는 복제 기능을 사용하면 편리합니다. 도형 그룹을 선택하고 Ctrl+D를 눌러 복제하세요.

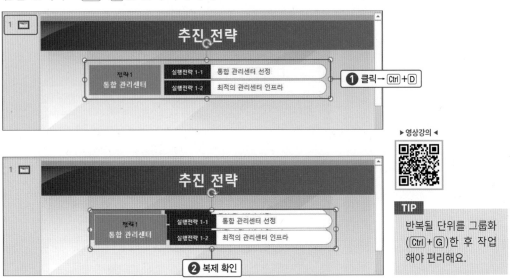

▶영상강의◀

TIP
반복될 단위를 그룹화 (Ctrl+G)한 후 작업해야 편리해요.

2 복제한 도형을 마우스로 선택하고 원본의 아래쪽으로 드래그하세요. 이때 양쪽 끝과 가운데 부분에 빨간색 점선 모양의 스마트 그리드가 세 개 나타나면 원본에 수직 방향으로 이동된 것입니다.

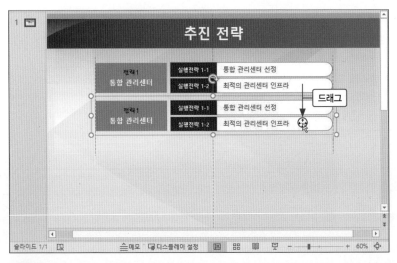

TIP
원본으로부터 이동된 거리와 각도가 다음 복제할 때도 그대로 반복되기 때문에 처음 복제한 개체의 이동이 가장 중요해요. 개체를 이동할 때 마우스 대신 키보드의 방향키를 이용해도 되지만, 이 경우 스마트 그리드는 나타나지 않아요.

3 [Ctrl]+[D]를 누르면 첫 번째 복제본에서 기억된 각도와 거리만큼 떨어진 위치에 두 번째 복제본이 붙여넣기됩니다. 한 번 더 [Ctrl]+[D]를 눌러 세 번째 복제본까지 붙여넣으세요.

TIP

처음 복제본이 약간 비스듬하게 붙여졌으면 계속해서 계단처럼 비스듬하게 복제됩니다. 복제가 끝난 후에 비스듬한 개체들을 모두 선택하고 [홈] 탭–[그리기] 그룹의 [정렬]에서 [맞춤]–[왼쪽 맞춤] 또는 [오른쪽 맞춤]으로 줄을 맞춰주세요. 이때 **1** 과정처럼 개체들을 그룹화하지 않았다면 처음부터 다시 작업해야 합니다.

4 복제한 개체의 텍스트를 다음과 같이 수정하여 완성하세요.

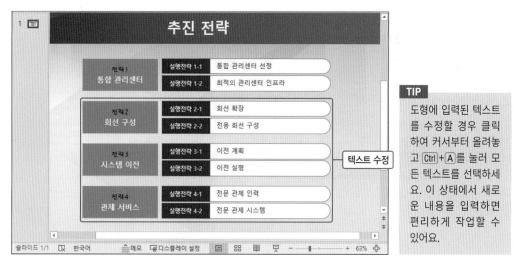

TIP

도형에 입력된 텍스트를 수정할 경우 클릭하여 커서부터 올려놓고 [Ctrl]+[A]를 눌러 모든 텍스트를 선택하세요. 이 상태에서 새로운 내용을 입력하면 편리하게 작업할 수 있어요.

잠깐만요 > 복사와 복제 비교하기

- **복사**: 복사([Ctrl]+[C])를 통해 정보를 클립보드에 저장해 두고 필요할 때마다 붙여넣기([Ctrl]+[V])할 수 있어요.
- **복제**: 클립보드에 저장하지 않고 [Ctrl]+[D]를 누를 때마다 즉시 복제됩니다. 개체 선택을 취소하면 원본에 대한 정보가 지워지므로 복제 작업이 모두 끝날 때까지 선택을 취소하지 마세요.

06 도형 병합해 새로운 도형 만들기

● **예제파일**: 재난관리_도형병합.pptx ● **완성파일**: 재난관리_도형병합_완성.pptx

1 Shift를 이용해 '예방'의 회색 도형과 오른쪽의 삼각형 도형을 선택합니다. [**도형 서식**] **탭**–[**도형 삽입**] **그룹**에서 [**도형 병합**]을 클릭하고 [**통합**]을 선택하세요.

> **TIP**
> 먼저 선택한 도형이 병합할 기준이 됩니다. 선택 순서에 따라 만들어지는 도형의 모양이 달라지므로 선택 순서를 바꿨을 때의 결과와도 비교해 보세요.

2 Shift를 이용해 노란색 도형과 오른쪽 삼각형을 선택하고 F4를 눌러 앞에서 실행한 '통합' 기능을 반복 실행합니다. 이와 같은 방법으로 주황색 도형과 초록색 도형도 통합합니다.

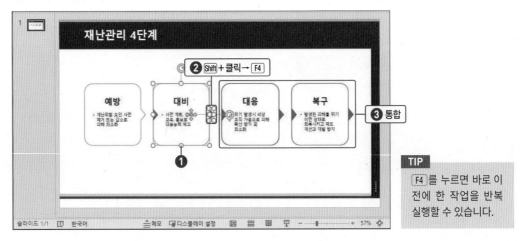

> **TIP**
> F4를 누르면 바로 이전에 한 작업을 반복 실행할 수 있습니다.

3 Shift 를 이용해 노란색 도형과 왼쪽 삼각형을 선택합니다. **[도형 서식] 탭-[도형 삽입] 그룹**에서 **[도형 병합]**을 클릭하고 **[빼기]**를 선택하세요.

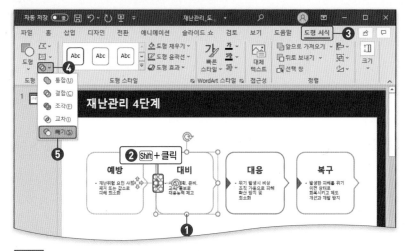

TIP

'도형 병합' 기능을 실행하면 원본은 사라지고 병합된 도형만 남습니다. 그러므로 여러 번 반복 실행하려면 원본을 복사해 두고 작업하는 것이 안전합니다.

4 Shift 를 이용해 주황색 도형과 왼쪽 삼각형을 선택하고 F4 를 눌러 앞에서 실행한 '빼기' 기능을 반복합니다. 이와 같은 방법으로 초록색 도형에서 삼각형을 빼세요.

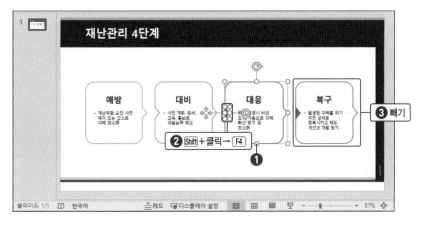

잠깐만요 > 도형 병합의 종류 살펴보기

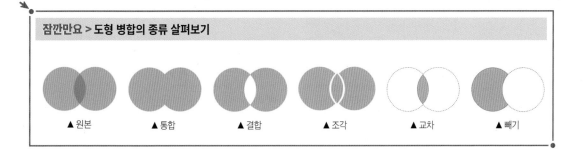

▲ 원본   ▲ 통합   ▲ 결합   ▲ 조각   ▲ 교차   ▲ 빼기

문서서식

텍스트

스마트아트그래픽

도형/도해

그림/표/차트

오디오/비디오

애니메이션

슬라이드쇼

테마디자인

저장/인쇄

07 도형에 그림자와 입체 효과 지정하기

● **예제파일**: 재난관리_도형효과.pptx ● **완성파일**: 재난관리_도형효과_완성.pptx

1 첫 번째 회색 도형을 선택하고 Shift 를 누른 상태에서 나머지 도형을 하나씩 클릭하여 네 개의 도형을 모두 선택합니다. **[홈]** 탭-**[그리기]** 그룹에서 **[도형 효과]**-**[입체 효과]**를 선택하고 '입체 효과' 에서 **[볼록하게]**를 선택하세요.

2 **[도형 서식]** 탭-**[그리기]** 그룹에서 **[도형 효과]**-**[그림자]**를 선택하고 '원근감'에서 **[원근감: 오른쪽 위]**를 선택하세요.

Power Point 08 도형 서식 복사하기

● **예제파일**: 재난관리_서식복사.pptx ● **완성파일**: 재난관리_서식복사_완성.pptx

1 1번 슬라이드에 있는 도형의 서식을 2번 슬라이드의 도형으로 복사해 볼게요. 1번 슬라이드에서 첫 번째 '예방' 도형을 선택하고 Ctrl + Shift + C 를 눌러 서식을 복사하세요.

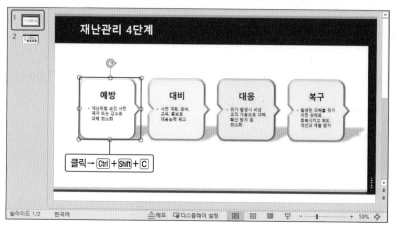

TIP

[홈] 탭-[클립보드] 그룹에서 [서식 복사]를 클릭하여 마우스 포인터가 ⬚⊿ 모양으로 변경되면 해당 서식을 적용할 영역에 클릭하여 복사한 서식을 붙여넣을 수 있습니다. 그리고 [서식 복사]를 더블클릭하면 Esc 를 누를 때까지 복사한 서식을 계속 붙여넣을 수 있어요.

2 2번 슬라이드에서 맨 왼쪽의 첫 번째 원을 선택하고 Ctrl + Shift + V 를 눌러 서식을 붙여넣습니다. 이와 같은 방법으로 나머지 도형의 서식도 하나씩 복사한 후 붙여넣으세요.

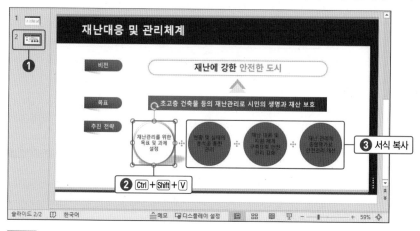

TIP

아이콘을 이용하여 서식을 복사할 때는 중간에 다른 작업을 하면 서식 복사가 중단되므로 단축키를 이용해 서식 복사하는 방법이 더 효율적입니다.

02 이미지 이용해 고품질 프레젠테이션 작성하기

프레젠테이션 주제와 연관된 이미지를 활용하면 내용을 표현할 때 매우 유용합니다. 특히 파워포인트에서는 이미지에 적용할 수 있는 다양한 서식과 효과를 제공하기 때문에 별도의 그래픽 프로그램을 활용하지 않아도 이미지를 변형하고 수정할 수 있어요. 이번 섹션에서는 이미지를 삽입하고 효과를 적용하는 다양한 방법을 익힐 뿐만 아니라 그림에서 필요 없는 부분을 자르고 꾸미는 과정도 학습해 보겠습니다.

PREVIEW

▲ 그림 모양 변경하고 배경 투명하게 만들기

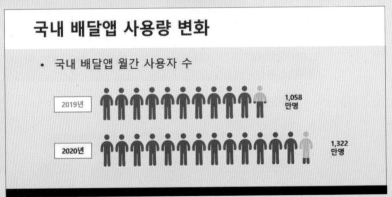

▲ 그림 자르기로 그래픽 차트 만들기

01 자주 사용하는 이미지의 종류 살펴보기

Power Point

★우선순위

문서시작

텍스트

스마트아트/그래픽

도형/도해

그림/표/차트

오디오/비디오

애니메이션

슬라이드쇼

템플릿/디자인

저장/인쇄

1 | 벡터 형식과 비트맵 형식

❶ 벡터(vector)

벡터 형식은 그림을 점, 선 등을 활용한 수학적 연산 형식으로 저장하여 아무리 크게 확대해도 이미지의 경계가 깨지지 않아 깨끗합니다.

예 WMF, EMF, SVG 등

❷ 비트맵(bitmap)

비트맵 형식은 사각형 모양의 픽셀이 모여서 이미지를 만듭니다. 따라서 단위 면적당 픽셀의 수가 적으면 조금만 확대해도 깨짐 현상(또는 계단 현상)이 나타나고, 픽셀 수가 너무 많으면 이미지의 용량이 커지는 문제가 발생합니다.

예 JPG, PNG, GIF 등

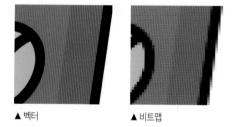

▲ 벡터   ▲ 비트맵

2 | WMF, EMF, SVG 형식

❶ WMF(Windows MetaFile), EMF(Enhanced MetaFile)

WMF, EMF는 마이크로소프트 윈도우용(Microsoft Windows)으로 개발된 이미지 파일 형식으로, EMF는 WMF 파일 형식이 확장된 형식입니다. 이 파일 형식의 그림을 그룹 해제하면 도형처럼 편집하거나 활용할 수 있어요.

❷ SVG(Scalable Vector Graphic)

SVG는 XML 기반의 파일 형식으로, 웹 브라우저에서도 사용할 수 있습니다. 주로 인터넷에서 제공하는 아이콘이나 지역별 선택이 가능한 지도 이미지 등에서 많이 사용하는 형식입니다. SVG는 M365를 사용하면 파워포인트에 바로 삽입할 수 있지만, 이전 버전에서는 WMF 또는 EMF 형식으로 변환한 후 사용할 수 있어요.

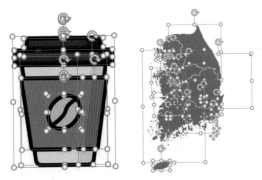

▲ EMF, SVG 등의 벡터 이미지

3 | JPG, GIF, PNG 형식

❶ JPG(Joint Photographic Experts Group)

JPG 형식은 사진처럼 사각형 모양의 이미지 저장에 사용되고 투명한 배경을 지원하지 않습니다.

❷ GIF(Graphics Interchange Format)

GIF는 256색을 표현할 수 있고 투명 배경과 애니메이션 이미지(움짤)를 지원합니다.

❸ PNG(Portable Network Graphics)

PNG는 트루컬러로 사각형 이미지뿐만 아니라 배경이 투명한 이미지도 표현할 수 있어요. 배경이나 다른 개체와 겹쳐 배치할 수 있어 프레젠테이션에서 활용도가 높습니다.

❶ JPG: 투명한 배경이 지원되지 않아 흰색 배경이 그대로 남아있어요.
❷ GIF: 256 색상만 지원하므로 섬세한 색 표현이 부족해요.
❸ PNG: 투명한 배경과 트루컬러를 지원해서 이미지가 자연스러워요.

Power Point **02** 그림 삽입하고 간격과 줄 맞추기

● **예제파일**: 관광지_그림삽입.pptx ● **완성파일**: 관광지_그림삽입_완성.pptx

1 [삽입] 탭-[이미지] 그룹에서 [그림]을 클릭하고 [이 디바이스]를 선택하세요. [그림 삽입] 대화상자
가 열리면 부록 실습파일에서 Shift를 이용해 '관광지1.jpg'부터 '관광지4.jpg'를 모두 선택하고
[삽입]을 클릭하세요.

TIP

파워포인트 버전에 따라 [그림]을 클릭했을 때 나타나는 하위 메뉴가 조금씩 다를 수 있어요. 내 컴퓨터에서 그림 파일을 복
사하거나 웹 브라우저에서 그림을 복사한 후 파워포인트에서 [붙여넣기]하는 방법으로도 쉽게 그림을 삽입할 수 있어요.

2 필름 위에 네 개의 그림이 삽입되면 간격과 줄을 맞춰서 배치해 보세요. 64쪽에서 배운 '스마트
가이드' 기능과 65쪽에서 배운 '도형 그룹화하고 균형 있게 배치하기' 기능을 참고하면 그림의
간격과 줄을 쉽게 맞출 수 있어요.

TIP

삽입한 그림을 선택하면 리본
메뉴에 [그림 서식] 탭이 나타
나요. 이렇게 [그림 서식] 탭이
나타나면 선택한 개체가 '그림'
인 것을 알 수 있어요.

문서시작

텍스트

스마트아트그래픽

도형/도해

그림/표/차트

오디오/비디오

애니메이션

슬라이드쇼

템플릿디자인

저장/인쇄

Power Point **03** **그림 모양 변경하고 효과 지정하기**

● **예제파일**: 관광지_모양.pptx   ● **완성파일**: 관광지_모양_완성.pptx

1 Shift 를 이용해서 일곱 개의 그림을 모두 선택합니다. **[그림 서식]** 탭-**[크기]** 그룹에서 **[자르기]**의 자르기 를 클릭하고 **[도형에 맞춰 자르기]**를 선택한 후 '사각형'에서 **[사각형: 둥근 모서리]**(□)를 선택하세요.

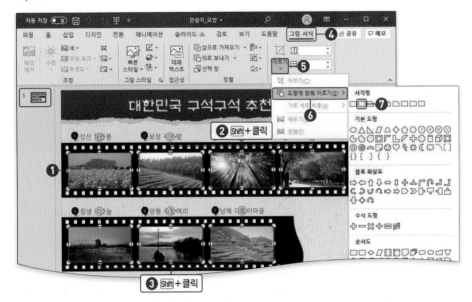

2 선택한 그림이 모서리가 둥근 사각형 모양으로 변경되었는지 확인합니다. 모든 그림을 선택한 상태에서 **[그림 서식]** 탭-**[그림 스타일]** 그룹에서 **[그림 효과]**-**[그림자]**를 선택하고 '안쪽'에서 **[안쪽: 가운데]**를 선택하여 그림의 안쪽에 그림자를 적용하세요.

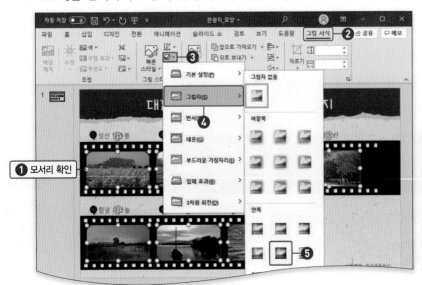

TIP

'그림 효과' 기능을 이용하여 그림자 외에도 그림에 반사, 네온, 부드러운 가장자리, 입체 효과, 3차원 회전 등의 효과를 지정할 수 있어요.

Power Point

04 로고의 흰색 배경을 투명하게 바꾸기

◉ **예제파일**: 관광지_투명로고.pptx ◉ **완성파일**: 관광지_투명로고_완성.pptx

1 화면의 오른쪽 위에 위치한 로고를 선택하고 **[그림 서식] 탭-[조정] 그룹**에서 **[색]**을 클릭한 후 **[투명한 색 설정]**을 선택하세요. 마우스 포인터가 ✎ 모양으로 변경되면 선택한 로고 그림에서 흰색 부분을 클릭하세요.

▶영상강의◀

2 로고 배경의 흰색 부분이 투명하게 바뀌면서 바탕색과 같아졌는지 확인하세요.

TIP

'투명한 색 설정' 기능은 한 가지 색깔만 투명하게 바꿀 수 있어요. 두 가지 이상 색을 가진 배경을 투명하게 하려면 이 기능만으로는 해결할 수 없으므로 84쪽을 참고하세요. 이 기능은 주로 로고의 배경을 투명하게 만들 때 많이 사용하지만, 흰색이 아니어도 마우스 포인터(✎)가 클릭한 색을 투명하게 만들어줍니다.

문서서식

텍스트

스마트아트그래픽

도형/도해

그림/표/차트

오디오/비디오

애니메이션

슬라이드쇼

테마디자인

저장/인쇄

05 그림의 불필요한 배경을 투명하게 바꾸기

● **예제파일**: 관광지_투명배경.pptx ● **완성파일**: 관광지_투명배경_완성.pptx

1 사진의 인물을 제외한 배경 이미지를 투명하게 만들어 볼게요. 화면의 오른쪽 아래에 있는 그림을 선택하고 [그림 서식] 탭-[조정] 그룹에서 [배경 제거]를 클릭하세요.

2 진분홍색으로 설정된 부분이 투명하게 표시되는데, 그림이 나타나야 할 부분까지 자동으로 투명 처리될 영역으로 지정되었으므로 일부분을 투명 영역에서 제외해 볼게요. [배경 제거] 탭-[미세 조정] 그룹에서 [보관할 영역 표시]를 클릭하세요.

3 마우스 포인터가 ✎ 모양으로 변경되면 원하는 그림이 될 때까지 투명하게 처리된 옷과 가방 영역을 여러 번 드래그하여 보관할 영역으로 설정하세요. 투명 처리 영역을 모두 설정했으면 그림의 바깥쪽 부분을 클릭하거나 **[배경 제거] 탭–[닫기] 그룹**에서 **[변경 내용 유지]**를 클릭하세요.

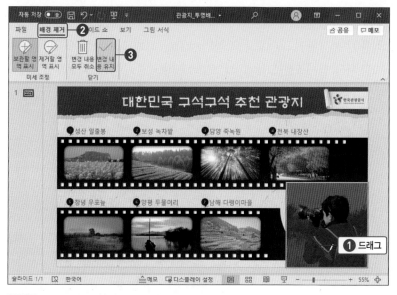

TIP

화면 보기 비율을 확대하면 좀 더 세밀하게 작업할 수 있고 **[배경 제거] 탭–[미세 조정] 그룹**에서 투명 처리할 부분은 **[제거할 영역 표시]**를, 나타내야 할 부분은 **[보관할 영역 표시]**를 선택하세요. 변경 사항을 모두 원래대로 되돌리려면 **[배경 제거] 탭–[닫기] 그룹**에서 **[변경 내용 모두 취소]**를 클릭하세요.

4 그림의 불필요한 부분이 투명하게 처리되었는지 확인하세요.

TIP

remove.bg 사이트를 이용하면 이미지에서 사람이나 사물의 배경을 쉽고 빠르게 투명하게 만들 수 있어요.

06 서식 유지하면서 그림 바꾸기

● **예제파일**: 전략_바꾸기.pptx   ● **완성파일**: 전략_바꾸기_완성.pptx

1 그림의 크기와 위치, 적용된 서식까지 그대로 유지하면서 다른 그림으로 바꿀 수 있어요. 두 번째 그림을 선택하고 **[그림 서식] 탭-[조정] 그룹**에서 **[그림 바꾸기]**를 클릭한 후 **[파일에서]**를 선택합니다. [그림 삽입] 대화상자가 열리면 부록 실습파일에서 '전략1.jpg'를 선택하고 [삽입]을 클릭하세요.

> **TIP**
> 파워포인트 버전에 따라 [그림 바꾸기]를 클릭했을 때 나타나는 하위 메뉴가 조금씩 다를 수 있어요.

2 두 번째 그림이 선택한 그림으로 바뀌었습니다. 이와 같은 방법으로 세 번째 그림과 네 번째 그림도 '전략2.jpg', '전략3.jpg'로 바꾸세요.

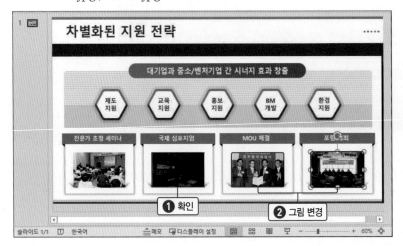

Power Point 07

그림 자르기와 색 변화로
그래픽 차트 만들기

● **예제파일**: 배달앱_자르기.pptx ● **완성파일**: 배달앱_자르기_완성.pptx

1 Shift를 이용해 오른쪽에서 두 번째에 위치한 회색 그림과 파란색 그림을 모두 선택합니다. **[그림 서식] 탭-[조정] 그룹**에서 **[색]**을 클릭하고 '다시 칠하기'에서 **[희미하게]**를 선택하세요.

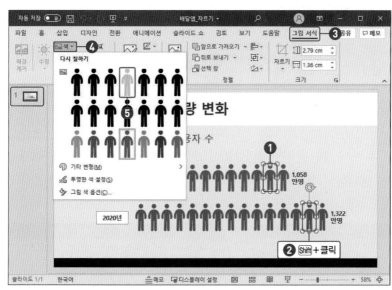

2 그림의 색이 흐리게 변경되었으면 가장 오른쪽에 있는 회색 그림을 선택하고 **[그림 서식] 탭-[크기] 그룹**에서 **[자르기]**의 ⬜를 클릭하세요.

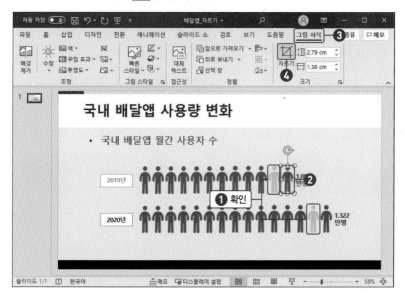

3 그림의 둘레에 테두리가 생기면 머리 위쪽의 가로 테두리에 마우스 포인터를 올려놓습니다. 마우스 포인터가 ⊥ 모양으로 변경되면 아래로 드래그해서 절반(58/100) 정도의 크기로 자르세요. 만약 가로와 세로 테두리가 완전히 보이지 않을 때는 보기 비율을 충분히 확대한 후에 자르세요.

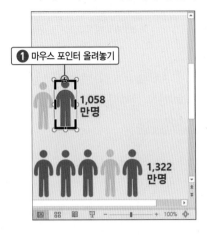

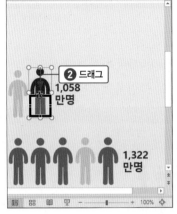

TIP
• ⌐ : 가로와 세로 방향을 동시에 자르기
• ー, I : 한 방향으로만 자르기

4 '2019년'의 끝에 있는 두 개의 그림을 함께 선택하고 **[그림 서식]** 탭–**[정렬]** 그룹에서 **[개체 맞춤]**을 클릭한 후 **[왼쪽 맞춤]**을 선택하여 정확히 포개주세요. 이와 같은 방법으로 파란색 그림 중 가장 마지막 그림을 선택하고 **[자르기]**를 이용하여 22/100를 표현하세요.

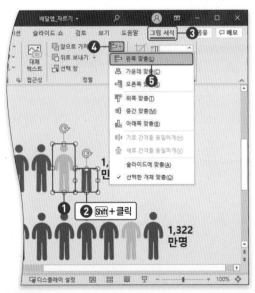

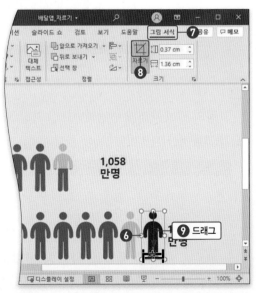

TIP
다른 그림과 일정하게 간격을 유지하기 위해 왼쪽을 기준으로 정렬해야 합니다. 자른 그림이 개체의 순서상 '맨 앞'에 있어야 두 개의 그림을 포갰을 때 잘라낸 그림이 강조됩니다.

5 '2020년'의 끝에 있는 두 개의 그림을 함께 선택하고 **[그림 서식] 탭-[정렬] 그룹**에서 **[개체 맞춤]-[왼쪽 맞춤]**을 선택하여 정확히 포개주세요.

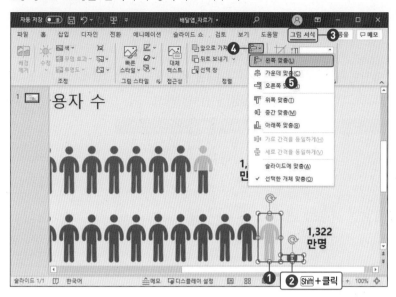

6 그림을 희미하게 색 변경하고 자른 후 겹쳐서 그래픽 차트 효과를 표현할 수 있어요.

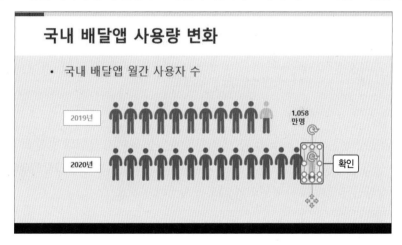

문서서식

텍스트

스마트아트그래픽

도형/도해

그림/표/차트

오디오/비디오

애니메이션

슬라이드쇼

테마디자인

저장/인쇄

Power Point 08 그림 압축하고 원래의 상태로 되돌리기

● **예제파일**: 배달앱_그림압축.pptx ● **완성파일**: 배달앱_그림압축_완성.pptx

1 오른쪽 위의 배달앱 아이콘 중 하나를 선택합니다. [그림 서식] 탭-[조정] 그룹에서 [그림 원래대로] 의 목록 단추(▾)를 클릭하고 [그림 및 크기 다시 설정]을 선택하세요.

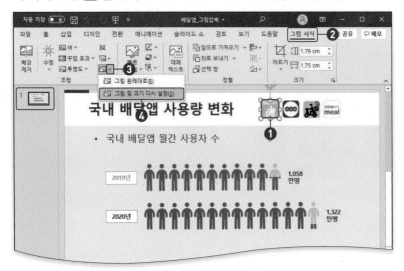

TIP

[그림 및 크기 다시 설정]은 그림에 적용한 여러 가지 변경 사항을 한꺼번에 되돌릴 때 유용한 기능입니다. 그림의 크기 와 자르기를 제외한 나머지 설정만 복원하려면 [그림 원래대로]를 선택하세요.

2 선택한 그림이 확장되면서 원본 상태로 복원되면 슬라이드에 있는 나머지 그림의 원본 모양을 확인하고 Ctrl+Z를 눌러 실행을 모두 취소합니다. [그림 서식] 탭-[조정] 그룹에서 [그림 원래대로] 를 클릭해도 이렇게 잘라진 영역이 다시 복원되지 않도록 설정해 볼게요.

확인→ Ctrl+Z

TIP

Ctrl+Z는 실행 취소 단축키이고 Ctrl+Y는 다시 실행의 단축키입 니다.

3 한 개의 배달앱 아이콘을 선택한 상태에서 **[그림 서식] 탭–[조정] 그룹**에서 **[그림 압축]**을 클릭하세요. [그림 압축] 대화상자가 열리면 '압축 옵션'에서 [이 그림에만 적용]과 [잘려진 그림 영역 삭제]의 체크를 확인하고 '해상도'에서 [웹(150ppi)]을 선택한 후 [확인]을 클릭하세요.

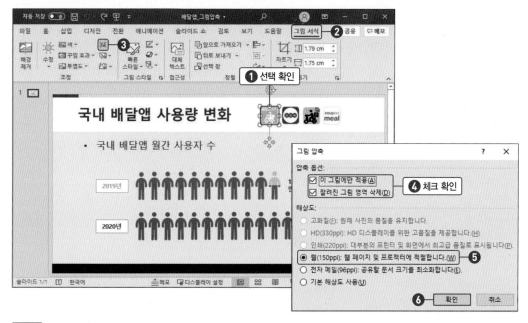

> **TIP**
>
> [이 그림에만 적용]의 체크를 해제하면 현재 문서 안에 있는 모든 이미지에 그림 압축 설정이 적용됩니다. 해상도 150ppi(picel per inch)는 웹페이지나 화면용으로 적당하고, 고품질 인쇄가 필요한 경우 220ppi를 선택하세요. 높은 해상도를 지원하려면 원본 이미지의 해상도가 좋아야 합니다.

4 그림 압축을 실행한 그림과 압축하지 않은 그림을 각각 선택하여 **[그림 서식] 탭–[조정] 그룹**에서 **[그림 및 크기 다시 설정]**을 클릭했을 때 원본 상태로 복원되는지 비교하세요.

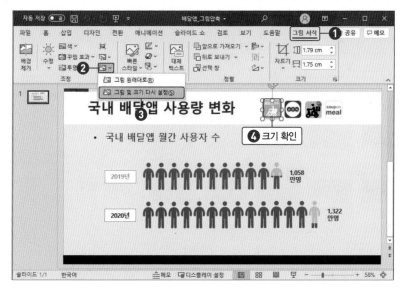

문서서식

텍스트

스마트아트그래픽

도형/도해

그림/표/차트

오디오/비디오

애니메이션

슬라이드쇼

테마디자인

저장/인쇄

09 사진 앨범 만들어 그림 한 번에 삽입하기

● **예제파일**: 새 프레젠테이션 문서에서 작업하세요.   ● **완성파일**: 사진앨범_완성.pptx

1 슬라이드에 많은 양의 그림을 삽입할 때 '그림 삽입' 기능으로 하나씩 삽입하려면 시간과 노력이 많이 들지만, 빠르고 간단하게 삽입할 수 있는 방법이 있어요. **[삽입] 탭-[이미지] 그룹**에서 **[사진 앨범]**을 클릭하세요. [사진 앨범] 대화상자가 열리면 '그림 삽입'에서 [파일/디스크]를 클릭합니다.

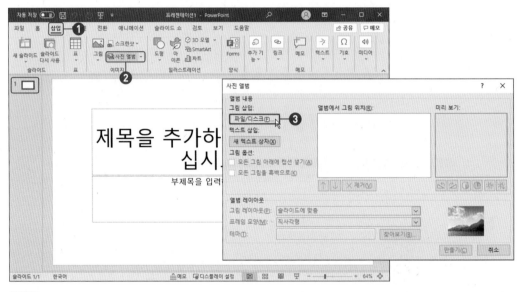

> **TIP**
>
> 사진 앨범은 자동으로 새 문서로 만들어지므로 지금 열려있는 파일에서 작업해도 상관없어요.

2 [그림 삽입] 대화상자가 열리면 부록 실습파일의 '사진' 폴더에서 '사진01.png'를 선택하고 Shift 를 누른 상태에서 '사진10.png'를 선택하여 모두 선택한 후 [삽입]을 클릭하세요.

3 [사진 앨범] 대화상자로 되돌아오면 '앨범에서 그림 위치'에서 삽입할 그림 목록을 확인합니다. '앨범 레이아웃'의 '그림 레이아웃'에서 [슬라이드에 맞춤]을 선택하고 [만들기]를 클릭하세요.

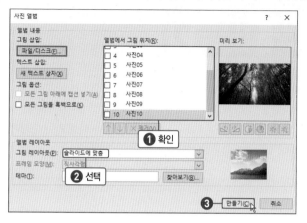

4 하나의 슬라이드에 한 장의 사진을 배치하는 형식으로 선택한 모든 파일이 삽입되었습니다. 슬라이드 축소판 그림 창을 이용하여 순서를 이동하거나 전체를 복사하여 다른 파일에 쉽게 붙여 넣을 수 있어요.

문서시작

텍스트

스마트아트그래픽

도형/도해

그림/표/차트

오디오/비디오

애니메이션

슬라이드쇼

테마디자인

저장/인쇄

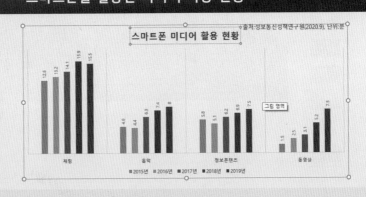

03 표와 차트로 전달력 높은 슬라이드 만들기

규칙적인 패턴으로 반복되는 데이터의 경우 표로 정리하면 데이터를 한눈에 쉽게 볼 수 있도록 깔끔하게 표현할 수 있어요. 그리고 숫자로 표현해야 하는 데이터의 경우 표보다는 수치의 변화를 보여주는 차트를 사용해야 메시지를 훨씬 더 효과적으로 전달할 수 있습니다. 이번 섹션에서는 표와 차트를 이용하여 더욱 전달력 높은 슬라이드를 만들 수 있는 아주 쉽고 간단한 방법에 대해 배워봅니다.

PREVIEW

지역별 자동차 수출 현황

구분	2021년	
	수출량	증감
미국	798	17.1%
동유럽	158	-23.5%
중동	558	3.8%
중남미	299	-13.2%

▲ 표 레이아웃과 디자인 수정하기

스마트폰을 활용한 미디어 사용 현황

▲ 차트 삽입 후 레이아웃과 디자인 변경하기

Power Point

01 표 삽입하고 텍스트 입력하기

● **예제파일**: 자동차_표.pptx ● **완성파일**: 자동차_표_완성.pptx

문서시작

텍스트

스마트아트그래픽

도형/도해

그림/표/차트

오디오/비디오

애니메이션

슬라이드쇼

테마디자인

저장/인쇄

1 표를 삽입하기 위해 **[삽입] 탭-[표] 그룹**에서 **[표]**를 클릭하세요. 표의 행과 열을 의미하는 목록이 열리면 '3×6' 표 모양이 되도록 드래그하세요.

TIP

내용 개체 틀에 있는 [표 삽입] 아이콘(▦)을 클릭해도 됩니다. [표 삽입] 대화상자가 열리면 '열 개수'와 '행 개수'에 값을 입력해도 원하는 크기의 표를 만들 수 있어요.

2 3열 6행의 표가 삽입되면 첫 번째 셀에『구분』을 입력하고 Tab 이나 → 를 눌러 다음 셀로 이동한 후『2021년』을 입력하세요. 이와 같은 방법으로 다음의 그림과 같이 각 셀에 내용을 입력하세요.

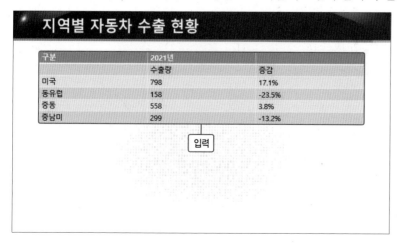

구분	2021년	
	수출량	증감
미국	798	17.1%
동유럽	158	-23.5%
중동	558	3.8%
중남미	299	-13.2%

입력

TIP

아래쪽 방향에 내용을 입력하려면 ↓ 를 눌러 이동하세요. 만약 표의 맨 마지막 셀에서 한 행을 추가하려면 Tab 을 누르세요.

2013 | 2016 | 2019 | 2021 | Microsoft 365

02 표에 표 스타일 지정하기

◉ **예제파일**: 자동차_스타일.pptx   ◉ **완성파일**: 자동차_스타일_완성.pptx

1 표를 선택하고 [표 디자인] 탭-[표 스타일 옵션] 그룹에서 [줄무늬 행]의 체크를 해제하세요. [표 디자인] 탭-[표 스타일] 그룹에서 [자세히] 단추(▽)를 클릭하고 '중간'에서 [보통 스타일 2 – 강조 5]를 선택하세요.

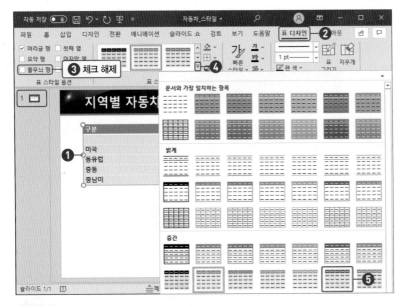

> **TIP**
> [표 디자인] 탭-[표 스타일 옵션] 그룹에서 체크하는 항목에 따라 [디자인] 탭-[표 스타일] 그룹에서 [자세히] 단추(▽)를 클릭했을 때 나타나는 미리 보기 서식이 달라집니다. 예를 들어 [줄무늬 행]의 체크를 해제하면 미리 보기 서식에서 줄무늬 모양의 서식이 모두 사라져요.

2 표에 '보통 스타일 2 – 강조 5' 스타일이 적용되었는지 확인해 보세요.

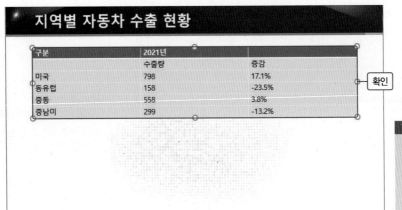

> **TIP**
> 표를 선택하면 리본 메뉴에 [표 디자인] 탭과 [레이아웃] 탭이 나타납니다.

Power Point 03 표의 레이아웃 변경하기

● **예제파일**: 자동차_레이아웃.pptx ● **완성파일**: 자동차_레이아웃_완성.pptx

1 표의 1행 1열과 2행 1열을 드래그하여 선택하고 [레이아웃] 탭-[병합] 그룹에서 [셀 병합]을 클릭하세요.

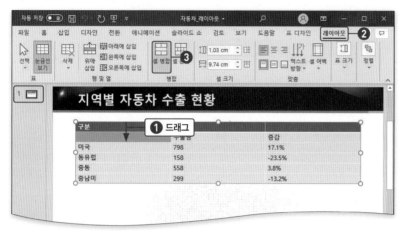

TIP

• 셀 병합: 선택한 여러 개의 셀을 한 개의 셀로 합침 • 셀 분할: 현재의 셀을 여러 개의 셀로 나눔

2 **1** 과정과 같은 방법으로 1행 2열과 1행 3열도 병합하세요. 표의 아래쪽 가운데에 있는 크기 조정 핸들(◎) 위에 마우스 포인터를 올려놓고 ↕ 모양으로 변경되면 아래쪽으로 드래그하여 표의 높이를 높게 조정하세요.

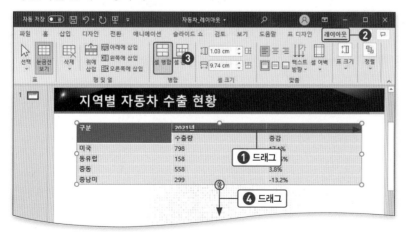

TIP

1행 2열과 1행 3열을 선택하고 F4 를 눌러 방금 전 실행한 **1** 과정의 셀 병합 작업을 반복할 수 있어요.

3 표를 선택한 상태에서 [레이아웃] 탭-[맞춤] 그룹에서 [가운데 맞춤]과 [세로 가운데 맞춤]을 차례대로 클릭하여 표 전체의 텍스트를 정렬하세요. 1열과 2열의 경계선에 마우스 포인터를 올려놓고 ┿┼ 모양으로 변경되면 왼쪽으로 드래그해서 1열의 너비를 줄이세요.

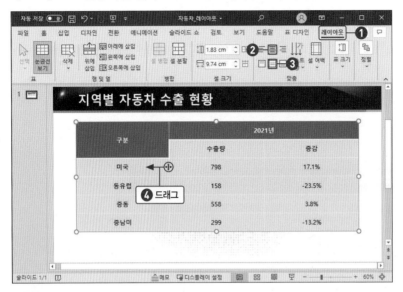

4 2열, 3열을 드래그해 범위로 지정하고 [레이아웃] 탭-[셀 크기] 그룹에서 [열 너비를 같게]를 클릭하여 열 너비를 똑같이 맞추세요.

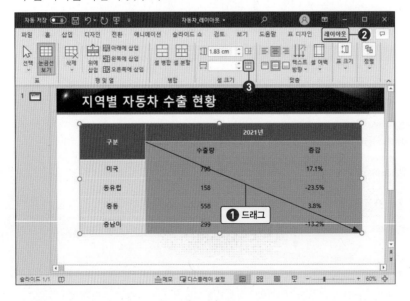

Power Point 04 표의 셀에 테두리와 그림자 효과 지정하기

● **예제파일**: 자동차_디자인.pptx   ● **완성파일**: 자동차_디자인_완성.pptx

1 셀의 색을 변경하기 위해 3행 1열부터 마지막 행까지 선택합니다. [표 디자인] 탭-[표 스타일] 그룹에서 [음영]의 목록 단추(▼)를 클릭하고 '테마 색'에서 [파랑, 강조 5, 60% 더 밝게]를 선택하세요.

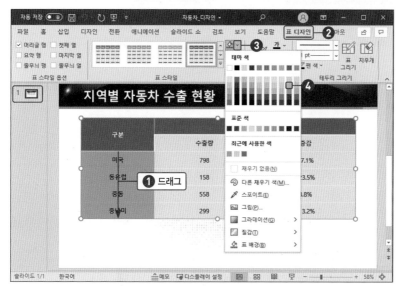

▶영상강의◀

2 2행 2열과 2행 3열을 선택하고 [표 디자인] 탭-[표 스타일] 그룹에서 [음영]의 목록 단추(▼)를 클릭한 후 '테마 색'에서 [파랑, 강조 5, 80% 더 밝게]를 선택합니다.

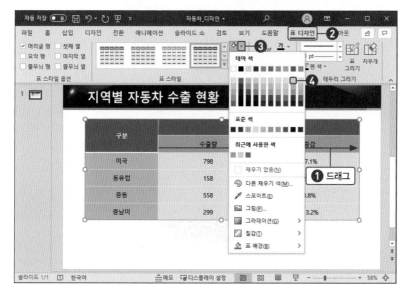

3 이와 같은 방법으로 표에서 숫자가 입력된 부분을 모두 선택하고 '테마 색'에서 [**흰색, 배경 1**]을 음영 색으로 지정하세요.

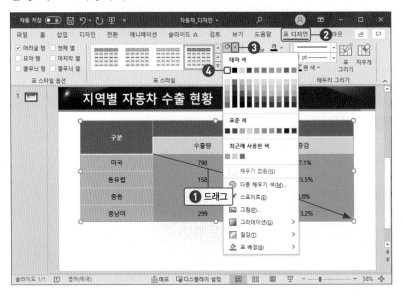

4 숫자가 입력된 부분의 셀 테두리를 변경하기 위해 [**표 디자인**] 탭-[**테두리 그리기**] 그룹에서 [**펜 두 께**]는 [**0.5pt**], [**펜 색**]은 '테마 색'에서 [**흰색, 배경 1, 35% 더 어둡게**]를 선택하세요.

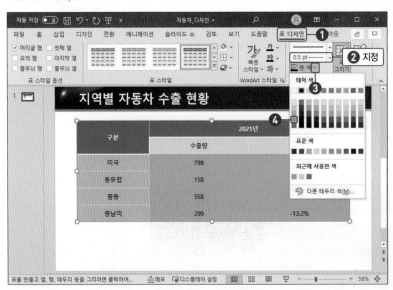

5 테두리의 모양, 굵기, 색깔을 지정했으면 마지막으로 테두리가 설정될 위치를 지정해 볼게요. 선택한 영역의 안쪽에 테두리를 설정하기 위해 [표 디자인] 탭-[표 스타일] 그룹에서 [테두리]의 목록 단추(⋁)를 클릭하고 [안쪽 테두리]를 선택하세요.

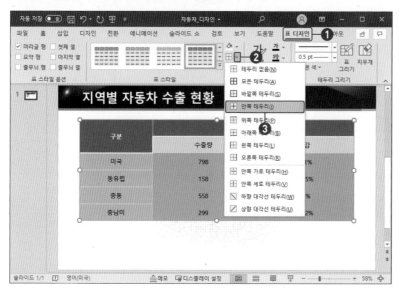

6 표를 선택한 상태에서 [표 디자인] 탭-[표 스타일] 그룹에서 [효과]-[그림자]를 선택하고 '안쪽'에서 [안쪽: 오른쪽 아래]를 선택하세요.

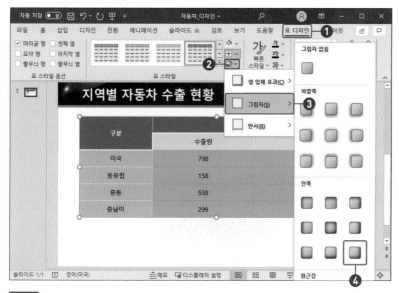

> **TIP**
> '셀 입체 효과'는 선택한 셀에만 속성을 설정할 수 있지만, '그림자'와 '반사'는 표 전체에 속성이 설정됩니다.

문서시작

텍스트

스마트아트그래픽

도형/도해

그림/표/차트

오디오/비디오

애니메이션

슬라이드쇼

테마디자인

저장/인쇄

05 표의 셀에 여백 지정하기

◉ **예제파일**: 인구_셀여백.pptx ◉ **완성파일**: 인구_셀여백_완성.pptx

1 셀에 입력된 텍스트의 크기를 줄이지 않으면서 많은 양의 텍스트를 한 셀에 넣어야 할 때는 셀 여백을 조정해야 합니다. 표를 선택하고 [레이아웃] 탭-[맞춤] 그룹에서 [셀 여백]을 클릭한 후 [좁 게]를 선택하세요.

TIP

[레이아웃] 탭-[맞춤] 그룹에서 [셀 여백]-[사용자 여백 지정]을 선택하여 [셀 텍스트 레이아웃] 대화상자를 열고 상하 좌우 여백의 크기를 사용자가 직접 설정할 수 있어요. 여백의 기본값은 왼쪽/오른쪽은 0.25cm, 위쪽/아래쪽은 0.13cm입니다.

2 셀 여백이 좁게 설정되면서 두 줄로 나뉘어졌던 내용이 한 줄로 깔끔하게 정리되었어요.

연령별 인구구조　　출처 : 통계청 「장래인구추계」2010-2060

연령별 인구 [단위 : 천명, %]

		1970	1980	1990	2000	2010	2015	2020	2030	2040	2050	2060
인구수	0~14세	13,709	12,951	10,974	9,911	7,975	7,040	6,788	6,575	5,718	4,783	4,473
	15~64세	17,540	23,717	29,701	33,702	35,983	36,953	36,563	32,893	28,873	25,347	21,865
	65세 이상	991	1,456	2,195	3,395	5,452	6,624	8,084	12,691	16,501	17,991	17,622
구성비	0~14세	42.5	34	25.6	21.1	16.1	13.9	13.2	12.6	11.2	9.9	10.2
	15~64세	54.4	62.2	69.3	71.7	72.8	73	71.1	63.1	56.5	52.7	49.7
	65세 이상	3.1	3.8	5.1	7.2	11	13.1	15.7	24.3	32.3	37.4	40.1
	계	100	100	100	100	100	100	100	100	100	100	100

확인

06 차트 삽입하고 행/열 전환하기

● **예제파일**: 스마트폰.pptx, 차트데이터.xlsx ● **완성파일**: 스마트폰_완성.pptx

1 [삽입] 탭-[일러스트레이션] 그룹에서 [차트]를 클릭하세요.

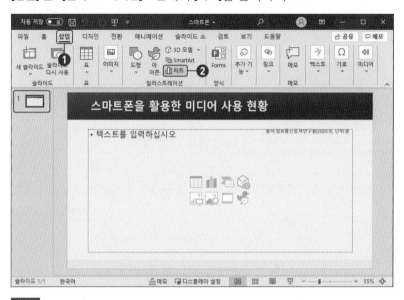

TIP

내용 개체 틀에 있는 [차트 삽입] 아이콘(📊)을 클릭해도 됩니다. 차트를 만든 후에도 차트의 종류를 변경할 수 있어요.

2 [차트 삽입] 대화상자가 열리면 [세로 막대형] 범주에서 [묶은 세로 막대형]을 선택하고 [확인]을 클릭하세요.

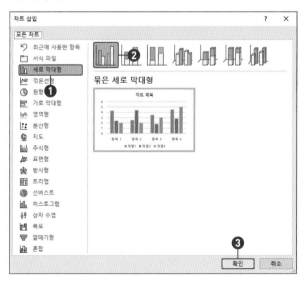

우선순위

문서작성

텍스트

스마트아트그래픽

도형/도해

그림/표/차트

오디오/비디오

애니메이션

슬라이드쇼

테마디자인

저장/인쇄

3 차트 데이터를 입력할 수 있는 창이 열리면 창에 입력되어 있는 기본값을 지우고 다음과 같이 내용을 입력하세요. 만약 새로 입력한 데이터의 행/열의 개수가 기존 데이터보다 작으면 기본 차트의 흔적이 남아 값이 0인 항목으로 표현될 수 있으니 필요 없는 행/열은 모두 삭제하세요. 부록 실습파일 '차트데이터.xlsx'에서 내용을 복사(Ctrl+C)한 후 차트 데이터 창에 붙여넣기 (Ctrl+V)해도 됩니다. 데이터 입력이 끝나면 차트 데이터 창의 [닫기] 단추(✕)를 클릭하여 차트 데이터 창을 닫습니다.

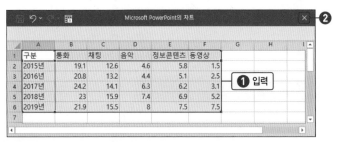

> **TIP**
>
> 불필요한 행/열을 삭제하지 않고 차트 데이터의 마지막 셀에 마우스 포인터를 올려놓은 후 ↖ 모양으로 변경되면 드래그 하여 차트 그릴 영역만 선택하여 지정해도 됩니다.

4 콘텐츠별로 묶은 세로 막대형 차트가 삽입되면 연도별 차트로 변경해 볼게요. 차트를 선택한 상태에서 **[차트 디자인] 탭-[데이터] 그룹**에서 **[데이터 선택]**을 클릭하세요.

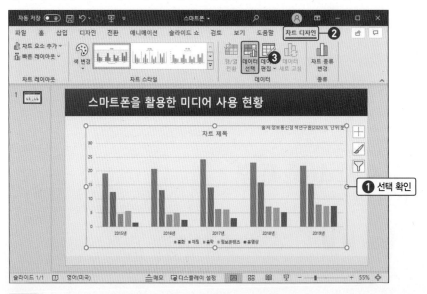

> **TIP**
>
> 차트를 선택하면 리본 메뉴에 [차트 디자인] 탭과 [서식] 탭이 나타납니다.

5 [데이터 원본 선택] 대화상자가 열리면 [행/열 전환]을 클릭하고 [확인]을 클릭하세요.

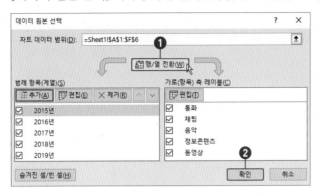

6 콘텐츠별로 묶은 세로 막대형 차트가 연도별 기준으로 묶은 세로 막대형 차트로 변경되었는지 확인하세요.

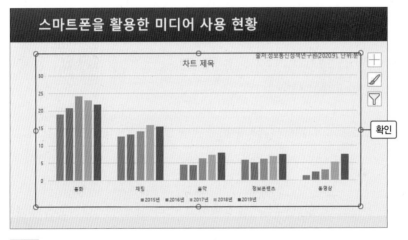

TIP

차트의 종류를 변경하려면 [**차트 디자인**] 탭-[**종류**] 그룹에서 [**차트 종류 변경**]을 클릭하세요.

잠깐만요 > 엑셀 차트 가져오기

엑셀에서 만든 차트를 복사한 후 파워포인트 슬라이드에 붙여넣으면 엑셀 차트를 파워포인트로 가져올 수 있어요. 붙여넣기 옵션은 다음과 같습니다.

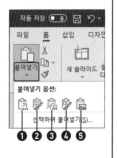

	아이콘	붙여넣기 옵션	따르는 서식	원본 데이터와 연결	차트 수정
❶		대상 테마 사용 및 통합 문서 포함	현재 문서	연결 안 됨	가능
❷		원본 서식 유지 및 통합 문서 포함	원본 서식	연결 안 됨	가능
❸		대상 테마 사용 및 데이터 연결	현재 문서	연결됨	가능
❹		원본 서식 유지 및 데이터 연결	원본 서식	연결됨	가능
❺		그림	그림	연결 안 됨	불가능

문서시작

텍스트

스마트아트그래픽

도형/도해

그림/표/차트

오디오/비디오

애니메이션

슬라이드쇼

테마디자인

저장/인쇄

07 차트 색 변경하고 빠른 레이아웃 지정하기

◉ **예제파일**: 스마트폰_디자인.pptx ◉ **완성파일**: 스마트폰_디자인_완성.pptx

1 차트의 색을 변경하기 위해 차트를 선택합니다. **[차트 디자인] 탭-[차트 스타일] 그룹**에서 **[색 변경]** 을 클릭하고 '색상형'에서 **[다양한 색상표 2]**를 선택하세요.

TIP

> 차트를 선택하고 오른쪽에 있는 [차트 스타일] 단추(🖉)를 클릭한 후 [색]을 선택해도 쉽게 차트의 색 구성을 변경할 수 있어요.

2 차트의 오른쪽에 있는 **[차트 스타일] 단추(🖉)**를 클릭하고 **[스타일]**에서 **[스타일 2]**를 선택하여 차트 스타일을 변경하세요.

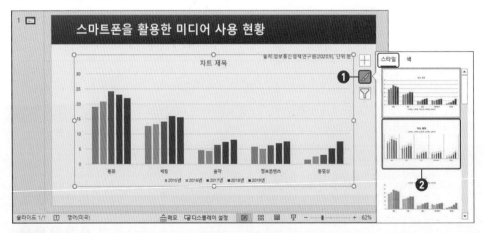

TIP

> **[차트 디자인] 탭-[차트 스타일] 그룹**에서 **[자세히] 단추(▽)**를 클릭해도 같은 차트 스타일을 적용할 수 있어요. 차트 스타일 목록 위에서 마우스 포인터를 움직이면 결과를 미리 확인할 수 있습니다.

3 차트의 오른쪽에 있는 [차트 요소] 단추(⊞)를 클릭합니다. [범례] 항목에서 [아래쪽]을 선택하면 범례의 위치를 차트의 아래쪽으로 이동할 수 있어요.

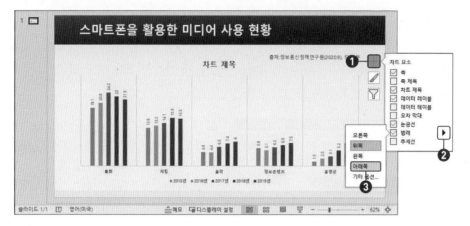

4 차트의 오른쪽에 있는 [차트 필터] 단추(▽)를 클릭하고 [값]의 '범주'에서 [통화]의 체크를 해제한 후 [적용]을 클릭합니다. 그러면 차트에서 '통화' 범주의 막대 차트가 표시되지 않아요.

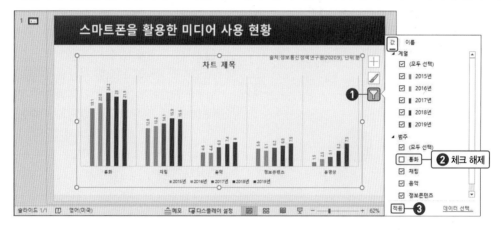

5 차트 제목을 선택하고 『스마트폰 미디어 활용 현황』을 입력한 후 차트를 완성하세요.

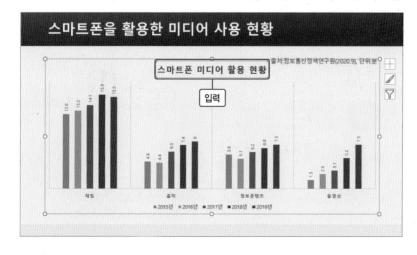

문서서식

텍스트

스마트아트그래픽

도형/도해

그림/표/차트

오디오/비디오

애니메이션

슬라이드쇼

테마디자인

저장/인쇄

그라데이션 효과로 도형 꾸미고 서식 복사하기

도형 채우기와 윤곽선에 그러데이션 효과를 이용하면 도형 서식을 훨씬 다양하게 꾸밀 수 있습니다. 최대 열 개의 중지점을 사용하여 원하는 위치에서 자유롭게 색을 변경할 수도 있고, 같은 색이라도 투명도를 다르게 조절하여 특별한 도형의 효과를 연출할 수도 있어요.

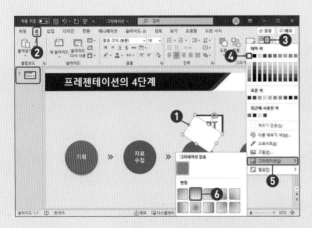

1 세 번째 원 위에 있는 비스듬하게 기울어진 사각형 도형을 선택하고 [홈] 탭-[그리기] 그룹에서 [도형 채우기]의 목록 단추(▼)를 클릭한 후 '테마 색'에서 [흰색, 배경 1]을 선택합니다. 도형에 색을 지정했으면 [도형 채우기]-[그라데이션]을 선택하고 '변형'에서 [선형 아래쪽]을 선택하세요.

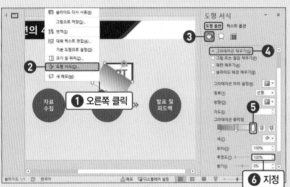

2 사각형 도형을 선택한 상태에서 마우스 오른쪽 단추를 클릭하고 [도형 서식]을 선택합니다. 화면의 오른쪽에 [도형 서식] 작업 창이 열리면 [도형 옵션]-[채우기 및 선](🪣)을 선택하고 '채우기'의 [그라데이션 채우기]에서 '그라데이션 중지점'은 [중지점 3/3]을, '투명도'는 [100%]를 지정하세요.

3 그라데이션을 설정한 사각형 도형을 선택한 상태에서 [홈] 탭-[그리기] 그룹의 [정렬]에서 [맨 뒤로 보내기]를 선택하세요.

4 첫 번째 원을 선택하고 [홈] 탭–[그리기] 그룹에서 [도형 채우기]–[그라데이션]을 선택하고 '어두운 그라데이션'에서 [선형 위쪽]을 선택하여 그라데이션을 채우세요.

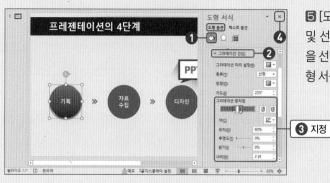

5 [도형 서식] 작업 창에서 [도형 옵션]–[채우기 및 선](🖌)을 선택하고 '선'에서 [그라데이션 선]을 선택합니다. 다음과 같이 서식을 지정하고 [도형 서식] 작업 창을 닫으세요.

- **그라데이션 선 설정**: 각도 – 225 °, 너비 – 2pt
- **그라데이션 중지점 1/3**: 색 – '최근에 사용한 색'에서 [주황], 위치 – 40%
- **그라데이션 중지점 2/3**: 색 – '테마 색'에서 [흰색, 배경 1], 위치 – 50%
- **그라데이션 중지점 3/3**: 색 – '테마 색'에서 [주황, 강조 2], 위치 – 60%
- **나머지 그라데이션 중지점**: 그라데이션 중지점 제거(🗑)

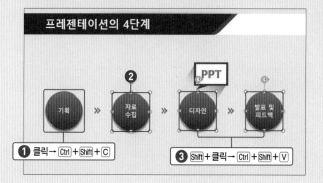

6 첫 번째 원에 그라데이션을 지정했으면 Ctrl + Shift + C를 눌러 서식을 복사합니다. 다른 원을 선택한 후 Ctrl + Shift + V를 눌러 복사한 서식이 그대로 적용되었는지 확인하세요.

생동감 넘치는
멀티프레젠테이션 만들기

파워포인트는 프레젠테이션에 생동감을 불어넣을 수 있는 다양한 멀티미디어 개체와 애니메이션 효과를 제공합니다. 따라서 오디오 파일이나 비디오 파일 등의 시청각 자료를 활용하여 실감 나는 현장의 소리와 영상을 청중에게 보여줄 수 있어요. 또한 다른 프로그램의 도움 없이 애니메이션이나 화면 전환을 통해 유기적으로 연결하여 자연스럽게 고품질 프레젠테이션을 연출할 수도 있습니다. 이번 장에서는 배경 음악과 비디오를 삽입하여 멀티미디어 슬라이드에 애니메이션 효과를 지정하고 슬라이드 쇼를 연출하는 방법에 대해 배워봅니다.

PowerPoint

01 오디오/비디오로 멀티미디어 슬라이드 만들기

슬라이드에 동영상과 소리 같은 멀티미디어를 삽입해서 볼거리가 풍부한 다이내믹한 프레젠테이션을 진행하면 청중의 관심을 유도하여 이목을 집중시킬 수 있어요. 멀티미디어 개체를 슬라이드에 직접 삽입하면 경로 변경에 따른 실행 오류가 줄어들어서 좀 더 안정적으로 프레젠테이션을 진행할 수 있습니다. 이번 섹션에서는 슬라이드에 배경 음악과 비디오를 삽입하고 편집하는 방법에 대해 배워봅니다.

PREVIEW

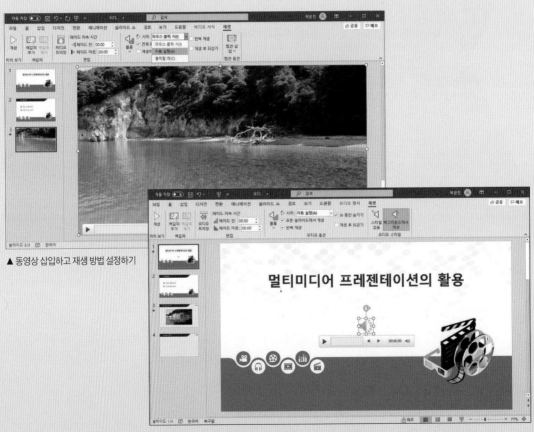

▲ 동영상 삽입하고 재생 방법 설정하기

▲ 음악 삽입하고 배경 음악으로 지정하기

섹션별 주요 내용

01 | 동영상 삽입하고 자동으로 실행하기 02 | 동영상에 스타일과 비디오 효과 지정하기

03 | 동영상에서 원하는 부분만 재생하기 04 | 오디오 파일 삽입하고 배경 음악으로 지정하기

05 | 화면 녹화해서 영상으로 기록하기

Power Point 01 동영상 삽입하고 자동으로 실행하기

● **예제파일**: 비디오_삽입.pptx   ● **완성파일**: 비디오_삽입_완성.pptx

1 3번 슬라이드를 선택하고 [**삽입**] 탭–[**미디어**] 그룹에서 [**비디오**]를 클릭하고 [**이 장치**]를 선택하세요.

> **TIP**
> 버전에 따라 [이 장치]가 아닌 [내 PC의 비디오]가 나타날 수 있어요

2 [**비디오 삽입**] 대화상자가 열리면 부록 실습파일에서 'beach.mp4'를 선택하고 [**삽입**]을 클릭하세요.

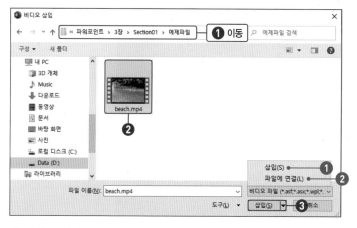

❶ **삽입**: 문서 안에 동영상이 포함되므로 용량은 커지지만 동영상을 따로 저장할 필요가 없습니다.

❷ **파일에 연결**: 동영상이 문서에 포함되지 않아 연결된 동영상 파일의 경로가 달라지면 제대로 실행되지 않으니 주의해야 합니다.

113

3 동영상 파일이 삽입되면 [재생] 탭−[비디오 옵션] 그룹에서 [전체 화면 재생]에 체크하고 '**시작**'의 목록 단추(☑)를 클릭한 후 [**자동 실행**]을 선택하세요.

① **마우스 클릭 시**: 마우스를 클릭하면 동영상이 실행됩니다.
② **자동 실행**: 해당 슬라이드가 열리면 동영상이 자동으로 실행됩니다.
③ **클릭할 때**: 비디오 프레임을 클릭하면 동영상이 실행됩니다.

4 F5 를 눌러 처음 슬라이드부터 슬라이드 쇼를 실행합니다. 3번 슬라이드에서 비디오가 자동으로 '전체 화면'으로 재생되는지 확인하고 슬라이드 쇼를 멈추려면 Esc 를 누르세요.

Power Point 02 동영상에 스타일과 비디오 효과 지정하기

● **예제파일**: 비디오_효과.pptx　● **완성파일**: 비디오_효과_완성.pptx

1 3번 슬라이드에서 비디오 클립을 선택합니다. [비디오 서식] 탭-[비디오 스타일] 그룹에서 [자세히] 단추(▼)를 클릭하고 '일반'에서 [모서리가 둥근 입체 사각형]을 선택하세요.

> **TIP**
>
> [재생] 탭-[비디오 옵션] 그룹에서 [전체 화면 재생]에 체크했으면 비디오 스타일 변경을 확인할 수 없어요. 이 경우에는 [전체 화면 재생]의 체크를 해제하고 확인하세요.

2 [비디오 서식] 탭-[비디오 스타일] 그룹에서 [비디오 효과]-[반사]를 선택하고 '반사 변형'에서 [근접 반사: 터치]를 선택하세요. [슬라이드 쇼] 단추(🖵)를 클릭하거나 Shift + F5 를 눌러 현재 슬라이드부터 슬라이드 쇼를 실행하여 설정한 내용을 확인하세요.

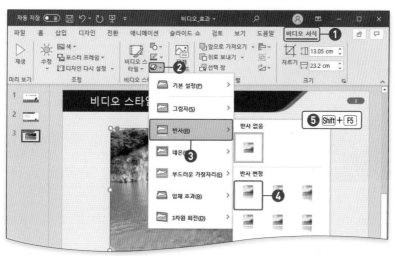

> **TIP**
>
> 비디오에 설정한 스타일, 셰이프, 테두리, 효과 등의 서식을 원래의 기본값으로 되돌리려면 [비디오 서식] 탭-[조정] 그룹에서 [디자인 다시 설정]을 클릭하세요.

03 동영상에서 원하는 부분만 재생하기

◉ **예제파일**: 비디오_트리밍.pptx ◉ **완성파일**: 비디오_트리밍_완성.pptx

1 3번 슬라이드에서 비디오 클립을 선택하고 [재생] 탭−[편집] 그룹에서 [비디오 트리밍]을 클릭하세요.

▶영상강의◀

TIP

별도의 영상 편집 프로그램을 이용하여 영상을 편집하지 않아도 원하는 구간만 재생하도록 비디오를 트리밍할 수 있어요.

2 선택한 비디오의 일부분만 재생하도록 설정해 볼게요. [비디오 트리밍] 창이 열리면 '시작 시간'은 [00:30](초)로, '종료 시간'은 [00:57](초)로 지정하고 [확인]을 클릭하세요.

TIP

시작 시간과 종료 시간은 시간을 직접 입력하거나 시간 표시 막대에서 초록색 표식(▌)과 빨간색 표식(▌)을 드래그하여 설정할 수 있어요. '비디오 트리밍' 기능을 이용하면 동영상의 일부분만 실행되도록 설정할 수 있지만 언제든지 원래대로 되돌릴수 있어요. 이때 실제로 영상이 편집되는 것은 아니므로 파일의 용량에는 변화가 없습니다. 그리고 M365 이전 버전에서는 [비디오 맞추기] 창으로 표시됩니다.

3 비디오를 재생해서 영상과 소리를 들어보고 트리밍을 설정한 위치에서 영상이 시작하고 끝나는지 확인하세요.

4 트리밍된 동영상의 시작 부분과 끝 부분을 좀 더 자연스럽게 처리해 볼게요. **[재생] 탭-[편집]** 그룹에서 '페이드 지속 시간'의 '페이드 인'은 **[02.00](초)**로, '페이드 아웃'은 **[03.00](초)**로 지정하세요.

무선순위

문서서식

텍스트

스마트아트그래픽

도형/도해

그림/표/차트

오디오/비디오

애니메이션

슬라이드쇼

테마디자인

저장/인쇄

5 [슬라이드 쇼] 단추(🖵)를 클릭하거나 Shift + F5 를 눌러 현재 슬라이드부터 슬라이드 쇼를 실행하고 설정한 내용을 확인하세요.

TIP

슬라이드 쇼 실행 방법

방법 1 처음부터 슬라이드 쇼 실행: F5 , 빠른 실행 도구 모음에서 [처음부터 시작] 도구(🖵) 클릭

방법 2 현재 슬라이드부터 슬라이드 쇼 실행: Shift + F5 , [읽기용 보기] 단추(🖳) 또는 [슬라이드 쇼] 단추(🖵) 클릭

잠깐만요 > 파워포인트에서 권장하는 비디오 파일 형식 살펴보기

- **파워포인트 2010**: *.wmv
- **최신 버전의 파워포인트**: H.264 비디오 및 AAC 오디오로 인코딩된 *.mp4 파일

호환되는 형식의 비디오 파일을 사용해도 올바른 버전의 코덱이 설치되어 있지 않거나, 사용 중인 마이크로소프트 윈도우 버전에서 인식할 수 있는 형식으로 파일이 인코딩되어 있지 않으면 비디오가 제대로 재생되지 않을 수 있으니 주의하세요.

Power Point 04

오디오 파일 삽입하고 배경 음악으로 지정하기

● **예제파일**: 오디오_삽입.pptx   ● **완성파일**: 오디오_삽입_완성.pptx

1 1번 슬라이드에서 **[삽입]** 탭-**[미디어]** 그룹의 **[오디오]**를 클릭하고 **[내 PC의 오디오]**를 선택하세요.

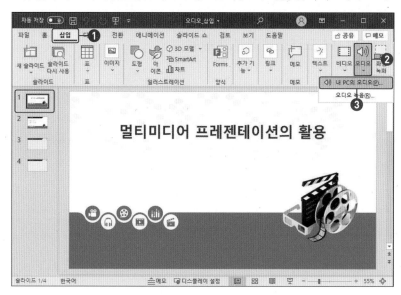

▶영상강의◀

TIP

첫 페이지부터 음악이 나오려면 1번 슬라이드에서 오디오 파일을 삽입해야 해요.

2 **[오디오 삽입]** 대화상자가 열리면 부록 실습파일에서 'main theme.mp3'를 선택하고 **[삽입]**을 클릭하세요.

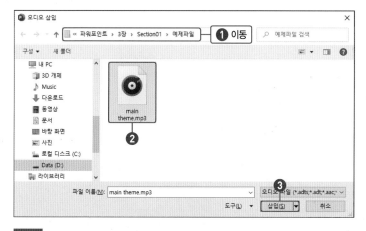

TIP

파워포인트에서 권장되는 오디오 파일 형식
- **파워포인트 2010**: *.wav, *.wma
- **최신 버전의 파워포인트**: AAC 오디오로 인코딩된 *.m4a 파일

3 오디오 파일이 삽입되면 [재생] 탭–[오디오 스타일] 그룹에서 [백그라운드에서 재생]을 클릭하여 배경 음악으로 설정합니다. F5를 눌러 처음부터 슬라이드 쇼를 실행한 후 모든 슬라이드에서 음악 이 재생되는지 확인하고 Esc를 눌러 슬라이드 화면으로 되돌아오세요.

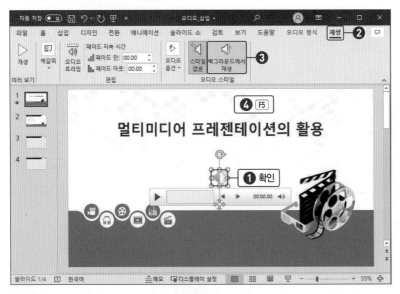

TIP

[백그라운드에서 재생]을 클릭하면 [재생] 탭–[오디오 옵션] 그룹에서 '시작'의 [자동 실행]이 선택되고 [모든 슬라이드에 서 재생], [반복 재생], [쇼 동안 숨기기]에 자동으로 체크됩니다. 오디오 삽입을 나타나지 않게 하려면 슬라이드의 바깥으로 볼륨 아이콘(🔊)을 이동하세요.

4 특정 위치에서 배경 음악을 멈추기 위해 오디오 아이콘(🔊)을 클릭하고 [애니메이션] 탭–[애니메 이션] 그룹에서 [추가 효과 옵션 표시] 아이콘(🔽)을 클릭하세요.

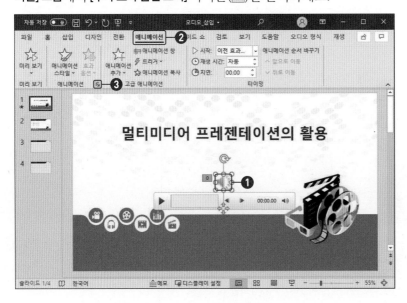

5 [오디오 재생] 대화상자가 열리면 [효과] 탭의 '재생 중지'에서 [지금부터]를 선택하고 『3』을 입력한 후 [확인]을 클릭하세요.

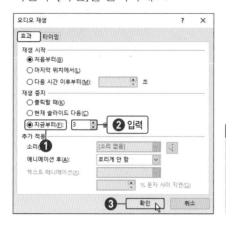

> **TIP**
>
> [재생] 탭-[오디오 옵션] 그룹에서 [모든 슬라이드에서 재생]에 체크하면 [오디오 재생] 대화상자의 [효과] 탭에서 '재생 중지'의 값이 [999]로 자동 설정됩니다. 이 값을 중지하고 싶은 슬라이드의 위치로 수정하세요.

6 F5 를 눌러 처음 슬라이드부터 슬라이드 쇼를 실행하고 **5** 과정에서 설정한 대로 4번 슬라이드에서 배경 음악이 멈추는지 확인하세요.

잠깐만요 > 화면 녹화 도구 살펴보기

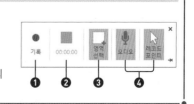

❶ **기록**: 녹화를 시작합니다.
❷ **녹화 중지**: 진행중인 녹화를 중지합니다.
❸ **영역 선택**: 드래그하여 녹화할 영역을 지정합니다.
❹ **오디오, 레코드 포인터**: 오디오와 마우스 포인터를 화면 녹화에 포함할 것인지의 여부를 선택합니다.

05 화면 녹화해서 영상으로 기록하기

● **예제파일**: 화면녹화_대상.pptx, 화면녹화.pptx　　● **완성파일**: 화면녹화_완성.pptx

1 컴퓨터 작업 내용을 파워포인트로 화면 녹화하고 동영상으로 만들어 슬라이드에 삽입할 수 있습니다. '화면녹화_대상.pptx'에서 작업한 내용을 녹화하여 '화면녹화.pptx'에 동영상으로 삽입해 볼게요. '화면녹화_대상.pptx'와 '화면녹화.pptx'를 차례대로 열고 '화면녹화.pptx'에서 **[삽입] 탭-[미디어] 그룹**의 **[화면 녹화]**를 클릭하세요.

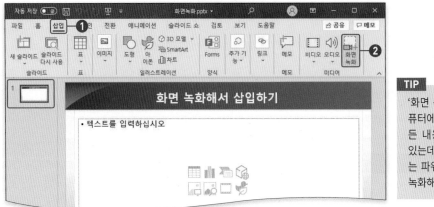

> **TIP**
>
> '화면 녹화' 기능은 컴퓨터에서 실행하는 모든 내용을 녹화할 수 있는데, 이번 실습에서는 파워포인트 작업을 녹화해 볼게요.

2 화면이 흐려지면서 '화면녹화.pptx'는 최소화되어 사라지고 화면 녹화 도구가 나타나면 [영역 선택] 도구(⬚)를 클릭하세요. 마우스 포인터가 ✛ 모양으로 변경되면 녹화할 화면 영역인 '화면녹화_대상.pptx'의 창을 마우스로 드래그하세요. 녹화할 영역이 빨간색 점선으로 설정되면 화면 녹화 도구에서 [기록] 도구(⬤)를 클릭합니다.

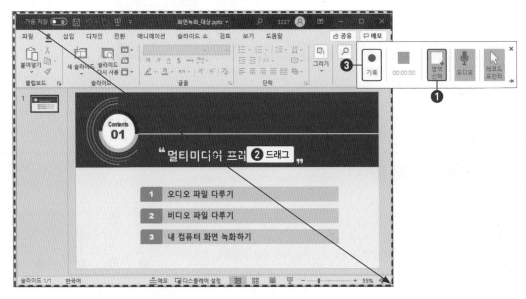

3 '기록을 중지하려면 Windows 로고 키 + Shift + Q를 누르세요.'라는 알림 창이 나타났다가 사라집니다. 그러면 지금부터 빨간색 점선 영역 안에서 움직이는 모든 화면 내용과 마우스 동작은 화면 녹화되어 영상으로 기록됩니다.

4 '화면녹화_대상.pptx'에서 도형을 선택하고 몇 가지 서식을 자유롭게 변경한 후 ⊞+Shift+Q를 눌러 화면 녹화를 중지하세요.

TIP

여기서는 도형과 텍스트의 색깔을 변경해 보았는데, 빨간색 점선 영역 안에서 일어나는 모든 내용이 화면으로 녹화됩니다.

5 선택한 영역에서 작업한 내용이 동영상으로 기록되어 '화면녹화.pptx'에 삽입되었으면 삽입된 비디오를 재생하여 녹화된 영상의 내용을 확인하세요.

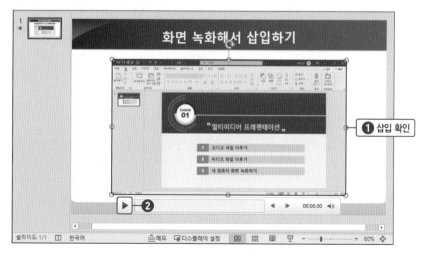

02 애니메이션으로 개체에 동적 효과 연출하기

개체에 애니메이션을 지정하면 화면에서 개체가 나타나거나 사라지는 등의 효과를 설정하여 특정 개체를 강조할 수 있어요. 이것은 청중의 눈길을 끄는 아주 좋은 효과입니다. 하지만 애니메이션을 너무 많이 사용하면 오히려 청중의 집중을 방해하여 프레젠테이션이 산만해질 수 있으니 주의하세요. 이번 섹션에서는 실무에서 자주 사용하는 애니메이션 효과뿐만 아니라 애니메이션을 필요한 곳에 적절하게 사용하여 프레젠테이션의 설득력을 높일 수 있는 방법에 대해 배워봅니다.

PREVIEW

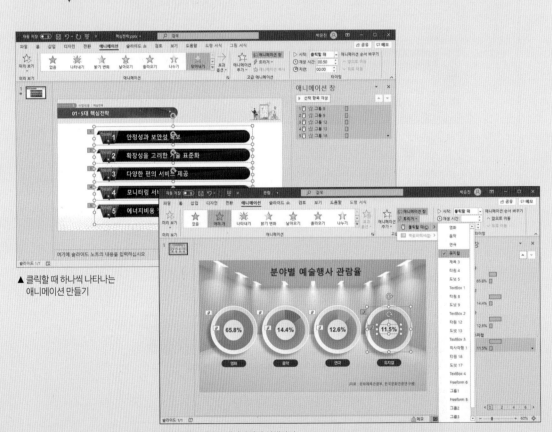

▲ 클릭할 때 하나씩 나타나는
애니메이션 만들기

▲ 선택한 순서대로 애니메이션 실행하기

**섹션별
주요 내용**

01 | 클릭할 때마다 하나씩 등장하는 애니메이션 만들기   02 | 포인트 강조하고 애니메이션의 순서 바꾸기
03 | 클릭하면 화면에서 사라지는 애니메이션 만들기   04 | 뉴스 헤드라인처럼 흐리게 텍스트 표현하기
05 | 선택한 순서대로 화면에 설명 표시하기

Power Point 01

클릭할 때마다 하나씩 등장하는 애니메이션 만들기

◉ **예제파일**: 핵심전략.pptx　　◉ **완성파일**: 핵심전략_완성.pptx

1 다섯 개의 핵심 전략이 모두 포함되도록 드래그하여 선택하세요. [애니메이션] 탭-[애니메이션] 그룹에서 [자세히] 단추(▾)를 클릭한 후 '나타내기'에서 [닦아내기]를 선택하세요.

TIP

나타나는 순서를 정하고 싶으면 Shift를 누르고 원하는 순서대로 하나씩 클릭하여 선택하세요.

2 [슬라이드 쇼] 단추(団)를 클릭하여 설정된 애니메이션을 확인합니다. [애니메이션] 탭-[애니메이션] 그룹에서 [효과 옵션]을 클릭하고 '방향'에서 [왼쪽에서]를 선택한 후 변경된 애니메이션을 실행하세요.

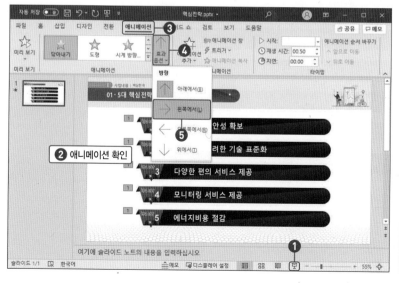

TIP

개체의 왼쪽 위에 있는 숫자 1은 애니메이션이 실행되는 마우스 클릭 횟수로, 이 숫자가 모두 1이라는 것은 마우스를 한 번 클릭하면 모두 동시에 애니메이션이 실행되는 것을 의미해요. 이 숫자는 [애니메이션] 탭 또는 [애니메이션 창]을 선택했을 때만 볼 수 있어요.

문서시작

텍스트

스마트아트/그래픽

도형/도해

그림/표/차트

오디오/비디오

애니메이션

슬라이드쇼

테마디자인

저장/인쇄

3 [애니메이션] 탭-[고급 애니메이션] 그룹에서 [애니메이션 창]을 클릭합니다. 화면의 오른쪽에 [애니메이션 창]이 열리면 모든 애니메이션이 선택된 상태에서 **[애니메이션] 탭-[타이밍] 그룹**에서 **'시작'**의 목록 단추(▾)를 클릭하고 **[클릭할 때]**를 선택하세요.

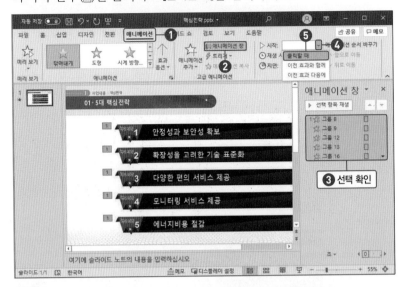

TIP

애니메이션의 시작 방법에는 [클릭할 때], [이전 효과와 함께], [이전 효과 다음에]가 있어요. [클릭할 때]는 마우스를 클릭할 때마다 애니메이션이 한 단계씩 실행됩니다. [애니메이션 창]에서 별 모양 앞에 있는 숫자 10☆, 1☆는 마우스의 클릭 횟수를 나타냅니다. 숫자 5는 마우스를 다섯 번 클릭해야 애니메이션이 실행된다는 의미입니다.

4 [슬라이드 쇼] 단추(🖵)를 클릭하여 슬라이드 쇼를 실행하고 클릭할 때마다 애니메이션이 하나씩 실행되는지 확인하세요.

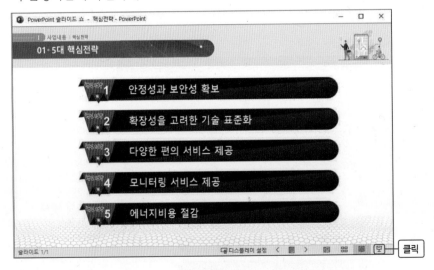

02 포인트 강조하고 애니메이션의 순서 바꾸기

● **예제파일**: 산업단지.pptx ● **완성파일**: 산업단지_완성.pptx

1 하나의 개체에 두 개 이상의 애니메이션을 설정하고 애니메이션의 순서를 바꿔볼게요. [슬라이드 쇼] 단추(🖵)를 클릭하여 설정되어 있는 애니메이션을 확인하고 [애니메이션] 탭-[고급 애니메이션] 그룹에서 [애니메이션 창]을 클릭합니다.

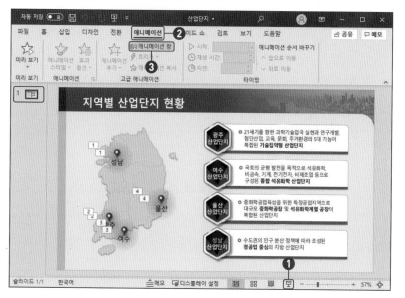

2 화면의 오른쪽에 [애니메이션 창]이 열리면 [성남산단]의 아래쪽에 있는 [picture1]을 선택하세요.

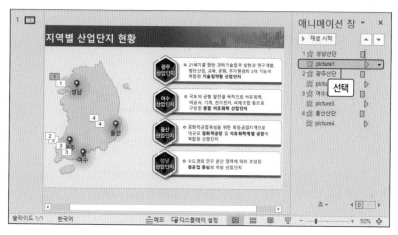

TIP

개체 수가 많을 때는 애니메이션이 함께 실행되는 단위로 그룹을 묶은 후 애니메이션을 설정하는 것이 편리합니다.

3 'picture1' 개체에는 '나타내기' 애니메이션이 이미 적용되어 있는데, 여기에 한 번 더 강조하는 애니메이션을 추가해 볼게요. **[애니메이션] 탭−[고급 애니메이션] 그룹**에서 **[애니메이션 추가]**를 클릭하고 '강조'에서 **[크게/작게]**를 선택하세요.

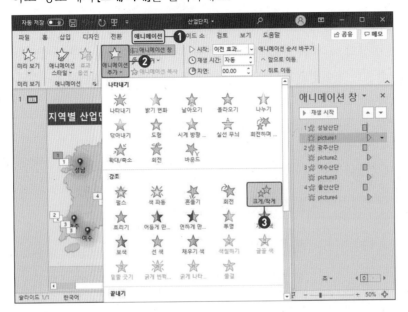

> **TIP**
> 애니메이션 목록에 [크게/작게]가 보이지 않으면 아래쪽의 [추가 강조하기 효과]를 선택해도 됩니다. 하나의 개체에 두 개 이상의 애니메이션을 적용할 때는 반드시 [애니메이션 추가]에서 애니메이션을 설정하세요.

4 [애니메이션 창]에 추가된 'picture1' 애니메이션의 목록 단추(▼)를 클릭하고 [타이밍]을 선택하세요. [크게/작게] 대화상자의 [타이밍] 탭이 열리면 '시작'에서는 [이전 효과 다음에]를, '반복'에서는 [2]를 선택하고 [확인]을 클릭하세요.

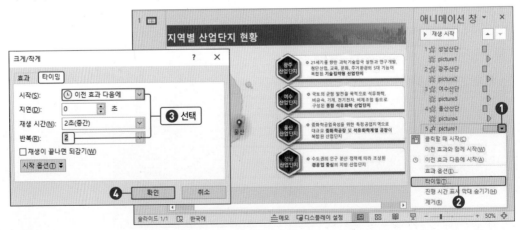

> **TIP**
> '강조' 애니메이션은 개체를 한 번 더 강조하는 효과로, 노란색 별 모양(★)으로 표현됩니다.

5 [애니메이션 창]에서 Shift를 이용해서 '성남산단'과 'picture1'의 '나타내기' 애니메이션을 함께 선택한 후 끝에서 두 번째 위치로 드래그하여 애니메이션의 순서를 이동하세요.

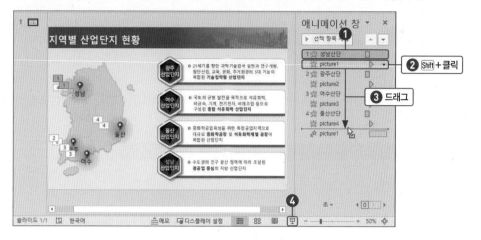

6 [슬라이드 쇼] 단추(모)를 클릭하여 슬라이드 쇼를 실행한 후 성남산업단지를 강조하는 애니메이션을 확인하세요.

잠깐만요 > 애니메이션의 종류와 효과 살펴보기

애니메이션의 종류	표현 모양	효과
나타내기	⭐	화면에 없던 개체를 화면에 나타낼 때의 효과
강조	✴	개체를 강조하는 효과
끝내기	⭐	화면에서 사라질 때의 효과
이동 경로	☆	특정 경로나 패턴을 따라 개체가 이동하는 효과

문서서식

텍스트

스마트아트그래픽

도형/도해

그림/표/차트

오디오/비디오

애니메이션

슬라이드쇼

테마디자인

저장/인쇄

클릭하면 화면에서 사라지는 애니메이션 만들기

● **예제파일**: 커튼.pptx   ● **완성파일**: 커튼_완성.pptx

1 뒤쪽에 있는 좌우 커튼을 선택하기 위해 [홈] 탭-[편집] 그룹에서 [선택]을 클릭하고 [선택 창]을 선택하세요.

TIP

아치 모양의 큰 커튼이 앞쪽에 배치되어 있어서 뒤쪽에 있는 좌우 커튼을 선택하기 쉽지 않아요. 큰 개체의 뒤쪽에 가려진 작은 개체를 선택하기 어려우면 [선택 창]을 이용하는 것이 편리합니다.

2 화면의 오른쪽에 [선택] 작업 창이 열리면 Ctrl을 누른 상태에서 [커튼_우]와 [커튼_좌]를 모두 선택하세요. [애니메이션] 탭-[애니메이션] 그룹에서 [자세히] 단추(▼)를 클릭하고 '끝내기'에서 [날아가기]를 선택한 후 [선택] 작업 창을 닫으세요.

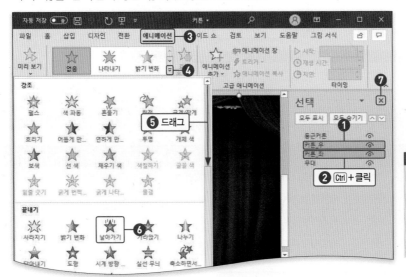

TIP

[자세히] 단추(▼)를 클릭했을 때 목록에 [날아가기]가 없으면 [추가 끝내기 효과]를 선택하세요.

3 [애니메이션] 탭-[고급 애니메이션] 그룹에서 [애니메이션 창]을 클릭합니다. 화면의 오른쪽에 [애니메이션 창]이 열리면 [커튼_우]를 선택하고 [애니메이션] 탭-[애니메이션] 그룹에서 [효과 옵션]을 클릭한 후 '방향'에서 [오른쪽으로]를 선택하세요.

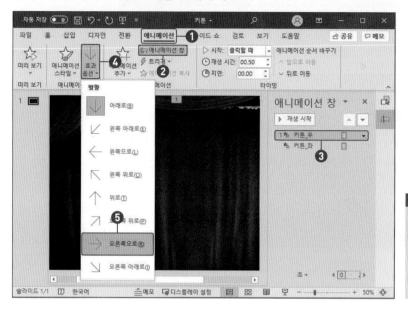

TIP

왼쪽 커튼은 왼쪽으로, 오른쪽 커튼은 오른쪽으로 사라지도록 애니메이션의 방향을 설정하세요.

4 [애니메이션 창]에서 [커튼_좌]를 선택하고 [애니메이션] 탭-[애니메이션] 그룹에서 [효과 옵션]을 클릭한 후 '방향'에서 [왼쪽으로]를 선택하세요.

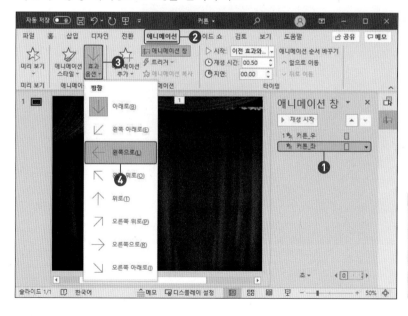

TIP

'끝내기' 애니메이션은 빨간색 별 모양으로 나타나고 화면에서 사라지는 애니메이션 방법을 설정합니다.

5 [애니메이션 창]에서 [커튼_좌]를 선택한 상태에서 Shift를 눌러 [커튼_우]를 함께 선택합니다. [애니메이션] 탭−[타이밍] 그룹에서 '재생 시간'을 [01.50]으로 지정하세요.

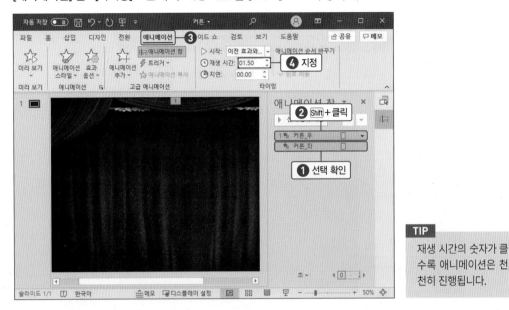

TIP
재생 시간의 숫자가 클수록 애니메이션은 천천히 진행됩니다.

6 [슬라이드 쇼] 단추(🖵)를 클릭하여 커튼이 각각 양쪽 방향으로 사라지는 애니메이션을 확인하세요.

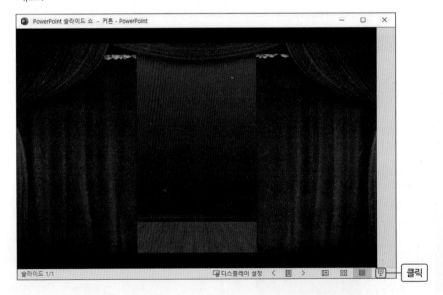

Power Point 04 뉴스 헤드라인처럼 흐리게 텍스트 표현하기

◉ **예제파일**: 향수.pptx　◉ **완성파일**: 향수_완성.pptx

1 본문 개체 틀을 선택하고 [애니메이션] 탭−[애니메이션] 그룹에서 [자세히] 단추(⬇)를 클릭한 후 [추가 나타내기 효과]를 선택하세요. [나타내기 효과 변경] 대화상자가 열리면 '기본 효과'에서 [내밀기]를 선택하고 [확인]을 클릭하세요.

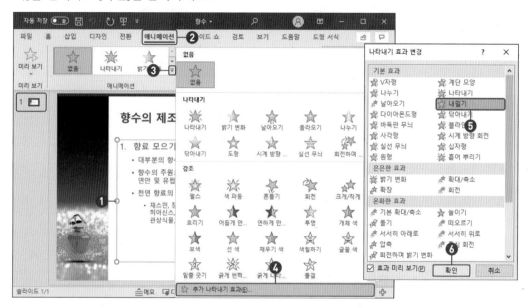

2 [애니메이션] 탭−[애니메이션] 그룹에서 [추가 효과 옵션 표시] 아이콘(⬏)을 클릭하세요.

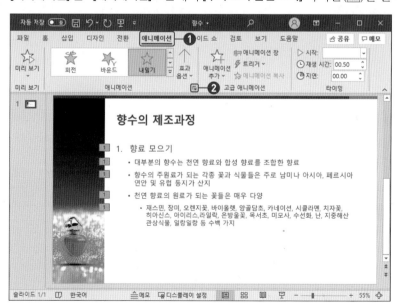

▶영상강의◀

3 [내밀기] 대화상자의 [효과] 탭이 열리면 '추가 적용'의 '애니메이션 후'에서 [회색]을 선택합니다. [텍스트 애니메이션] 탭을 선택하고 '텍스트 묶는 단위'에서 [둘째 수준까지]를 선택한 후 [확인]을 클릭하세요.

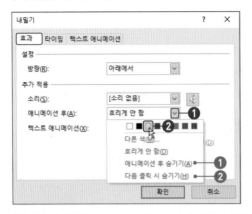 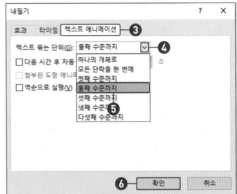

❶ **애니메이션 후 숨기기**: 애니메이션이 실행된 후에 즉시 사라집니다.
❷ **다음 클릭 시 숨기기**: 애니메이션이 실행된 후에 클릭하면 사라집니다.

> **TIP**
> [텍스트 애니메이션] 탭에서 '텍스트 묶는 단위'를 [둘째 수준까지]로 설정하면 둘째 수준 이하 내용은 둘째 수준과 함께 애니메이션이 실행됩니다.

4 [슬라이드 쇼] 단추(모)를 클릭하여 슬라이드 쇼를 실행합니다. 애니메이션에서 본문의 텍스트가 재생된 후 다음 내용이 나올 때 회색으로 변경되는지 확인하세요.

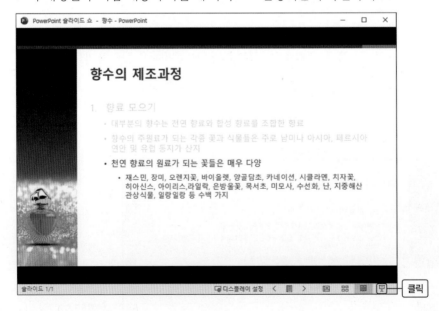

Power Point 05 선택한 순서대로 화면에 설명 표시하기

● **예제파일**: 관람률.pptx ● **완성파일**: 관람률_완성.pptx

1 항상 정해진 순서대로 애니메이션이 똑같이 실행되는 것이 아니라 사용자의 선택에 따라 애니메이션의 순서를 다르게 실행할 수 있어요. [F5]나 [슬라이드 쇼] 단추(🖵)를 클릭하여 슬라이드 쇼를 실행하여 설정된 애니메이션을 확인하고 [Shift]를 이용해 첫 번째 파란색 파이 도형과 숫자 텍스트를 함께 선택합니다. **[애니메이션] 탭–[고급 애니메이션] 그룹**에서 **[트리거]**를 클릭한 후 **[클릭할 때]–[영화]**를 선택하세요.

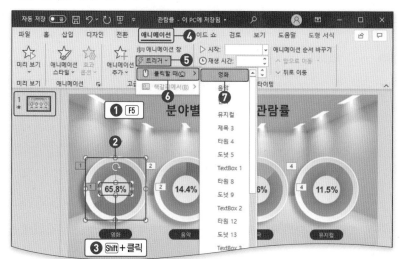

▶영상강의◀

TIP

트리거(trigger)는 '방아쇠', '도화선', '촉발하다'는 뜻으로, 개체나 책갈피를 클릭하면 애니메이션이 실행되도록 설정하는 기능이에요.

2 [Shift]를 이용해 두 번째 주황색 파이 도형과 숫자 텍스트를 함께 선택합니다. **[애니메이션] 탭–[고급 애니메이션] 그룹**에서 **[트리거]**를 클릭하고 **[클릭할 때]–[음악]**을 선택하세요.

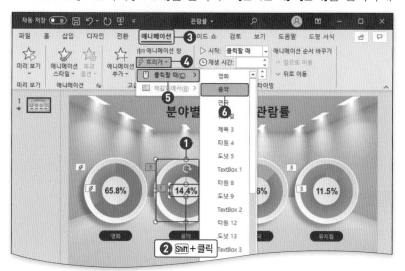

135

문서서식

텍스트

스마트아트그래픽

도형/도해

그림/표/차트

오디오/비디오

애니메이션

슬라이드쇼

테마디자인

저장/인쇄

3 이와 같은 방법으로 세 번째 파이 도형과 숫자에는 '연극' 트리거를, 네 번째 파이 도형과 숫자에는 '뮤지컬' 트리거를 설정하세요.

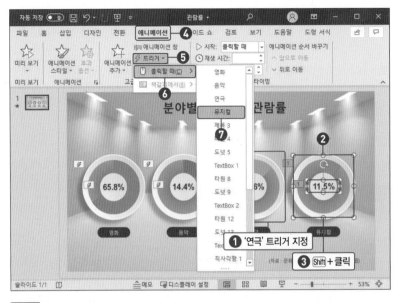

> **TIP**
>
> [홈] 탭-[편집] 그룹에서 [선택]을 클릭하고 [선택 창]을 선택하여 [선택] 작업 창을 열면 해당 개체의 이름을 알아보기 쉽게 변경할 수 있어요.

4 [슬라이드 쇼] 단추(🖵)를 클릭하여 슬라이드 쇼를 실행하고 아래쪽 트리거들을 무작위로 클릭하여 지정한 애니메이션이 실행되는지 확인하세요.

이미 애니메이션이 적용된 개체에 애니메이션을 추가로 설정할 때는 [애니메이션] 탭-[고급 애니메이션] 그룹에서 [애니메이션 추가]를 선택하여 애니메이션을 지정해야 합니다.

❶ 첫 번째 애니메이션: [애니메이션] 탭-[애니메이션] 그룹에서 [자세히] 단추(▼)를 클릭해서 지정
❷ 두 번째 애니메이션: [애니메이션] 탭-[고급 애니메이션] 그룹에서 [애니메이션 추가]를 클릭해서 지정

1. 애니메이션 반복하여 복사하기

애니메이션이 적용된 개체를 선택하고 [애니메이션] 탭-[고급 애니메이션] 그룹에서 [애니메이션 복사]를 클릭하세요. 마우스 포인터가 ▷♣ 모양으로 변경되었을 때 다른 개체를 클릭하면 애니메이션이 그대로 복사됩니다. [애니메이션 복사]를 더블클릭하면 Esc를 누를 때까지 반복해서 계속 애니메이션을 복사할 수 있어요.

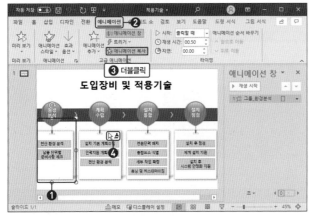

▲ [애니메이션 복사]를 더블클릭하여 반복해서 애니메이션 복사하기

2. 애니메이션 제거하기 ● **예제파일**: 적용기술.pptx

애니메이션을 제거하려면 다음 중 한 가지 방법을 사용하세요.

방법 1 [애니메이션 창]에서 애니메이션 목록 선택 후 Delete
방법 2 [애니메이션 창]에서 애니메이션 목록 선택 → 목록 단추(▼) 클릭 → [제거] 선택
방법 3 [애니메이션] 탭-[애니메이션] 그룹에서 [없음] 선택

▲ 애니메이션 목록 단추 클릭 후 [제거] 선택하기

137

03 슬라이드 쇼에 멋진 화면 전환 효과 지정하기

화면 전환 효과는 프레젠테이션을 실행하는 도중에 한 슬라이드에서 다른 슬라이드로 이동할 때 발생하는 시각적 효과를 말해요. 화면 전환 효과를 이용하면 좀 더 역동감 있는 프레젠테이션을 완성할 수 있어요. 파워포인트에서는 발표자 도구를 비롯해서 다양한 슬라이드 쇼 기능을 활용하여 발표자가 더욱 매끄러운 슬라이드 쇼를 완성하여 진행할 수 있도록 도와줍니다. 이번 섹션에서는 다양한 화면 전환 효과를 지정해 보고 발표자의 프레젠테이션 진행을 돕는 발표자 도구 사용에 대해 배워봅니다.

PREVIEW

▼

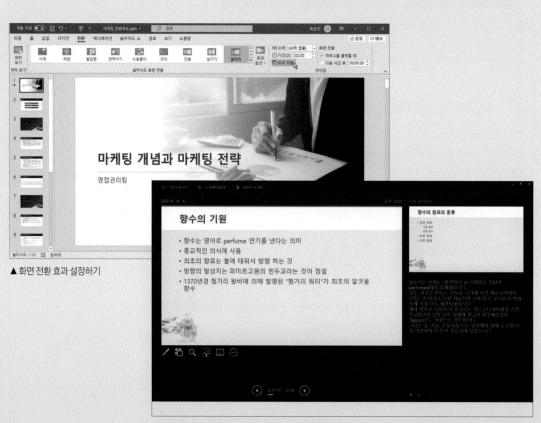

▲ 화면 전환 효과 설정하기

▲ 발표자 도구 사용하기

Power Point 01 슬라이드에 화면 전환 효과 지정하기

● **예제파일**: 마케팅_전환효과.pptx　　● **완성파일**: 마케팅_전환효과_완성.pptx

1 1번 슬라이드를 선택하고 [전환] 탭-[슬라이드 화면 전환] 그룹에서 [자세히] 단추(▼)를 클릭한 후 '화려한 효과'에서 [갤러리]를 선택하세요. F5 를 눌러 슬라이드 쇼를 실행한 후 화면 전환 효과를 확인하세요.

2 [전환] 탭-[슬라이드 화면 전환] 그룹에서 [효과 옵션]을 클릭하고 [왼쪽에서]를 선택하세요. F5 를 눌러 슬라이드 쇼를 실행한 후 화면 전환 방향을 확인하세요.

> **TIP**
>
> 화면 전환 효과의 종류에 따라 [효과 옵션]에서 선택할 수 있는 목록이 다르게 나타납니다. 화면 전환 효과의 종류를 바꾸어 적용한 후 [효과 옵션]을 확인하세요.

우선순위

문서시작

텍스트

스마트아트그래픽

도형/도해

그림/표/차트

오디오/비디오

애니메이션

슬라이드쇼

테마디자인

저장/인쇄

139

02 모든 슬라이드의 화면 전환 속도 변경하기

● **예제파일**: 마케팅_전환속도.pptx   ● **완성파일**: 마케팅_전환속도_완성.pptx

1 1번 슬라이드를 선택하고 [전환] 탭-[타이밍] 그룹에서 '기간'을 [02.00](초)로 지정하세요. 모든 슬라이드의 화면 전환 속도를 똑같이 적용하기 위해 [전환] 탭-[타이밍] 그룹에서 [모두 적용]을 클릭하세요.

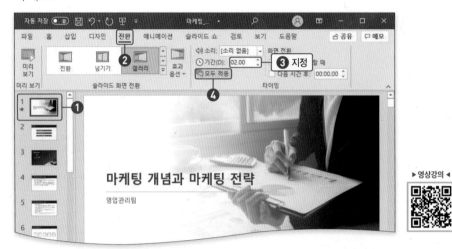

TIP

'기간' 값이 작을수록 슬라이드의 전환 속도가 빨라져요. 슬라이드에 화면 전환이나 애니메이션 효과를 지정하면 화면의 왼쪽 슬라이드에 있는 축소판 그림 창에서 슬라이드 번호의 아래쪽에 ★ 모양이 나타납니다.

2 슬라이드 쇼를 실행한 후 설정한 화면 전환 효과가 모든 슬라이드에 적용되었는지 확인하세요.

03 모핑 전환 기능으로 특수 효과 연출하기

Power Point

● **예제파일**: 모핑.pptx ● **완성파일**: 모핑_완성.pptx

1 모핑 전환을 사용하면 화면 전환에 더욱 특별한 애니메이션 효과를 줄 수 있어요. 이때 공통된 개체가 하나 이상 포함된 두 개의 슬라이드가 있어야 합니다. 1번 슬라이드를 선택하고 슬라이드 축소판 그림 창에서 Ctrl + D 를 누르세요.

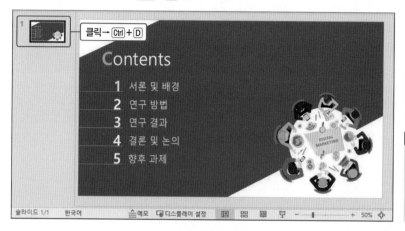

▶영상강의◀

TIP

모핑 전환은 파워포인트 2019 또는 M365 구독자만 사용할 수 있는 기능이에요.

2 복제한 2번 슬라이드에서 목차의 1번을 제외한 나머지 내용을 모두 삭제하고 1번의 위치를 위쪽으로 이동하세요.

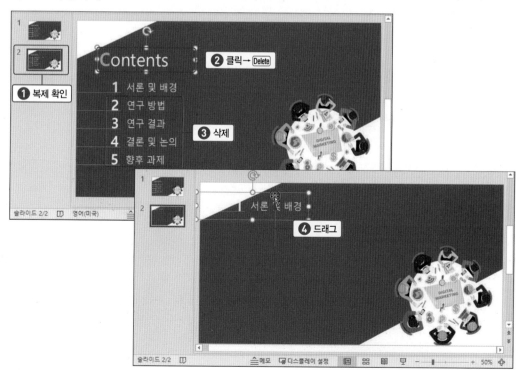

문서시작

텍스트

스마트아트그래픽

도형/도해

그림/표/차트

오디오/비디오

애니메이션

슬라이드쇼

테마디자인

저장/인쇄

141

3 슬라이드의 왼쪽과 오른쪽에 있는 흰색 삼각형의 크기를 약간 줄여서 배치하세요.

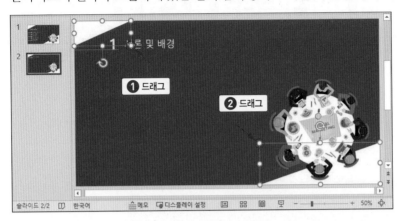

4 오른쪽 아래에 있는 그림의 크기를 약간 작게 조절하세요.

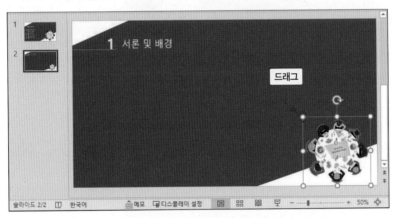

5 2번 슬라이드를 선택한 상태에서 **[전환] 탭-[슬라이드 화면 전환] 그룹**의 **[모핑]**을 클릭합니다. 이때 모핑 전환 효과는 복제된 2번 슬라이드에 적용하세요.

6 F5를 눌러 처음 슬라이드부터 슬라이드 쇼를 실행한 후 모핑 전환으로 화면이 전환되는지 확인하세요.

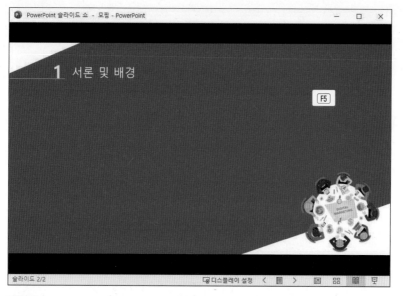

> **TIP**
>
> 두 슬라이드에 공통으로 사용된 개체라면 그림, 도형, 텍스트, 스마트아트 그래픽 등 모두 모핑 전환 효과를 표현할 수 있습니다. 하지만 차트에는 모핑 효과가 표현되지 않습니다.

잠깐만요 > 슬라이드 쇼에 자주 사용하는 단축키 알아보기

슬라이드 쇼 실행 중에 F1을 누르면 도움말을 확인할 수 있어요.

단축키 또는 동작	기능
마우스 왼쪽 단추 클릭, Spacebar, →, ↓, Enter, PgDn	다음 슬라이드
Backspace, ←, ↑, PgUp	이전 슬라이드
숫자 입력 후 Enter	숫자에 해당하는 슬라이드로 이동
Esc	슬라이드 쇼 종료
Ctrl+S	[모든 슬라이드] 대화상자 표시
B	화면을 검은색으로 설정/취소
W	화면을 흰색으로 설정/취소
Ctrl+L 또는 Ctrl+마우스 왼쪽 단추 클릭	마우스 포인터를 레이저 포인터로 변경
Home	첫 번째 슬라이드로 이동
End	마지막 슬라이드로 이동

문서서식

텍스트

스마트아트그래픽

도형/도해

그림/표/차트

오디오/비디오

애니메이션

슬라이드쇼

테마디자인

저장/인쇄

●**예제파일**: 향수_자동.pptx　●**완성파일**: 향수_자동_완성.pptx

1 1번 슬라이드를 선택하고 [슬라이드 쇼] 탭-[설정] 그룹에서 [예행 연습]을 클릭하여 프레젠테이션을 시작하세요.

2 프레젠테이션 예행 연습이 진행되는 동안 화면의 왼쪽 위에 있는 슬라이드 시간 상자에 진행 시간이 기록됩니다. 실제 프레젠테이션을 진행하는 것처럼 설명 시간을 고려하면서 마우스 왼쪽 단추를 클릭하여 마지막 슬라이드까지 이동하세요. 슬라이드 쇼에서 예행 연습으로 기록한 시간을 저장할 것인지를 묻는 메시지 창이 열리면 [예]를 클릭하세요.

3 [여러 슬라이드] 단추(▦)를 클릭하여 여러 슬라이드 보기 화면으로 변경한 후 각 슬라이드마다 오른쪽 아래에 설정된 시간이 표시되었는지 확인하세요. 슬라이드 쇼를 진행하다가 마우스로 화면을 클릭하거나 설정된 시간이 되면 다음 화면으로 전환됩니다.

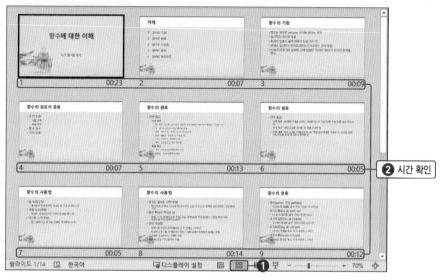

TIP

[전환] 탭-[타이밍] 그룹에서 '화면 전환'의 [다음 시간 후]에 체크되어 있고 시간이 설정된 것을 확인할 수 있습니다. 쇼 진행 상황에 따라 시간은 달라질 수 있으며 시간을 수정하고 싶으면 여기서 직접 변경할 수 있어요.

4 계속 반복되는 슬라이드 쇼를 만들려면 **[슬라이드 쇼] 탭-[설정] 그룹**에서 **[슬라이드 쇼 설정]**을 클릭하세요.

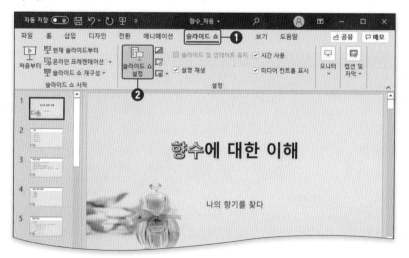

TIP

슬라이드 축소판 그림 창에서 숨기려는 슬라이드를 선택하고 마우스 오른쪽 단추를 클릭한 후 [슬라이드 숨기기]를 선택하세요. 그러면 프레젠테이션을 진행하는 동안 숨기기한 슬라이드가 표시되지 않아요. 다시 한 번 [슬라이드 숨기기]를 선택하면 슬라이드 숨기기가 취소됩니다.

문서시작

텍스트

스마트아트그래픽

도형/도해

그림/표/차트

오디오/비디오

애니메이션

슬라이드쇼

테마디자인

저장/인쇄

발표자 도구로 전문가처럼 프레젠테이션 발표하기

● 예제파일: 향수.pptx

1 컴퓨터에 빔 프로젝트를 연결하면 여러 대의 모니터가 자동으로 인식됩니다. 슬라이드 쇼를 진행할 때 발표자의 모니터 화면에서 발표자 도구를 보려면 **[슬라이드 쇼] 탭-[모니터] 그룹**에서 **[발표자 보기 사용]**에 체크하고 '**모니터**'에는 슬라이드 쇼를 표시할 모니터로 **[자동]**을 지정하세요.

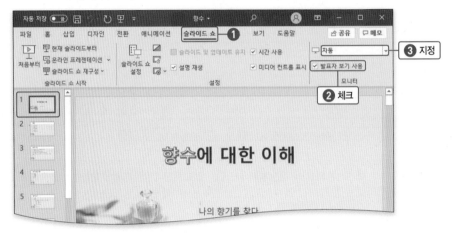

2 3번 슬라이드를 선택하고 **[보기] 탭-[표시] 그룹**에서 **[슬라이드 노트]**를 선택하여 슬라이드 노트 창을 열면 슬라이드 노트에 입력된 내용을 볼 수 있습니다. 다른 슬라이드에도 슬라이드 노트에 필요한 내용을 메모할 수 있어요.

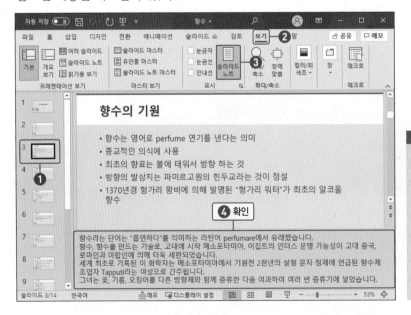

TIP

슬라이드 창과 노트 창의 경계선에 마우스 포인터를 올려놓고 창 크기를 조절하거나, 상태 표시줄에서 [기본] 단추(▤)의 왼쪽에 있는 [슬라이드 노트](□메모)를 클릭해도 슬라이드 노트 창을 열 수 있어요.

3 슬라이드 쇼를 실행하면 청중에게는 슬라이드만 표시되지만, 발표자는 별도의 화면에 표시되는 발표자 도구를 이용해 슬라이드 노트를 볼 수 있습니다. 단일 모니터에서 발표자 도구를 보려면 슬라이드 쇼를 실행하고 마우스 오른쪽 단추를 클릭한 후 [발표자 보기 표시]를 선택하세요.

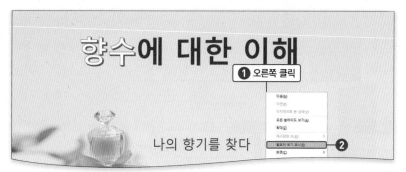

4 발표자 보기 화면의 왼쪽에는 타이머와 현재 슬라이드가, 오른쪽에는 다음 슬라이드와 함께 아래쪽에 슬라이드 노트가 표시되는지 확인하세요.

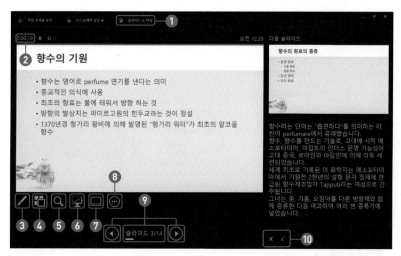

❶ 슬라이스 쇼 마침　　❷ 펜 및 레이저 포인터 도구　　❸ 모든 슬라이드 보기　　❹ 슬라이드 확대
❺ 슬라이드 쇼를 검정으로 설정/취소합니다.　　❻ 자막 켜기/끄기　　❼ 슬라이드 쇼 옵션 더 보기
❽ 이전/다음 애니메이션이나 슬라이드 보기, 모든 슬라이드 보기　　❾ 텍스트 확대/축소　❿ 타이머 시간 표시

잠깐만요 > 슬라이드 쇼에서 펜 활용하기

단축키	기능	단축키	기능
Ctrl + P	포인터를 펜으로 변경	Ctrl + I	포인터를 형광펜으로 변경
Ctrl + A	포인터를 화살표로 변경	Ctrl + E	포인터를 지우개로 변경
Ctrl + M	잉크 표시/숨기기	E	화면에서 그림 지우기
Ctrl + L 또는 Ctrl + 클릭	포인터를 레이저 포인터로 변경		

문서시작

텍스트

스마트아트그래픽

도형/도해

그림/차트

오디오/비디오

애니메이션

슬라이드쇼

테마디자인

저장/인쇄

● 예제파일: 동물.docx   ● 완성파일: 동물_완성.docx   ▶영상강의◀

비디오의 중간 부분만 빼고 재생하기

비디오 트리밍 기능을 사용하면 비디오 클립 중 원하는 구간만 재생할 수 있습니다. 하지만 반드시 연속된 구간만 가능하며, 중간의 일부 구간만 제외하고 재생하는 기능은 없어요. 이때 두 개의 슬라이드에 비디오를 복사하여 삽입한 후 각각 트리밍 구간을 지정하면 중간에 필요 없는 부분을 제외하고 재생할 수 있어요.

1 비디오 중간에 나오는 꽃 영상을 제외하고 나머지 부분만 재생해 볼게요. 삽입한 비디오를 선택하고 [재생] 탭-[비디오 옵션] 그룹에서 '시작'을 [자동 실행]으로 지정한 후 [재생] 탭-[편집] 그룹에서 [비디오 트리밍]을 클릭하세요.

2 [비디오 트리밍] 대화상자가 열리면 '종료 시간'을 [15초(00:15)]로 지정하고 [확인]을 클릭하세요.

3 [전환] 탭-[타이밍] 그룹에서 [다음 시간 후]에 체크하세요. [00:00.00]으로 설정되어 있지만 비디오 재생에 필요한 시간이 지나면 자동으로 다음 슬라이드로 전환됩니다.

4 슬라이드 축소판 그림 창에서 1번 슬라이드를 선택하고 Ctrl+D를 눌러 복제합니다. 2번 슬라이드에 삽입된 비디오를 선택하고 **[재생] 탭-[편집] 그룹**에서 **[비디오 트리밍]**을 클릭하세요.

5 [비디오 트리밍] 대화상자가 열리면 '시작 시간'은 [25.156](초)로, '종료 시간'은 맨 마지막인 [40.171](초)까지 재생되도록 지정하고 [확인]을 클릭하세요.

6 F5를 눌러 슬라이드 쇼를 실행하고 동영상의 가운데 부분만 제외하고 재생되는지 확인하세요. 만약 중간에 제외할 영역이 두 개 이상이면 슬라이드를 한 번 더 복제한 후 이 과정을 반복하세요.

CHAPTER 04

프레젠테이션의 문서 관리 기술 익히기

파워포인트에서 제공하는 테마와 슬라이드 마스터를 활용하면 프레젠테이션 문서를 전문가 수준으로 세련되게 디자인할 수 있어요. 또한 수정 및 편집이나 문서 관리도 편리해서 업무의 효율성을 더욱 높일 수 있죠. 파워포인트는 사용 목적 및 용도가 점차 다양해지면서 파일의 저장 형식과 인쇄 모양도 좀 더 다양하게 제공되고 있어요. 이번 장에서는 파워포인트의 기본인 슬라이드 마스터의 활용법과 다양한 인쇄 및 저장 기능에 대해 알아보겠습니다. 이번 장이 어렵게 느껴질 수도 있지만, 제대로 알면 문서를 디자인하고 관리하는 능력을 한층 업그레이드할 수 있으므로 잘 익혀보세요.

PowerPoint

01 테마와 마스터로 프레젠테이션 디자인 관리하기

슬라이드 마스터는 배경과 색, 글꼴, 효과, 개체 틀의 크기와 위치뿐만 아니라 프레젠테이션의 테마 및 슬라이드 레이아웃 정보를 저장하는 슬라이드 계층 구조의 최상위 슬라이드입니다. 이것은 초보자에게 어려울 수 있지만, 제대로 사용할 줄 알면 여러 개의 슬라이드에 공통적으로 적용되는 요소를 통일하여 업무의 효율성을 크게 높일 수 있습니다. 이번 섹션에서는 슬라이드 마스터의 개념에 대해 이해하면서 슬라이드 마스터를 익숙하게 사용할 수 있는 필수 예제를 실습해 봅니다.

PREVIEW

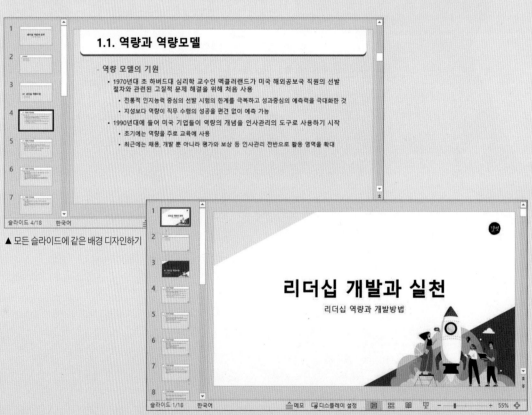

▲ 모든 슬라이드에 같은 배경 디자인하기

▲ 표지 슬라이드만 특별하게 디자인하기

섹션별 주요 내용

우선순위

Power Point 01 슬라이드 마스터와 슬라이드 레이아웃 이해하기

● **예제파일**: 새 프레젠테이션 문서에서 작업하세요.

1 | 슬라이드 마스터 보기로 이동하기

모든 슬라이드에 배경이나 로고 같은 이미지를 포함하거나 글꼴 서식을 지정하려면 '슬라이드 마스터'라는 위치에서 이러한 변경 내용을 수행하여 모든 슬라이드에 적용할 수 있습니다. 슬라이드 마스터 보기를 열려면 [보기] 탭-[마스터 보기] 그룹에서 [슬라이드 마스터]를 선택하세요.

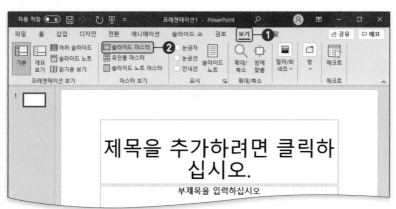

▶영상강의◀

TIP

[Shift]를 누른 상태에서 [기본] 단추(回)를 클릭해도 슬라이드 마스터 보기로 이동할 수 있어요.

2 | 슬라이드 마스터와 슬라이드 레이아웃 이해하기

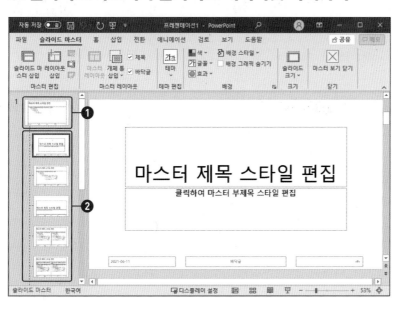

❶ **슬라이드 마스터**: 슬라이드 마스터는 슬라이드 레이아웃의 상위 개념으로, 모든 슬라이드에 공통으로 적용할 디자인 요소(배경 그림, 로고, 글꼴 서식, 글머리 기호 모양, 줄 간격 등)를 작업하는 공간이에요. 일반적으로 가장 많은 부분을 차지하는 본문 디자인을 슬라이드 마스터에서 작업합니다.

❷ **슬라이드 레이아웃**: 슬라이드 마스터에 소속된 하위 디자인으로, 슬라이드 마스터와 구분하여 다른 모양으로 디자인할 수 있어요. '제목 슬라이드 레이아웃'에는 주로 '표지' 디자인을, '구역 머리글 레이아웃'에는 주로 '간지' 디자인을 작업하고, 필요에 따라 목차와 엔딩 등의 레이아웃을 디자인할 수 있어요.

3 | 슬라이드 마스터에 개체 삽입하기

슬라이드 마스터를 선택하고 [홈] 탭-[그리기] 그룹에서 [직사각형](□)을 선택한 후 슬라이드 위쪽의 제목 부분을 드래그하여 사각형 도형을 그려보세요. 슬라이드 마스터에서 도형을 그리면 아래에 점선으로 연결된 모든 슬라이드 레이아웃에도 같은 도형이 자동으로 삽입됩니다.

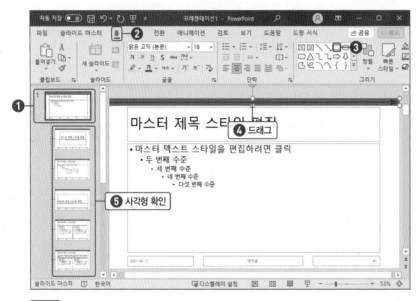

> **TIP**
>
> [홈] 탭-[그리기] 그룹에 [자세히] 단추(▼)를 클릭한 후 '사각형'에서 [직사각형](□)을 선택해도 사각형을 그릴 수 있어요.

4 | 개체 이동 및 삭제하기

'제목 슬라이드 레이아웃'을 선택하고 슬라이드 마스터에서 삽입한 도형을 선택하면 선택되지 않아요. 이 개체를 이동하거나 삭제하려면 [슬라이드 마스터] 탭-[배경] 그룹에서 [배경 그래픽 숨기기]에 체크하세요. 그러면 슬라이드 마스터에서 삽입한 개체들이 모두 숨겨집니다.

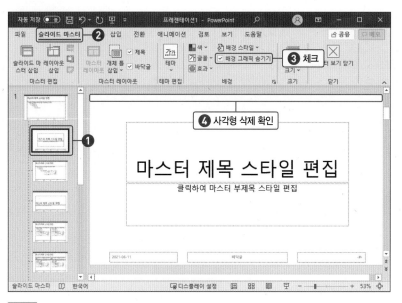

슬라이드 마스터에서 삽입한 개체가 두 개 이상일 경우 일부분만 선택해서 삭제할 수 없어요. 이 경우에는 모두 숨긴 후 필요한 개체만 원하는 레이아웃에서 다시 삽입해야 합니다.

5 | 기본 보기로 되돌아오기

슬라이드 마스터에서 기본 보기로 되돌아오려면 **[슬라이드 마스터] 탭-[닫기] 그룹**에서 **[마스터 보기 닫기]**를 클릭하세요.

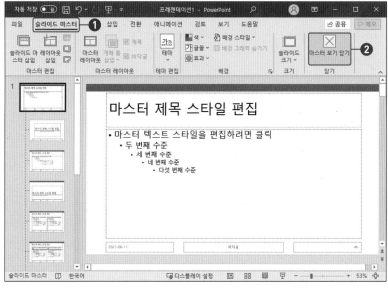

문서서식 | 텍스트 | 스마트아트그래픽 | 도형/도해 | 그림/표/차트 | 오디오/비디오 | 애니메이션 | 슬라이드쇼 | 테마디자인 | 저장/인쇄

02 슬라이드 마스터 디자인하기

● **예제파일**: 리더십_마스터.pptx ● **완성파일**: 리더십_마스터_완성.pptx

1 Shift를 누른 상태에서 [기본] 단추(▣)를 클릭합니다. 슬라이드 마스터 보기로 이동하면 '슬라이드 마스터'를 선택하고 **[슬라이드 마스터] 탭-[배경] 그룹**에서 **[배경 스타일]**을 클릭한 후 **[배경 서식]**을 선택하세요.

> **TIP**
> 슬라이드의 빈 공간에서 마우스 오른쪽 단추를 클릭하고 [배경 서식]을 선택해도 '배경 서식'으로 이동합니다.

2 화면의 오른쪽에 [배경 서식] 작업 창이 열리면 [채우기](◈)에서 [그림 또는 질감 채우기]를 선택하고 [삽입]을 클릭하세요.

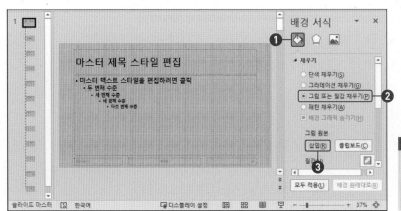

> **TIP**
> 파워포인트 버전에 따라 [삽입]이 아닌 [파일]이 나타날 수 있어요.

3 [그림 삽입] 대화상자가 열리면 [파일에서]를 선택하세요.

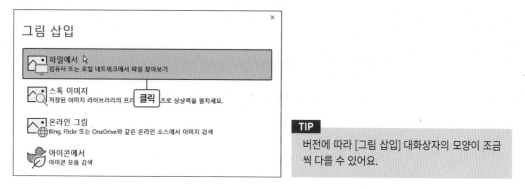

TIP

버전에 따라 [그림 삽입] 대화상자의 모양이 조금
씩 다를 수 있어요.

4 [그림 삽입] 대화상자가 열리면 부록 실습파일에서 '본문.png'를 선택하고 [삽입]을 클릭하세요.

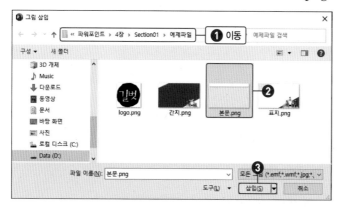

5 모든 슬라이드에 슬라이드 마스터와 같은 배경 그림이 삽입되었으면 슬라이드 마스터의 '제목
개체 틀'을 선택하고 배경 이미지에서 흰색 공간의 가운데로 위치를 이동합니다. [홈] 탭-[글꼴] 그
룹에서 [글꼴 크기 작게]를 두 번 클릭하여 '글꼴 크기'를 [36]으로 지정하고 [굵게]를 클릭하세요.

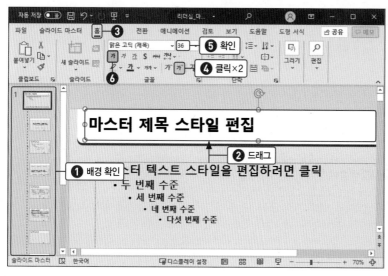

157

6 이번에는 내용 개체 틀을 선택하고 **[홈] 탭-[글꼴] 그룹**에서 **[글꼴 크기 작게]**를 한 번 클릭하여 **'글꼴 크기'**를 **[16+]**로 지정하세요. 내용 개체 틀의 크기 조정 핸들을 위쪽으로 드래그하여 크기를 크게 조정하세요.

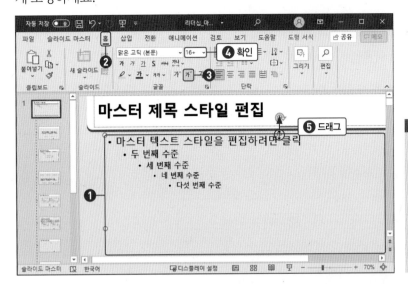

TIP

본문은 각 수준마다 글꼴 크기가 다르므로 직접 크기 값을 입력하지 않고 [글꼴 크기 작게]나 [글꼴 크기 크게]를 클릭하여 현재 지정된 값보다 작게 또는 크게 변경하세요.

7 41쪽을 참고하여 내용 개체 틀에서 첫째 수준의 글머리 기호의 모양은 [-]로, 색은 '테마 색'의 [파랑, 강조 1]로 지정합니다. **[홈] 탭-[단락] 그룹**에서 **[단락]** 대화상자 표시 아이콘(⬚)을 클릭하세요.

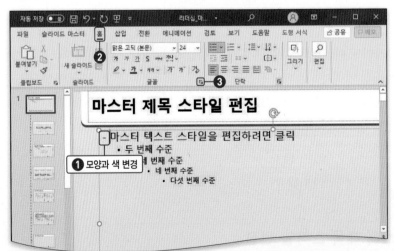

TIP

글머리 기호의 모양을 -으로 변경하기
❶ 글머리 기호의 모양을 바꾸려는 텍스트의 앞을 클릭하여 커서 올려놓기
❷ [홈] 탭-[단락] 그룹에서 [글머리 기호]의 목록 단추(⮟)를 클릭하고 **[글머리 기호 및 번호 매기기]** 선택하기
❸ [글머리 기호 및 번호 매기기] 대화상자의 [글머리 기호] 탭에서 [사용자 지정] 클릭하기
❹ [기호] 대화상자에서 '글꼴'은 [(현재 글꼴)], '하위 집합'은 [기본 라틴 문자] 선택하고 [-] 선택하기
❺ [글머리 기호 및 번호 매기기] 대화상자의 [글머리 기호] 탭으로 되돌아오면 '색'에서 색 선택하기

8 [단락] 대화상자가 열리면 [들여쓰기 및 간격] 탭의 '간격'에서 '단락 앞'은 [12pt]로, '단락 뒤'는 [0pt]로, '줄 간격'은 [1줄]로 지정하세요. [한글 입력 체계] 탭을 선택하고 [한글 단어 잘림 허용]의 체크를 해제한 후 [확인]을 클릭하세요.

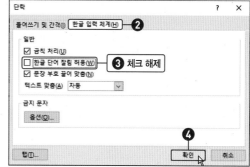

> **TIP**
>
> 슬라이드 마스터에서 글머리 기호, 줄 간격, 한글 단어 잘림 방지 등을 변경하면 모든 슬라이드에 자동으로 적용되어 슬라이드를 만들 때마다 다시 지정할 필요가 없어서 편리해요.

9 [기본] 단추(▣)를 클릭하여 기본 보기로 이동하고 모든 슬라이드에 같은 배경 그림이 적용되었는지 확인하세요. 4번 슬라이드를 선택하고 흰색 제목 공간에 제목이 잘 입력되었는지, 본문 내용의 줄 간격과 글머리 기호, 줄 바꿈 등의 제대로 적용되었는지 확인하세요.

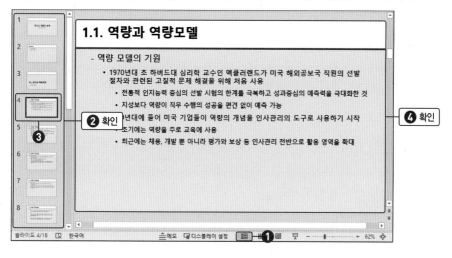

문서시작
텍스트
스마트아트그래픽
도형/도해
그림/표/차트
오디오/비디오
애니메이션
슬라이드쇼
테마디자인
저장/인쇄

Power Point **03** # 모든 슬라이드에 로고 삽입하기

● **예제파일**: 리더십_로고.pptx　　● **완성파일**: 리더십_로고_완성.pptx

1 Shift를 누른 상태에서 [기본] 단추(▣)를 클릭하여 슬라이드 마스터 보기로 이동하고 '슬라이드 마스터'를 선택한 후 [삽입] 탭-[이미지] 그룹에서 [그림]-[이 디바이스]를 선택하세요. [그림 삽입] 대화상자가 열리면 부록 실습파일에서 'logo.png'를 선택하고 [삽입]을 클릭하세요.

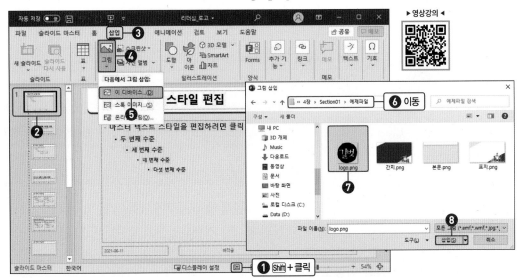

> **TIP**
> 로고를 슬라이드마다 삽입한 후 복사하면 작업할 때 작업할 때 슬라이드에서 선택되어 실수로 이동하기 쉽습니다. 이 경우 발표할 때 로고가 움직이는 것처럼 보이므로 주의해야 하므로 로고 삽입과 같은 작업은 슬라이드 마스터에서 하는 것이 좋습니다.

2 로고가 삽입되면 삽입한 로고의 크기를 조금 줄이고 화면의 오른쪽 아래로 드래그하여 위치를 이동하세요. 슬라이드 마스터 보기에서 나머지 레이아웃을 차례대로 선택하면서 로고가 똑같은 위치에 제대로 적용되었는지 확인하세요.

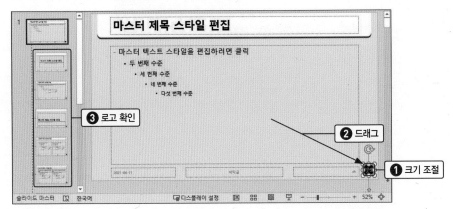

Power Point 04 **특별하게 표지와 간지 슬라이드 디자인하기**

● 예제파일: 리더십_표지.pptx   ● 완성파일: 리더십_표지_완성.pptx

1 [Shift]를 누른 상태에서 [기본] 단추(□)를 클릭하여 슬라이드 마스터 보기로 이동합니다. '제목 슬라이드 레이아웃'을 선택하고 빈 공간에서 마우스 오른쪽 단추를 클릭한 후 [배경 서식]을 선택하세요. 화면의 오른쪽에 [배경 서식] 작업 창이 열리면 [채우기](◇)의 [그림 또는 질감 채우기]를 선택하고 [삽입]을 클릭하세요.

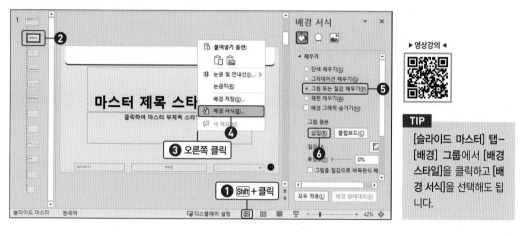

TIP

[슬라이드 마스터] 탭-[배경] 그룹에서 [배경 스타일]을 클릭하고 [배경 서식]을 선택해도 됩니다.

2 [그림 삽입] 창이 열리면 [파일에서]를 선택합니다. [그림 삽입] 대화상자가 열리면 부록 실습파일에서 '표지.png'를 선택하고 [삽입]을 클릭하여 본문의 배경과 구별되는 표지용 배경 이미지를 지정하세요.

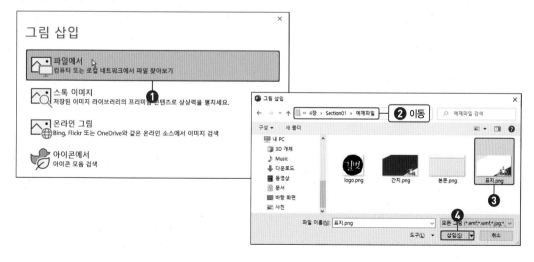

문서시작

텍스트

스마트아트그래픽

도형/도해

그림/표/차트

오디오/비디오

애니메이션

슬라이드쇼

테마디자인

저장/인쇄

161

3 '슬라이드 마스터'가 아닌 '제목 슬라이드 레이아웃'에서 배경 이미지를 변경하면 다른 레이아웃에는 변화가 없고 '제목 슬라이드 레이아웃'의 배경 이미지만 바뀐 것을 확인할 수 있어요. 본문과는 다른 위치에 로고를 삽입하기 위해 **[슬라이드 마스터] 탭–[배경] 그룹**에서 **[배경 그래픽 숨기기]**에 체크하세요. 160쪽을 참고하여 로고를 삽입하고 슬라이드의 오른쪽 위로 위치를 이동하세요.

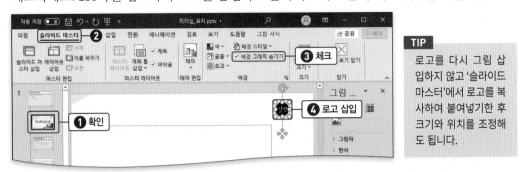

TIP

로고를 다시 그림 삽입하지 않고 '슬라이드 마스터'에서 로고를 복사하여 붙여넣기한 후 크기와 위치를 조정해도 됩니다.

4 '구역 머리글 레이아웃'을 선택하고 [배경 서식] 작업 창에서 [채우기]( )의 [그림 또는 질감 채우기]를 선택한 후 [삽입]을 클릭하세요.

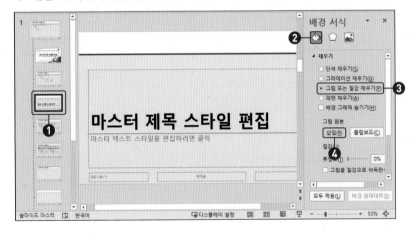

5 [그림 삽입] 창에서 [파일에서]를 선택합니다. [그림 삽입] 창이 열리면 부록 실습파일에서 '간지.png'를 선택하고 [삽입]을 클릭하세요.

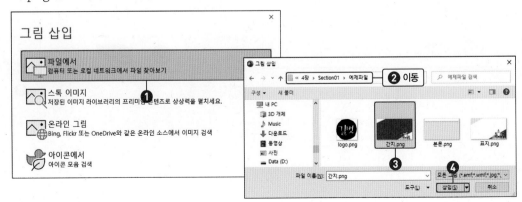

6 [배경 서식] 작업 창의 [닫기] 단추(⊠)를 클릭하여 닫습니다. Shift를 이용하여 제목과 부제목 텍스트를 함께 선택하고 **[홈] 탭-[글꼴] 그룹**에서 **[글꼴 색]**을 '테마 색'의 **[흰색, 배경 1]**로 지정하세요.

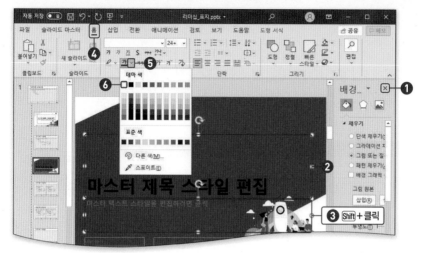

7 [기본] 단추(🖾)를 클릭하여 기본 보기 화면으로 이동하면 1번 슬라이드에는 '표지용' 배경이, 3번 슬라이드와 13번 슬라이드에는 '간지용' 배경이, 나머지 슬라이드에는 모두 '본문용' 배경이 설정된 것을 확인할 수 있어요. 표지와 다른 슬라이드의 로고 위치도 확인하세요.

8 **[홈] 탭-[슬라이드] 그룹**에서 [새 슬라이드]의 새슬라이드를 클릭하여 슬라이드 마스터에서 설정한 디자인이 레이아웃에 반영되었는지 확인합니다.

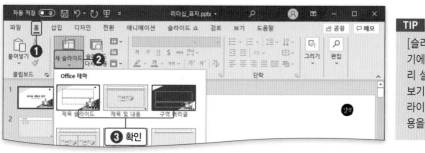

TIP

[슬라이드 마스터] 보기에서는 디자인만 미리 설정해 두고 [기본] 보기에서는 실제로 슬라이드를 삽입하고 내용을 작성해야 해요.

문서시작

텍스트

스마트아트그래픽

도형/도해

그림/표/차트

오디오/비디오

애니메이션

슬라이드쇼

테마디자인

저장/인쇄

05 모든 슬라이드에 슬라이드 번호 삽입하기

● **예제파일**: 리더십_번호.pptx   ● **완성파일**: 리더십_번호_완성.pptx

1 [삽입] 탭-[텍스트] 그룹에서 [머리글/바닥글]을 클릭합니다. [머리글/바닥글] 대화상자가 열리면 [슬라이드] 탭에서 [슬라이드 번호]와 [제목 슬라이드에는 표시 안 함]에 체크하고 [모두 적용]을 클릭하세요.

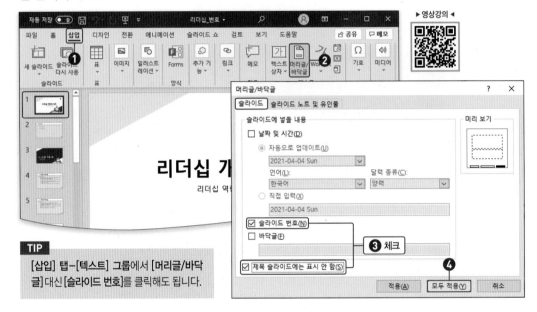

TIP

[삽입] 탭-[텍스트] 그룹에서 [머리글/바닥글]대신 [슬라이드 번호]를 클릭해도 됩니다.

2 제목 슬라이드를 제외한 모든 슬라이드에 슬라이드 번호가 삽입되었으면 슬라이드 번호의 서식과 위치를 변경해 볼게요. Shift를 누른 상태에서 [기본] 단추(回)를 클릭하세요.

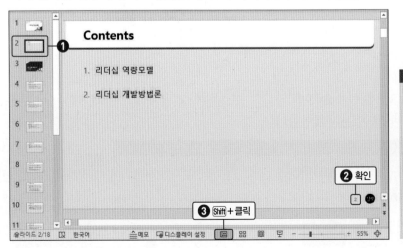

TIP

슬라이드 번호의 위치와 서식을 일반 슬라이드에서 변경하려면 반복되는 작업을 모든 슬라이드마다 따로 작업해야 하므로 슬라이드 마스터에서 한꺼번에 작업하는 것이 편리해요.

3 마스터 보기 화면으로 변경되면 '슬라이드 마스터'를 선택하고 '슬라이드 번호' 개체를 선택한 후 로고의 위쪽으로 이동합니다. **[홈] 탭-[글꼴] 그룹**에서 **[글꼴 색]**의 목록 단추(▾)를 클릭하고 '테마 색'에서 **[파랑, 강조 1]**을 선택하세요.

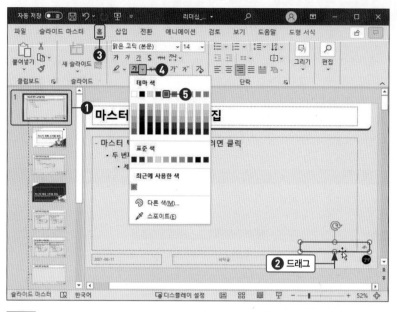

TIP

슬라이드 번호 개체에서 슬라이드 번호는 '#'으로 표시하고 시스템에서 자동으로 가져온 값이 입력됩니다.

4 [기본] 단추(▣)를 클릭하여 기본 보기 화면으로 되돌아온 후 모든 슬라이드에서 슬라이드 번호의 위치와 서식이 변경되었는지 확인하세요.

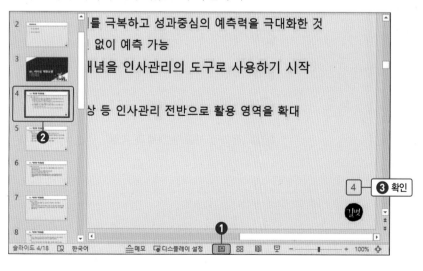

02 링크 이용해 유기적으로 이동하는 슬라이드 만들기

하이퍼링크를 이용하면 슬라이드 쇼에서 특정 텍스트나 객체를 클릭했을 때 다른 슬라이드나 파일로 이동하거나 인터넷 사이트로 연결할 수 있어요. 따라서 목차나 그림에 하이퍼링크를 설정해 놓으면 발표자가 프레젠테이션을 진행하면서 다른 프로그램이나 슬라이드로 쉽게 이동 가능합니다. 이번 섹션에서는 하이퍼링크를 이용하여 화면을 이동하는 방법뿐만 아니라 슬라이드 쇼를 재생하는 도중에 다른 프로그램을 실행하는 방법에 대해 배워봅니다.

PREVIEW

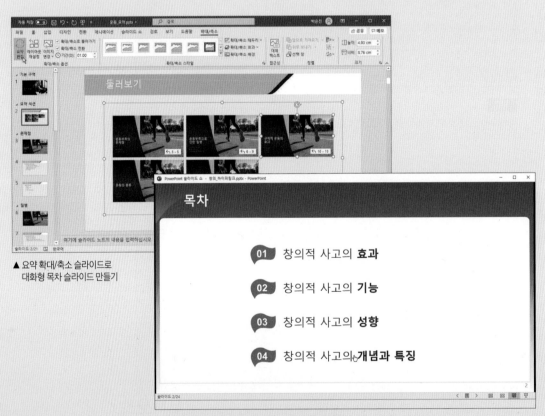

▲ 요약 확대/축소 슬라이드로
대화형 목차 슬라이드 만들기

▲ 텍스트에 하이퍼링크 설정해 다른 슬라이드로 이동하기

섹션별 주요 내용
01 | 요약 확대/축소로 대화형 목차 슬라이드 만들기   02 | 구역으로 확대/축소하는 슬라이드 쇼 만들기
03 | 다른 슬라이드로 이동하는 링크 만들기   04 | 슬라이드 쇼 실행중 다른 문서 실행하기

Power Point 01 요약 확대/축소로 대화형 목차 슬라이드 만들기

◉ 예제파일: 운동_요약.pptx ◉ 완성파일: 운동_요약_완성.pptx

1 몇 개의 구역으로 나눠진 프레젠테이션들을 자유롭게 탐색하는 슬라이드를 만들어 볼게요. 슬라이드 축소판 그림 창의 이동 표시줄을 아래쪽으로 내리면서 구역이 어떻게 나눠져 있는지 확인하고 **[삽입] 탭-[링크] 그룹**에서 **[확대/축소]-[요약 확대/축소]**를 선택하세요.

▶영상강의◀

2 **[요약 확대/축소 삽입]** 대화상자가 열리면서 자동으로 각 구역의 시작 슬라이드가 선택되면 선택된 슬라이드를 확인하고 **[삽입]**을 클릭하세요.

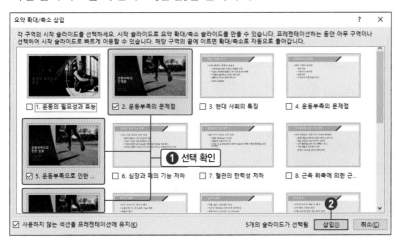

3 2번 슬라이드에 요약 확대/축소가 포함된 새 슬라이드가 만들어졌으면 제목에『둘러보기』를 입력하고 [F5]를 눌러 처음부터 슬라이드 쇼를 실행하세요. 요약 섹션 슬라이드에서 슬라이드 섬네일을 마우스로 클릭하면 줌인(확대)되면서 선택한 구역의 내용이 슬라이드 쇼로 진행되다가 마지막 구역에서는 줌아웃(축소)되면서 다시 2페이지 요약 슬라이드로 되돌아옵니다. 요약 슬라이드에서 원하는 구역을 클릭하면 확대되면서 해당 구역의 슬라이드 쇼가 진행됩니다.

> **TIP**
> 구역 단위의 섬네일이 포함된 새로운 슬라이드가 자동으로 삽입됩니다.

4 [Esc]를 눌러 원래 화면으로 되돌아온 후 확대/축소 개체를 선택하면 리본 메뉴에 **[확대/축소] 탭**이 나타나요. **[확대/축소 옵션] 그룹**에서 **[요약 편집]**을 클릭하면 구역을 추가하거나 제외시키는 등 편집이 가능합니다.

구역으로 확대/축소하는 슬라이드 쇼 만들기

Power Point 02

● **예제파일**: 운동_구역.pptx　● **완성파일**: 운동_구역_완성.pptx

1 구역으로 구분되어 있으면 특정 구역으로 확대/축소되면서 이동하는 링크를 만들 수 있어요. 2번 슬라이드를 선택하고 [**삽입**] 탭-[**링크**] 그룹에서 [**확대/축소**]-[**구역 확대/축소**]를 선택하세요. [구역 확대/축소 삽입] 대화상자가 열리면 '섹션 1'을 제외한 나머지 섹션을 모두 선택하고 [삽입]을 클릭하세요.

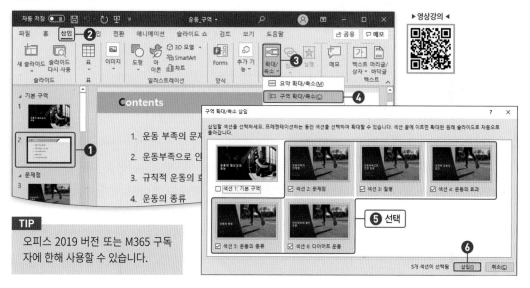

▶영상강의◀

> **TIP**
>
> 오피스 2019 버전 또는 M365 구독자에 한해 사용할 수 있습니다.

2 구역 링크가 삽입되었으면 이 링크들의 모양을 꾸며서 해당 구역의 원하는 위치로 자유롭게 이동하여 배치할 수 있습니다. 링크들을 선택한 상태에서 [**확대/축소**] 탭-[**확대/축소 스타일**] 그룹에서 [**자세히**] 단추(▼)를 클릭하고 [**부드러운 가장자리 타원**]을 선택하세요.

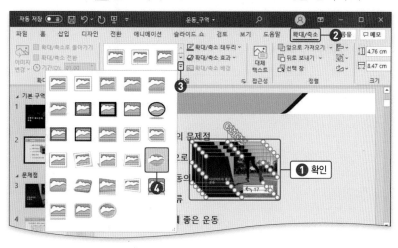

169

3 [확대/축소] 탭-[확대/축소 스타일] 그룹에서 [확대/축소 효과]를 클릭하고 [부드러운 가장자리]-[없음]을 선택하세요. [확대/축소] 탭-[크기] 그룹에서 '높이'를 [0.3cm]로 지정하여 크기를 작게 줄이세요.

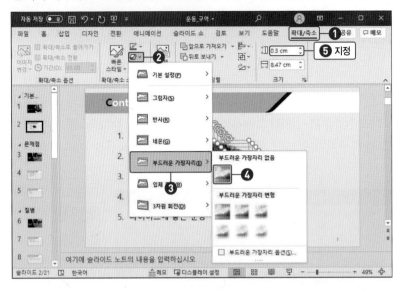

4 화면을 확대한 후 Alt 를 누른 상태에서 하나씩 이동하여 '운동'의 'ㅇ' 안에 들어가도록 위치를 조정하세요. Alt 를 누르고 개체를 드래그하면 세밀하게 이동할 수 있어요. F5 를 눌러 슬라이드 쇼를 실행한 후 작게 줄여서 배치한 구역 확대/축소 링크를 클릭하면 각 구역으로 이동하다가 되돌아오는지 확인하세요.

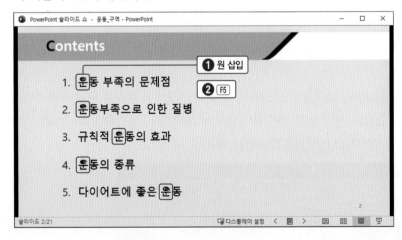

Power Point 03 다른 슬라이드로 이동하는 링크 만들기

● **예제파일**: 창의_하이퍼링크.pptx   ● **완성파일**: 창의_하이퍼링크_완성.pptx

1 2번 슬라이드에서 마지막 텍스트 개체를 선택하고 **[삽입]** 탭–**[링크]** 그룹에서 **[링크]**의 링크를 클릭한 후 **[링크 삽입]**을 선택합니다. [하이퍼링크 삽입] 대화상자가 열리면 **[현재 문서]**를 선택하고 '20. 창의적 사고의 개념과 특징'을 선택한 후 **[확인]**을 클릭하세요.

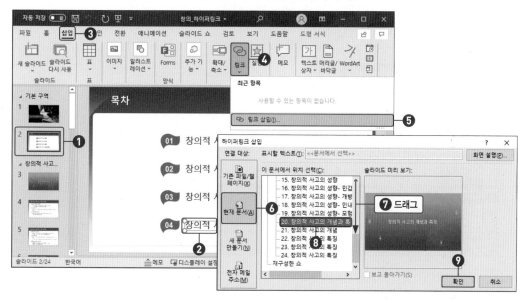

2 텍스트에 하이퍼링크를 연결했으면 F5 를 눌러 슬라이드 쇼를 실행한 후 해당 텍스트 위에서 마우스 포인터를 클릭했을 때 연결한 슬라이드로 이동하는지 확인하세요.

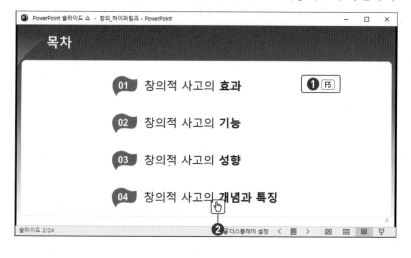

171

04 슬라이드 쇼 실행중 다른 문서 실행하기

◉ **예제파일**: 창의_문서.pptx, 창의적사고.pptx   ◉ **완성파일**: 창의_문서_완성.pptx

1 4번 슬라이드에서 오른쪽 말풍선 개체를 선택하고 **[삽입] 탭–[링크] 그룹**에서 **[링크]**의 링크 를 클릭한 후 **[링크 삽입]**을 선택하세요.

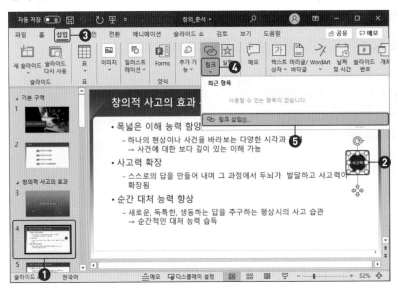

2 [하이퍼링크 삽입] 대화상자가 열리면 [기존 파일/웹 페이지]를 선택하고 '현재 폴더'에서 '창의적사고.pptx'를 선택한 후 [확인]을 클릭하세요.

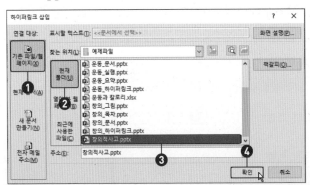

> **TIP**
>
> 파워포인트 문서가 아닌 엑셀, 한글, 메모장, 비디오 등 다른 문서도 실행할 수 있어요. '주소'에 URL을 입력하면 웹 페이지도 실행할 수 있습니다.

3 Shift+F5를 눌러 현재 슬라이드의 슬라이드 쇼를 실행한 후 말풍선에 마우스 포인터를 올려놓고 클릭하세요.

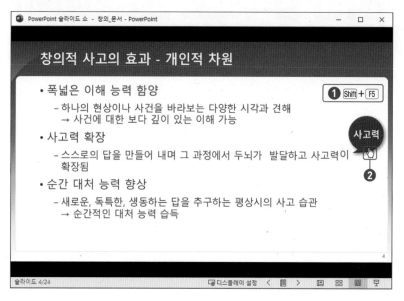

4 말풍선에 연결된 문서가 실행되는지 확인하세요.

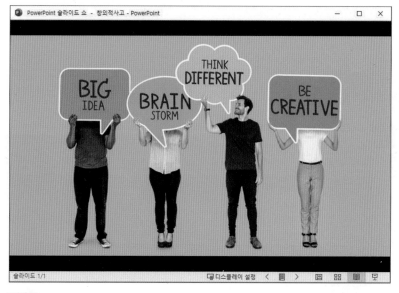

> **TIP**
>
> 연결된 경로가 변경되면 실행되지 않아요. 연결된 링크를 제거하려면 해당 개체에서 마우스 오른쪽 단추를 클릭하고 [링크 제거]를 선택하세요.

문서시작

텍스트

스마트아트그래픽

도형/도해

그림/표/차트

오디오/비디오

애니메이션

슬라이드쇼

테마디자인

저장/인쇄

03 다양한 형식으로 프레젠테이션 저장 및 인쇄하기

파워포인트 사용자가 늘어나면서 사용 목적 및 활용 범위도 더욱 넓어지고 다양해졌어요. 파워포인트에서는 기존에 제공하던 파일 형식보다 더 많은 파일 형식을 제공하고 있습니다. 또한 파워포인트 문서를 저장할 때 내 컴퓨터뿐만 아니라 온라인(클라우드)에도 쉽게 저장하여 다른 사람들과 공유할 수 있도록 공동 작업에 대한 기능도 추가되었습니다. 이번 섹션에서는 파워포인트로 작업한 문서를 PDF 파일과 비디오 파일, 유인물, 그림 등의 다양한 형식으로 저장하는 방법에 대해 배워봅니다.

PREVIEW

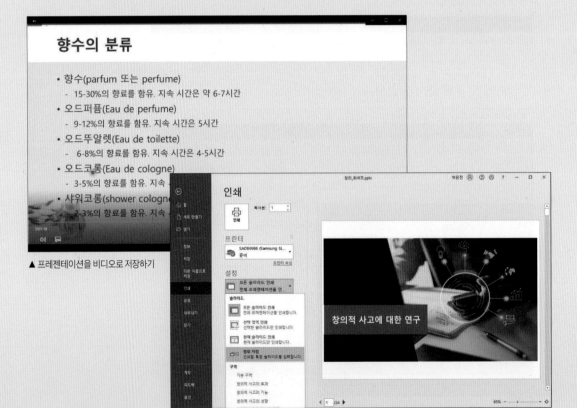

▲ 프레젠테이션을 비디오로 저장하기

▲ 인쇄 대상과 방법 설정하기

Power Point

01 프레젠테이션을 PDF 문서로 저장하기

● **예제파일**: 향수.pptx ● **완성파일**: 향수.pdf

1 [파일] 탭-[내보내기]를 선택하고 [PDF/XPS 문서 만들기]-[PDF/XPS 만들기]를 클릭하세요. [PDF/XPS로 게시] 대화상자가 열리면 PDF 문서를 저장할 위치를 선택하고 '파일 이름'에는 『향수』를, '파일 형식'에는 [PDF (*.pdf)]를 지정한 후 [게시]를 클릭하세요. 문서가 게시되기 시작하면 잠시 기다리세요.

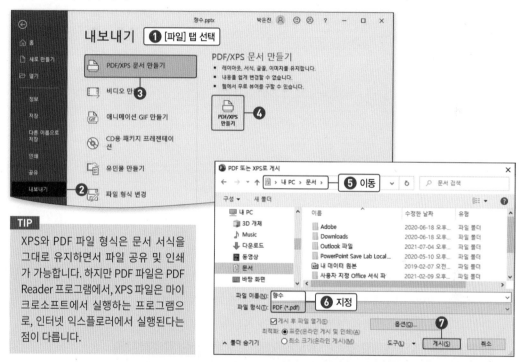

TIP

XPS와 PDF 파일 형식은 문서 서식을 그대로 유지하면서 파일 공유 및 인쇄가 가능합니다. 하지만 PDF 파일은 PDF Reader 프로그램에서, XPS 파일은 마이크로소프트에서 실행하는 프로그램으로, 인터넷 익스플로러에서 실행된다는 점이 다릅니다.

2 게시가 완료되면 PDF Reader 프로그램이 실행되면서 '향수.pdf'가 실행되는지 확인하세요.

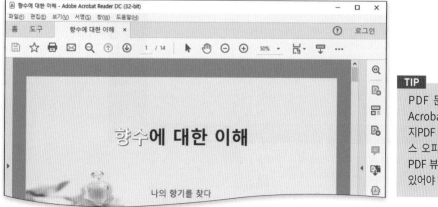

TIP

PDF 문서를 보려면 Acrobat Reader, 이지PDF 에디터, 폴라리스 오피스, 알PDF 등 PDF 뷰어가 설치되어 있어야 합니다.

02 프레젠테이션을 동영상으로 저장하기

● **예제파일**: 향수.pptx ● **완성파일**: 향수.mp4

1 [슬라이드 쇼] 탭-[설정] 그룹에서 [슬라이드 쇼 녹화]의 목록 단추(⌄)를 클릭하고 [처음부터 녹화]를 선택하세요.

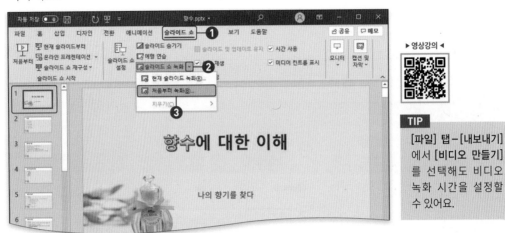

▶ 영상강의 ◀

TIP

[파일] 탭-[내보내기]에서 [비디오 만들기]를 선택해도 비디오 녹화 시간을 설정할 수 있어요.

2 왼쪽 맨 위에 녹화를 시작 및 일시 중지, 중지하는 단추가 있습니다. 녹화를 시작할 준비가 되었을 때 둥근 빨간색 녹음/녹화 단추를 클릭하거나 키보드의 ⓡ을 누르면 3초간 카운트다운이 시작되면서 녹화가 시작됩니다. 녹화 화면의 오른쪽 아래에 나타나는 [마이크] 단추(🎤), [카메라] 단추(📹), [카메라 미리 보기] 단추(🔳)를 클릭하여 녹화에 영상과 음성을 사용할 것인지 선택할 수 있고 펜을 이용한 필기와 설명도 모두 함께 녹화할 수 있어요.

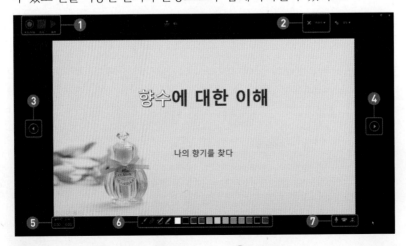

① 녹음/녹화 시작/일시 중지, 중지, 재생
② 지우기
③, ④ 이전, 다음 슬라이드로 이동
⑤ 녹화 시간
⑥ 펜 종류 및 펜 색
⑦ 마이크, 카메라, 카메라 미리 보기

3 녹화가 끝나면 슬라이드로 되돌아온 후 [여러 슬라이드] 단추(⊞)를 클릭하여 각 슬라이드마다 설정된 시간을 확인하세요.

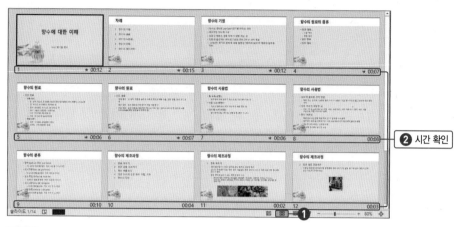

② 시간 확인

TIP

설정된 시간 중에서 수정하고 싶은 슬라이드는 **[전환] 탭-[타이밍] 그룹**에서 **[다음 시간 후]**에 체크하고 시간을 직접 수정하세요.

4 **[파일] 탭-[내보내기]**를 선택하고 **[비디오 만들기]-[HD(720p)]**를 선택하여 중간 정도의 해상도로 비디오를 만듭니다. **[기록된 시간 및 설명 사용]**을 선택하고 **[비디오 만들기]**를 클릭하세요.

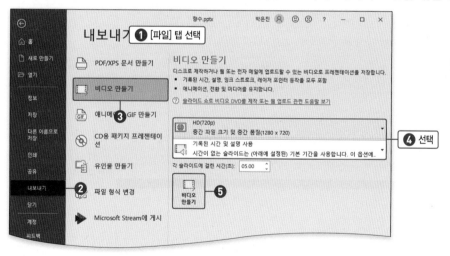

TIP

저장할 비디오의 크기
❶ **Ultra HD(4K)**: 최대 파일 크기 및 매우 높은 품질(3840×2160)
❷ **Full HD(1080p)**: 큰 파일 크기와 전체 고품질(1920×1080)
❸ **HD(720p)**: 중간 파일 크기 및 중간 품질(1280×720)
❹ **표준(480p)**: 최소 파일 크기 및 저품질(852×480)

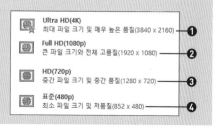

5 [다른 이름으로 저장] 대화상자가 열리면 파일을 저장할 위치를 선택하고 '파일 이름'에『향수』를 입력하세요. '파일 형식'에서 [MPEG-4 비디오 (*.mp4)]를 선택하고 [저장]을 클릭하세요.

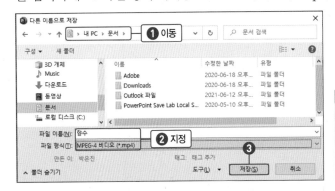

> **TIP**
>
> '문서' 폴더가 아니라 다른 폴더에 저장해도 상관없으므로 사용자가 쉽게 찾을 수 있는 폴더를 선택하세요. 비디오 형식은 '*.mp4', '*.wmv'를 지원합니다.

6 프레젠테이션이 비디오로 저장되는 동안 화면 아래쪽의 상태 표시줄에 비디오의 저장 상태가 표시됩니다. 저장을 중지하려면 [취소] 단추(☒)를 클릭하세요.

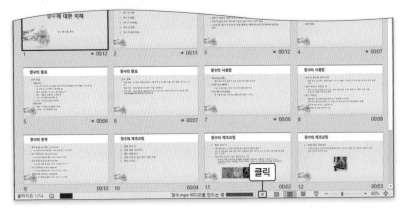

7 '문서' 폴더에서 '향수.mp4'를 실행하여 슬라이드 쇼가 비디오 파일로 녹화되었습니다. 펜과 레이저 포인터, 음성과 영상도 체크하고 녹음했다면 함께 녹화되었는지 확인하세요.

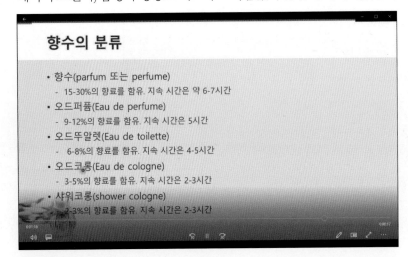

Power Point 03 프레젠테이션을 CD용 패키지로 저장하기

◉ 예제파일: 운동.pptx

1 [파일] 탭-[내보내기]를 선택하고 [CD용 패키지 프레젠테이션]-[CD용 패키지]를 클릭하세요.

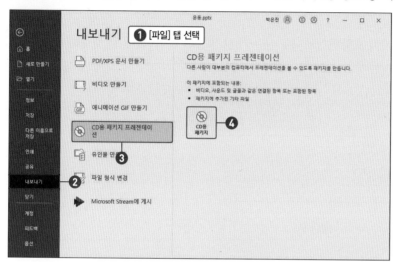

▶영상강의◀

2 [CD용 패키지] 대화상자가 열리면 'CD 이름'에 『운동정보』를 입력하고 [옵션]을 선택하세요. [옵션] 대화상자가 열리면 '다음 파일 포함'에서 [연결된 파일]과 [포함된 트루타입 글꼴]에 체크되어 있는지 확인하고 [확인]을 클릭하세요. [CD용 패키지] 대화상자로 되돌아오면 [폴더로 복사]를 클릭하세요.

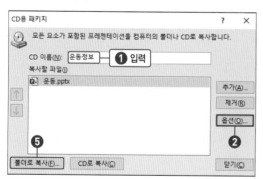

> **TIP**
>
> 프레젠테이션 문서를 실행할 때 함께 사용하는 다른 파일이 있으면 [CD용 패키지] 대화상자에서 [추가]를 클릭하여 파일을 추가하세요. 엑셀 자료, 메모장 등 형식이 달라도 상관없어요. [옵션] 대화상자에서 [연결된 파일]에 체크하면 문서에 연결된 파일이 있을 때 별도의 파일로 함께 저장됩니다.

3 [폴더에 복사] 대화상자가 열리면 '폴더 이름'과 '위치'를 확인하고 [확인]을 클릭하세요.

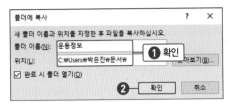

4 연결된 파일을 패키지에 포함하겠느냐고 묻는 메시지 창이 열리면 [예]를 클릭하세요.

5 폴더에 파일이 복사되기 시작하면 잠시 기다리세요.

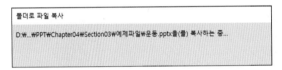

6 '운동정보' 폴더가 열리면서 함께 저장된 파일들을 확인할 수 있습니다. 이제 USB와 같은 휴대
용 저장 매체에 내용을 모두 복사해 두면 다른 컴퓨터에서도 오류 없이 안전하게 프레젠테이션
을 실행할 수 있어요.

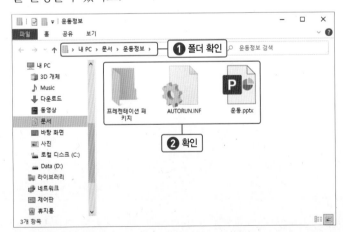

Power Point 04 프레젠테이션을 그림으로 저장하기

● **예제파일**: 운동.pptx   ● **완성파일**: 운동_그림.pptx

1 [파일] 탭-[내보내기]를 선택하고 [파일 형식 변경]을 선택합니다. '이미지 파일 형식'에서 [PNG(이동식 네트워크 그래픽) (*.png)]를 선택하고 [다른 이름으로 저장]을 클릭하세요.

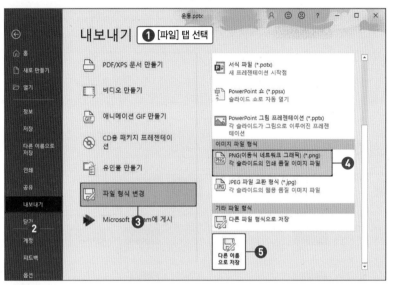

TIP

PNG, JPG는 각 슬라이드들을 개별 그림으로 저장합니다. 좀 더 좋은 이미지 해상도를 원하면 JPG보다 PNG로 저장하세요.

2 [다른 이름으로 저장] 대화상자가 열리면 저장할 경로를 선택하고 [저장]을 클릭하세요.

181

3 내보낼 슬라이드를 [모든 슬라이드]로 선택하면 선택한 경로에 '운동' 폴더가 만들어지고 문서에 포함된 모든 슬라이드들이 별개의 png 그림 파일로 저장됩니다. 이때 [현재 슬라이드만]을 선택하면 현재 슬라이드만 이미지로 저장됩니다.

4 탐색기 창에서 '운동' 폴더를 찾아 열고 모든 슬라이드들이 그림으로 저장되었는지 확인하세요.

5 이번에는 [파일] 탭-[내보내기]를 선택하고 [파일 형식 변경]에서 '프레젠테이션 파일 형식'의 [PowerPoint 그림 프레젠테이션 (*.pptx)]을 선택한 후 [다른 이름으로 저장]을 클릭하세요.

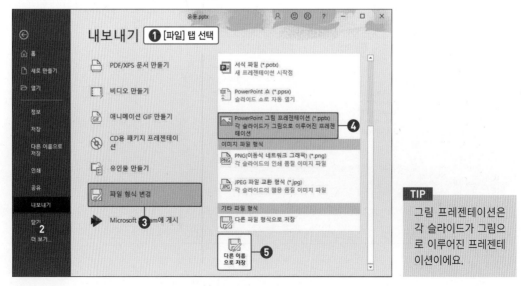

> **TIP**
> 그림 프레젠테이션은 각 슬라이드가 그림으로 이루어진 프레젠테이션이에요.

6 [다른 이름으로 저장] 대화상자가 열리면 '문서' 폴더에 '파일 이름'을 『운동_그림』으로 입력하고 저장하세요.

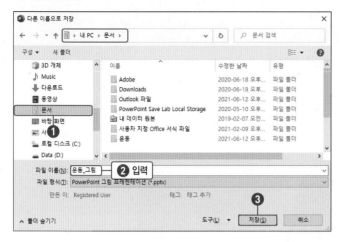

7 복사본이 지정한 폴더에 저장되었다는 메시지 창이 열리면 [확인]을 클릭하세요.

8 '문서' 폴더에서 '운동_그림.pptx'를 열고 슬라이드의 내용을 선택하면 리본 메뉴에 **[그림 서식]** 탭이 나타납니다. 슬라이드의 모든 내용이 그림으로 변환된 것을 확인할 수 있어요.

문서서식

텍스트

스마트아트그래픽

도형/도해

그림/표/차트

오디오/비디오

애니메이션

슬라이드쇼

테마디자인

저장/인쇄

05 필요한 슬라이드만 선택해서 회색조로 인쇄하기

● **예제파일**: 창의_회색조.pptx

1 [파일] 탭-[인쇄]를 선택하고 '설정'에서 [범위 지정]을 선택하세요.

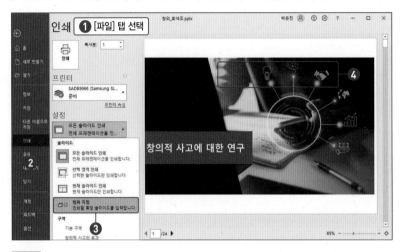

2 '슬라이드'에 『1-2,8-24』를 입력하고 컬러를 [회색조]로 선택한 후 화면의 오른쪽에 있는 인쇄 미리 보기 화면을 살펴보면 '회색조' 인쇄에서는 '배경 서식'으로 지정한 배경 이미지가 인쇄되지 않습니다. 인쇄할 페이지 수가 19페이지로 변경되었는지 확인하고 [인쇄]를 클릭하여 회색조로 인쇄하세요.

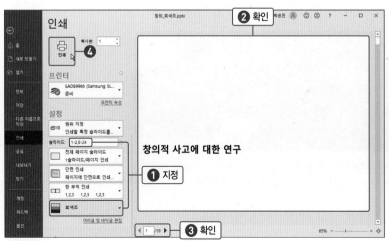

06 3슬라이드 유인물로 인쇄하기

● **예제파일**: 창의_유인물.pptx

1 **[파일] 탭-[인쇄]**를 선택하세요. '설정'에서 [모든 슬라이드 인쇄]를 선택하고 [전체 페이지 슬라이드]를 클릭한 후 '유인물'에서 [3슬라이드]를 선택하세요.

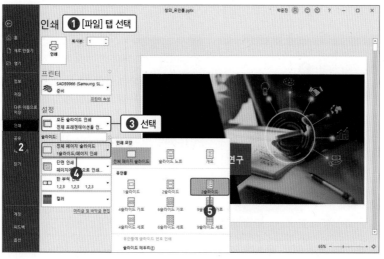

2 화면의 오른쪽에 인쇄 미리 보기 화면이 나타나면 세로 방향으로 '3슬라이드' 유인물이 인쇄되는지 확인하세요.

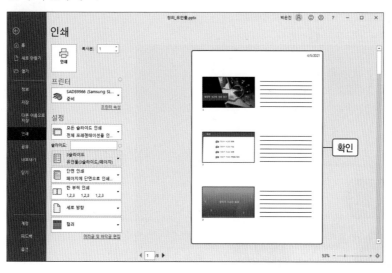

디자인 아이디어로 디자인 서식 쉽게 적용하기

M365 구독자라면 '디자인 아이디어'를 사용하여 쉽고 빠르게 멋진 디자인 서식을 완성할 수 있어요. 디자인 아이디어는 사용자가 슬라이드에 콘텐츠를 추가하는 동안 백그라운드에서 콘텐츠에 어울리는 전문가급 디자인의 레이아웃을 찾기 위해 작업한 후 몇 가지 안을 제안합니다. 그러므로 사용자는 마음에 드는 디자인을 선택하기만 하면 됩니다.

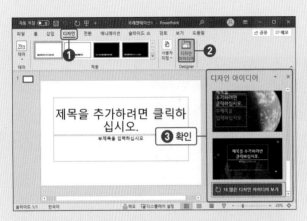

1 새 프레젠테이션을 만들면 화면의 오른쪽에 [디자인 아이디어] 작업 창이 자동 생성되어 클릭만 하면 작업 중인 문서에 디자인이 바로 적용됩니다. 만약 디자인 아이디어가 자동 실행되지 않으면 [홈] 탭이나 [디자인] 탭-[Designer] 그룹에서 [디자인 아이디어]를 클릭하세요. [디자인 아이디어] 작업 창에서 [더 많은 디자인 아이디어 보기]를 클릭하면 더 많은 디자인 아이디어를 생성할 수 있어요.

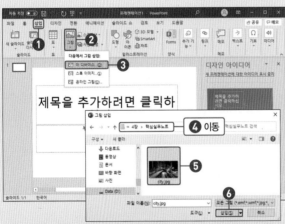

2 제시된 디자인 아이디어가 마음에 들지 않으면 원하는 그림을 삽입해 볼게요. **[삽입] 탭-[이미지] 그룹**에서 **[그림]**을 클릭하고 **[이 디바이스]**를 선택합니다. [그림 삽입] 대화상자가 열리면 부록 실습파일에서 'city.jpg'를 선택해서 삽입하세요.

3 [디자인 아이디어] 작업 창에 삽입한 그림을 활용한 디자인 아이디어가 표시되면 작업 창의 아래쪽으로 이동하면서 디자인을 둘러보고 표지에 적합한 디자인을 선택하여 문서에 적용하세요. 이때 생성되는 디자인은 가변적이므로 항상 모양이 달라질 수 있습니다.

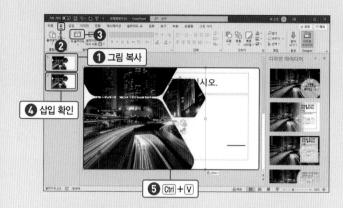

④ 디자인의 연속성을 위하여 1페이지에 삽입된 그림을 복사(Ctrl+C)하고 [홈] 탭-[슬라이드] 그룹에서 [새 슬라이드]의 ▣를 클릭하여 2번 슬라이드를 삽입한 후 복사한 그림을 붙여넣으세요 (Ctrl+V). 이렇게 하면 [디자인 아이디어] 작업 창에는 다시 그림을 이용한 새로운 '디자인 아이디어'가 제시됩니다.

⑤ [디자인 아이디어] 작업 창에 있는 하나의 디자인을 선택하면 2번 슬라이드에 디자인이 적용됩니다. 이와 같은 방법으로 디자인 아이디어를 계속 생성하고 적용할 수 있어요. 사용자가 슬라이드에 콘텐츠를 추가하는 동안 백그라운드에서 콘텐츠에 어울리는 전문가급 디자인의 레이아웃을 찾기 위해 작업합니다. [디자인 아이디어] 작업 창을 닫은 후 다시 실행하려면 [홈] 탭 또는 [디자인] 탭-[Designer] 그룹에서 [디자인 아이디어]를 클릭하세요.

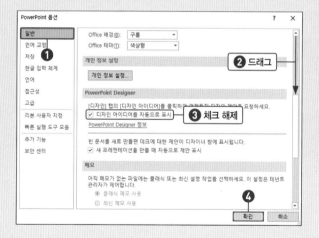

⑥ 새 프레젠테이션을 만들었을 때 [디자인 아이디어] 작업 창이 자동으로 실행되지 않게 하려면 **[파일] 탭-[옵션]**을 선택합니다. [PowerPoint 옵션] 창이 열리면 [일반] 범주를 선택하고 'Power Point Designer'에서 [디자인 아이디어를 자동으로 표시]의 체크를 해제한 후 [확인]을 클릭하세요.

TIP

여기서 다룬 내용은 Microsoft 365(M365) 구독자만 사용 가능한 기능입니다. 파워포인트 2013~2021 버전에서는 실행할 수 없으니 주의하세요.

찾아보기

EXCEL & POWERPOINT & WORD + HANGEUL

500만
독자가
선택한 **무작정
따라하기**

엑셀
파워포인트
워드
+한글

워드편

박미정, 박은진 지음

이 책의 구성

STEP 01 일단, '무작정' 따라해 보세요!

실제 업무에서 사용하는 핵심 기능만 쏙 뽑아 실무 예제로 찾기 쉬운 구성으로 중요도별로 배치하였기 때문에 **'무작정 따라하기'**만 해도 워드 사용 능력이 크게 향상됩니다. **'Tip'**과 **'잠깐만요'**는 예제를 따라하는 동안 주의해야 할 점과 추가 정보를 친절하게 알려주고 **'핵심! 실무노트'**로 활용 능력을 업그레이드해 보세요.

반드시 알고 넘어가야 할 주요 내용 소개!

- 학습안 제시
- 결과 미리 보기
- 섹션별 주요 기능 소개

실무 업그레이드!

- 우선순위

필수 기능만 쏙 뽑아 실무에 딱 맞게!

- 핵심 기능/실무 예제
- 무작정 따라하기
- Tip/잠깐만요

검색보다 빠르다!

- 탭

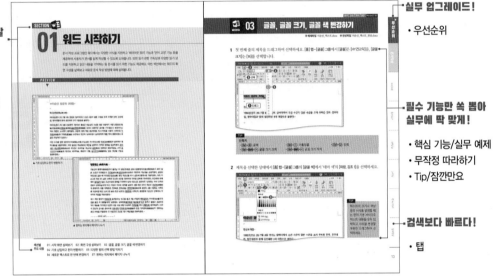

완벽한 이해를 돕기 위한 동영상 강의 제공!

- 저자 직강 영상

프로 비즈니스맨을 위한 활용 TIP!

- 핵심! 실무노트

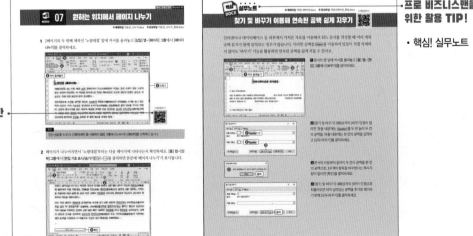

'검색보다 빠르고 동료보다 친절한' 엑셀&파워포인트&워드+한글 이렇게 활용하세요!

STEP 02 '우선순위'와 '실무 중요도'를 적극 활용하세요!

워드 사용자들이 네이버 지식in, 오피스 실무 카페 및 블로그, 웹 문서, 뉴스 등에서 **가장 많이 검색하고 찾아본 키워드를 토대로 우선순위** 20개를 선정했어요. 이 정도만 알고 있어도 워드를 문제없이 다룰 수 있고 언제, 어디서든지 원하는 기능을 **금방 찾아 바로 적용**해 볼 수 있어요!

순위 ▲	키워드	관련 내용은 여기서 학습하세요!	관련 페이지
1 ▲	인쇄 용지	문서 작업 전 반드시 인쇄 환경 설정부터!	49
2 ▲	데이터 수정	작성한 보고서의 데이터 편집 및 서식 수정	13
필수 기능			
3 ▲	문서 저장	작성한 문서 저장 방법	43
4 ▲	스타일	서식 작업 단순화 및 빠른 문서 작성 가능	81
5 ▲	특수 기호/한자 변환	다양한 기호 삽입 및 한글을 한자로 변환하는 기능	14~15
문서 기본 기능			
6 ▲	찾기/바꾸기	수정 텍스트를 찾아 한 번에 모두 변경하는 기능	18~19
시간 단축			
7 ▲	글머리 기호	기호 및 번호 매기기로 내용 정리	32~34
8 ▲	들여쓰기/수준별 목록	첫 줄 들여쓰고 단계별 내용 수준 조정	35~36
9 ▲	줄/단락 간격	가독성을 위한 줄/단락 간격 설정	26
10 ▲	페이지 번호	페이지 번호 삽입 및 서식 지정	95~96
보고서 정리			
11 ▲	그림 삽입	그림 삽입 후 [그림 도구]에서 다양하게 편집	53~55
사용 빈도 높음			
12 ▲	표 삽입	대량의 데이터를 표로 깔끔하게 정리	65~66
13 ▲	차트 삽입	수치 데이터를 한눈에 볼 수 있게 차트 디자인	73~75
14 ▲	표 크기 조절	표의 크기와 셀 너비, 높이 조절	68~69
15 ▲	탭 지정	데이터 줄 맞춰 입력 가능	27~28
16 ▲	머리글/바닥글	페이지마다 반복되는 머리글 편집	97~98
17 ▲	목차 삽입	목차 자동 삽입 가능	90~91
문서 꾸미기			
18 ▲	표지	표지 갤러리에서 쉽고 빠르게 삽입	56
19 ▲	PDF 편집	워드에서 PDF 문서 편집 및 저장	44~46
20 ▲	비디오 파일 삽입	온라인 비디오 파일 삽입 및 재생	63
현업 활용도 ↑			

목차

목차

길벗출판사 홈페이지에 무엇이든 물어보세요!

책을 읽다 막히는 부분이 있으면 '길벗 홈페이지(www.gilbut.co.kr)' 회원으로 가입하고 '고객센터' → '1:1 문의' 게시판에 질문을 올리세요. 지은이와 길벗 독자지원센터에서 신속하고 친절하게 답해 드립니다.

해당 도서의 페이지에서도 질문을 등록할 수 있어요. 홈페이지의 검색 창에 『무작정 따라하기 엑셀&파워포인트&워드+한글』를 입력해 해당 도서의 페이지로 이동하세요. 그런 다음, 질문이 있거나 오류를 발견한 경우 퀵 메뉴의 [도서문의]를 클릭해 문의 내용을 입력해 주세요. 꼭 로그인한 상태로 문의해 주세요.

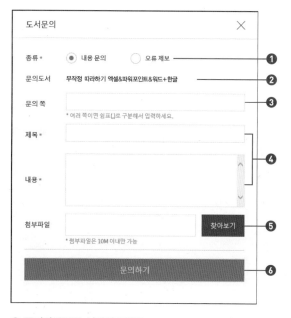

예제파일 및 완성파일 다운로드

길벗출판사(www.gilbut.co.kr)에 접속하고 검색 창에 도서 제목을 입력한 후 [검색]을 클릭하면 학습자료를 다운로드 할 수 있어요. 회원으로 가입하지 않아도 자료를 받을 수 있어요.

❶ 문의의 종류를 선택해 주세요.

❷ 문의할 도서가 맞는지 확인해 주세요.

❸ 질문에 대한 답을 빠르게 찾을 수 있도록 해당 쪽을 기재해 주세요.

❹ 문의 내용을 입력해 주세요.

❺ 길벗 A/S 전담팀과 저자가 질문을 빠르게 파악할 수 있도록 관련 파일을 첨부해 주시면 좋아요.

❻ 모든 내용을 입력했다면 [문의하기]를 클릭해 질문을 등록하세요.

워드의 기본기
익히기

워드는 전문가 수준의 문서를 만들기 위한 워드프로세스 프로그램으로, 이전 버전에 비해 다양한 서식을 지원하기 때문에 문서를 더욱 편리하게 작성할 수 있어요. 그리고 문서 확대 및 축소, 읽은 내용 기억, 언어 교정 등의 읽기 환경이 개선되어 사용자가 문서를 편안하게 읽을 수 있도록 도와줍니다. 이번 장에서는 워드에서 제공하는 다양한 기능을 사용하여 전문가처럼 일목요연하게 문서를 정리하는 방법에 대해 배워보겠습니다.

WORD

01 워드 시작하기

문서 작성 프로그램인 워드에서는 다양한 서식을 지원하고 '레이아웃 정리' 기능과 '언어 교정' 기능 등을 제공하여 사용자가 문서를 쉽게 작성할 수 있도록 도와줍니다. 또한 읽기 편한 가독성과 다양한 읽기 모드를 지원하고 읽은 내용을 기억하는 등 문서를 읽기 위한 기능도 제공해요. 이번 섹션에서는 워드의 화면 구성을 살펴보고 새로운 문서 작성 방법에 대해 살펴봅니다.

PREVIEW

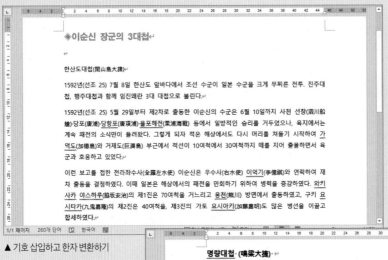

▲ 기호 삽입하고 한자 변환하기

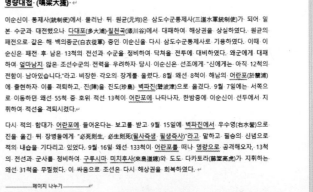

▲ 원하는 위치에서 페이지 나누기

WORD 01 시작 화면 살펴보기

워드를 실행하면 나타나는 시작 화면에서는 최근에 사용한 워드 문서를 빠르게 다시 실행할 수 있어요. 빈 문서로 시작하려면 [새 문서]를 클릭하고, 이미 만들어져 있는 서식 파일을 사용하려면 [새로 만들기]에서 원하는 서식을 선택하여 문서를 빠르게 시작할 수 있습니다. 또한 [열기]를 선택하여 기존에 작성한 문서를 찾아 실행할 수도 있어요.

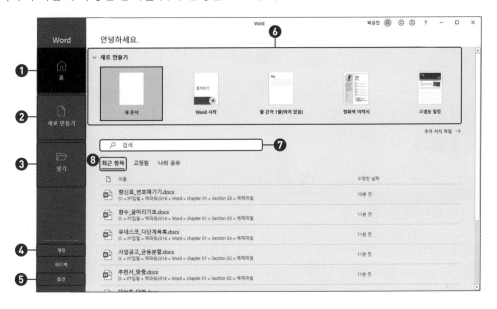

❶ **홈**: 워드 프로그램의 시작 화면으로, [새 문서]와 '최근 항목'의 문서를 빠르게 선택하여 시작할 수 있어요.

❷ **새로 만들기**: 제공된 서식 파일을 이용하여 새 문서를 만들 수 있어요.

❸ **열기**: 최근에 사용한 문서뿐만 아니라 다른 경로(내 컴퓨터, OneDrive 등)에 저장한 문서를 열 수 있어요.

❹ **계정**: 사용하는 장치(PC, 태블릿 등)와 클라우드 서비스에서 마이크로소프트 계정을 설정해 사용할 수 있어요.

❺ **옵션**: 워드의 환경 설정을 변경할 수 있어요.

❻ **[새 문서]와 서식 파일**: 홈 화면에서 선택할 수 있는 기본 서식이나 테마를 사용하여 새 문서를 시작할 수 있어요.

❼ **검색 입력 상자**: 찾으려고 하는 서식 파일의 검색어를 입력하여 온라인 서식 파일을 다운로드할 수 있어요.

❽ **최근 항목**: 최근에 작업한 파일 목록으로, 여기서 원하는 문서를 선택하여 빠르게 실행할 수 있어요.

TIP

워드를 시작할 때마다 시작 화면을 표시하지 않고 곧바로 새로운 문서를 열 수 있어요. **[파일] 탭-[옵션]**을 선택하여 [Word 옵션] 창을 열고 [일반] 범주의 '시작 옵션'에서 [이 응용 프로그램을 시작할 때 시작 화면 표시]의 체크를 해제한 후 [확인]을 클릭하세요.

WORD 02 화면 구성 살펴보기

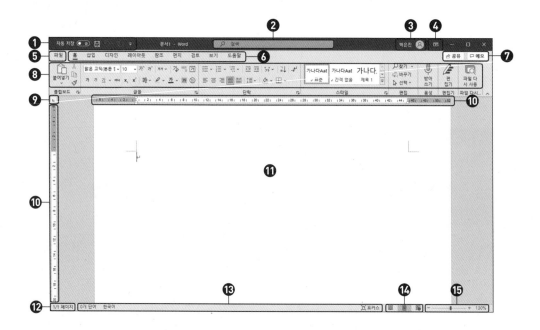

❶ **빠른 실행 도구 모음**: 자주 사용하는 도구를 모아놓은 곳으로, 필요에 따라 도구를 추가 및 삭제할 수 있어요.

❷ **검색 상자**: 워드 기능에 대한 도움말을 실행할 수 있어요.

❸ **사용자 계정**: 로그인한 사용자의 계정이 표시됩니다. 계정을 관리하거나 다른 사용자로 전환할 수 있어요.

❹ **[리본 메뉴 표시 옵션] 단추(▣)**: 리본 메뉴의 탭과 명령 단추들을 모두 표시하거나 숨길 수 있어요.

❺ **[파일] 탭**: 파일을 열고 닫거나 저장 및 인쇄할 수 있고, 공유 및 계정, 내보내기 등의 문서 관리도 가능해요.

❻ **탭**: 클릭하면 기능에 맞는 도구 모음이 나타납니다. 기본적으로 제공되는 탭 외에 도형, 그림, 표 등의 개체를 선택하면 개체를 편집할 수 있는 상황별 탭이 추가로 나타나요.

❼ **공유와 메모**: 공유 기능을 이용해서 해당 문서를 함께 작업하고 있는 다른 사용자를 확인하고 공유 옵션을 지정할수 있습니다. 메모를 이용하면 공동 작업자 간의 의견을 좀 더 쉽게 교환할 수 있어요.

❽ **리본 메뉴**: 선택한 탭과 관련된 명령 단추들이 비슷한 기능별로 묶인 몇 개의 그룹으로 구성되어 있어요.

❾ **탭 선택기**: 클릭할 때마다 왼쪽 탭, 오른쪽 탭 등으로 탭 종류가 변경되어 설정됩니다.

❿ **눈금자**: 가로, 세로 눈금자를 이용하여 텍스트, 그래픽, 표 등을 정렬할 수 있어요.

⓫ **용지**: 워드 문서를 작업하는 기본 공간으로, 개체를 삽입하거나 텍스트를 입력하고 편집할 때 사용해요.

⓬ **페이지 번호**: 문서에 페이지 번호를 표시하고 클릭하여 [탐색] 창을 열고 문서를 검색할 수 있어요.

⓭ **상태 표시줄**: 단어 수와 언어 교정, 언어 정보 등을 나타내고 마우스 오른쪽 단추를 클릭한 후 사용자가 정보를 선택하여 나타낼 수 있어요

⓮ **화면 보기 단추**: 읽기 모드(▣), 인쇄 모양(▣), 웹 모양(▣) 등으로 화면 보기 상태를 선택할 수 있어요.

⓯ **확대/축소 슬라이드바**: 화면 보기 비율을 10~500%까지 축소 또는 확대할 수 있어요.

WORD 03 글꼴, 글꼴 크기, 글꼴 색 변경하기

◉ **예제파일**: 이순신_텍스트.docx ◉ **완성파일**: 이순신_텍스트_완성.docx

1 첫 번째 줄의 제목을 드래그하여 선택하세요. [홈] 탭-[글꼴] 그룹에서 [글꼴]은 [HY견고딕]을, [글꼴 크기]는 [14]를 선택합니다.

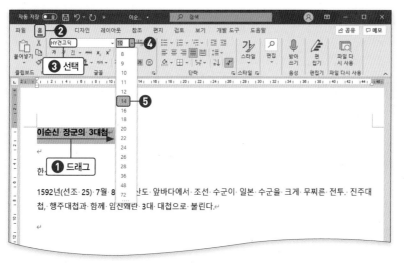

> **TIP**
>
> **단축키**
> - Ctrl + B : 굵게
> - Ctrl + I : 기울임꼴
> - Ctrl + U : 밑줄
> - Ctrl + Shift + > : 글꼴 크기 크게
> - Ctrl + Shift + < : 글꼴 크기 작게

2 제목을 선택한 상태에서 [홈] 탭-[글꼴] 그룹의 [글꼴 색]에서 '테마 색'의 [파랑, 강조 1]을 선택하세요.

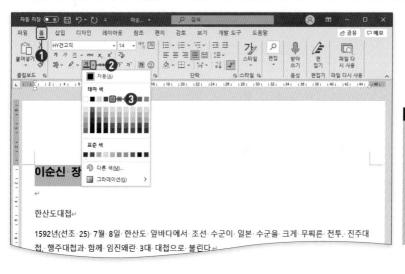

> **TIP**
>
> 텍스트의 크기나 색상 등의 서식을 설정할 때는 먼저 기본 서식으로 텍스트 내용을 모두 입력하고 서식을 변경할 부분만 드래그하여 선택하세요.

04 기호 삽입하고 한자 변환하기

● **예제파일**: 이순신_기호.docx　　● **완성파일**: 이순신_기호_완성.docx

1 기호를 삽입하기 위해 제목의 앞을 클릭하여 커서를 올려놓고 [삽입] 탭-[기호] 그룹에서 [기호]를 클릭한 후 [다른 기호]를 선택하세요.

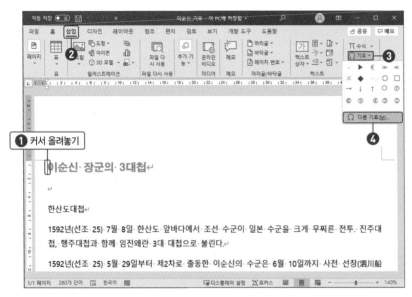

2 [기호] 대화상자의 [기호] 탭이 열리면 '글꼴'은 [(현재 글꼴)]을, '하위 집합'은 [도형 기호]를 지정하고 [◆]를 선택한 후 [삽입]과 [닫기]를 차례대로 클릭하여 기호를 삽입하세요.

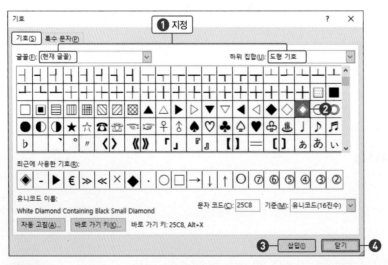

> **TIP**
>
> '글꼴'에서 [Wingdings]를 선택하면 다양한 모양의 그림 기호를 삽입할 수 있어요.

3 '한산도대첩'을 한자로 변환하기 위해 드래그하여 선택하고 **[검토] 탭-[언어] 그룹**에서 **[한글/한자 변환]**을 클릭하세요. [한글/한자 변환] 대화상자가 열리면 '한자 선택'에서는 [閑山島大捷]을, '입력 형태'에서는 [한글(漢字)]을 선택하고 [변환]을 클릭하세요.

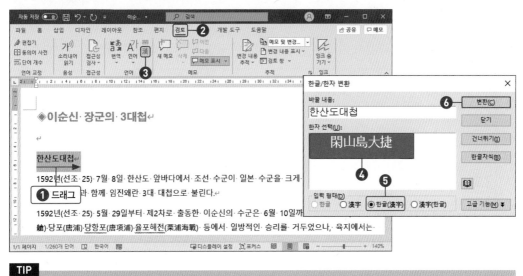

> **TIP**
>
> [한자]를 눌러도 [한글/한자 변환] 대화상자가 열려요.

4 '한산도대첩(閑山島大捷)'과 같이 한글과 한자가 함께 표시되었는지 확인하세요.

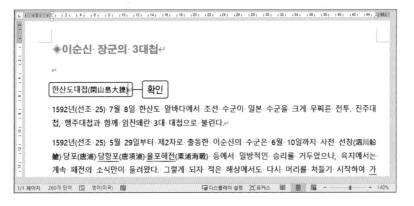

잠깐만요 > [한자 사전] 대화상자에서 한자의 음과 뜻 확인하기

[한글/한자 변환] 대화상자에서 [한자사전] 단추(📖)를 클릭하면 변환할 한자의 음과 뜻을 확인할 수 있는 [한자 사전] 대화상자가 열려요.

우선순위

문서작성

서식지정

문서관리

개체삽입

스타일

문서디자인

양식작성

05 다양한 범위 선택 방법 익히기

◉ **예제파일**: 이순신_범위.docx

1 문서에 입력된 내용 중에서 빠르게 한 줄만 선택하려면 해당 줄의 왼쪽 여백을 클릭하세요.

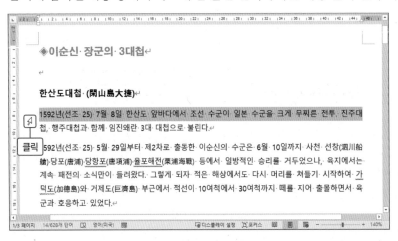

2 이번에는 단축키를 사용하여 문장을 한꺼번에 선택해 볼게요. '1592년(선조 25)~'부터 '들려왔다.'의 문장 중에서 아무 곳에나 마우스 포인터를 올려놓고 Ctrl을 누른 상태에서 클릭하세요.

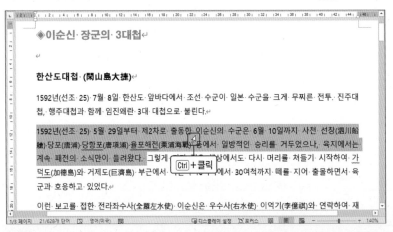

3 한 단락을 선택하려면 해당 단락의 왼쪽 여백을 두 번 클릭하세요.

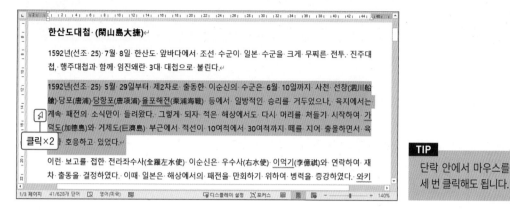

TIP

단락 안에서 마우스를 세 번 클릭해도 됩니다.

4 서로 떨어져 있는 텍스트를 동시에 선택해 볼게요. '1592년(선조 25)'을 드래그하여 선택하고 Ctrl을 누른 상태에서 다음 단락의 '1592년(선조 25)'를 다시 드래그하여 선택하세요.

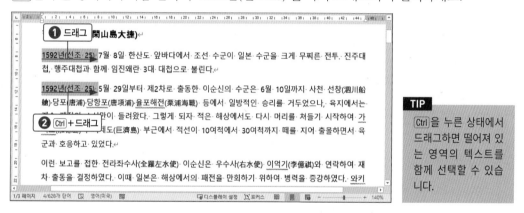

TIP

Ctrl을 누른 상태에서 드래그하면 떨어져 있는 영역의 텍스트를 함께 선택할 수 있습니다.

5 문장 중에서 원하는 부분을 한꺼번에 선택하기 위해 두 번째 단락에서 '이순신의~' 앞을 클릭하여 커서를 올려놓고 Shift를 누른 상태에서 선택하려는 부분의 마지막 단어 뒤를 클릭하세요. 여기서는 '승리'의 뒤를 클릭하여 범위를 선택했어요.

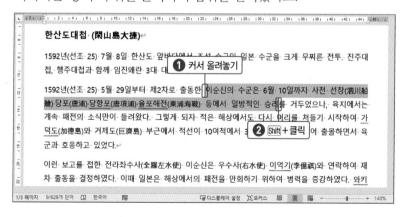

문서작성

서식지정

문서관리

개체삽입

스타일

문서디자인

양식작성

06 **새로운 텍스트로 한 번에 변경하기**

● **예제파일**: 이순신_바꾸기.docx   ● **완성파일**: 이순신_바꾸기_완성.docx

1 변경할 텍스트를 문서의 처음부터 찾아볼게요. 첫 단락의 첫 번째 글자의 앞에 커서를 올려놓고 [홈] 탭-[편집] 그룹에서 [바꾸기]를 클릭하세요.

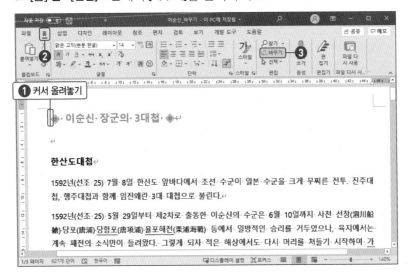

2 [찾기 및 바꾸기] 대화상자의 [바꾸기] 탭이 열리면 '찾을 내용'에는 『대첩』을, '바꿀 내용'에는 『전투』를 입력하고 [모두 바꾸기]를 클릭하세요. 8개 항목이 변경되었다고 알려주는 메시지 창이 열리면 [확인]을 클릭하고 [찾기 및 바꾸기] 대화상자로 되돌아오면 [닫기]를 클릭하세요.

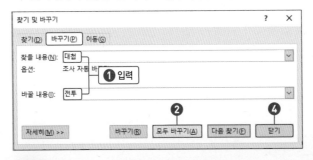

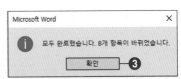

TIP

[찾기/바꾸기] 대화상자에서 [자세히]를 클릭하면 '검색 옵션'과 '바꾸기'의 선택 항목이 확장됩니다. '검색 옵션'에서는 검색할 대상을 좀 더 정확하게 지정하여 선택할 수 있고, '바꾸기'에서는 바꿀 대상의 [서식]과 [옵션]을 이용하면 다양한 서식이나 옵션을 적용하면서 바꿀 수 있어요.

3 문서의 내용 중에서 '대첩'이 모두 '전투'로 변경되었는지 확인하세요.

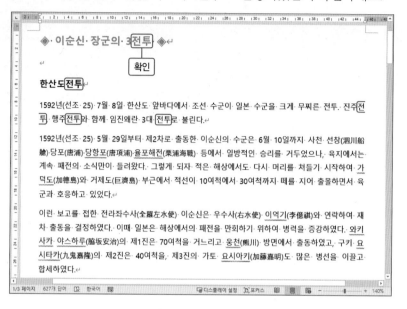

우선순위

문서작성

서식지정

문서관리

개체삽입

스타일

문서디자인

양식작성

잠깐만요 > 텍스트 범위를 선택하는 편리한 방법 살펴보기

텍스트 범위를 선택할 때 단축키를 이용하면 업무 시간을 단축할 수도 있고 문서를 훨씬 더 편리하게 작업할 수도 있어요.

단축키	기능
Shift + ←, →	한 글자씩 선택 범위 확장/취소
Shift + ↑, ↓	한 줄씩 선택 범위 확장/취소
Ctrl + Shift + ←, →	한 단어씩 선택 범위 확장/취소
Ctrl + Shift + ↑, ↓	한 단락씩 선택 범위 확장/취소
F8 누른 후 ←, →	한 글자씩 선택 범위 확장/취소
F8 누른 후 ↑, ↓	한 줄씩 선택 범위 확장/취소
연속해서 F8 누르기	단어 → 단락 → 문서 순으로 선택 범위 확장

07 원하는 위치에서 페이지 나누기

● **예제파일**: 이순신_나누기.docx   ● **완성파일**: 이순신_나누기_완성.docx

1 2페이지의 두 번째 제목인 '노량대첩' 앞에 커서를 올려놓고 **[삽입] 탭-[페이지] 그룹**에서 **[페이지 나누기]**를 클릭하세요.

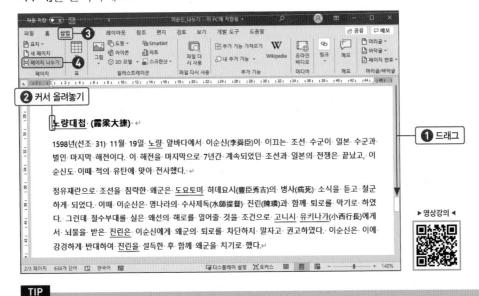

▶영상강의◀

TIP

Ctrl + Enter 를 누르거나 **[레이아웃] 탭-[페이지 설정] 그룹**에서 **[나누기]-[페이지]**를 선택해도 됩니다.

---

2 페이지가 나누어지면서 '노량대첩'부터는 다음 페이지에 나타나는지 확인하세요. **[홈] 탭-[단락] 그룹**에서 **[편집 기호 표시/숨기기]**(Ctrl + *)를 클릭하면 본문에 '페이지 나누기'가 표시됩니다.

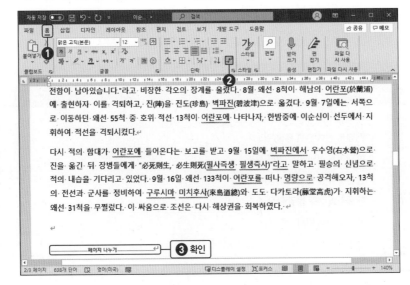

3 편집 기호인 '페이지 나누기'를 드래그하여 선택하고 [Delete]를 누르세요.

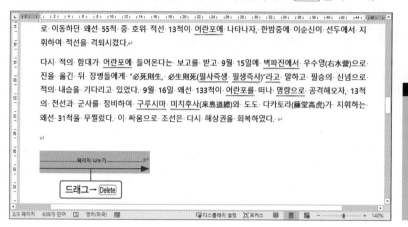

TIP

편집 기호가 숨겨져서 '페이지 나누기'가 보이지 않아도 페이지가 나눠진 위치에 커서를 올려놓고 [Delete]를 몇 번 누르면 다시 페이지가 합쳐집니다.

4 페이지 나누기가 삭제되면서 하나의 페이지에 내용이 다시 합쳐졌는지 확인하세요.

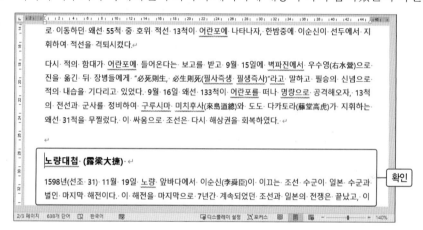

잠깐만요 > 마우스로 텍스트 범위 선택하기

마우스 클릭 방법	기능
페이지 왼쪽 여백에서 한 번 클릭	해당 줄 전체 선택
페이지 왼쪽 여백에서 두 번 클릭	한 단락 선택
페이지 왼쪽 여백에서 세 번 클릭	문서 전체 선택
텍스트 안에서 두 번 클릭	한 단어 선택
텍스트 안에서 세 번 클릭	한 단락 선택
[Ctrl]+클릭	한 문장 선택
[Shift]+클릭	커서 위치부터 클릭한 곳까지 선택
[Ctrl]+드래그	다중 범위 선택

문서작성

서식지정

문서관리

개체삽입

스타일

문서디자인

양식작성

02 서식 지정해 문서 꾸미기

문서를 작성할 때 줄 간격을 설정하거나 일정하게 들여쓰기 간격을 조정하는 것만으로도 문장의 가독성을 높이고 문서가 정돈되어 보이게 할 수 있어요. 따라서 이번 섹션에서는 단락 맞춤과 탭 지정, 텍스트 자동 맞춤 정렬 기능으로 문서를 정리해 보겠습니다. 그리고 탭과 탭 사이에 채움선을 표시하고 테두리 음영을 지정하는 등 문서를 꾸미는 다양한 방법에 대해 배워봅니다.

PREVIEW

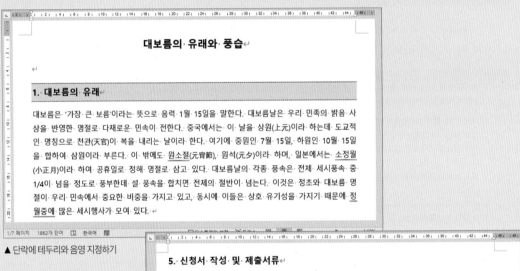

▲ 단락에 테두리와 음영 지정하기

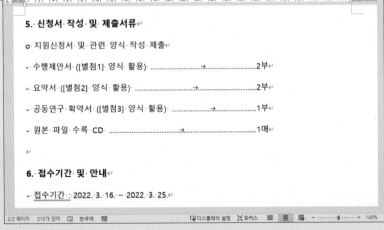

▲ 탭 지정하고 채움선 채우기

섹션별 주요 내용	01	단락 맞춤, 테두리와 음영 지정하기	02	첫 줄 들여쓰기와 여백 지정하기
	03	줄 간격과 단락 간격 지정하기	04	탭 지정하기	05	균등 분할해 텍스트 자동 맞춤하기

WORD 01 단락 맞춤, 테두리와 음영 지정하기

● **예제파일**: 대보름_단락.docx   ● **완성파일**: 대보름_단락_완성.docx

1 첫 줄의 제목에 커서를 올려놓고 **[홈] 탭-[단락] 그룹**에서 **[가운데 맞춤]**을 클릭하세요.

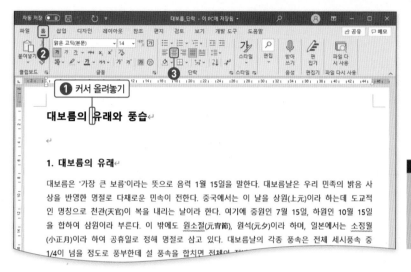

2 '1. 대보름의 유래'의 왼쪽 여백을 클릭하여 문장을 선택합니다. **[홈] 탭-[단락] 그룹**의 **[테두리]**에 서 **[테두리 및 음영]**을 선택하세요.

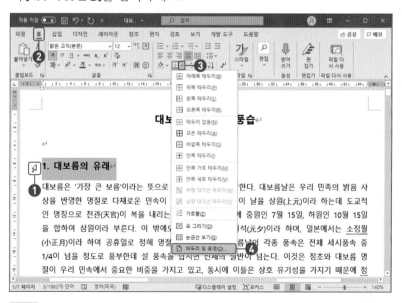

TIP

[홈] 탭-[단락] 그룹에서 **[테두리]**(⊞)를 곧바로 클릭하면 최근에 지정한 테두리로 적용됩니다. 따라서 적용하려는 테두 리 스타일을 변경하려면 **[테두리]**(⊞)의 목록 단추(▼)를 클릭한 후 원하는 테두리를 선택하세요.

3 [테두리 및 음영] 대화상자가 열리면 [테두리] 탭의 '설정'에서는 [사용자 지정]을, '스타일'에서는 세 번째에 있는 [점선]을 선택하고 '미리 보기'에서 [위쪽 테두리](▦)와 [아래쪽 테두리](▦)를 차례대로 클릭하세요. [음영] 탭을 클릭하고 '채우기'에서 '테마 색'의 [밝은 회색, 배경 2]를 선택한 후 [확인]을 클릭하세요.

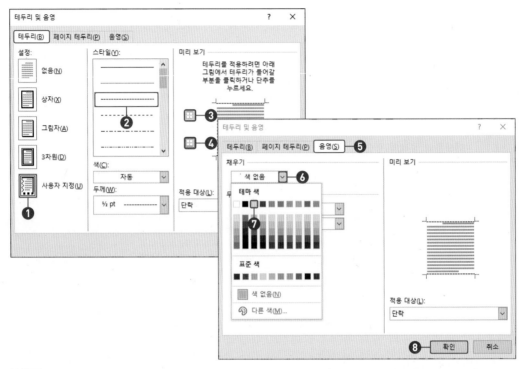

TIP
오른쪽 미리 보기 그림에서 위쪽과 아래쪽에 점선이 설정되었는지 미리 확인할 수 있고 그림의 테두리 위치를 클릭해도 설정을 변경할 수 있어요.

4 소제목의 단락에 테두리와 음영이 지정되었는지 확인하세요.

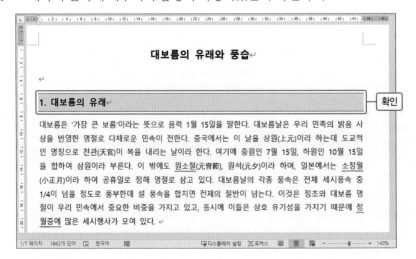

WORD 02 첫 줄 들여쓰기와 여백 지정하기

◉ **예제파일**: 대보름_첫줄.docx ◉ **완성파일**: 대보름_첫줄_완성.docx

1 본문의 첫 번째 단락에 커서를 올려놓고 **[홈] 탭-[단락] 그룹**에서 **[단락]** 대화상자 표시 아이콘(⌐)을 클릭하세요. [단락] 대화상자가 열리면 [들여쓰기 및 간격] 탭에서 '들여쓰기'의 '왼쪽'은 [1.5글자], '첫 줄'은 [3글자]로 지정하고 [확인]을 클릭하세요.

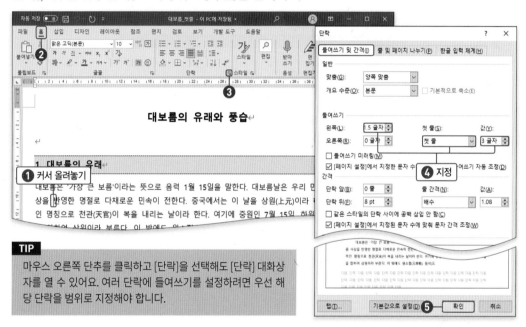

> **TIP**
>
> 마우스 오른쪽 단추를 클릭하고 [단락]을 선택해도 [단락] 대화상자를 열 수 있어요. 여러 단락에 들여쓰기를 설정하려면 우선 해당 단락을 범위로 지정해야 합니다.

2 단락 전체가 왼쪽으로 1.5글자 들여쓰기되면서 첫 번째 줄의 세 글자가 들여쓰기되었는지 확인하세요.

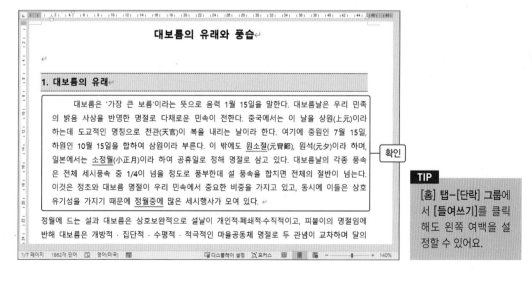

> **TIP**
>
> [홈] 탭-[단락] 그룹에서 [들여쓰기]를 클릭해도 왼쪽 여백을 설정할 수 있어요.

03 줄 간격과 단락 간격 지정하기

● **예제파일**: 대보름_줄간격.docx   ● **완성파일**: 대보름_줄간격_완성.docx

1 '대보름은~'부터 '대보름 행사다'까지 네 개의 단락을 드래그하여 범위로 지정하고 **[홈] 탭-[단락]** 그룹에서 **[선 및 단락 간격]**을 클릭한 후 **[줄 간격 옵션]**을 선택하세요. [단락] 대화상자의 [들여쓰기 및 간격] 탭이 열리면 '간격'의 '단락 뒤'는 [18pt]로, '줄 간격'은 [1줄]로 지정하고 [확인]을 클릭하세요.

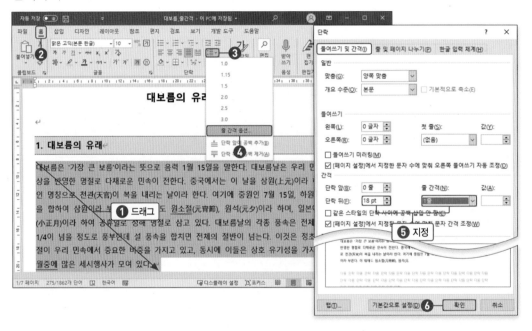

2 줄 사이의 간격은 좁아지고 단락 사이의 간격은 넓게 설정되었는지 확인하세요.

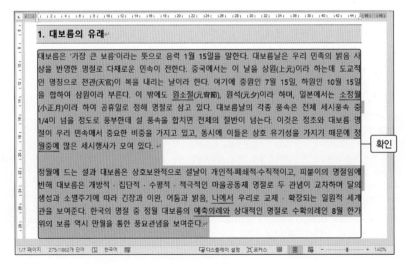

WORD 04 탭 지정하기

◉ **예제파일**: 사업공고_탭.docx　◉ **완성파일**: 사업공고_탭_완성.docx

1 [보기] 탭-[표시] 그룹에서 [눈금자]에 체크해서 눈금자를 표시합니다. 탭을 설정할 단락의 범위를 지정하기 위해 2페이지의 3~6행을 드래그하여 선택하고 [홈] 탭-[단락] 그룹에서 [단락] 대화상자 표시 아이콘(⤓)을 클릭하세요.

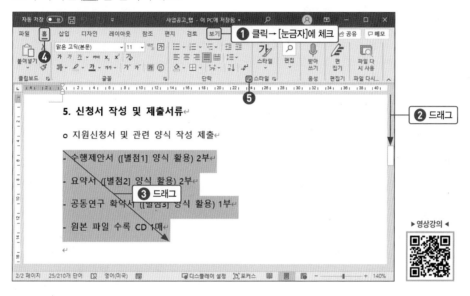

▶영상강의◀

2 [단락] 대화상자의 [들여쓰기 및 간격] 탭이 열리면 [탭]을 클릭하세요.

TIP

Tab 을 누르면 커서의 위치에 따라 첫 줄을 들여쓰거나 왼쪽 여백을 지정할 수 있습니다.

- **첫 줄 들여쓰기**: 단락 첫 줄의 맨 앞에 커서를 올려놓고 Tab 누르기
- **왼쪽 여백**: 단락 첫 줄을 제외한 다른 줄의 맨 앞에 커서를 올려놓고 Tab 누르기

3 [탭] 대화상자가 열리면 '탭 위치'에 『32』를 입력하고 '맞춤'은 [왼쪽]을, '채움선'은 [2 ....]를 선택한 후 [설정]과 [확인]을 차례대로 클릭하세요.

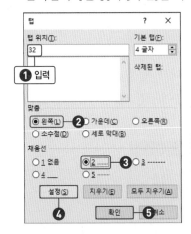

4 탭의 위치와 채움선의 모양을 지정했으면 '2부'의 앞에 커서를 올려놓고 [Tab]을 누릅니다. 그러면 탭 사이에 채움선이 표시되면서 '2부' 단어는 '32(글자)'의 위치로 이동되어 왼쪽 맞춤됩니다. 이와 같은 방법으로 다른 단락의 탭도 지정할 수 있어요.

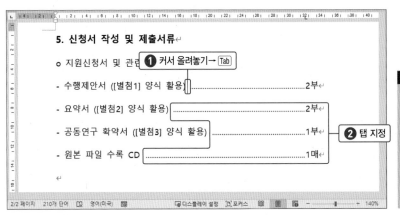

잠깐만요 > 탭의 종류와 채움선 살펴보기

눈금선에 있는 탭을 이용해서 맞춤 정렬할 수 있고 채움선을 이용해서 탭과 값 사이를 원하는 모양의 선으로 채울 수 있습니다.

탭 모양	종류	기능
⌞	왼쪽 탭	지정한 탭 값에서 왼쪽 맞춤으로 정렬
⌴	가운데 탭	지정한 탭 값에서 가운데 맞춤으로 정렬
⌟	오른쪽 탭	지정한 탭 값에서 오른쪽 맞춤으로 정렬
⌴	소수점 탭	지정한 탭 값에서 소수점을 기준으로 정렬
	채움선	탭과 다음 값 사이를 선택한 모양의 선으로 채움

WORD 05 균등 분할해 텍스트 자동 맞춤하기

● **예제파일**: 사업공고_균등분할.docx   ● **완성파일**: 사업공고_균등분할_완성.docx

1 2페이지의 '6. 접수기간 및 안내'에서 '접수기간'을 드래그하여 선택하고 Ctrl을 누른 상태에서 '접수처', '주소', '문의', '제출방법'을 차례대로 드래그하여 모두 선택한 후 **[홈] 탭-[단락] 그룹**에서 **[균등 분할]**을 클릭하세요. [텍스트 자동 맞춤] 대화상자가 열리면 '새 텍스트 너비'를 [5글자]로 지정하고 [확인]을 클릭하세요. 선택한 텍스트 중에서 '접수기간', '제출방법'의 길이가 네 글자이므로 '새 텍스트 너비'를 네 글자 이상의 값으로 지정합니다.

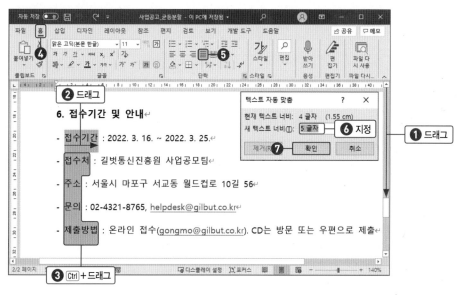

2 선택한 다섯 개의 단어가 다섯 글자의 너비에 맞춰지면서 깔끔하게 정리되었는지 확인하세요.

> **TIP**
>
> 균등 분할된 단어는 클릭하면 하늘색 밑줄이 생깁니다. 그리고 [텍스트 자동 맞춤] 대화상자에서 [제거]를 클릭하면 설정된 균등 분할을 삭제할 수 있어요.

03 번호와 글머리 기호로 목록 만들기

목록에 글머리 기호나 번호를 삽입하면 내용의 계층과 순서를 좀 더 일목요연하게 정리할 수 있어요. 따라서 많은 양의 텍스트도 한눈에 보기 쉽게 정리할 수 있죠. 이번 섹션에서는 글머리 기호를 적용하고 번호 스타일을 지정하는 방법부터 다단계 수준별로 목록을 지정하는 방법을 익혀서 문서를 더욱 보기 좋게 작성해 보겠습니다. 또한 시작 번호를 변경하여 원하는 번호부터 시작하는 방법도 배워봅니다.

PREVIEW

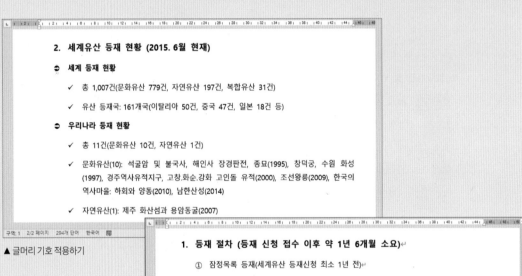

▲ 글머리 기호 적용하기

▲ 번호 매기기

WORD 01 번호 스타일 목록 만들기

● **예제파일**: 유네스코_번호목록.docx ● **완성파일**: 유네스코_번호목록_완성.docx

1 2페이지에서 '1. 등재 절차~'의 아래쪽에 있는 여섯 줄을 드래그하여 모두 선택합니다. [홈] 탭-[단락] 그룹에서 [번호 매기기]의 목록 단추(⌄)를 클릭하고 '번호 매기기 라이브러리'의 원 번호 스타일을 선택하세요.

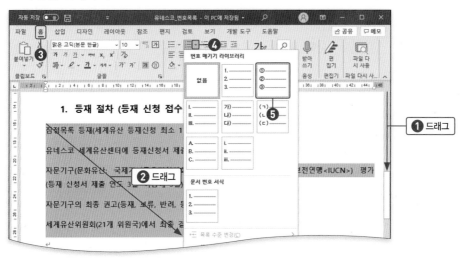

2 단락의 앞에 번호가 추가되면 [홈] 탭-[단락] 그룹에서 [들여쓰기]를 클릭하여 들여쓰세요.

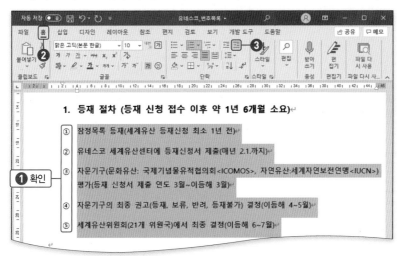

> **TIP**
>
> 목록의 마지막 위치에서 Enter 를 누르면 다음 단락에도 번호가 이어져서 입력됩니다. 이때 텍스트를 입력하지 않고 Enter 를 한 번 더 누르면 번호 매기기가 중단됩니다.

02 # 글머리 기호의 스타일 지정하기

◉ **예제파일**: 유네스코_글머리기호.docx　◉ **완성파일**: 유네스코_글머리기호_완성.docx

1 2페이지에서 '2. 세계유산 등재 현황'의 하위 항목들을 드래그하여 범위로 지정합니다. [**홈**]
탭-[**단락**] 그룹에서 [**글머리 기호**]의 목록 단추(⌄)를 클릭하고 [**새 글머리 기호 정의**]를 선택하세요.

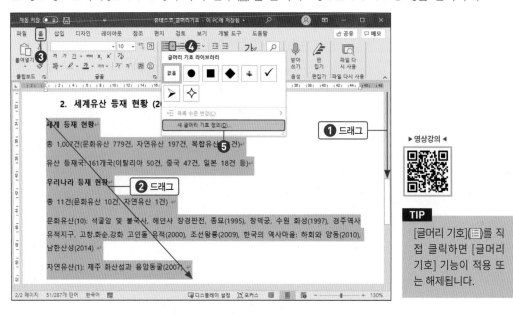

▶영상강의◀

TIP

[글머리 기호](☰)를 직
접 클릭하면 [글머리
기호] 기능이 적용 또
는 해제됩니다.

2 [새 글머리 기호 정의] 대화상자가 열리면 '글머리 기호'에서 [기호]를 클릭하세요.

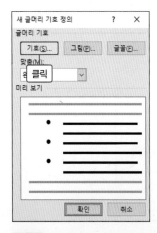

TIP

[새 글머리 기호 정의] 대화상자에서 [그림]을 클릭하면 내 컴퓨터에 저장된 그림 또는 웹에서 검색한 이미지를 글머리
기호로 사용할 수 있고, [글꼴]을 클릭하면 글머리 기호의 서식을 지정할 수 있습니다.

3 [기호] 대화상자가 열리면 '글꼴'에서 [Wingdings]를 선택하고 ➡를 선택한 후 [확인]을 클릭합니다. [새 글머리 기호 정의] 대화상자로 되돌아오면 '미리 보기'에서 글머리 기호가 바뀌었는지 확인하고 [확인]을 클릭하세요.

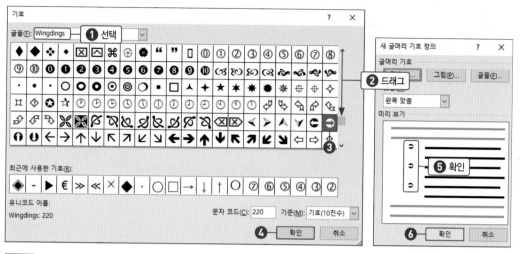

> **TIP**
>
> [기호] 대화상자에서 '글꼴'은 [현재 글꼴]로, '하위 집합'은 [도형 기호]로 선택해도 다양한 모양의 글머리 기호를 삽입할 수 있습니다.

4 지정한 범위에 선택한 글머리 기호가 적용되었는지 확인합니다. '총 1007건~'부터 두 줄을 드래그하여 선택하고 Ctrl을 누른 상태에서 '우리나라 등재 현황' 줄을 제외한 나머지를 모두 드래그하여 선택하세요.

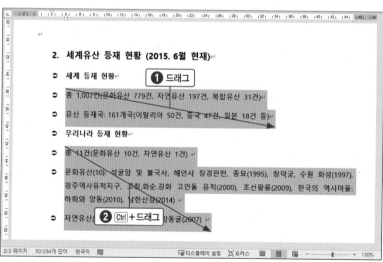

우선순위

문서작성

서식지정

문서관리

개체삽입

스타일

문서디자인

양식작성

5 [홈] 탭-[단락] 그룹에서 [들여쓰기]를 클릭하여 선택한 모든 줄의 내용을 들여쓰기하세요.

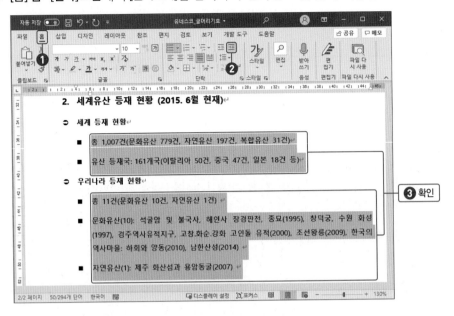

6 [홈] 탭-[단락] 그룹에서 [글머리 기호]의 목록 단추(▾)를 클릭하고 '글머리 기호 라이브러리'에서 ☑를 선택하여 들여쓰기한 단락에 적용하세요.

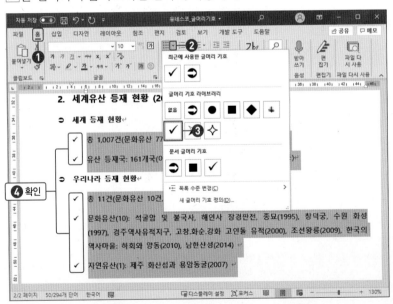

● **예제파일**: 유네스코_다단계목록.docx   ● **완성파일**: 유네스코_다단계목록_완성.docx

1 Ctrl을 이용해서 1페이지의 '3. 등재 기준'의 '가) 공통기준', '다) 문화유산~'을 제외한 나머지 부분을 드래그하여 함께 선택하세요. [홈] 탭-[단락] 그룹에서 [다단계 목록]을 클릭하고 [목록 수준 변경]-[수준 2]를 선택하세요.

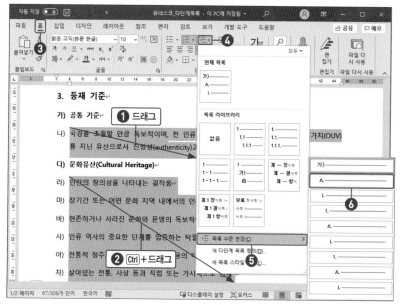

▶영상강의◀

2 이와 같은 방법으로 2페이지의 '다) 자연유산~'을 제외한 나머지 부분을 드래그하여 선택하고 '수준 2'의 번호 목록으로 변경합니다. 추가할 내용을 작성하기 위해 마지막 목록의 끝에 커서를 올려놓고 Enter를 누른 후 '수준 2'의 새 목록이 추가되면 [홈] 탭-[단락] 그룹에서 [내어쓰기]를 클릭하세요.

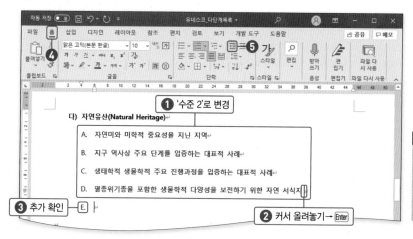

TIP

[내어쓰기]를 클릭하는 대신 Shift+Tab을 눌러도 목록을 '수준 1'로 변경할 수 있어요.

3 목록 수준이 '수준 1'로 변경되면서 '라)'가 표시되면 『복합유산(Mixed Heritage)』을 입력하고 Enter 를 누르세요. 새 목록 '마)'가 표시되면 커서가 있는 상태에서 [홈] 탭-[단락] 그룹의 [들여쓰기]를 클릭하세요.

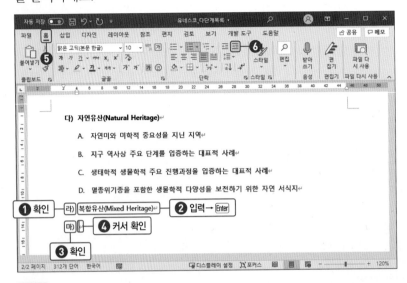

TIP

[들여쓰기]를 클릭하는 대신 Tab 을 눌러도 목록을 '수준 2'로 변경할 수 있어요.

4 목록이 '수준 2'로 변경되면 『문화유산과 자연유산의 특징을 동시에 충족하는 유산』을 입력하세요.

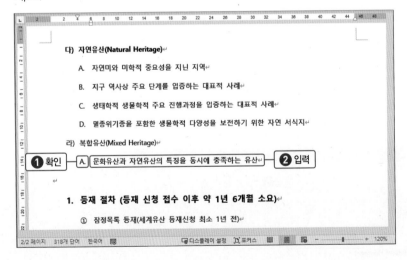

WORD 04 시작 번호 변경하기

● **예제파일**: 유네스코_시작번호.docx. ● **완성파일**: 유네스코_시작번호_완성.docx

1 2페이지의 '1. 등재 절차~'에 커서를 올려놓고 **[홈] 탭–[단락] 그룹**에서 **[번호 매기기]**의 목록 단추(▾)를 클릭한 후 **[번호 매기기 값 설정]**을 선택합니다. [번호 매기기 값 설정] 대화상자가 열리면 앞페이지와 연속되도록 번호를 설정하기 위해 '시작 번호'에 『4』를 입력하고 [확인]을 클릭하세요.

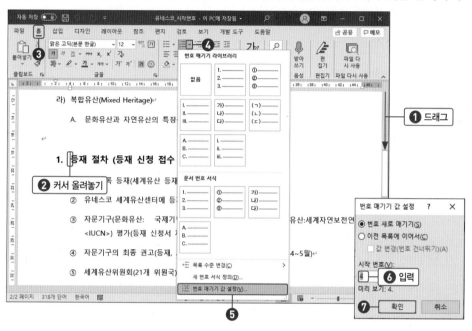

2 4번부터 번호가 매겨졌는지 확인하세요.

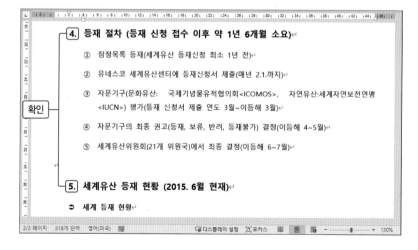

37

● 예제파일: 커뮤니케이션.docx   ● 완성파일: 커뮤니케이션_완성.docx   ▶영상강의◀

찾기 및 바꾸기 이용해 연속된 공백 쉽게 지우기

인터넷이나 데이터베이스 등 외부에서 가져온 자료를 이용해서 워드 문서를 작성할 때 여러 개의 공백 문자가 함께 입력되는 경우가 많습니다. 이러한 공백을 Delete 를 이용하여 일일이 직접 삭제하지 않아도 '바꾸기' 기능을 활용하면 연속된 공백을 쉽게 지울 수 있어요.

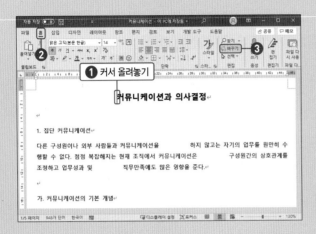

1 문서의 맨 앞에 커서를 올려놓고 [홈] 탭-[편집] 그룹에서 [바꾸기]를 클릭하세요.

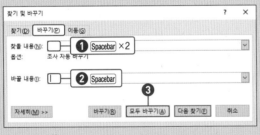

2 [찾기 및 바꾸기] 대화상자의 [바꾸기] 탭이 열리면 '찾을 내용'에는 Spacebar 를 두 번 눌러 두 칸의 공백을, '바꿀 내용'에는 한 칸의 공백을 입력하고 [모두 바꾸기]를 클릭하세요.

3 문서의 처음부터 끝까지 두 칸의 공백을 한 칸의 공백으로, 321개의 항목을 바꾸었다는 메시지 창이 열리면 [확인]을 클릭하세요.

4 [찾기 및 바꾸기] 대화상자의 [바꾸기] 탭으로 되돌아오면 아직 남아있는 공백을 추가로 제거하기 위해 [모두 바꾸기]를 클릭하세요.

5 문서의 처음부터 끝까지 두 칸의 공백을 한 칸의 공백으로, 163개의 항목을 바꾸었다는 메시지 창이 다시 열리면 [확인]을 클릭하세요. 이와 같은 방법으로 바뀐 항목이 0이 될 때까지 [모두 바꾸기]를 계속 클릭하세요.

6 [찾기 및 바꾸기] 대화상자의 [바꾸기] 탭에서 더 이상 바꿀 항목이 없으면 [닫기]를 클릭하세요.

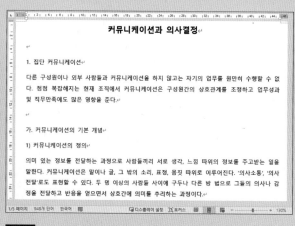

7 문서에서 두 칸의 공백을 한 칸의 공백으로 변경하는 방법으로 연속된 공백 문자를 제거했습니다. 문자 사이에 남아 있는 필요 없는 한 칸의 공백을 하나씩 확인하면서 띄어쓰기를 점검하세요.

TIP

공백 대신 불필요한 문자가 삽입된 경우에도 드래그하여 선택이 가능하다면 복사(Ctrl+C)한 후 [찾기 및 바꾸기] 대화상자의 '찾을 내용'에서 붙여넣기(Ctrl+V)합니다. 이 상태에서 '바꿀 내용'에 아무것도 입력하지 않고 [모두 바꾸기]를 클릭하면 불필요한 문자를 한 번에 쉽게 지울 수 있어요.

문서 관리와 개체 삽입하기

문서를 작성하기 전에는 반드시 작업 환경을 설정해야 하고 인쇄하기 전에는 미리 보기를 통해 문서의 상태를 점검해 보세요. 문서에서 사용하는 개체는 내용을 돋보이게 하거나 내용을 이해시키는 데 매우 유용합니다. 특히 워드에서는 그림이나 도형 등의 그래픽 개체뿐만 아니라 온라인 비디오와 문서의 표지, 수식, 차트 등의 특별한 개체를 쉽게 삽입하고 편집할 수 있어요. 이번 장에서는 워드로 작성한 문서를 다양한 방법으로 저장해 보고 개체를 사용해 문서의 내용을 보기 쉽게 정리해 보겠습니다.

WORD

01 문서 저장하고 페이지 설정 및 인쇄하기

워드로 문서를 작성하려면 용지와 여백 방향이 설정되어야 편리하게 작업할 수 있습니다. 문서를 작성하는 중간에 서식이나 개체의 위치를 바꾸면 문서 전체의 구조가 변경되어 문서 작업을 처음부터 다시 해야 할 수도 있어요. 따라서 문서에 텍스트를 입력하기 전에 사용자에게 맞는 환경을 설정해 놓는 것이 좋아요. 이번 섹션에서는 페이지 레이아웃과 여백 등의 기본 설정 방법과 문서 저장의 다양한 형식에 대해 배워봅니다.

PREVIEW

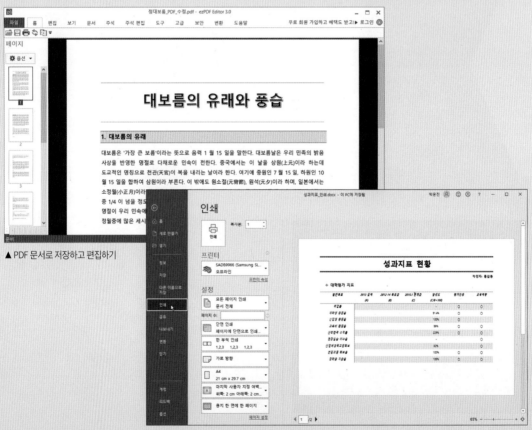

▲ PDF 문서로 저장하고 편집하기

▲ 용지 방향과 여백 조절해 인쇄하기

WORD 01 새 문서 저장하기

● **예제파일**: 새 워드 문서에서 실습하세요.

1 새로 작성한 문서를 저장하려면 **[파일] 탭-[저장]**([Ctrl]+[S])을 선택하거나 빠른 실행 도구 모음에서 [저장] 도구(🖫)를 클릭하세요. 문서를 처음 저장하면 **[파일] 탭-[저장]**을 선택해도 [다른 이름으로 저장] 화면이 열리는데 [이 PC]를 더블클릭하거나 [찾아보기]를 클릭하세요.

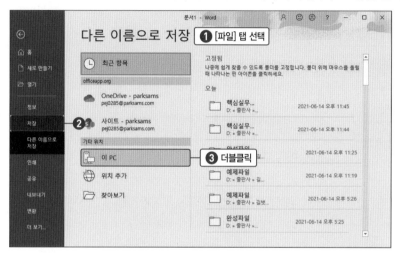

2 [다른 이름으로 저장] 대화상자가 열리면 저장하려는 폴더를 선택하고 '파일 이름'에는 원하는 이름을 입력한 후 [저장]을 클릭하세요.

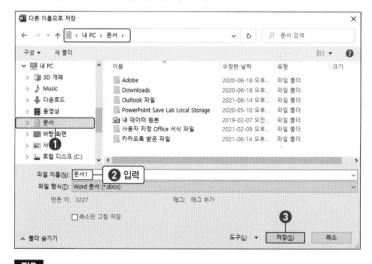

> **TIP**
>
> 이미 저장된 문서의 경우 [저장]을 클릭하면 같은 장소에 같은 이름으로 최종 문서가 저장되므로 더 이상 [다른 이름으로 저장] 대화상자가 열리지 않아요.

02 PDF 문서 열고 편집하기

● **예제파일**: 대보름_PDF.pdf   ● **완성파일**: 대보름_PDF_수정.pdf

1 마이크로소프트 오피스 프로그램에서 작성한 문서는 모두 PDF로 저장할 수 있어요. 특히 워드에서는 PDF 편집 기능으로 편집도 가능합니다. **[파일] 탭-[열기]**를 선택하고 **[찾아보기]**를 선택하세요.

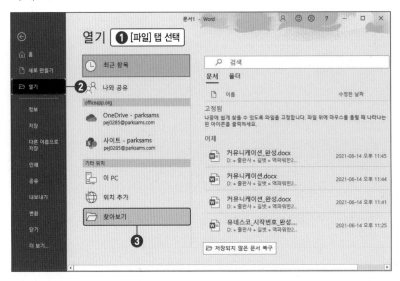

2 [열기] 대화상자가 열리면 PDF 문서가 저장된 폴더에서 '대보름_PDF.pdf'를 선택하고 [열기]를 클릭합니다.

3 워드 문서로 변환된다는 메시지 창이 열리면 [확인]을 클릭하세요.

4 PDF가 워드 문서로 변환되면서 일반적인 문서 편집을 할 수 있게 되었습니다. 제목인 '대보름의 유래와 풍습'을 드래그하여 선택하고 [홈] 탭-[글꼴] 그룹에서 [텍스트 효과와 타이포그래피]를 클릭한 후 [채우기: 검정, 텍스트 색1, 윤곽선: 흰색, 배경색1, 진한 그림자: 흰색, 배경색1]을 선택하세요.

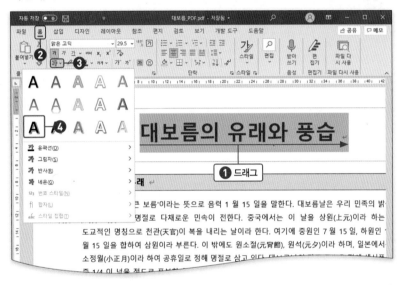

5 워드에서 편집한 문서를 다시 PDF 파일로 저장하려면 [파일] 탭-[내보내기]를 선택하고 [PDF/XPS 문서 만들기]-[PDF/XPS 만들기]를 클릭하세요.

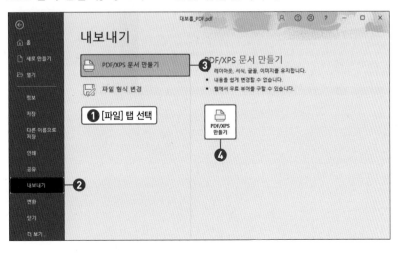

우선순위

문서작성

서식지정

문서관리

개체삽입

스타일

문서디자인

양식작성

6 [PDF 또는 XPS로 게시] 대화상자가 열리면 파일을 저장할 폴더 위치를 선택합니다. '파일 이름'에『대보름_PDF_수정』을 입력하고 [게시]를 클릭하세요.

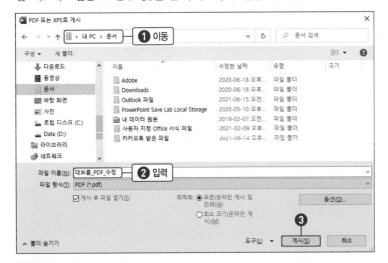

TIP

'파일 형식'이 [PDF (*.pdf)]로 지정되어 있는지 확인하세요.

7 PDF 문서가 제대로 저장되었는지 확인하기 위해 PDF 뷰어를 설치하고 문서를 열어보세요.

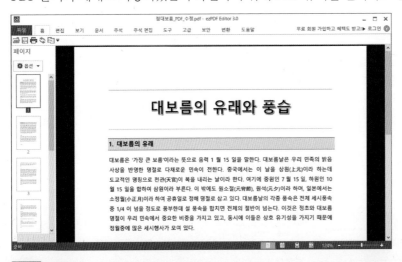

TIP

윈도우 10 운영체제가 설치된 컴퓨터이면 마이크로소프트 엣지(Micorsoft Edge) 등의 웹 브라우저에서 PDF 문서를 확인할 수 있어요.

WORD 03 용지의 방향 지정하고 페이지 나누기

● 예제파일: 성과지표_용지.docx ● 완성파일: 성과지표_용지_완성.docx

1 예제에서 제공하는 문서의 내용은 표의 자료가 가로 방향으로 작성되어 있어서 문서를 쉽게 편집하기 위해 세로 방향을 바꿔보겠습니다. [레이아웃] 탭-[페이지 설정] 그룹에서 [용지 방향]-[가로]를 선택하세요.

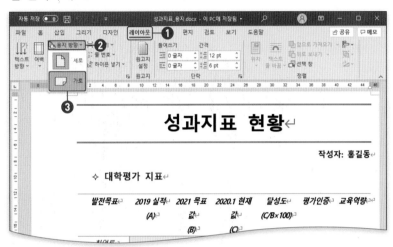

▶영상강의 ◀

2 용지의 방향이 가로 방향으로 바뀌면서 페이지의 너비만큼 표가 넓어졌는지 확인하세요. '성과지표'의 앞에 커서를 올려놓고 [레이아웃] 탭-[페이지 설정] 그룹에서 [나누기]를 클릭한 후 '페이지 나누기'에서 [페이지]를 선택하세요.

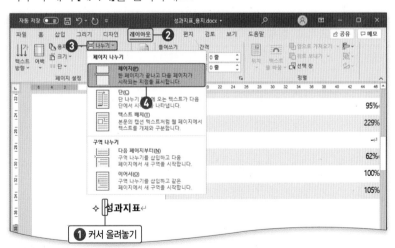

TIP

용지의 방향이 바뀔 때 표의 너비가 자동으로 조절되지 않으면 [레이아웃] 탭-[표] 그룹에서 [속성]을 클릭하세요. [속성] 대화상자가 열리면 [표] 탭의 '크기'에서 [너비 지정]의 체크를 해제합니다.

3 '성과지표' 항목의 위치가 2페이지로 이동되었으면 페이지 전체를 한눈에 보기 위해 **[보기]** **탭-[확대/축소] 그룹**에서 **[페이지 너비]**를 클릭하세요.

TIP

화면의 오른쪽 아래에 있는 [확대/축소 비율](120%)을 클릭하여 [확대/축소] 대화상자를 열고 [페이지 너비에 맞게]를 선택해도 됩니다.

4 페이지 너비만큼 보기 형식이 변경되었는지 확인하세요.

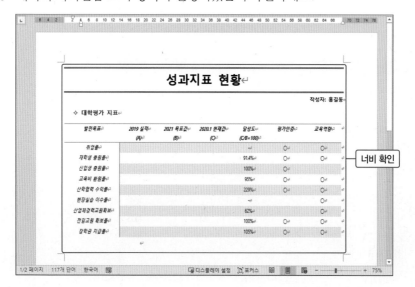

WORD 04 페이지의 여백 지정하기

◉ **예제파일**: 성과지표_여백.docx   ◉ **완성파일**: 성과지표_여백_완성.docx

1 [**레이아웃**] 탭-[**페이지 설정**] 그룹에서 [**여백**]을 클릭하고 원하는 여백 설정 항목이 없으면 [**사용자 지정 여백**]을 선택하세요.

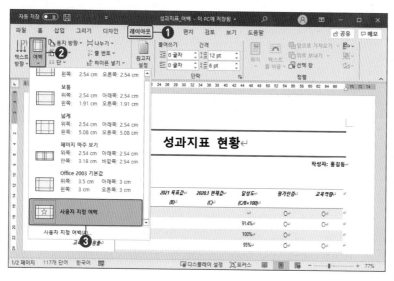

2 [페이지 설정] 대화상자의 [여백] 탭이 열리면 '위쪽'과 '아래쪽'에는 『2cm』를, '왼쪽'과 '오른쪽'에는 『3cm』를 입력하고 [확인]을 클릭하세요.

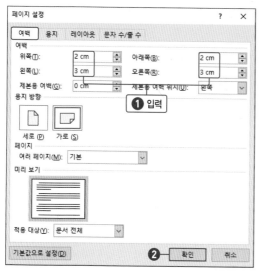

3 문서의 여백이 지정한 간격만큼 변경되었는지 확인하세요.

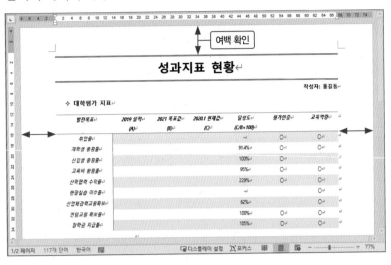

잠깐만요 > 잘 변환되지 않는 문서 요소와 문서 저장 파일 형식 살펴보기

1. 잘 변환되지 않는 문서 요소

다음은 PDF를 Word 형식으로 변환할 때 문제가 발생하는 것으로 알려진 요소입니다. 따라서 PDF에 다음과 같은 요소가 포함된 경우 워드 문서로 변환하는 대신 직접 여는 것이 좋습니다.

- 셀 간격이 있는 표
- 프레임
- 오디오
- PDF 책갈피
- 네온

- 페이지 색 및 페이지 테두리
- 여러 페이지에 걸친 각주
- 비디오
- PDF 태그
- 그림자 등과 같은 글꼴 효과 등

- 변경 내용 추적
- 미주
- PDF 활성 요소
- PDF 메모

2. 문서 저장 파일 형식

워드 파일로 문서를 저장하지 않고 다른 형식으로 문서를 저장하려면 [파일] 탭-[다른 이름으로 저장하기]를 선택하여 파일 형식을 변경한 후 저장해야 합니다. 이때 PDF 파일로 저장하려면 [파일] 탭-[내보내기]에서 저장하세요.

파일 형식	확장자	기타 다른 파일 형식	확장자
문서	*.docx	PDF/XPS 문서	*.pdf/*.xps
매크로 사용 문서	*.docm	이전 버전의 워드 파일 형식	*.doc
서식 파일	*.dotx	서식이 있는 텍스트 문서	*.rtf
매크로 사용 서식 파일	*.dotm	웹 페이지 문서	*.html

WORD 05 현재 페이지만 인쇄하기

● **예제파일**: 성과지표_인쇄.docx

1 문서의 인쇄 환경을 설정하기 위해 **[파일] 탭-[인쇄]**를 선택하세요.

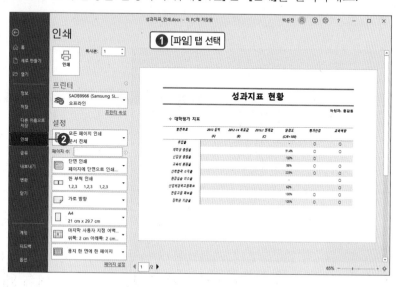

2 전체 문서가 아닌 현재 페이지를 세부 인쇄해 볼게요. '설정'에서 [현재 페이지 인쇄]를 선택하고 '복사본'에 『3』을 입력한 후 [인쇄]를 클릭하세요.

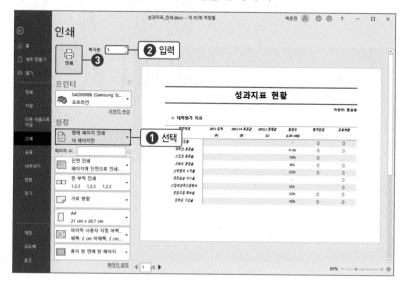

02 필요할 때마다 간편하게 개체 삽입하기

그림을 삽입하고 레이아웃 옵션에서 텍스트와의 배치도 쉽게 설정할 수 있어요. 또한 미리 제공되는 문서 표지를 선택하여 적용할 수도 있고, 자주 사용하는 상용구나 문서 속성, 필드 등 빠른 문서 요소로 저장한 후 필요할 때마다 간편하게 삽입할 수도 있어요. 이번 섹션에서는 삽입한 그림을 텍스트와 어울리게 배치하는 방법부터 메모, 수식, 비디오 삽입 등 다양한 개체 삽입에 대해 배워봅니다.

PREVIEW

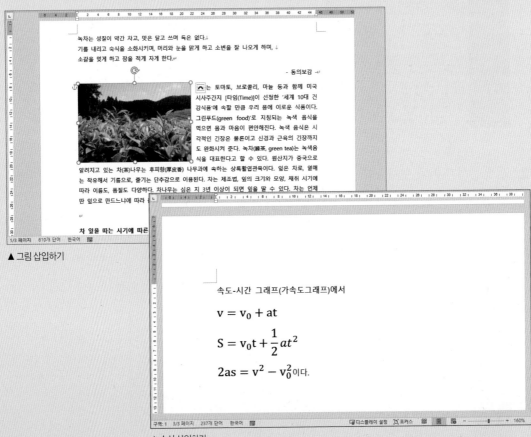

▲ 그림 삽입하기

▲ 수식 삽입하기

WORD 01 그림 삽입하고 텍스트와 어울리게 배치하기

● **예제파일**: 녹차_그림.docx   ● **완성파일**: 녹차_그림_완성.docx

1 '녹차는 토마토~'의 앞을 클릭하여 커서를 올려놓고 **[삽입]** 탭-**[일러스트레이션]** 그룹에서 **[그림]**을 클릭한 후 **[이 디바이스]**를 선택하세요.

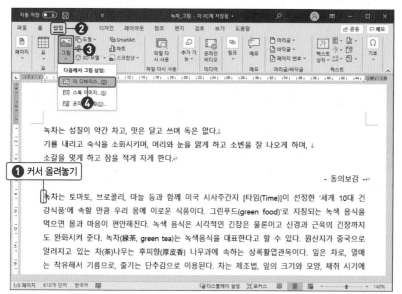

TIP

온라인에서 직접 검색한 그림을 삽입하려면 **[삽입]** 탭-**[일러스트레이션]** 그룹에서 **[그림]**을 클릭하고 **[온라인 그림]**을 선택하세요. **[온라인 그림]** 창이 열리면 웹에서 그림을 검색한 후 문서에 곧바로 삽입할 수 있어요.

2 **[그림 삽입]** 대화상자가 열리면 부록 실습파일에서 '녹차밭.jpg'를 선택하고 **[삽입]**을 클릭하세요.

3 삽입된 그림을 선택한 상태에서 [그림 서식] 탭-[크기] 그룹에서 [고급 레이아웃: 크기] 대화상자 표시 아이콘(⬐)을 클릭하세요.

4 [레이아웃] 대화상자의 [크기] 탭이 열리면 '배율'에서 '높이'와 '너비'를 [30%]로 지정하고 [확인]을 클릭하세요.

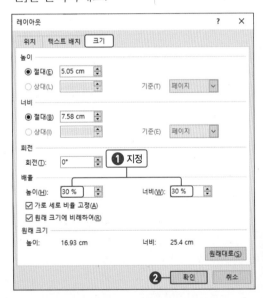

> **TIP**
> [가로 세로 비율 고정]에 체크하면 '높이'에만 배율을 입력해도 '너비'에 자동으로 같은 배율 값이 입력됩니다.

5 삽입된 그림의 오른쪽 위에 표시된 [레이아웃 옵션] 단추(⌃)를 클릭하고 '텍스트 배치'에서 [정사각형]을 선택한 후 [닫기] 단추(×)를 클릭하세요.

TIP

[레이아웃] 대화상자에서 [텍스트 배치] 탭의 '텍스트 줄 바꿈'이나 [그림 서식] 탭-[정렬] 그룹에서 [텍스트 줄 바꿈]을 클릭하여 텍스트 배치를 설정할 수 있어요.

6 그림과 함께 텍스트가 배치되었는지 확인하세요.

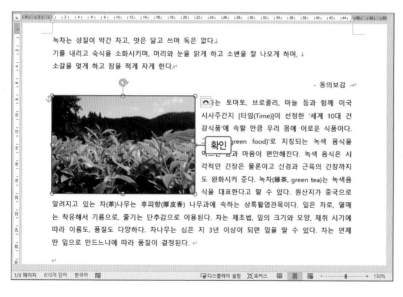

WORD 02 문서 표지 완성하기

● **예제파일**: 녹차_문서표지.docx   ● **완성파일**: 녹차_문서표지_완성.docx

1 [삽입] 탭-[페이지] 그룹에서 [표지]를 클릭하고 [전체]를 선택하세요.

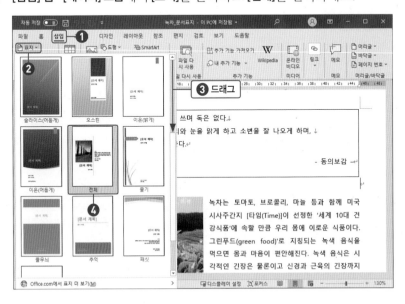

2 표지가 삽입되면 제목에는 『녹차 향기』를, 부제에는 『녹차의 종류와 효능에 대하여』를 입력하여 표지를 완성하세요.

TIP

삽입한 표지를 제거하려면 [삽입] 탭-[페이지] 그룹에서 [표지]를 클릭하고 [현재 표지 제거]를 선택하세요.

WORD 03 하이퍼링크 설정하기

● **예제파일**: 녹차_하이퍼링크.docx   ● **완성파일**: 녹차_하이퍼링크_완성.docx

1 문서의 맨 아래쪽에 있는 '하동녹차 바로가기'를 드래그하여 선택하고 **[삽입] 탭−[링크] 그룹**에서 **[링크]**를 클릭하세요.

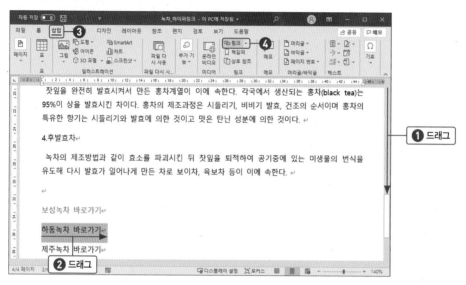

2 [하이퍼링크 삽입] 대화상자가 열리면 '주소'에 『http://www.hadong.go.kr/greentea.web』을 입력하고 [확인]을 클릭하세요.

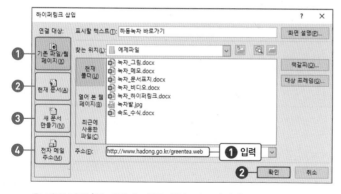

① 기존 파일/웹 페이지: 다른 파일 또는 인터넷 URL로 연결
② 현재 문서: 문서 내 특정 위치로 연결 **예** 문서 맨 위 또는 특정 제목
③ 새 문서 만들기: 아직 만들지 않은 새 파일에 연결
④ 전자 메일 주소: 전자 메일 메시지에 연결

TIP
문서에 웹 주소를 직접 입력해도 하이퍼링크가 자동으로 설정됩니다.

3 '하동녹차 바로가기' 텍스트가 파란색으로 변하면 Ctrl 을 누른 상태에서 텍스트를 클릭하세요. 하이퍼링크가 연결된 텍스트는 Ctrl 을 누른 상태에서 클릭하면 브라우저에서 해당 링크가 열립니다.

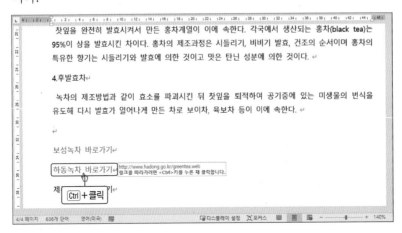

4 인터넷 브라우저가 실행되면서 '하동녹차' 사이트로 이동하는지 확인하세요.

잠깐만요 > 자동 하이퍼링크 기능 해제하기

워드 문서에 인터넷 URL이나 메일 주소를 입력하면 자동으로 하이퍼링크가 설정됩니다. 이 기능을 해제하려면 [파일] 탭-[옵션]을 선택하여 [Word 옵션] 창을 열고 [언어 교정] 범주에서 [자동 고침 옵션]을 클릭하세요. [자동 고침] 대화상자가 열리면 [입력할 때 자동 서식] 탭에서 [인터넷과 네트워크 경로를 하이퍼링크로 설정]의 체크를 해제하세요.

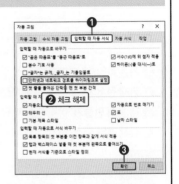

WORD **04** **메모 삽입하고 편집하기**

● **예제파일**: 녹차_메모.docx ● **완성파일**: 녹차_메모_완성.docx

1 1페이지에서 '세계 10대 건강식품'을 드래그하여 선택하고 **[삽입] 탭-[메모] 그룹**에서 **[메모]**를 클릭하세요.

> **TIP**
>
> **[검토] 탭-[메모] 그룹**에서 **[새 메모]**를 클릭해도 메모를 삽입할 수 있습니다.

2 화면의 오른쪽에 『세계 10대 건강식품 확인 부탁드려요..』라고 메모 내용을 입력하세요.

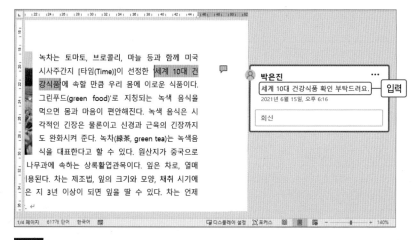

> **TIP**
>
> 메모를 입력한 텍스트에서 마우스 오른쪽 단추를 클릭하고 [메모 편집], [메모에 회신], [메모 삭제], [메모 해결] 등의 작업을 할 수 있습니다.

WORD 05 수식 삽입하고 편집하기

● **예제파일**: 속도_수식.docx   ● **완성파일**: 속도_수식_완성.docx

1 2페이지에서 '6. 가속도'의 아래쪽을 클릭하여 커서를 올려놓고 **[삽입]** 탭-**[기호]** 그룹에서 **[수식]**의 목록 단추(▾)를 클릭한 후 **[잉크 수식]**을 선택하세요.

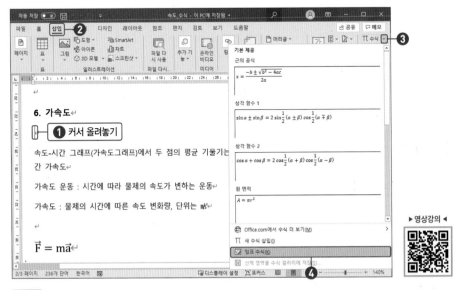

TIP

[삽입] 탭-[기호] 그룹에서 [수식]을 클릭하고 [새 수식 삽입]을 선택하여 수식을 삽입할 수도 있어요.

2 [수학 식 입력 컨트롤] 창이 열리면 마우스나 터치 펜을 이용하여 다음의 그림과 같이 직접 수식을 입력하고 [삽입]을 클릭하세요.

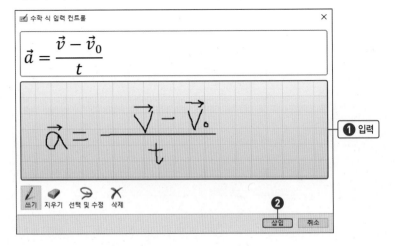

3 '6. 가속도'의 아래쪽에 **1** 과정에서 입력한 수식이 삽입되면 ⊞ 단추를 클릭하여 전체 수식을 선택하고 [홈] 탭-[글꼴] 그룹에서 '글꼴 크기'를 [16]으로 지정하세요. [홈] 탭-[단락] 그룹에서 [왼쪽 맞춤]을 클릭하세요.

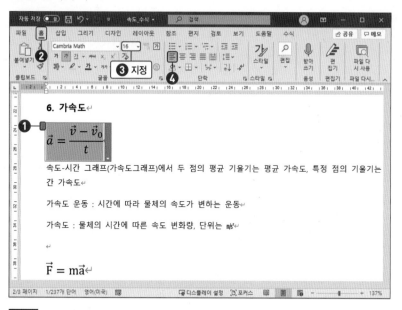

TIP
입력된 수식을 클릭한 상태에서 수식 창의 목록 단추(▯)를 클릭하고 [양쪽 맞춤]-[왼쪽]을 선택해도 됩니다.

4 3페이지 세 번째 줄의 수식을 선택하고 맨 끝부분에 『+』를 입력하세요. [수식] 탭-[구조] 그룹에서 [분수]를 클릭하고 '분수'에서 [상하형 분수]를 선택하세요.

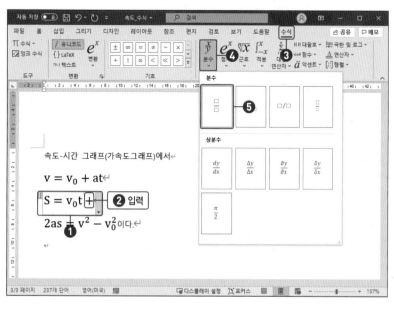

문서작성

서식지정

문서관리

개체삽입

스타일

문서디자인

양식작성

5 삽입된 분수 수식의 아래쪽에는『2』를, 위쪽에는『1』을 입력하세요. 맨 마지막 위치를 클릭하여 커서를 올려놓고 [수식] 탭-[구조] 그룹에서 [첨자]를 클릭한 후 '아래 첨자 및 위 첨자'에서 [위 첨자]를 선택하세요.

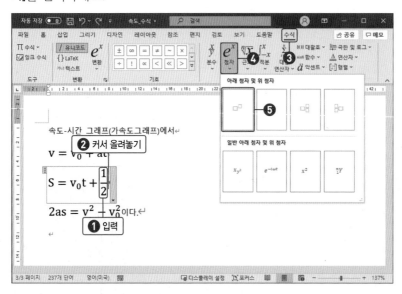

6 입력된 수식 기호의 앞쪽에『at』를 입력하고 첨자 부분을 클릭하여『2』를 입력하세요. 화면의 빈 공간을 클릭하여 수식 편집을 끝내세요.

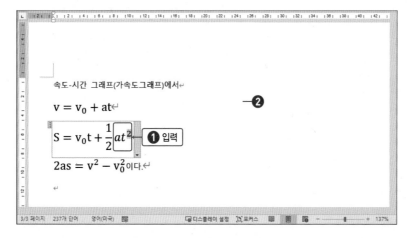

WORD 06 온라인 비디오 삽입하고 재생하기

● **예제파일**: 녹차_비디오.docx ● **완성파일**: 녹차_비디오_완성.docx

1 제목의 아래에 커서를 올려놓고 [삽입] 탭-[미디어] 그룹에서 [온라인 비디오]를 클릭합니다. [비디오 삽입] 대화상자가 열리면 연결할 유튜브의 URL을 입력하고 [삽입]을 클릭하세요.

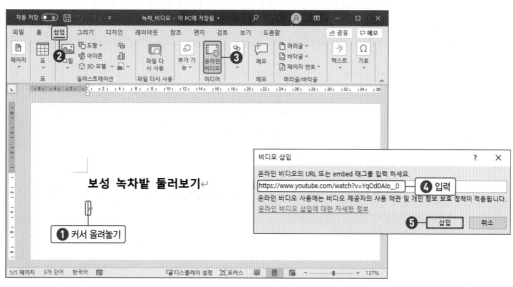

TIP

삽입할 유튜브 비디오의 URL을 확인하고 복사(Ctrl+C)한 후 붙여넣기(Ctrl+V)하세요. 이 실습에서는 유튜브에서 '녹차 향기'를 검색한 후 나온 결과 영상의 주소를 복사해서 사용했어요.

2 문서에 온라인 비디오가 삽입되었는지 확인하고 [재생] 단추(▶)를 클릭하여 곧바로 재생되는지 확인하세요.

03 표와 차트 삽입하기

워드에서는 복잡한 행과 열이 있는 표를 얼마든지 그릴 수 있어요. 삽입한 표에 테두리나 윤곽선을 추가하면 표를 더욱 돋보이게 꾸밀 수도 있고, 수치 데이터를 다양한 모양의 차트를 삽입하여 표현할 수도 있어요. 이번 섹션에서는 스타일 갤러리에서 표와 차트를 선택하여 문서에 빠르게 삽입하는 방법부터 사용자가 원하는 서식 요소를 적용하는 방법까지 배워봅니다.

PREVIEW

▼

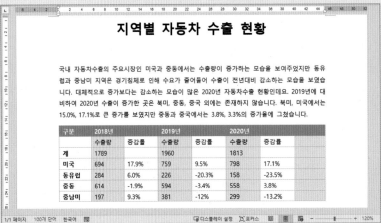

▲ 표 삽입하고 스타일 및 테두리
서식 설정하기

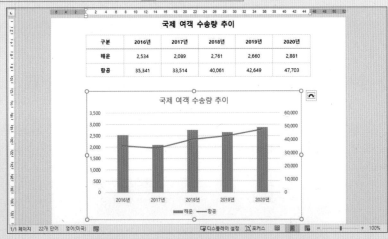

▲ 차트 삽입하고 차트 종류 변경하기

WORD 01 표 삽입하고 스타일 지정하기

● **예제파일**: 자동차_표삽입.docx ● **완성파일**: 자동차_표삽입_완성.docx

1 1페이지의 마지막에 표를 삽입하기 위해 커서를 올려놓습니다. **[삽입] 탭-[표] 그룹**에서 **[표]**를 클릭하고 드래그하여 7×6 크기의 표를 작성하세요.

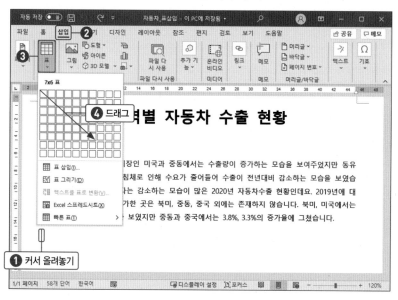

2 방향키(←, ↑, ↓, →)나 [Tab]을 이용하여 다음 셀로 이동하면서 표의 내용을 입력하세요.

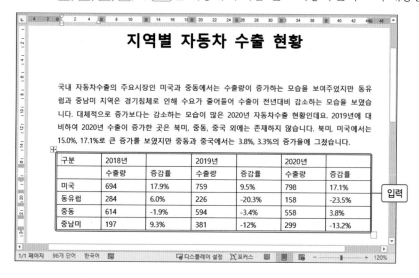

지역별 자동차 수출 현황

국내 자동차수출의 주요시장인 미국과 중동에서는 수출량이 증가하는 모습을 보여주었지만 동유럽과 중남미 지역은 경기침체로 인해 수요가 줄어들어 수출이 전년대비 감소하는 모습을 보였습니다. 대체적으로 증가보다는 감소하는 모습이 많은 2020년 자동차수출 현황인데요. 2019년에 대비하여 2020년 수출이 증가한 곳은 북미, 중동, 중국 외에는 존재하지 않습니다. 북미, 미국에서는 15.0%, 17.1%로 큰 증가를 보였지만 중동과 중국에서는 3.8%, 3.3%의 증가율에 그쳤습니다.

구분	2018년		2019년		2020년	
	수출량	증감률	수출량	증감률	수출량	증감률
미국	694	17.9%	759	9.5%	798	17.1%
동유럽	284	6.0%	226	-20.3%	158	-23.5%
중동	614	-1.9%	594	-3.4%	558	3.8%
중남미	197	9.3%	381	-12%	299	-13.2%

3 표의 왼쪽 위에 있는 ⊞ 단추를 클릭하여 표 전체를 선택합니다. [표 디자인] 탭-[표 스타일] 그룹에서 [자세히] 단추(▽)를 클릭하고 '눈금 표'에서 [눈금 표 4 - 강조색 1]을 선택하세요.

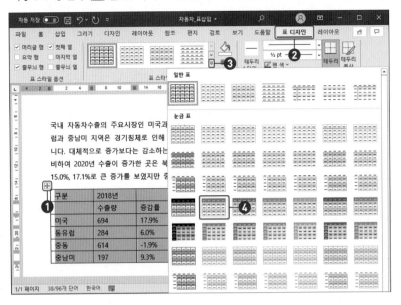

4 표를 선택한 상태에서 [표 디자인] 탭-[표 스타일 옵션] 그룹에서 [줄무늬 행]의 체크를 해제하고 [줄무늬 열]에 체크하여 표를 완성하세요.

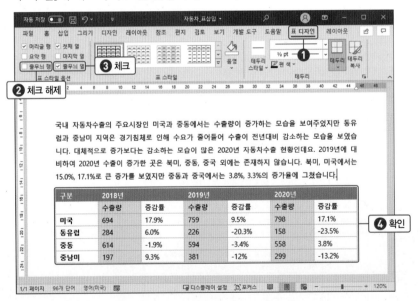

WORD 02 표에 행과 열 추가하기

● **예제파일**: 자동차_행열추가.docx　　● **완성파일**: 자동차_행열추가_완성.docx

1 표의 2행과 3행 사이에 마우스 포인터를 올려놓으면 나타나는 삽입 컨트롤 단추(⊕)를 클릭하세요.

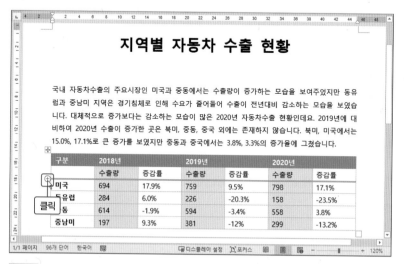

> **TIP**
> 삽입 컨트롤 단추(⊕)는 두 열 사이의 위쪽 또는 두 행 사이의 왼쪽으로 마우스 포인터를 이동하면 나타납니다. 삽입 컨트롤 단추(⊕)를 클릭하면 해당 위치에 새로운 열 또는 행을 삽입할 수 있어요.

2 행이 삽입되면 셀에 『계, 1789, 공백, 1960, 공백, 1813, 공백』을 차례대로 입력합니다. 7열의 아무 셀이나 클릭하여 커서를 올려놓고 [레이아웃] 탭-[행 및 열] 그룹에서 [오른쪽에 삽입]을 클릭하여 맨 오른쪽에 열을 삽입하세요.

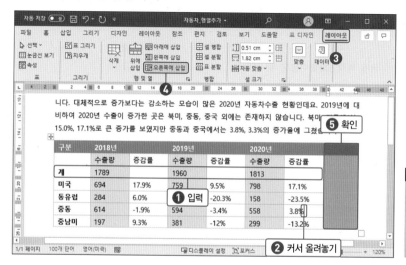

> **TIP**
> 표의 마지막 행의 오른쪽 끝 셀에서 [Tab]을 누르면 맨 아래에 한 행이 삽입됩니다.

67

03 표의 크기와 셀 너비/높이 조절하기

● 예제파일: 교통_셀크기.docx　　● 완성파일: 교통_셀크기_완성.docx

1 표의 아래쪽에 위치한 크기 조정 핸들(□)에 마우스 포인터를 올려놓고 마우스 포인터가 ↖ 모양으로 변하면 아래쪽으로 드래그하여 표의 전체 크기를 크게 조절하세요. **[레이아웃] 탭-[셀 크기] 그룹**에서 **[자동 맞춤]**을 클릭하고 **[창에 자동으로 맞춤]**을 선택하여 표의 가로 크기를 자동으로 지정하세요.

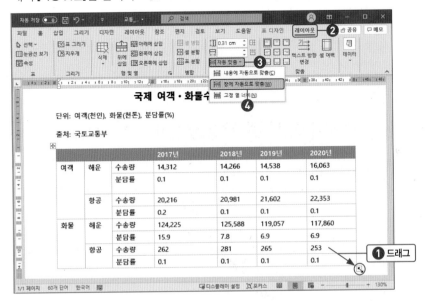

2 '2017년' 열부터 '2020년' 열의 마지막 행까지 드래그하여 범위로 지정하고 **[레이아웃] 탭-[셀 크기] 그룹**에서 **[열 너비를 같게]**를 클릭하세요.

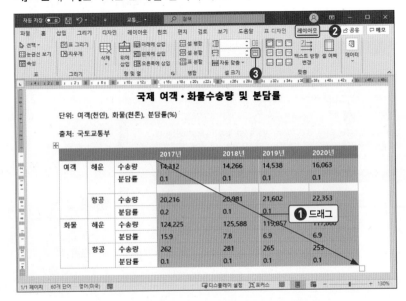

★
우
선
순
위

문서작성

서식지정

문서관리

개체삽입

스타일

문서디자인

양식작성

3 표의 왼쪽 위에 있는 ⊞ 단추를 클릭하여 표 전체를 선택하고 [레이아웃] 탭-[셀 크기] 그룹에서 [행 높이를 같게]를 클릭합니다. [레이아웃] 탭-[맞춤] 그룹에서 [가운데 맞춤]을 클릭하세요.

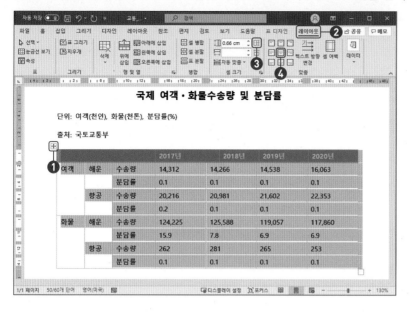

4 숫자가 입력된 셀만 모두 드래그하여 선택하고 [레이아웃] 탭-[맞춤] 그룹에서 [오른쪽 가운데 맞춤]을 클릭하세요.

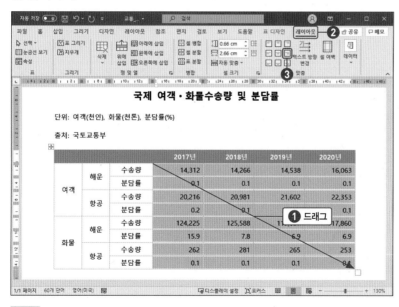

TIP
숫자는 오른쪽 맞춤으로 정렬하면 값을 좀 더 쉽게 읽을 수 있어요.

WORD 04 표에 대각선과 테두리 지정하기

● 예제파일: 교통_테두리.docx   ● 완성파일: 교통_테두리_완성.docx

1 첫 번째 셀에 클릭하여 커서를 올려놓습니다. [표 디자인] 탭-[테두리] 그룹에서 [펜 색]의 목록 단추(▾)를 클릭하고 '테마 색'에서 [흰색, 배경 1]을 선택하세요.

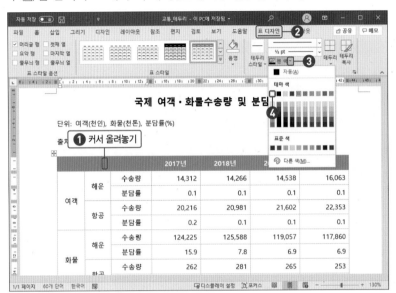

2 [표 디자인] 탭-[테두리] 그룹에서 [테두리]의 [테두리 목록▾]를 클릭하고 [하향 대각선 테두리]를 선택하여 대각선을 그리세요.

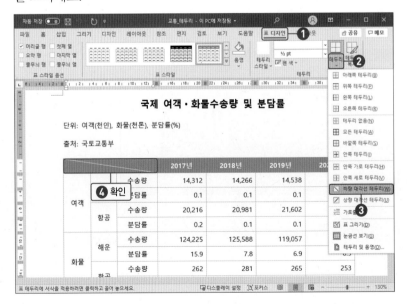

3 첫 번째 행을 드래그하여 범위로 지정하고 **[표 디자인] 탭-[테두리] 그룹**에서 **[테두리]**의 를 클릭한 후 **[안쪽 세로 테두리]**를 선택하세요.

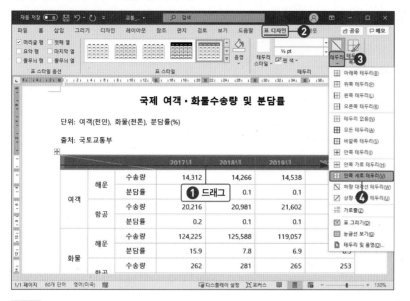

TIP

테두리를 지정할 때는 테두리의 색(펜 색)과 두께(펜 두께)를 먼저 지정하고 적용할 테두리의 위치를 지정해야 합니다.
[표 디자인] 탭-[테두리] 그룹에서 **[테두리]**의 를 클릭하고 **[테두리 및 음영]**을 선택하면 **[선 색]**, **[선 두께]** 등의 다양한 테두리 옵션을 지정할 수 있어요.

4 제목 행을 제외한 나머지를 드래그하여 모두 범위로 선택하고 **[표 디자인] 탭-[테두리] 그룹**에서 '**펜 두께**'를 **[1 1/2pt]**로 지정합니다. 다시 **[펜 색]**을 클릭하고 '**테마 색**'에서 **[파랑, 강조 1]**을 선택하세요.

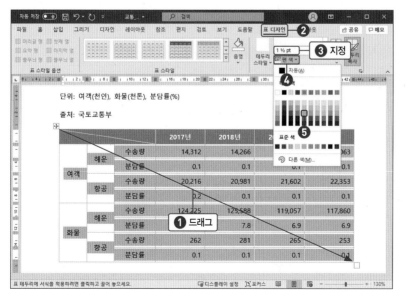

5 [표 디자인] 탭-[테두리] 그룹에서 [테두리]의 테두리를 클릭하고 [바깥쪽 테두리]를 선택하여 앞에서
지정한 펜 두께와 펜 색으로 표현하세요.

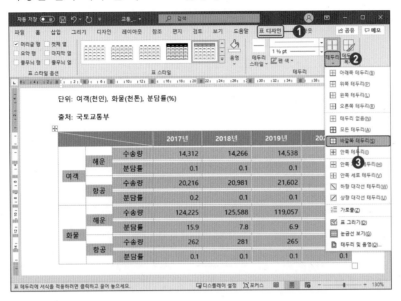

6 '여객' 항목만 드래그하여 범위로 선택하고 [표 디자인] 탭-[테두리] 그룹에서 [테두리]의 테두리를 클
릭한 후 [아래쪽 테두리]를 선택하여 표를 완성하세요.

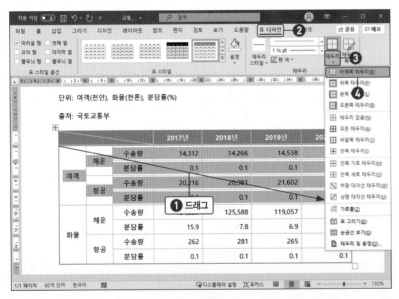

WORD 05 차트 삽입하고 차트의 종류 변경하기

◉ **예제파일**: 교통_차트.docx ◉ **완성파일**: 교통_차트_완성.docx

1 표의 왼쪽 위에 있는 ⊞ 단추를 클릭하여 표 전체를 선택하고 Ctrl+C를 눌러 복사합니다. 표의 아래쪽을 클릭하여 커서를 올려놓고 **[삽입] 탭-[일러스트레이션] 그룹**에서 **[차트]**를 클릭하세요.

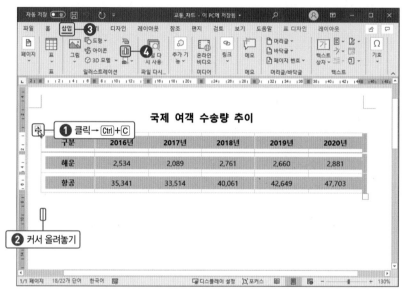

2 [차트 삽입] 대화상자가 열리면 [모든 차트] 탭의 [세로 막대형] 범주에서 [묶은 세로 막대형]을 선택하고 [확인]을 클릭하세요.

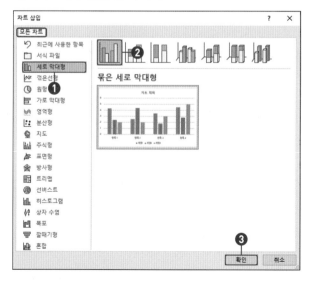

우선순위

문서작성

서식지정

문서관리

개체삽입

스타일

문서디자인

양식작성

3 차트가 삽입되면서 [Microsoft Word의 차트] 창이 열리면 A1셀을 선택하고 [Ctrl]+[V]를 눌러 복사한 데이터를 붙여넣으세요.

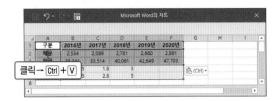

4 [Microsoft Word의 차트] 창의 4행과 5행의 머리글을 드래그하여 4행과 5행 전체를 선택하고 선택 영역에서 마우스 오른쪽 단추를 클릭한 후 [삭제]를 선택하세요.

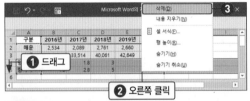

> **TIP**
>
> 데이터를 삭제하지 않고 오른쪽 아래의 파란색 점(▄) 위에 마우스 포인터를 올려놓은 후 ↖ 모양으로 바뀌면 드래그하여 차트를 그릴 영역을 지정할 수도 있어요.

5 기본 묶은 세로 막대형 차트가 만들어지면 **[차트 디자인] 탭-[데이터] 그룹**에서 **[행/열 전환]**을 클릭합니다. 차트의 행과 열이 바뀌었으면 [Microsoft Word의 차트] 창을 닫으세요.

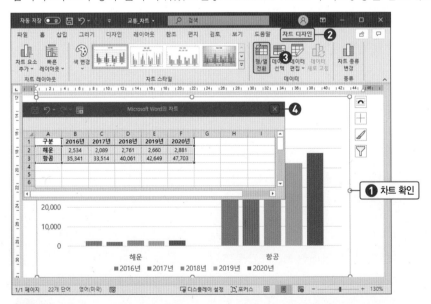

> **TIP**
>
> 만약 [행/열 전환]이 비활성화되어 선택할 수 없으면 **[차트 디자인] 탭-[데이터] 그룹**에서 **[데이터 선택]**을 클릭하여 [데이터 원본 선택] 창을 열고 [행/열 전환]을 클릭하세요.

6 [차트 디자인] 탭-[종류] 그룹에서 [차트 종류 변경]을 클릭합니다. [차트 종류 변경] 대화상자가 열리면 [모든 차트] 탭에서 [혼합]을 선택합니다. [항공]의 '차트 종류'에서 [꺾은선형]을 선택하고 [보조 축]에 체크한 후 [확인]을 클릭하세요.

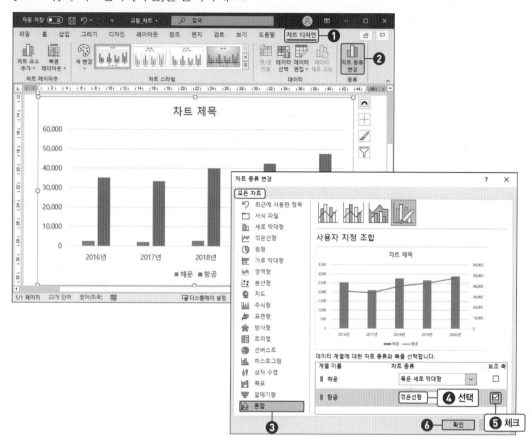

7 콤보 차트가 만들어지면 차트 제목에 『국제 여객 수송량 추이』를 입력하여 차트를 완성하세요.

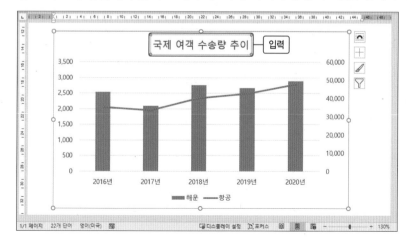

◉ 예제파일: 회의록.docx ◉ 완성파일: 회의록_완성.docx ▶영상강의◀

빠른 문서 요소에 표 추가하고 빠르게 사용하기

빠른 문서 요소 갤러리를 사용하여 상용구, 문서 속성, 필드를 비롯해서 다시 사용 가능한 콘텐츠를 만들고 저장한 후 찾을 수 있어요. 자주 사용하는 표를 빠른 문서 요소 갤러리에 추가해 두면 쉽고 빠르게 사용할 수 있어서 편리해요.

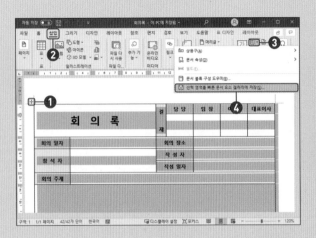

1 표의 왼쪽 위에 있는 ⊞ 단추를 클릭하여 빠른 문서 요소에 추가할 표를 선택합니다. [삽입] 탭-[텍스트] 그룹에서 [빠른 문서 요소 탐색]을 클릭하고 [선택 영역을 빠른 문서 요소 갤러리에 저장]을 선택하세요.

2 [새 문서 블록 만들기] 대화상자가 열리면 '이름'에 『회의록』을 입력합니다. '저장 위치'는 모든 문서에서 사용할 수 있는 [Normal.dotm]을, '옵션'은 [해당 페이지의 내용 삽입]을 선택하고 [확인]을 클릭하세요.

TIP

'저장 위치'에 파일 확장자 없이 [Normal]로 표시될 수도 있습니다.

3 Ctrl+N을 눌러 새 문서를 열고 [삽입] 탭-[텍스트] 그룹에서 [빠른 문서 요소 탐색]을 클릭한 후 '일반'에서 [회의록]을 선택하세요.

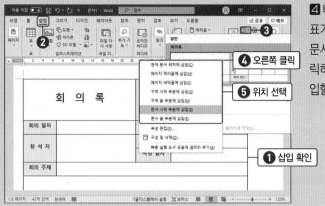

4 빠른 문서 요소 갤러리에 '회의록'으로 저장된 표가 쉽고 빠르게 문서에 삽입되었습니다. 빠른 문서 요소 갤러리에서 마우스 오른쪽 단추를 클릭하면 빠른 문서 요소를 좀 더 다양한 위치에 삽입할 수 있어요.

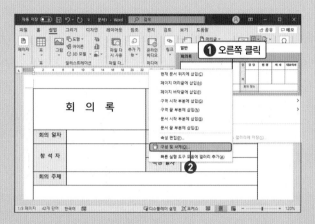

5 필요 없는 문서 요소는 빠른 문서 요소 갤러리에서 마우스 오른쪽 단추를 클릭하고 [구성 및 삭제]를 선택하여 삭제하세요.

6 [문서 블록 구성 도우미] 대화상자가 열리면 등록된 빠른 문서 요소를 편집 또는 삭제할 수 있어요.

고품질의 고급 문서 작성하기

문서에서 자주 반복되는 제목이나 본문의 서식은 매번 지정하는 것보다 라이브러리처럼 등록하여 필요할 때마다 적용하면 편리합니다. 이렇게 스타일을 사용하면 일관성 있는 문서를 더욱 빠르게 작성할 수도 있고 서식의 변경이나 적용이 매우 쉽기 때문에 작업 소요 시간과 비용을 줄일 수도 있어요. 형식이 통일된 고품질 문서를 작성하려면 스타일뿐만 아니라 머리글/바닥글, 페이지 번호를 삽입하고 단과 구역 등을 나누어 문서의 레이아웃을 꾸며야 합니다. 그리고 양식 컨트롤을 사용해서 문서의 형식을 다양하게 다루고 '검토' 기능을 이용해 문서의 변경 내용을 쉽게 관리할 수 있어야 해요. 이번 장에서는 스타일 작성과 함께 엑셀 자료를 바탕으로 '편지 병합' 기능을 이용해서 초청장이나 수료증처럼 이름과 같은 일부 요소만 다른 문서를 쉽게 작성하는 방법을 배워봅니다.

WORD

01 스타일 이용해 일관성 있는 문서 작성하기

스타일을 지정해 두면 적용한 서식을 수정하기 위해 일일이 해당 단락이나 문자를 편집하지 않아도 한 번에 수정하여 변경할 수 있어요. 이번 섹션에서는 작성한 스타일을 직접 적용해 보고 개요 수준을 지정한 후 문서를 확대 및 축소하여 한눈에 정렬해 보겠습니다. 그리고 이렇게 작성한 스타일을 이용해 자동으로 목차도 작성해 보면서 더욱 수준 높게 문서를 완성해 보겠습니다.

PREVIEW

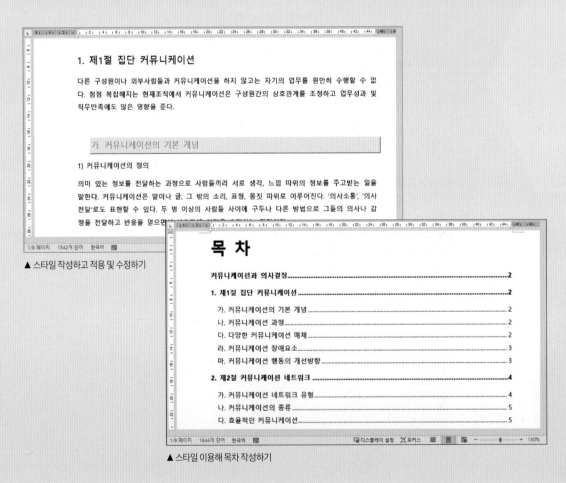

▲ 스타일 작성하고 적용 및 수정하기

▲ 스타일 이용해 목차 작성하기

섹션별 주요 내용
01 | 제목 스타일 지정하기   02 | 단락 스타일 지정하고 적용하기   03 | 서식 변경해 스타일 수정하기
04 | 스타일에 개요 수준 지정하기   05 | 스타일 이용해 자동 목차 작성하기

WORD 01 제목 스타일 지정하기

● 예제파일: 커뮤니케이션_스타일.docx ● 완성파일: 커뮤니케이션_스타일_완성.docx

1 '커뮤니케이션과 의사결정'에 커서를 올려놓고 [홈] 탭-[스타일] 그룹에서 [자세히] 단추(▽)를 클릭하세요. 스타일 갤러리 목록이 나타나면 [제목] 스타일을 선택하여 제목에 스타일을 적용하세요.

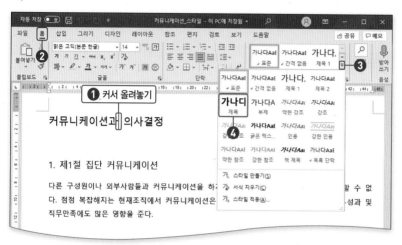

TIP

스타일은 대부분 단락 스타일이기 때문에 제목을 드래그할 필요 없이 단락 안에 커서만 올려놓으면 됩니다. 적용할 스타일이 바로 보이지 않으면 [자세히] 단추(▽)를 클릭하여 더 많은 스타일 갤러리에서 스타일을 선택하세요

2 두 번째 수준의 제목인 '1. 제1절 집단 커뮤니케이션'을 드래그하여 선택하거나 커서를 올려놓으세요. [홈] 탭-[편집] 그룹에서 [선택]을 클릭하고 [비슷한 서식의 모든 텍스트 선택(데이터 없음)]을 선택하세요.

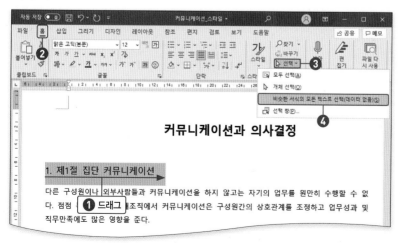

3 다른 절에 있는 같은 수준의 제목이 동시에 선택되면 **[홈] 탭-[스타일] 그룹**에서 **[자세히]** 단추(▾)를 클릭하고 **[제목1]** 스타일을 선택합니다.

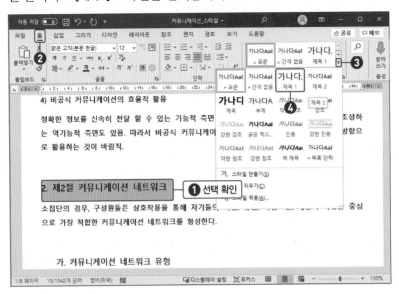

4 모든 절(제1절, 제2절, 제3절, …) 단위 제목에 '제목 1' 스타일이 한 번에 적용되었는지 확인하세요.

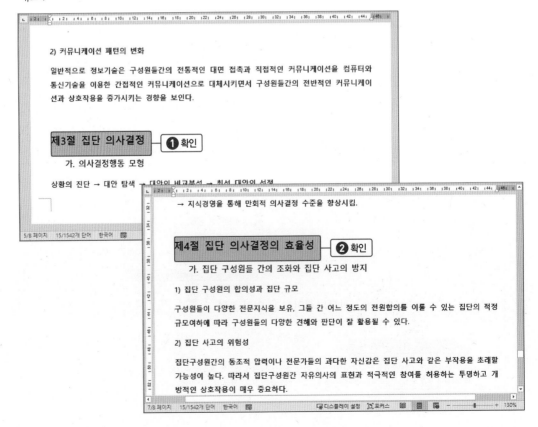

WORD 02 단락 스타일 지정하고 적용하기

◉ **예제파일**: 커뮤니케이션_단락스타일.docx   ◉ **완성파일**: 커뮤니케이션_단락스타일_완성.docx

1 이미 적용된 서식을 새로운 스타일 이름으로 지정해 볼게요. '가. 커뮤니케이션의 기본 개념'을 드래그하여 선택하고 **[홈] 탭-[스타일] 그룹**에서 **[자세히]** 단추(▼)를 클릭한 후 **[스타일 만들기]**를 선택하세요. [서식에서 새 스타일 만들기] 대화상자가 열리면 '이름'에 『소제목』을 입력하고 [확인]을 클릭하세요.

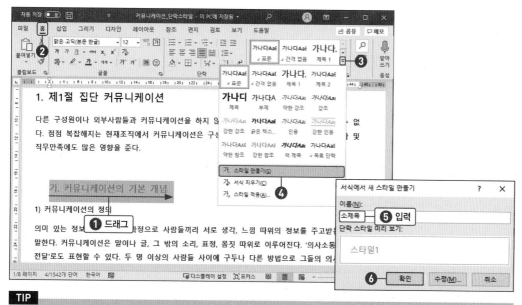

TIP
'가. 커뮤니케이션의 기본 개념' 단락에는 이미 글꼴 크기와 들여쓰기 등의 서식이 적용되어 있습니다.

2 단락 스타일로 지정된 단락과 서식이 같은 모든 단락에 스타일을 적용하기 위해 '나. 커뮤니케이션 과정'을 드래그하여 선택합니다. **[홈] 탭-[편집] 그룹**에서 **[선택]**을 클릭하고 **[비슷한 서식의 모든 텍스트 선택(데이터 없음)]**을 선택하세요.

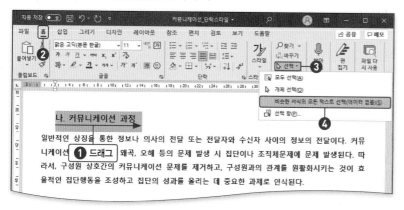

3 서식이 비슷하거나 같은 단락이 모두 선택되었으면 [홈] 탭-[스타일] 그룹에서 [소제목] 스타일을 클릭하세요.

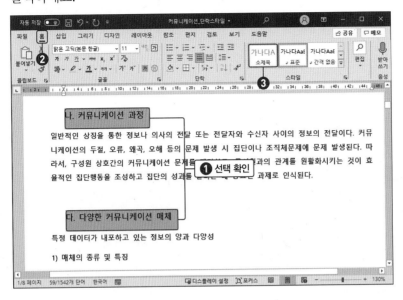

4 페이지를 이동하면서 '소제목' 스타일이 한 번에 적용되었는지 확인하세요.

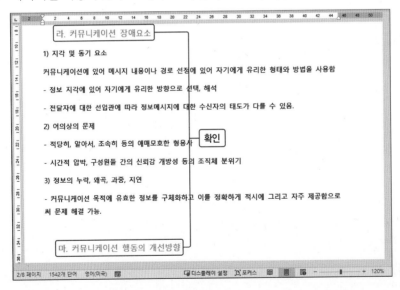

WORD 03 서식 변경해 스타일 수정하기

● **예제파일**: 커뮤니케이션_스타일수정.docx ● **완성파일**: 커뮤니케이션_스타일수정_완성.docx

1 작성한 스타일의 일부 서식을 수정해 볼게요. **[홈] 탭-[스타일] 그룹**의 **[소제목]** 스타일에서 마우스 오른쪽 단추를 클릭하고 [수정]을 선택하세요.

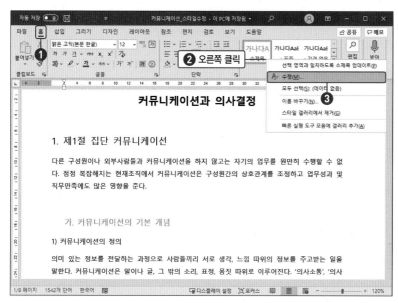

▶영상강의◀

> **TIP**
>
> '소제목' 스타일은 83 쪽에서 작성했어요.

2 [스타일 수정] 대화상자가 열리면 '속성'에서 '다음 단락의 스타일'을 [표준]으로 지정하고 [서식]을 클릭한 후 [테두리]를 선택하세요.

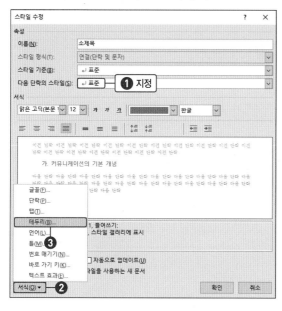

> **TIP**
>
> '다음 단락의 스타일'은 현재 단락에서 Enter를 누르면 자동으로 지정되는 스타일입니다. '소제목'으로 지정한 단락에서 Enter를 누르면 다음 단락은 '표준' 스타일을 적용하기 위한 것입니다.

3 [테두리 및 음영] 대화상자의 [테두리] 탭이 열리면 '스타일'에서 [실선]을 선택하고 '미리 보기'에서 아래쪽 단추(⊞)와 오른쪽 단추(⊞)를 클릭합니다. 이번에는 [음영] 탭을 선택하고 '채우기'에서 '테마 색'의 [흰색, 배경 1, 5% 더 어둡게]를 선택한 후 [확인]을 클릭하세요.

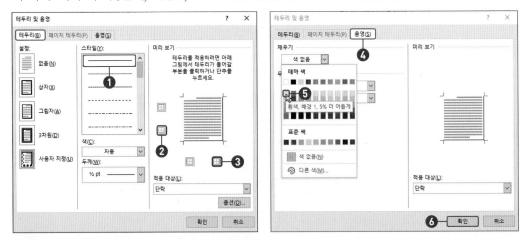

4 [스타일 수정] 대화상자로 되돌아오면 설정한 내용을 확인하고 [확인]을 클릭하세요.

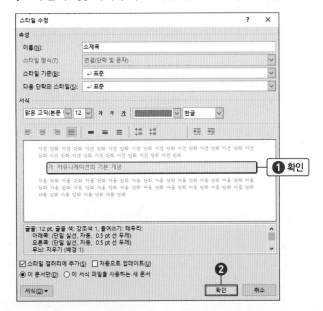

5 '소제목' 스타일이 적용된 모든 단락의 서식이 변경되었는지 확인하세요.

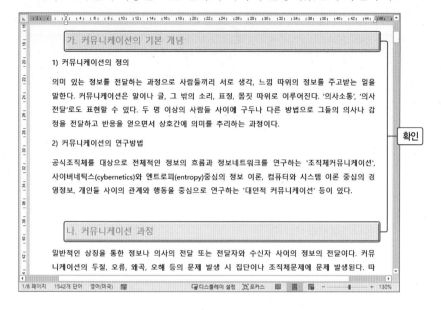

WORD 04 스타일에 개요 수준 지정하기

● **예제파일**: 커뮤니케이션_개요수준.docx   ● **완성파일**: 커뮤니케이션_개요수준_완성.docx

1 '소제목' 단락 스타일이 적용된 '가. 커뮤니케이션의 기본 개념'에 커서를 올려놓고 [홈] 탭-[단락] 그룹에서 [단락 설정] 대화상자 표시 아이콘(⬐)을 클릭하세요.

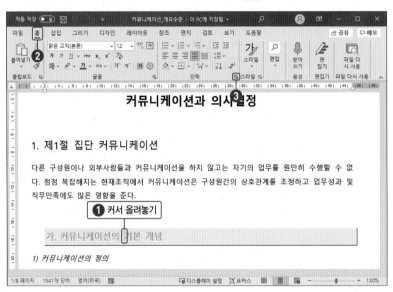

2 [단락] 대화상자가 열리면 [들여쓰기 및 간격] 탭의 '개요 수준'에서 [수준 2]를 선택하고 [확인]을 클릭하세요.

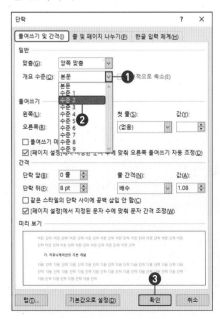

3 다른 단락에도 적용하기 위해 **[홈] 탭-[스타일] 그룹**의 **[소제목]** 스타일에서 마우스 오른쪽 단추를 클릭하고 [선택 영역과 일치하도록 소제목 업데이트]를 선택합니다. 개요 수준이 적용되면 개요 수준에 따라 하위 수준의 단락을 축소 및 확대시킬 수 있으므로 '가. 커뮤니케이션의 기본 개념'의 앞에 있는 단추(◢)를 클릭하세요.

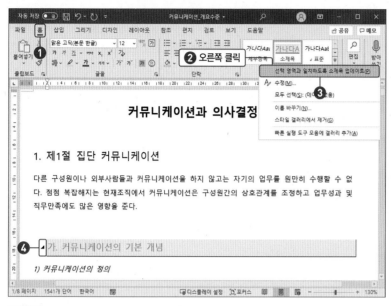

TIP

개요 수준을 지정한 문장 위에 마우스 포인터를 올려놓아야 ◢ 단추가 표시됩니다.

4 '가. 커뮤니케이션의 기본 개념' 아래의 단락이 모두 축소되었는지 확인하세요.

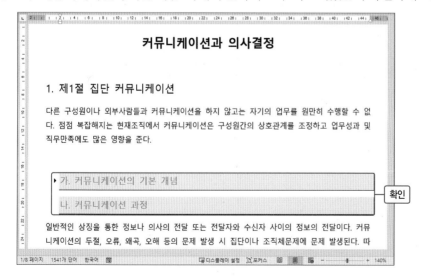

05 스타일 이용해 자동 목차 작성하기

● **예제파일**: 커뮤니케이션_목차.docx ● **완성파일**: 커뮤니케이션_목차_완성.docx

1 목차를 작성하려면 개요 수준이 지정된 스타일이 먼저 지정되어 있어야 합니다. 이미 지정된 '제목', '제목1', '소제목' 스타일로 목차를 작성하기 위해 1페이지의 '목차'의 아래쪽에 커서를 올려놓고 **[참조] 탭−[목차] 그룹**에서 **[목차]**를 클릭한 후 **[사용자 지정 목차]**를 선택하세요.

2 **[목차] 대화상자**의 **[목차] 탭**이 열리면 원하는 기준으로 목차를 작성하기 위해 **[옵션]**을 클릭하세요.

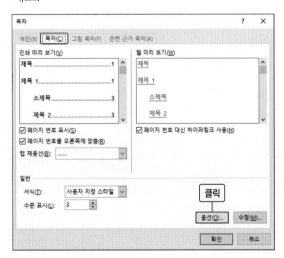

3 [목차 옵션] 대화상자에서 목차에 적용할 스타일과 수준을 지정하기 위해 '소제목', '제목', '제목 1'을 제외한 나머지 스타일에서 '목차 수준'의 수준 표시를 제거하고 [확인]을 클릭합니다. [목차] 탭으로 되돌아오면 '일반'의 '서식'에서 [정형]을 선택하고 [확인]을 클릭하세요.

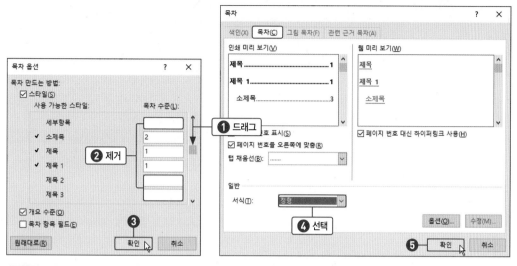

우선순위

문서작성

서식지정

문서관리

개체삽입

스타일

문서디자인

양식작성

TIP

수준이 표시되어 있어도 문서에 적용하지 않았으면 목차에 표시되지 않아요. 또한 개요 수준이 지정되지 않은 스타일도 [목차 옵션] 대화상자에서 수준을 입력하면 목차에 적용됩니다.

4 1쪽에 목차가 삽입되었는지 확인하세요.

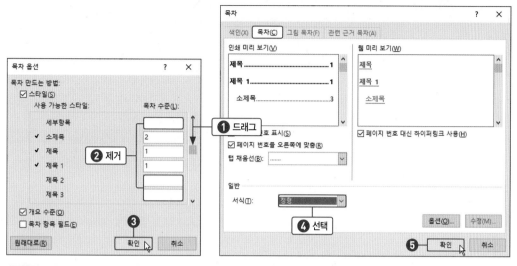

TIP

해당 위치로 이동하려면 Ctrl을 누른 상태에서 목차를 선택해야 합니다.

91

02 보기 좋게 문서 디자인하기

문서를 작성할 때 전체적인 레이아웃은 용지 설정뿐만 아니라 단이나 구역 설정으로 구성할 수 있어요. 여기에 문서 요소를 삽입하면 문서를 좀 더 체계적으로 정리하고 꾸밀 수 있습니다. 이런 문서 요소에는 머리글/바닥글 및 페이지 번호 등이 있는데, 이들 요소를 잘 활용하면 분량이 많은 문서를 효과적으로 이용할 수 있어서 매우 편리합니다. 그리고 워터마크, 주석 표시 등은 빠른 문서 요소 기능으로 문서에 쉽게 추가할 수 있어요.

PREVIEW

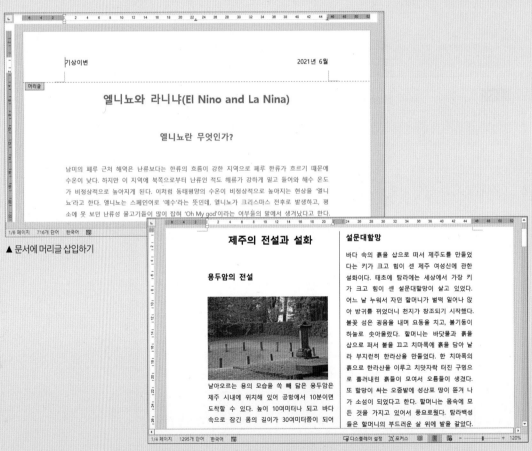

▲ 문서에 머리글 삽입하기

▲ 다단 설정하고 단 나누기

WORD 01 워터마크와 페이지의 테두리 삽입하기

● **예제파일**: 성과지표_디자인.docx   ● **완성파일**: 성과지표_디자인_완성.docx

1 문서의 전체에 테두리를 지정하기 위해 **[디자인] 탭-[페이지 배경] 그룹**에서 **[페이지 테두리]**를 클릭하세요.

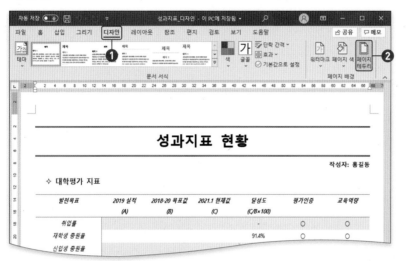

> **TIP**
> **[홈] 탭-[단락] 그룹**에서 **[테두리]**를 클릭하고 **[테두리 및 음영]**을 선택하여 [테두리 및 음영] 대화상자를 열고 [페이지 테두리] 탭을 선택해도 됩니다.

2 [테두리 및 음영] 대화상자의 [페이지 테두리] 탭이 열리면 '설정'에서 **[상자]**를 선택합니다. '스타일'은 세 번째 점선을, '색'은 '테마 색'에서 **[흰색, 배경 1, 50% 더 어둡게]**를, '두께'는 **[1 1/2pt]**를 선택하고 **[확인]**을 클릭하세요.

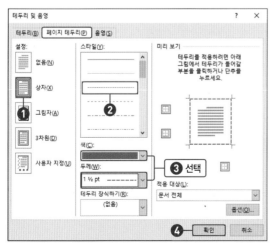

3 문서 전체에 지정한 테두리가 삽입되었으면 **[디자인] 탭-[페이지 배경] 그룹**에서 **[워터마크]**를 클릭하는데, 원하는 워터마크 스타일이 없으면 **[사용자 지정 워터마크]**를 선택합니다. [워터마크] 대화 상자가 열리면 [텍스트 워터마크]를 선택하고 '텍스트'에『내부용』을 입력하세요. '글꼴'은 [맑은 고딕]을, '색'은 '테마 색'에서 [파랑, 강조 5, 60% 더 밝게]를, '레이아웃'은 [대각선]을 선택하고 [확인]을 클릭하세요.

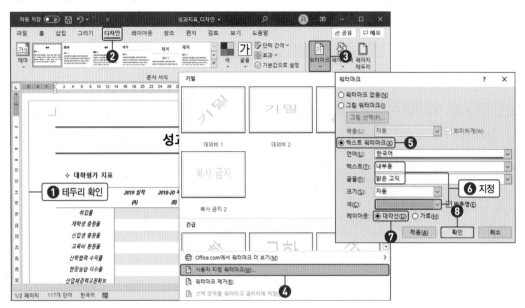

4 문서의 배경에 워터마크가 삽입되었는지 확인하세요.

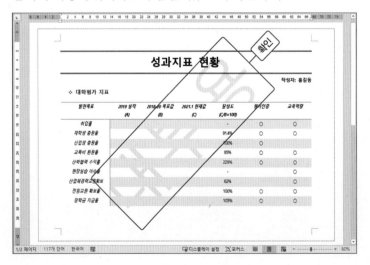

WORD 02 페이지 번호 삽입하기

● 예제파일: 기상이변_페이지번호.docx ● 완성파일: 기상이변_페이지번호_완성.docx

1 [삽입] 탭-[머리글/바닥글] 그룹에서 [페이지 번호]-[아래쪽]을 선택하고 '일반 번호'에서 [가는 줄]을 선택하세요.

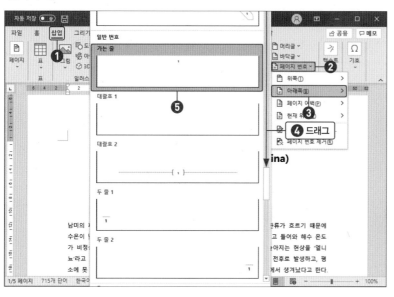

2 바닥글 영역에 페이지 번호가 삽입되면 [머리글 및 바닥글] 탭-[머리글/바닥글] 그룹에서 [페이지 번호]-[페이지 번호 서식]을 선택하세요. [페이지 번호 서식] 대화상자가 열리면 '번호 서식'에서 [- 1 -, - 2 -, - 3 -, ...]을 선택하고 [확인]을 클릭합니다.

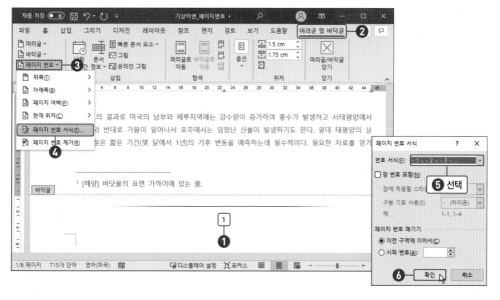

3 페이지 번호의 서식이 변경되었는지 확인하고 [머리글 및 바닥글] 탭−[닫기] 그룹에서 [머리글/바닥글 닫기]를 클릭하세요.

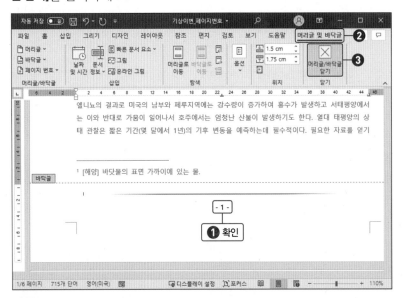

> **TIP**
> 본문 영역을 더블클릭해서 '머리글/바닥글' 영역에서 빠져나올 수 있습니다. 다시 바닥글 영역을 선택하려면 페이지 번호를 더블클릭하세요.

4 페이지를 이동하여 페이지 번호가 자동으로 삽입되었는지 확인하세요.

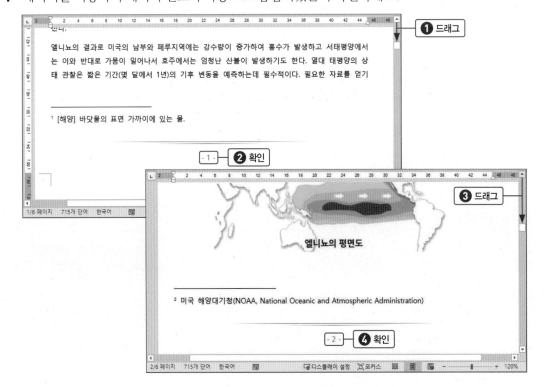

WORD 03 머리글 편집하고 날짜 지정하기

● **예제파일**: 기상이변_머리글바닥글.docx   ● **완성파일**: 기상이변_머리글바닥글_완성.docx

1 문서의 전체에 머리글을 삽입하기 위해 **[삽입]** 탭-**[머리글/바닥글]** 그룹에서 **[머리글]**을 클릭하고 **[머리글 편집]**을 선택하세요.

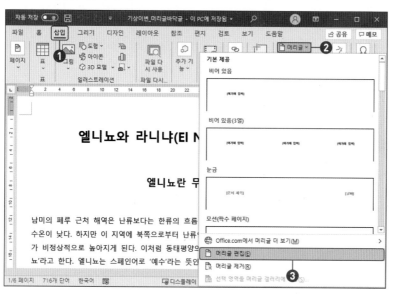

2 머리글의 왼쪽 영역에 커서가 표시되면 『기상이변』을 입력하고 Tab 을 두 번 눌러 오른쪽 영역으로 이동합니다. **[머리글 및 바닥글]** 탭-**[삽입]** 그룹에서 **[날짜 및 시간]**을 클릭하세요.

TIP

머리글과 바닥글의 영역은 모두 왼쪽, 가운데, 오른쪽 이렇게 세 영역으로 구분되어 있고 여기에 직접 텍스트나 그림을 삽입하거나 제공된 문서 요소를 삽입할 수 있어요.

문서작성
서식지정
문서관리
개체삽입
스타일
문서디자인
양식작성

3 [날짜 및 시간] 대화상자가 열리면 '사용 가능한 형식'에서 [2021년 6월]을 선택하고 [자동으로 업데이트]에 체크한 후 [확인]을 클릭합니다.

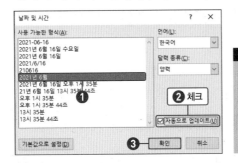

TIP

[날짜 및 시간] 대화상자의 '사용 가능한 형식'에 표시되는 값은 현재 시스템의 날짜와 시간이어서 창을 열 때마다 값이 변경되므로 날짜와 시간의 서식 모양을 보고 선택하세요. [날짜 및 시간] 대화상자에서 [자동으로 업데이트]에 체크하면 날짜가 고정되는 것이 아니라 파일을 작업하는 날짜에 따라 자동으로 변경됩니다.

4 머리글 영역에 두 가지 요소가 삽입되면 [머리글 및 바닥글] 탭-[닫기] 그룹에서 [머리글/바닥글 닫기]를 클릭하세요.

5 아래쪽 페이지로 이동해서 문서의 전체에 머리글이 삽입되었는지 확인하세요.

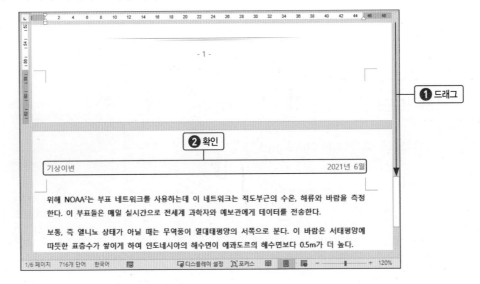

WORD 04 다단 설정하고 단 나누기

● **예제파일**: 제주_다단.docx ● **완성파일**: 제주_다단_완성.docx

1 문서 전체를 두 단으로 나누기 위해 Ctrl + A 를 눌러 문서 전체를 선택하고 [레이아웃] 탭-[페이지 설정] 그룹에서 [단]-[기타 단]을 선택하세요.

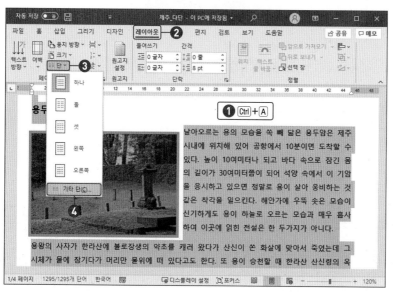

2 [단] 대화상자가 열리면 '미리 설정'에서 [둘]을 선택하고 [경계선 삽입]과 [단 너비를 같게]에 체크한 후 [확인]을 클릭하세요.

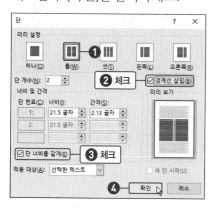

3 1쪽의 '설문대할망'부터 다음 단으로 넘기기 위해 '설문대할망'의 앞에 커서를 올려놓습니다. [레이아웃] 탭-[페이지 설정] 그룹에서 [나누기]를 클릭하고 '페이지 나누기'에서 [단]을 선택하세요.

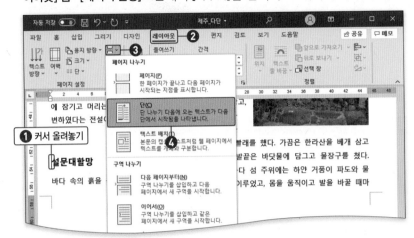

4 '설문대할망' 내용이 오른쪽 단으로 이동되었는지 확인하세요.

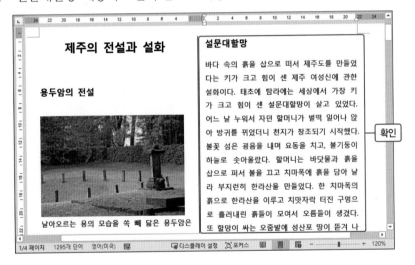

잠깐만요 > '단'과 '구역'을 사용하는 이유

'단'은 문서를 좌우로 레이아웃을 나누는 기능이고 '구역'은 문서를 위아래로 나누는 기능이에요. 기본적으로 문서는 여러 '단'을 사용해도 '구역'을 나누지 않으면 1구역인데, 상황에 따라 한 페이지에서도 여러 '구역'으로 나눌 수 있습니다.

'단'은 잡지나 신문처럼 내용을 좌우로 여러 영역으로 구분하는 기능이고 '구역'은 문서 설정이 달라질 때 사용해요. 용지 방향을 세로에서 가로로 변경하거나 페이지 설정, 페이지 번호, 머리글/바닥글 등을 앞 페이지와 다르게 설정하려면 먼저 구역을 나눈 후 작업해야 합니다.

- **단**: 문서를 좌우로 나누는 기능
- **구역**: 문서를 상하로 나누는 기능

WORD 05 내용이 바뀌는 부분을 구역으로 나누기

● **예제파일**: 제주_구역.docx ● **완성파일**: 제주_구역_완성.docx

1 내용이 바뀌는 부분을 구역으로 나누고 일부 구역의 페이지 설정을 변경해 볼게요. 1페이지에서 '설문대할망'의 앞에 커서를 올려놓고 **[레이아웃] 탭-[페이지 설정] 그룹**에서 **[나누기]**를 클릭한 후 '구역 나누기'에서 **[다음 페이지부터]**를 선택하세요.

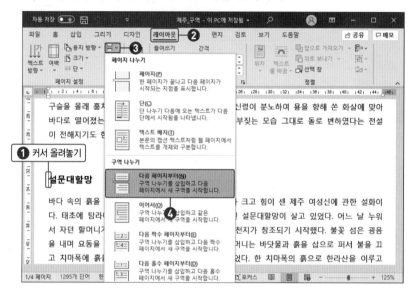

▶영상강의◀

2 '설문대할망' 부분부터 다음 페이지로 넘어가면서 구역이 변경되었는지 확인합니다. 이와 같은 방법으로 3쪽에 있는 '삼성혈의 신화'도 **[다음 페이지부터]**로 구역을 나눠보세요.

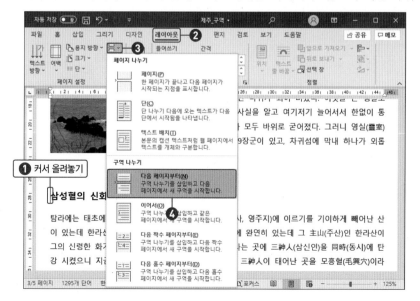

3 구역이 나눠졌는지 확인하기 위해서 화면 아래쪽의 상태 표시줄에서 마우스 오른쪽 단추를 클릭하고 '상태 표시줄 사용자 지정'에서 [구역]을 선택하세요.

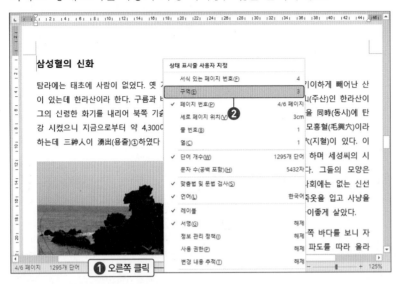

4 3페이지와 4페이지를 각각 클릭하고 상태 표시줄에서 구역이 달라졌는지 확인하세요. 그러면 3페이지는 2구역, 4페이지는 3구역으로 나뉘어져 있습니다.

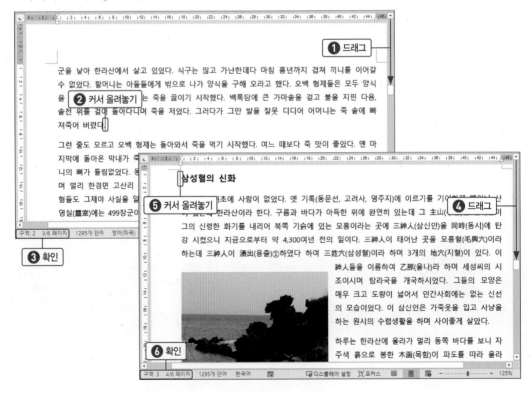

5 4페이지에 커서가 있는 상태에서 [레이아웃] 탭-[페이지 설정] 그룹의 [용지 방향]을 클릭하고 [가로]를 선택하세요.

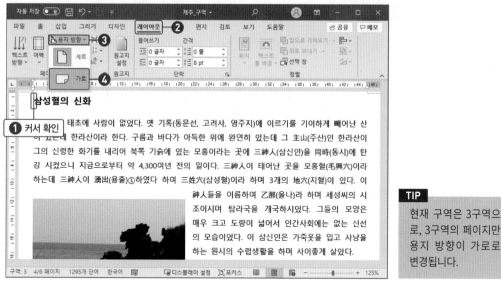

TIP

현재 구역은 3구역으로, 3구역의 페이지만 용지 방향이 가로로 변경됩니다.

6 4페이지부터 용지 방향이 가로로 변경되었는지 확인하세요.

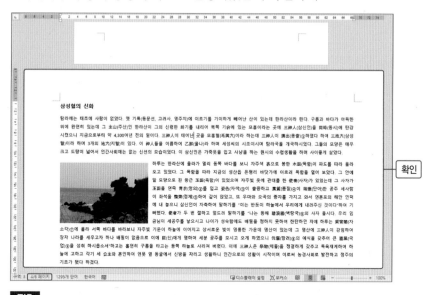

TIP

4페이지의 뒤에서 다시 세로로 용지 방향을 변경하려면 한 번 더 구역을 나누어야 합니다.

03 편지, 검토, 양식 문서 작성하기

워드에서는 각종 양식 문서나 초청장, 수료증과 엑셀로 된 자료를 병합시켜서 같은 내용의 문서를 여러 장 반복하여 자료별로 생성할 수 있어요. 그리고 콘텐츠 컨트롤을 삽입하여 문서를 꾸미면 설문이나 체크 리스트를 아주 쉽게 작성할 수 있습니다. '검토' 기능을 이용하면 여러 명의 검토자가 문서를 수정했을 때 최종 검토자가 변경 내용을 추적할 수도 있고 해당 내용을 반영하여 효율적인 문서로 만들 수도 있어요. 그리고 '공유' 기능으로 허락된 사용자와 동시에 문서를 편집할 수 있습니다.

PREVIEW

▲ '편지 병합' 기능 이용해 여러 명의 수료증 발급하기

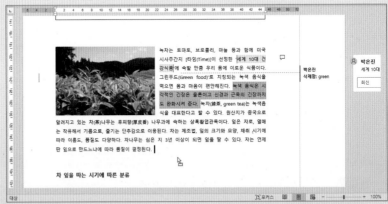

▲ 변경 내용 추적해 문서 공동으로 작성하기

섹션별 주요 내용
01 | 편지 병합할 문서와 원본 데이터 편집하기　02 | 편지 병합해 수료증 완성하기
03 | 컨트롤 삽입해 양식 문서 작성하기　04 | 변경 내용 추적해 적용하기

WORD 01 편지 병합할 문서와 원본 데이터 편집하기

● 예제파일: 수료증.docx, 교육생명단.xlsx   **● 완성파일**: 다음 실습으로 이어집니다.

1 수료증의 원본이 되는 '수료증.docx'를 열고 [편지] 탭-[편지 병합 시작] 그룹에서 [편지 병합 시작]을
클릭한 후 [편지]를 선택하세요.

2 교육생 데이터를 선택하기 위해 [편지] 탭-[편지 병합 시작] 그룹에서 [받는 사람 선택]을 클릭하고
[기존 목록 사용]을 선택하세요.

3 [데이터 원본 선택] 대화상자가 열리면 부록 실습파일에서 '교육생 명단.xlsx'를 선택하고 [열기]를 클릭하세요.

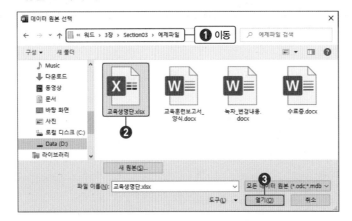

4 [테이블 선택] 대화상자가 열리면 [주소록$] 테이블을 선택하고 [확인]을 클릭하세요.

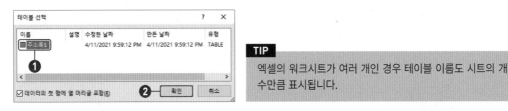

TIP
엑셀의 워크시트가 여러 개인 경우 테이블 이름도 시트의 개수만큼 표시됩니다.

5 교육생 중에서 이번 수료증을 표시할 과정을 선택하기 위해 **[편지] 탭-[편지 병합 시작] 그룹**에서 **[받는 사람 목록 편집]**을 클릭하세요.

6 [편지 병합 받는 사람] 대화상자가 열리면 '받는 사람 목록 상세 지정'에서 [필터]를 선택하세요.

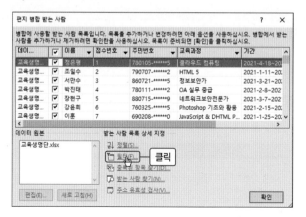

7 [필터 및 정렬] 대화상자가 열리면 [레코드 필터] 탭에서 '필드'에는 [교육과정]을, '비교'에는 [포함]을 지정하고 '비교값'에는 『클라우드』를 입력한 후 [확인]을 클릭하세요.

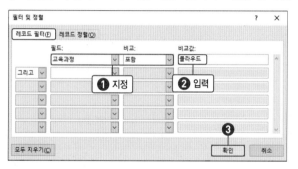

8 [편지 병합 받는 사람] 대화상자로 되돌아오면 [확인]을 클릭하세요.

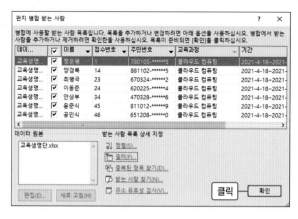

TIP

이번 실습은 108쪽에서도 이어서 계속 실습합니다.

문서작성

서식지정

문서관리

개체삽입

스타일

문서디자인

양식작성

 **02 편지 병합해 수료증 완성하기**

● **예제파일**: 107쪽의 예제(수료증.docx)를 이어서 실습하세요. ● **완성파일**: 수료증_완성.docx

1 주요 문서와 받을 사람이 모두 편집된 상태에서 주요 문서에 병합할 필드를 삽입해 볼게요. '성
명:'의 뒤에 커서를 올려놓고 **[편지] 탭-[필드 쓰기 및 삽입] 그룹**에서 **[병합 필드 삽입]**의 목록 단추()
를 클릭한 후 **[이름]**을 선택하세요.

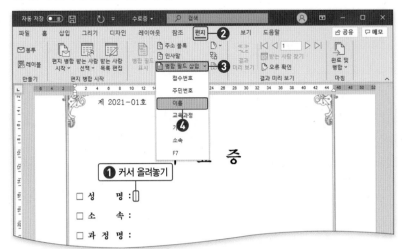

▶영상강의◀

2 이와 같은 방법으로 '소속' 필드에는 **[소속]**을, '과정명' 필드에는 **[교육과정]**을, '교육기간' 필
드에는 **[기간]**을 병합하여 해당 위치에 삽입합니다. 필드의 삽입 결과를 알아보기 위해 **[편지]
탭-[결과 미리 보기] 그룹**에서 **[결과 미리 보기]**를 클릭하고 이어서 **[다음 레코드]** 단추()를 클릭하여
대상자가 바뀌는지 확인하세요.

3 현재 문서를 병합된 문서로 저장할 것인지, 인쇄할 것인지의 여부를 지정해야 하므로 **[편지]** **탭-[마침] 그룹**에서 **[완료 및 병합]**을 클릭하고 **[개별 문서 편집]**을 선택합니다.

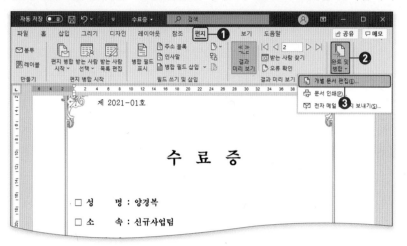

4 [새 문서로 병합] 대화상자가 열리면 '레코드 병합'에서 원하는 레코드를 지정합니다. 여기서는 모든 레코드를 개별 페이지로 작성하기 위해 **[모두]**를 선택하고 **[확인]**을 클릭하세요.

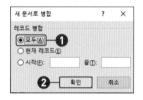

5 새로운 문서 '편지1'에 레코드별로 각각의 수료증이 각 페이지마다 작성되었습니다. **[보기] 탭-[확 대/축소] 그룹**에서 **[여러 페이지]**를 클릭하여 모두 7페이지의 문서가 작성되었는지 확인하세요.

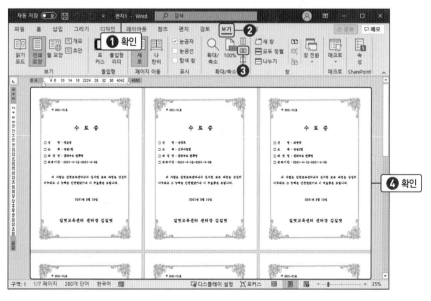

WORD 03 컨트롤 삽입해 양식 문서 작성하기

● **예제파일**: 교육훈련보고서_양식.docx ● **완성파일**: 교육훈련보고서_양식_완성.docx

1 문서에 양식을 다룰 수 있는 컨트롤을 삽입하려면 리본 메뉴에 [개발 도구] 탭이 표시되어야 합니다. '교육 구분'에서 'KOLAS'의 앞에 커서를 올려놓고 [**개발 도구**] **탭-**[**컨트롤**] **그룹**에서 [**확인란 콘텐츠 컨트롤**](☑)을 클릭하세요.

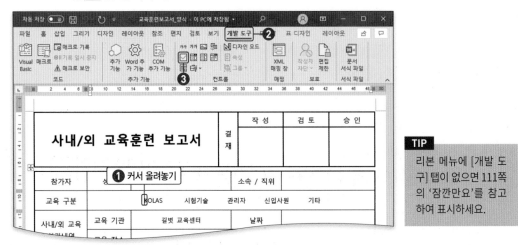

TIP

리본 메뉴에 [개발 도구] 탭이 없으면 111쪽의 '잠깐만요'를 참고하여 표시하세요.

2 'KOLAS'의 앞에 확인란 콘텐츠 컨트롤(☐)이 삽입되면 같은 방법으로 나머지 텍스트의 앞에도 확인란 컨트롤을 삽입합니다. '날짜' 입력란에 커서를 올려놓고 [**개발 도구**] **탭-**[**컨트롤**] **그룹**에서 [**날짜 선택 콘텐츠 컨트롤**](📅)을 클릭하여 날짜 선택 콘텐츠 컨트롤을 삽입한 후 목록 단추(▾)를 클릭하여 원하는 날짜를 선택하세요.

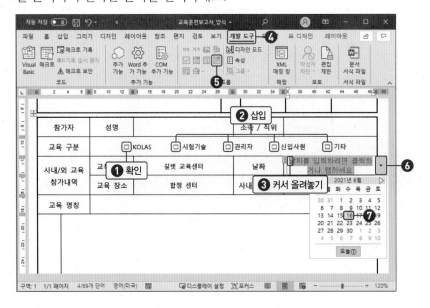

3 '날짜' 항목에 날짜가 삽입되면 '성명' 입력란에 커서를 올려놓고 [개발 도구] 탭-[컨트롤] 그룹에서 [서식 있는 텍스트 콘텐츠 컨트롤](가가)을 클릭하세요.

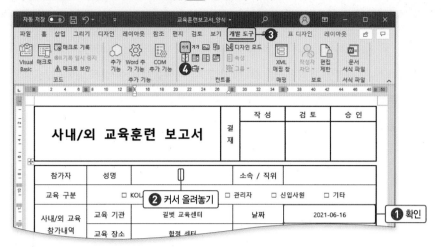

4 이와 같은 방법으로 '소속 / 직위', '교육 명칭', '교육내용', '교육평가' 입력란에 [서식 있는 텍스트 콘텐츠 컨트롤](가가)을 차례대로 삽입하세요.

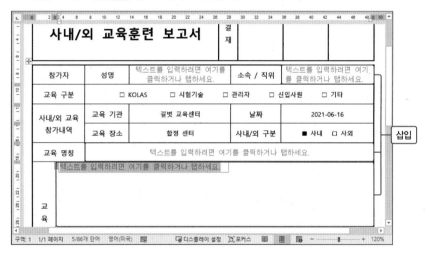

잠깐만요 > 리본 메뉴에 [개발 도구] 탭 표시하기

리본 메뉴의 [개발 도구] 탭이 보이지 않으면 다음의 방법으로 표시하세요.

❶ [파일] 탭-[옵션]을 선택하여 [Word 옵션] 창을 열고 [리본 사용자 지정] 범주를 선택하세요.
❷ '리본 메뉴 사용자 지정'에서 [기본 탭]을 선택하고 [개발 도구]에 체크한 후 [확인]을 클릭하세요.

04 변경 내용 추적해 적용하기

● **예제파일**: 녹차_변경내용.docx   ● **완성파일**: 녹차_변경내용_완성.docx

1 [검토] 탭-[추적] 그룹에서 [변경 내용 추적 옵션] 대화상자 표시 아이콘(⤵)을 클릭합니다.

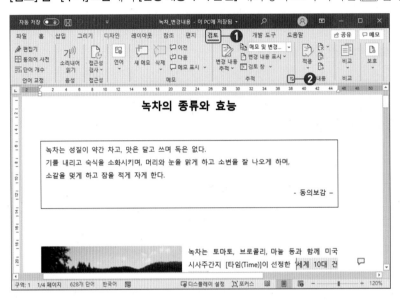

2 [변경 내용 추적 옵션] 대화상자가 열리면 '모든 메모 및 변경 내용에 표시할 내용'에서는 [수 정 내용]을 선택하고 [고급 옵션]을 클릭하세요. [고급 변경 내용 추적 옵션] 대화상자가 열리면 '메모 및 변경 내용'의 [삽입]에서는 [굵게]를, '이동'의 '원본'의 '색'은 [노랑]으로 선택하고 [확 인]을 클릭합니다. [변경 내용 추적 옵션] 대화상자로 되돌아오면 [확인]을 클릭하세요.

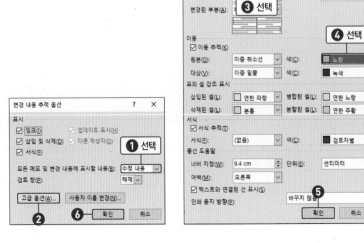

TIP

'변경 내용 추적'은 검토 자에 따라 수정이나 편집 내용을 추적하여 문서에 적용할지 판단하는 기능 입니다.

3 지금부터 내용이 변경되면 검토 창에 해당 내용을 모두 표시하기 위해 [검토] 탭-[추적] 그룹에서 [변경 내용 추적]의 _{추적 ▼}을 클릭하고 [변경 내용 추적]을 선택하세요.

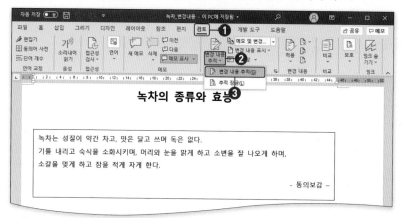

4 'green food'의 'g'를 'G'로 변경하세요. 변경된 내용이 있으면 왼쪽 여백에 세로 선이 표시됩니다.

5 본문의 '녹색 음식은~'부터 '완화시켜 준다.'까지 범위로 지정하고 단락의 마지막으로 드래그하여 내용을 이동하세요.

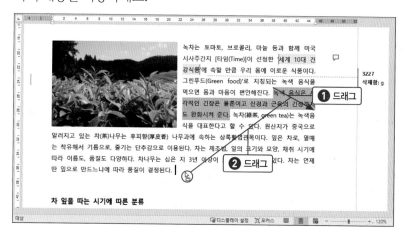

6 **2**과정의 [고급 변경 내용 추적 옵션] 대화상자에서 설정한 대로 변경된 내용에 서식이 지정되는지 확인합니다. 변경 내용을 좀 더 상세하게 확인하기 위해 **[검토 탭]-[추적] 그룹**에서 **[메모 및 변경 내용 모두]**를 선택하고 **[검토 창]**을 클릭하세요.

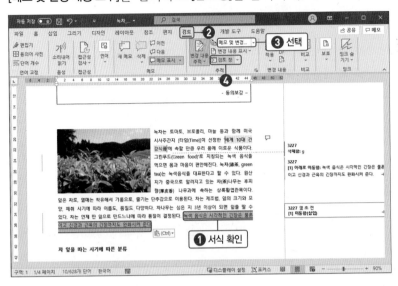

7 화면의 왼쪽에 [수정] 작업 창이 열리면서 변경된 모든 내용이 사용자별로 표시되었는지 확인합니다. 지금부터 변경할 내용을 적용할지 지정하기 위해 문서의 첫 부분에 커서를 올려놓고 **[검토] 탭-[변경 내용] 그룹**에서 **[적용]**의 [적용▾]을 클릭한 후 **[변경 내용 모두 적용]**을 선택합니다. 더 이상 변경 내용에 대한 수정이 없으므로 **[검토] 탭-[추적] 그룹**에서 **[검토 창]**을 클릭하여 [수정] 작업 창을 닫으세요.

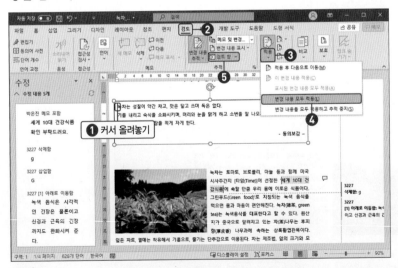

> **TIP**
>
> 내용에 따라 적용할지의 여부를 판단하려면 **[검토] 탭-[변경 내용] 그룹**에서 **[다음]**을 클릭하고 **[적용]** 또는 **[적용 안 함]**을 선택합니다.

8 더 이상 변경 내용을 표시하고 싶지 않으면 **[검토] 탭–[추적] 그룹**에서 **[변경 내용 추적]**의 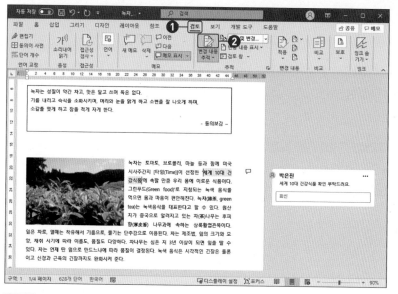를 클릭하여 해제하세요.

TIP

[변경 내용 추적]을 해제하면 내용을 수정해도 더 이상 변경 내용이 표시되지 않습니다.

엑셀 명단 이용해 자동으로 초대장 생성하기

워드의 '편지 병합' 기능을 사용하면 개인별로 서로 다른 이름과 인사말을 포함하는 편지 문서 만들기와 받는 사람의 주소가 달라지는 전자메일 보내기, 이름과 주소가 다른 봉투 또는 초대장 만들기 등을 좀 더 편리하게 작업할 수 있습니다. 그리고 엑셀 데이터시트나 아웃룩의 주소록 등을 활용하여 쉽고 빠르게 자동으로 처리할 수 있어요.

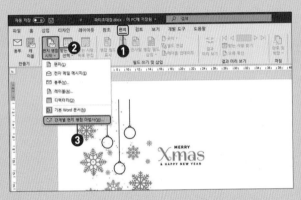

1 '편지 병합' 기능을 이용하여 여러 사람에게 보낼 초대장을 자동으로 생성해 볼게요. 작성할 문서 양식은 '파티초대장.docx'이고, 명단은 '동호회명단.xlsx' 엑셀 파일에 저장되어 있습니다. [편지] 탭-[편지 병합 시작] 그룹에서 [편지 병합 시작]을 클릭하고 [단계별 편지 병합 마법사]를 선택하세요.

2 화면의 오른쪽에 [편지 병합] 작업 창이 열리면 단계별로 다음과 같이 선택하세요.

- **제1단계** : '문서 종류 선택'에서 [편지] 선택 → [다음: 시작 문서] 선택
- **제2단계** : '시작 문서 선택'에서 [현재 문서 사용] 선택 → [다음: 받는 사람 선택] 선택
- **제3단계** : '받는 사람 선택'에서 [기존 목록 사용] 선택 → [찾아보기] 선택

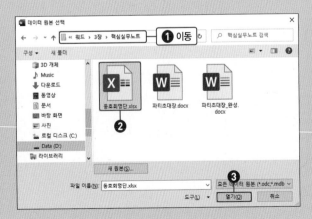

3 [데이터 원본 선택] 대화상자가 열리면 부록 실습파일에서 '동호회명단.xlsx'를 선택하고 [열기]를 클릭합니다.

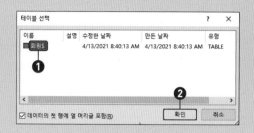

4 [테이블 선택] 대화상자가 열리면 동호회 명단이 있는 파일의 시트명을 선택하고 [확인]을 클릭하세요.

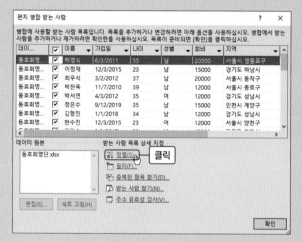

5 [편지 병합 받는 사람] 대화상자가 열리면 [정렬]을 선택하세요.

6 [필터 및 정렬] 대화상자가 열리면 [레코드 정렬] 탭에서 '첫째 기준'은 [소속], [오름차순]을, '둘째 기준'은 [이름], [오름차순]을 지정합니다.

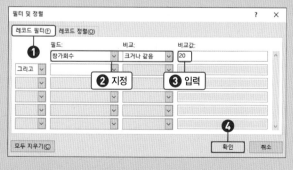

7 [레코드 필터] 탭을 선택하고 '필드'에는 [참가회수]를, '비교'에는 [크거나 같음]을 지정합니다. '비교값'에 『20』을 입력하고 [확인]을 클릭하세요.

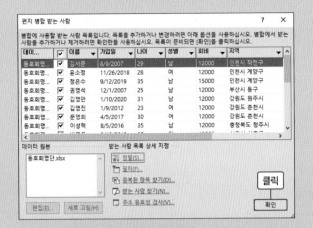

8 [편지 병합 받는 사람] 대화상자로 되돌아오면 [확인]을 클릭하세요.

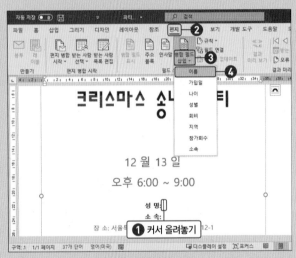

9 '성명:'의 오른쪽을 클릭하여 커서를 올려놓고 [편지] 탭-[필드 쓰기 및 삽입] 그룹에서 [병합 필드 삽입]의 병합필드삽입을 클릭한 후 [이름]을 선택하세요.

❶ 커서 올려놓기

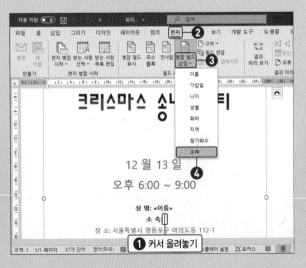

10 이와 같은 방법으로 '소속:'의 오른쪽에는 [소속] 필드를 삽입하세요.

❶ 커서 올려놓기

11 이름과 소속의 병합 필드를 삽입했으면 [편지 병합] 작업 창의 제3단계에서 [다음: 편지 작성]을 선택하여 제4단계로 넘어간 후 [다음: 편지 미리 보기]를 선택하세요. 제5단계에서는 [다음: 병합 완료]를 선택하세요.

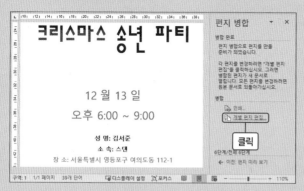

12 제6단계에서는 '병합'에서 [개별 편지 편집]을 선택하세요.

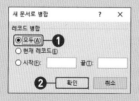

13 [새 문서로 병합] 대화상자가 열리면 [모두]를 선택하고 [확인]을 클릭하세요.

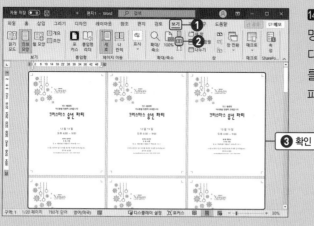

14 [필터 및 정렬] 대화상자에서 설정한 대로 20명에게 보내는 초대장이 자동으로 만들어졌습니다. [보기] 탭-[확대/축소] 그룹에서 [여러 페이지]를 클릭하여 내용을 확인하고 결과를 인쇄하거나 파일로 저장하세요.

찾아보기

EXCEL & POWERPOINT & WORD + HANGEUL

500만
독자가
선택한
무작정
따라하기

엑셀
파워포인트
워드
+한글

한글편

박미정, 박은진 지음

이 책의 구성

STEP 01 일단, '무작정' 따라해 보세요!

실제 업무에서 사용하는 핵심 기능만 쏙 뽑아 실무 예제로 찾기 쉬운 구성으로 중요도별로 배치하였기 때문에 **'무작정 따라하기'**만 해도 한글 사용 능력이 크게 향상됩니다. **'Tip'**과 **'잠깐만요'**는 예제를 따라하는 동안 주의해야 할 점과 추가 정보를 친절하게 알려주고 **'핵심! 실무노트'**로 활용 능력을 업그레이드해 보세요.

반드시 알고 넘어가야 할
주요 내용 소개!

· 학습안 제시
· 결과 미리 보기
· 섹션별 주요 기능 소개

실무 업그레이드!

· 우선순위

필수 기능만 쏙 뽑아
실무에 딱 맞게!

· 핵심 기능/실무 예제
· 무작정 따라하기
· Tip/잠깐만요

검색보다 빠르다!

· 탭

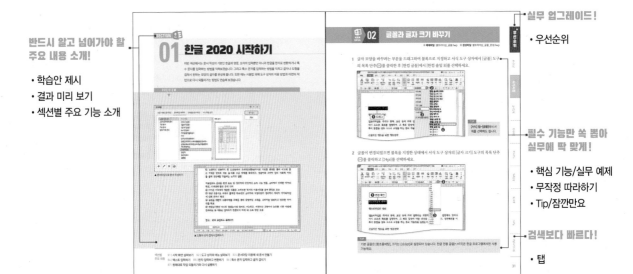

프로 비즈니스맨을
위한 활용 TIP!

· 핵심! 실무노트

완벽한 이해를 돕기 위한
동영상 강의 제공!

· 저자 직강 영상

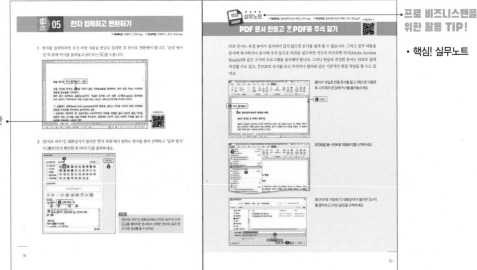

'검색보다 빠르고 동료보다 친절한'
엑셀&파워포인트&워드+한글 이렇게 활용하세요!

STEP 02 ‘우선순위’와 ‘실무 중요도’를 적극 활용하세요!

한글 사용자들이 네이버 지식in, 오피스 실무 카페 및 블로그, 웹 문서, 뉴스 등에서 **가장 많이 검색하고 찾아본 키워드를** 토대로 우선순위 20개를 선정했어요. 이 정도만 알고 있어도 한글을 문제없이 다룰 수 있고 언제, 어디서든지 원하는 기능을 **금방 찾아 바로 적용**해 볼 수 있어요!

순위 ▲	키워드	관련 내용은 여기서 학습하세요!	관련 페이지
1 ▲	글자 모양	글자 크기, 글꼴, 색상, 속성 지정	31~32
2 ▲	문자표	글자판에 없는 문자를 삽입할 수 있는 기능	22
3 ▲	블록 지정	문서를 편집하기 위해 내용을 선택하는 다양한 방법	29
4 ▲	복사와 이동	블록으로 지정된 문서의 내용을 이동하거나 복사하는 기능	29
5 ▲	문단 모양	문단에 줄 간격, 정렬, 문단 여백, 문단 수준을 지정하는 서식 기능	33, 37
6 ▲	찾기/찾아 바꾸기	문서에서 원하는 텍스트를 찾거나 바꾸는 기능	35
7 ▲	모양 복사	글자 또는 문단의 모양을 복사하는 기능	37
8 ▲	한자 변환	한글을 한자로 바꾸거나 직접 입력하는 방법	18
9 ▲	스타일	자주 사용하는 서식 모음으로, 빠른 서식 적용에 활용	113, 116, 118
10 ▲	문단 번호와 글머리표	목록을 순서나 글머리표로 구분하여 정리	59, 62, 64
11 ▲	그림 삽입	문서에 그림을 삽입하고 텍스트와의 어울림 지정	87
12 ▲	표 삽입	표를 이용해 내용 정리와 양식 문서 작성	99, 101, 103~104
13 ▲	글상자 삽입	문서의 제목이나 글자를 입력할 수 없는 위치에 삽입하는 개체	90
14 ▲	개요	문서 전체를 순서와 일관성 있는 구조로 관리	65, 67
15 ▲	쪽 번호 매기기	문서의 아래나 위쪽에 공통으로 매길 수 페이지 번호	75
16 ▲	머리말/꼬리말	문서의 위/아래 여백 쪽에 적용되는 문자열이나 그림 또는 문서 요소	73
17 ▲	메일 머지	본문 문서와 데이터 문서를 결합해서 다량의 문서를 만드는 기능	127
18 ▲	구역 나누기	한 문서 안에서 다른 설정의 문서를 설정하는 기능	49, 80
19 ▲	탭 설정	띄어쓰기를 이용해 한 번에 원하는 위치까지 지정하는 기능	40
20 ▲	바탕쪽	문서의 배경으로 지정할 수 있는 쪽을 편집하는 기능	80

업무 능률 ↑

문서 기본 기능

업무 꿀팁

사용 빈도 높음

보고서 필수

협업 활용도

목차

목차

CHAPTER 03　기능적으로 편리한 문서 작성하기

길벗출판사 홈페이지에 무엇이든 물어보세요!

책을 읽다 막히는 부분이 있으면 '**길벗 홈페이지**(www.gilbut.co.kr)' **회원으로 가입**하고 '**고객센터**' → '**1 : 1 문의**' 게시판에 질문을 올리세요. 지은이와 길벗 독자지원센터에서 신속하고 친절하게 답해 드립니다.

해당 도서의 페이지에서도 질문을 등록할 수 있어요. 홈페이지의 검색 창에 『무작정 따라하기 엑셀&파워포인트&워드+한글』를 입력해 해당 도서의 페이지로 이동하세요. 그런 다음, 질문이 있거나 오류를 발견한 경우 퀵 메뉴의 [도서문의]를 클릭해 문의 내용을 입력해 주세요. 꼭 로그인한 상태로 문의해 주세요.

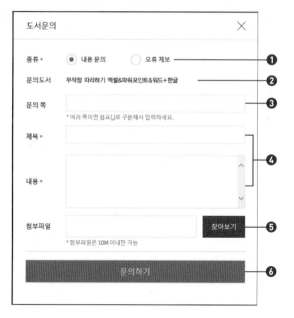

예제파일 및 완성파일 다운로드

길벗출판사(www.gilbut.co.kr)에 접속하고 검색 창에 도서 제목을 입력한 후 [검색]을 클릭하면 학습자료를 다운로드 할 수 있어요. 회원으로 가입하지 않아도 자료를 받을 수 있어요.

❶ 문의의 종류를 선택해 주세요.

❷ 문의할 도서가 맞는지 확인해 주세요.

❸ 질문에 대한 답을 빠르게 찾을 수 있도록 해당 쪽을 기재해 주세요.

❹ 문의 내용을 입력해 주세요.

❺ 길벗 A/S 전담팀과 저자가 질문을 빠르게 파악할 수 있도록 관련 파일을 첨부해 주시면 좋아요.

❻ 모든 내용을 입력했다면 [문의하기]를 클릭해 질문을 등록하세요.

CHAPTER 01

기본 문서 작성하기

한글 2020은 윈도우용 워드프로세서 프로그램으로, 사용자의 편리성을 고려하여 개선된 인터페이스와 강력해진 편집 기능을 제공하기 때문에 좀 더 간편하고 신속하게 편집 작업을 수행할 수 있습니다. 한글, 영문, 한자, 특수 기호 외에도 다양한 언어와 문자를 쉽게 입력할 수 있고, 여러 가지 형태의 서식을 적용하여 문서를 보기 좋게 꾸밀 수 있으며, 원하는 모양으로 출력할 수 있어요. 이번 장에서는 한글 2020에서 제공하는 다양한 기능을 사용하여 문서를 작성해 보고 서식과 편집 기능을 활용해 문서를 꾸미는 방법과 페이지를 설정하고 인쇄하는 방법에 대해 배워봅니다.

HANGEUL

01 한글 2020 시작하기

이번 섹션에서는 문서 작성의 기본인 한글과 영문, 숫자의 입력뿐만 아니라 한글을 한자로 변환하거나 특수 문자를 입력하는 방법을 익혀보겠습니다. 그리고 특수 문자를 입력하는 방법을 익히고 글자나 도형을 겹쳐서 원하는 모양의 글자를 완성해 봅니다. 또한 메뉴 사용법 외에 도구 상자의 이용 방법과 이전의 작업으로 다시 되돌아가는 방법도 연습해 보겠습니다.

PREVIEW

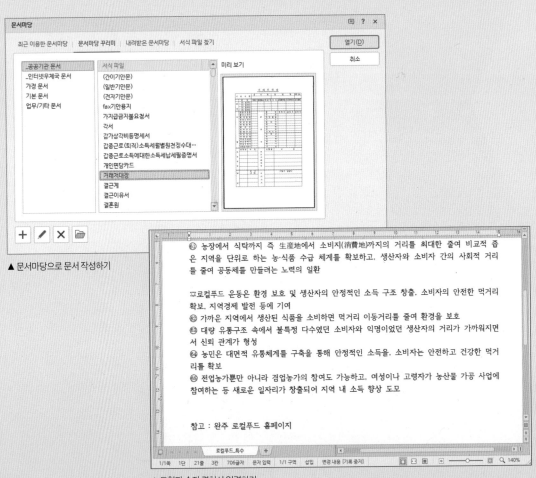

▲ 문서마당으로 문서 작성하기

▲ 도형과 숫자 겹쳐서 입력하기

01 시작 화면 살펴보기

한글 2020의 화면은 매우 다양한 요소들로 구성되어 있어요. 매우 복잡해 보이지만 그만큼 다양한 기능을 제공하고 있습니다. 다음의 화면 구성과 실제 여러분이 사용중인 한글 2020의 화면 구성이 약간 다를 수도 있어요. 왜냐하면 여러 가지 환경 설정에 따라 도구 상자나 문서 창의 모습이 달라지기 때문입니다.

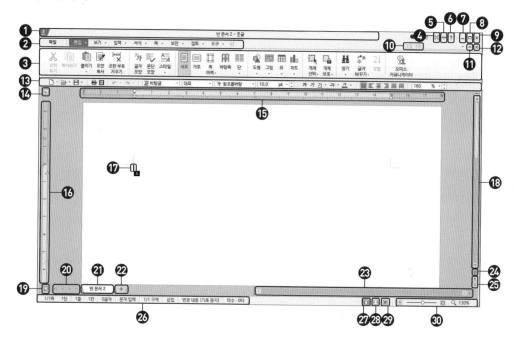

❶ 제목 막대(파일명[문서 경로])

❷ 메뉴 탭

❸ 기본 도구 상자(열림 상자)

❹ [전체 화면] 단추(⌗)

❺ [크게 보기] 단추(⬅⬆)/[기본 보기] 단추(⬆➡)

❻ 도움말(?)

❼ [최소화] 단추(–)

❽ [최대화] 단추(□)

❾ [끝] 단추(×)

❿ 찾을 내용 입력

⓫ [기본 도구 상자 접기/펴기] 단추(∧)

⓬ [문서 닫기] 단추(×)

⓭ 서식 도구 상자

⓮ 탭 종류 단추

⓯ 가로 눈금자

⓰ 세로 눈금자

⓱ 커서

⓲ 세로 이동 막대

⓳ [문서 탭 목록] 단추(▯)

⓴ 문서 탭 이동

㉑ 문서 탭

㉒ [새 탭] 단추(+)

㉓ 가로 이동 막대

㉔ [보기 선택 아이콘] 단추(▣)

㉕ 이전 쪽/다음 쪽 이동 단추(⬆, ⬇)

㉖ 상황선

㉗ [쪽 윤곽] 단추(▣)

㉘ [폭 맞춤] 단추(▣)

㉙ [쪽 맞춤] 단추(▣)

㉚ 화면 확대/축소

서식지정
문서인쇄
문서편집
문서정리
개체삽입
표/차트
스타일
메일머지/라벨

한글 2020에서는 동적으로 변화하는 기본 도구 상자와 가장 자주 사용하는 기능을 모은 서식 도구 상자를 제공합니다. 기본 도구 상자는 이전의 도구 상자보다 메뉴가 효율적으로 배치되었고 기능을 명확하게 전달할 수 있도록 큰 아이콘을 메뉴명과 함께 제공해요. 기본 도구 상자 영역에는 기본적으로 메뉴 탭이 나타나고 상황에 따라 종류별 개체 탭, 상태 탭이 동적으로 나타납니다. 또한 화면의 오른쪽 끝에 있는 [크게 보기] 단추(⬌)를 클릭해서 좀 더 큰 화면으로 볼 수도 있어요.

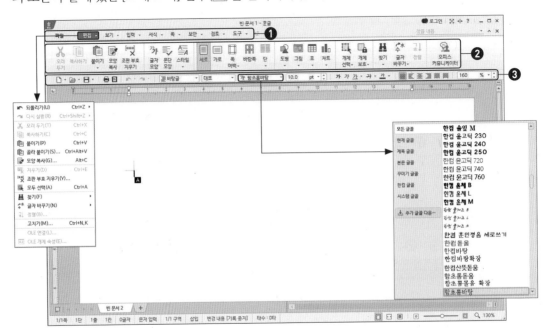

❶ **메뉴 탭**: 한글 2020에는 [파일] 탭, [편집] 탭, [보기] 탭, [입력] 탭, [서식] 탭, [쪽] 탭, [보안] 탭, [검토] 탭, [도구] 탭 등의 메뉴가 있어요. 이 9개 메뉴 탭의 이름을 클릭하면 각각 해당 메뉴 탭의 열림 상자가 열리고, 목록 단추(▾)를 클릭하면 하위 메뉴가 펼쳐집니다.

❷ **기본 도구 상자(열림 상자)**: 기본 도구 상자(열림 상자)는 사용자가 문서 작성 등을 작업할 때 관련 있는 기능을 쉽고 편리하게 찾아 작업할 수 있도록 분류하여 아이콘으로 모아놓은 부분입니다. 선택한 메뉴에 따라 펼쳐지는 기본 도구 상자의 모양이 달라져요.

❸ **서식 도구 상자**: 자주 사용하는 기능을 모아 놓은 서식 도구 상자는 항상 고정된 아이콘을 표시해요.

03 문서마당 이용해 새 문서 만들기

● **예제파일**: 새 문서에서 시작하세요. ● **완성파일**: 거래처.hwp

1 [파일] 탭-[문서마당]([Ctrl]+[Alt]+[N])을 선택하세요.

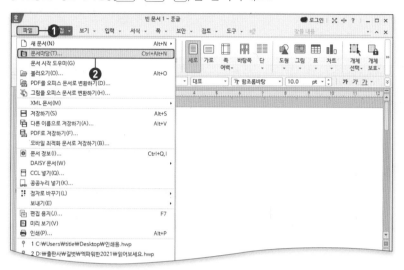

2 [문서마당] 대화상자가 열리면 [문서마당 꾸러미] 탭에서 꾸러미의 종류를 고르고 원하는 서식 파일을 선택한 후 [열기]를 클릭합니다. 여기서는 [_공공기관 문서]의 [거래처대장] 서식 파일을 선택했는데, '미리 보기'에서 해당 서식 파일을 미리 볼 수 있어요.

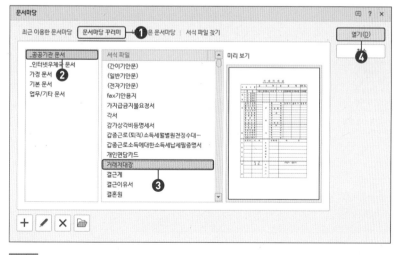

TIP

[문서마당]은 자주 사용하는 문서의 모양을 미리 서식 파일(*.hwt)로 만들어놓고 필요할 때마다 불러와서 문서의 빈 부분만 채우면 빠르게 문서를 완성할 수 있는 템플릿(template) 방식의 기능입니다. 문서마당을 이용하면 문서를 작성할 때 필요한 시간과 노력을 절약하여 쉽고 빠르게 멋진 문서를 완성할 수 있어요.

3 문서 작성을 마치고 저장하기 위해 **[파일] 탭–[저장하기]**(Alt+S)를 선택하거나 서식 도구 상자에서 [저장하기] 도구(💾▾)를 클릭하세요.

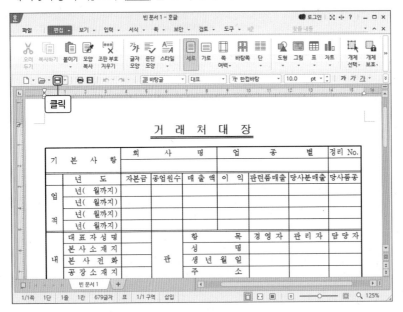

TIP
문서를 저장하지 않은 상태일 때는 문서 창의 제목 표시줄(또는 문서 탭)에 '빈 문서 1'이라는 이름이 표시됩니다.

4 [다른 이름으로 저장하기] 대화상자가 열리면 문서를 저장할 경로로 '문서' 폴더를 선택하고 '파일 이름'에 저장할 파일명인 『거래처』를 입력한 후 [저장]을 클릭하세요.

TIP
저장할 경로와 파일명은 자유롭게 선택하여 입력할 수 있고 한 번 저장한 후에는 변경된 부분만 저장됩니다.

5 [문서 닫기] 단추(⊠)를 클릭하거나 **[파일] 탭–[문서 닫기]**([Ctrl]+[F4])를 선택하여 문서를 닫으세요.

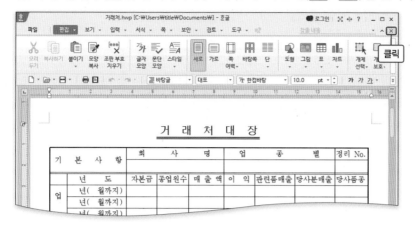

6 빈 문서가 열리면 서식 도구 상자에서 [불러오기] 도구(📂▾)를 클릭하거나 **[파일] 탭–[불러오기]**([Alt]+[O])를 선택합니다.

7 [불러오기] 대화상자가 열리면 **3** 과정에서 저장한 '문서' 폴더로 이동하여 '거래처.hwp'를 선택하고 [열기]를 선택하세요.

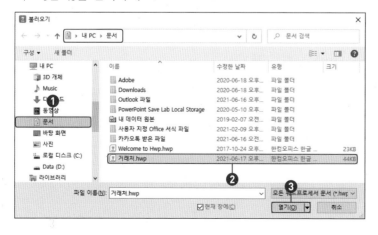

문서작성

서식지정

문서인쇄

문서편집

문서정리

개체삽입

표/차트

스타일

메일머지/라벨

8 저장된 문서가 열리는지 확인하세요.

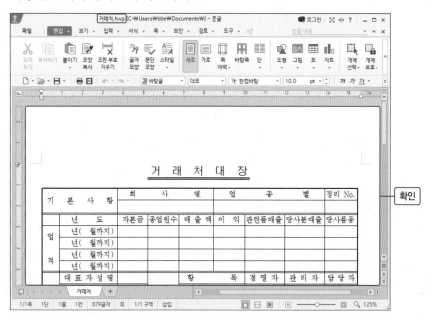

확인

◉ **예제파일**: 새 문서에서 시작하세요. ◉ **완성파일**: 로컬푸드_완성.hwp

1 한글 2020을 실행한 후 새 문서에 다음의 내용을 입력하세요. 영문을 입력하려면 한/영을 누르거나 Shift + Spacebar 를 누릅니다.

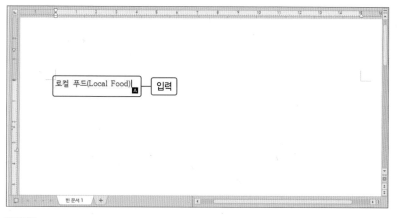

TIP

한글 2020에서는 커서 밑에 한글 또는 영문 상태를 알리는 옵션 단추(A, 가)가 있어서 사용자가 입력 중인 언어를 표시해 줍니다.

2 줄 바꿈이 필요한 곳에서는 Enter를 누르고 다음의 내용을 입력하세요.

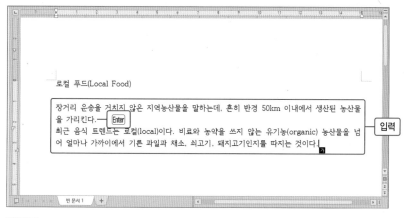

TIP

• **문단 바꿈**: Enter를 누르면 줄이 바뀌면서 문단도 바뀝니다.
• **줄 바꿈**: Shift + Enter를 함께 누르면 줄은 바뀌지만 문단은 앞 줄과 이어져서 유지됩니다.

문서작성

서식지정

문서인쇄

문서편집

문서정리

개체삽입

표/차트

스타일

메일머지/라벨

● **예제파일**: 로컬푸드_한자.hwp   ● **완성파일**: 로컬푸드_한자_완성.hwp

1 한자를 입력하려면 우선 바꿀 내용을 한글로 입력한 후 한자로 변환해야 합니다. '운송'에서 '운'의 뒤에 커서를 올려놓고 [한자] 또는 [F9]를 누릅니다.

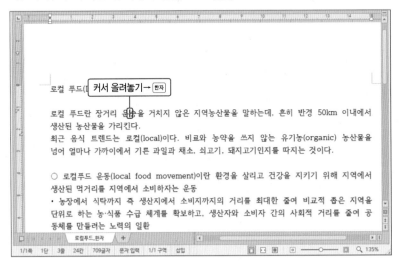

2 [한자로 바꾸기] 대화상자가 열리면 '한자 목록'에서 원하는 한자를 찾아 선택하고 '입력 형식' 이 [漢字]인지 확인한 후 [바꾸기]를 클릭하세요.

TIP

[한자로 바꾸기] 대화상자에서 [자전 보이기] 단추 (🗗)를 클릭하면 문서에서 선택한 한자의 음과 뜻 의 자전 정보를 볼 수 있어요.

3 '운'이 한자 '運'으로 변환되었으면 '송'도 한자 '送'으로 변환하세요.

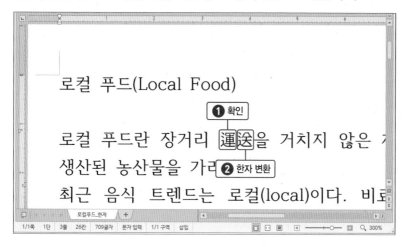

4 한글 단어를 입력한 후 드래그하여 선택하거나 단어의 끝에 커서를 올려놓고 한자 또는 F9 를 누르면 한자로 변환할 수 있습니다. 여기서는 '생산지'를 드래그하여 선택한 후 한자 를 누르세요.

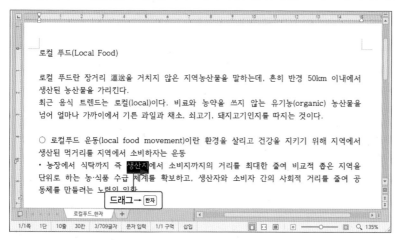

5 [한자로 바꾸기] 대화상자가 열리면 '한자 목록'에서 [生産地]를 선택하고 [바꾸기]를 클릭하세요.

우선순위

문서작성

서식지정

문서인쇄

문서편집

문서관리

개체삽입

표/차트

스타일

메일머지/라벨

6 '소비지'의 뒤에 커서를 올려놓고 한자 또는 F9 를 누르세요.

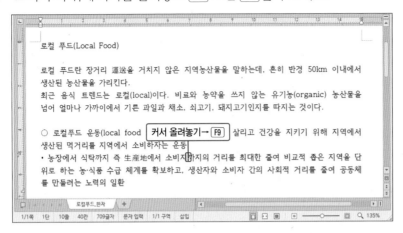

7 [한자로 바꾸기] 대화상자가 열리면 해당 한자를 선택하고 '입력 형식'에서 [한글(漢字)]를 선택한 후 [바꾸기]를 클릭하세요.

8 한자가 입력된 부분을 모두 드래그하여 선택합니다. [편집] 탭-[글자 바꾸기]를 클릭하고 [한글로 바꾸기](Alt + F9)를 선택하세요.

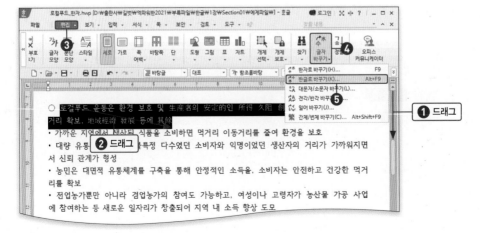

9 [한글로 바꾸기] 대화상자가 열리면 '바꿀 방법'에서 [한자를 한글로]에 체크되어 있는지 확인하고 [바꾸기]를 클릭하여 한자를 한꺼번에 한글로 바꾸세요.

10 모든 한자가 한글로 변경되었는지 확인합니다.

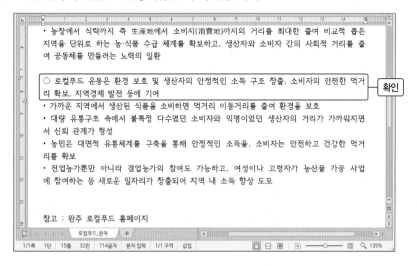

문서작성

서식지정

문서인쇄

문서편집

문서정리

개체삽입

표/차트

스타일

메일머지/라벨

잠깐만요 > 문서에 암호 설정하기

[보안] 탭-[문서 암호 설정]을 클릭하여 [문서 암호 설정] 대화상자를 열고 문서 보안을 위하여 파일에 문서 암호를 지정할 수 있어요. 암호는 다섯 글자 이상으로 설정할 수 있고 암호가 설정된 문서는 암호를 정확하게 입력해야 열 수 있습니다.

▲ [문서 암호 설정] 대화상자에서 암호 지정하기

◉ **예제파일**: 로컬푸드_특수.hwp ◉ **완성파일**: 로컬푸드_특수_완성.hwp

1 첫 줄의 맨 앞에 커서를 올려놓고 [입력] 탭-[문자표]의 [문자표▼]를 클릭한 후 [문자표]([Ctrl]+[F10])를 선택하세요.

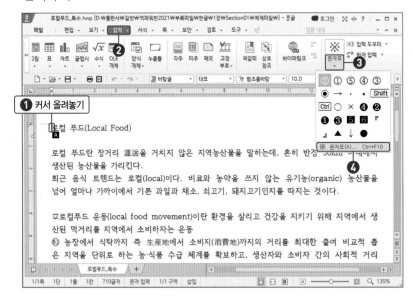

2 [문자표 입력] 대화상자가 열리면 [사용자 문자표] 탭에서 [기호2] 문자 영역의 [▶]를 선택하고 [넣기]를 클릭하세요.

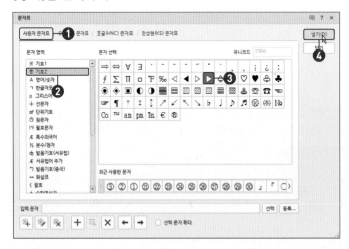

3 네 번째 단락인 '로컬푸드 운동은~'의 맨 앞에 커서를 올려놓고 [입력] 탭-[입력 도우미]를 클릭한 후 [글자 겹치기]를 선택하세요.

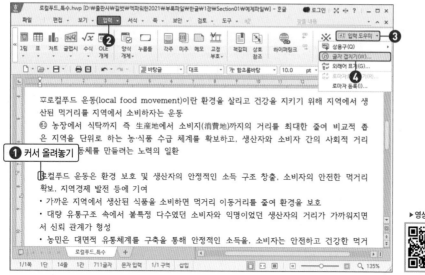

4 [글자 겹치기] 대화상자가 열리면 '겹쳐 쓸 글자'의 입력 상자를 클릭하여 커서를 올려놓고 Ctrl + F10 을 누르세요.

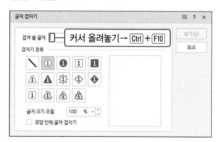

TIP

[입력] 탭-[문자표]의 문자표 를 클릭하고 [문자표]를 선택해도 됩니다.

5 [문자표] 대화상자가 열리면 [사용자 문자표] 탭의 '문자 영역'에서 [기호1]을 선택하세요. '문자 선택'에서 [△]와 [▽]을 각각 더블클릭하여 '입력 문자'에 입력하고 [넣기]를 클릭하세요.

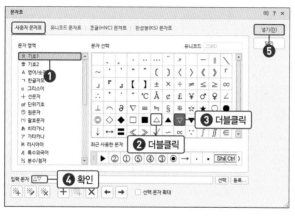

우선순위
문서작성
서식지정
문서인쇄
문서편집
문서정리
개체삽입
표/차트
스타일
메일머지/라벨

6 [글자 겹치기] 대화상자의 '겹쳐 쓸 글자'에 [△▽]가 입력되어 있으면 '겹치기 종류'에서 ◻를 선택합니다. [모양 안에 글자 겹치기]에 체크하고 미리 보기에서 겹쳐진 모양을 확인한 후 [넣기]를 클릭하세요

7 '로컬푸드'의 앞에 겹쳐진 도형을 확인합니다. 그 아래의 문장인 '• 가까운 지역에서~'에서 첫 번째 • 기호를 지우고 [입력] 탭-[입력 도우미]를 클릭한 후 [글자 겹치기]를 선택하세요.

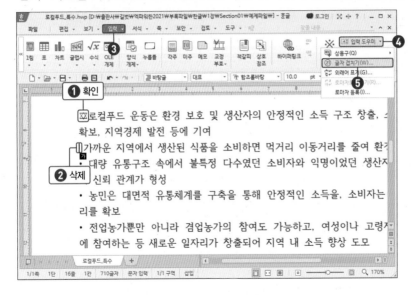

8 [글자 겹치기] 대화상자가 열리면 '겹쳐 쓸 글자'에 『62』를 입력하고 '겹치기 종류'에서 첫 번째 원 모양인 ①을 선택하세요. 원 모양 안에 [62]라는 숫자가 표시되었는지 확인하고 [넣기]를 클릭하세요.

TIP

[글자 겹치기]를 이용해서 원, 사각형, 삼각형 등 다양한 도형 안에 들어가는 숫자나 텍스트를 원하는 모양으로 만들 수 있어요.

9 이와 같은 방법으로 나머지 · 기호 부분도 모두 지우고 글자 겹치기 기능을 이용하여 원 안에 ㉓, ㉔, ㉕를 차례대로 입력하세요.

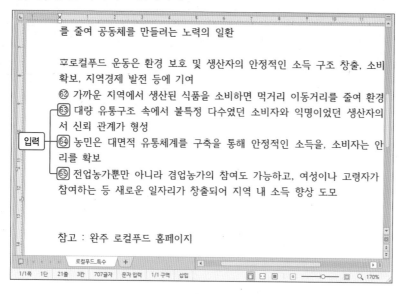

문서작성

서식지정

문서인쇄

문서편집

문서정리

개체삽입

표/차트

스타일

메일머지/라벨

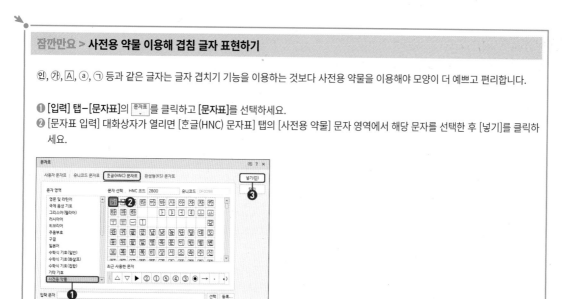

● **예제파일**: 로컬푸드_되돌리기.hwp

1 괄호 안에 입력된 영문은 `Delete`나 `Backspace`를 눌러 모두 지우고 한자는 `한자`나 `F9`를 눌러 한글로 변환하세요. 만약 영문을 잘못 지우거나 한자를 한글로 잘못 변환했다면 **[편집] 탭-[되돌리기]**(`Ctrl`+`Z`)를 선택하거나 서식 도구 상자에서 [되돌리기] 도구(🔄 ▾)를 클릭해서 모든 작업을 원래대로 되돌릴 수 있어요.

> • **(Local Food)**: 삭제   • **運送**: `F9` 눌러 한글로 변환
> • **(Local), (organic)**: 삭제   • **(local food movement)**: 삭제
> • **生産地, 消費地**: `F9` 눌러 한글로 변환

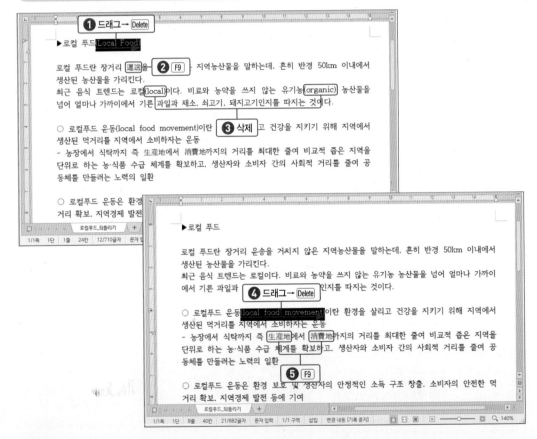

TIP

최대 256단계까지 작업을 되돌릴 수 있어요. 여러 개의 문서를 열어놓고 작업할 경우 '되돌리기'할 내용은 각 문서마다 따로 기억됩니다. 문서를 닫으면 '되돌리기'할 내용이 모두 지워집니다.

2 [편집] 탭-[다시 실행]($\boxed{Ctrl}$+$\boxed{Shift}$+$\boxed{Z}$)을 선택하거나 서식 도구 상자의 [다시 실행] 도구($\boxed{\text{↷·}}$)를 클릭해서 필요한 작업 단계까지 동작을 다시 실행하세요.

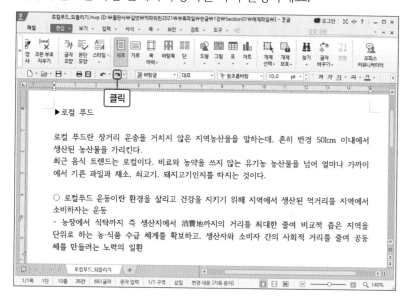

문서작성

서식지정

문서인쇄

문서편집

문서정리

개체삽입

표/차트

스타일

메일머지/라벨

잠깐만요 > 문서 탭의 색상 이해하기

문서 탭의 색상과 의미

문서 탭은 문서의 저장 상태에 따라 텍스트의 색이 다릅니다. 따라서 텍스트의 색을 보면서 문서의 저장 상태를 확인할 수 있어요.

- 거래처 **탭(변경)**: 문서가 변경되어 저장할 내용이 있다는 의미
- 거래처 **탭(자동 저장)**: 문서가 변경되었고 자동으로 저장되었다는 의미
- 거래처 **탭(저장)**: 문서의 변경된 내용이 모두 저장되었다는 의미

다음은 문서 작성이 끝난 후 변경된 내용이 모두 저장된 상태입니다.

▲ 변경된 내용이 모두 저장된 상태

이번 섹션에서는 문서의 모양(서식)을 꾸미기 위해 블록을 지정하고 편집하는 방법과 입력한 내용에 다양한 글자 모양과 문단 모양을 지정하는 방법을 배워볼게요. 그리고 문자 정렬 방식과 단어를 한 번에 쉽게 수정하는 방법을 익혀보고 문단 모양을 지정한 후 모양을 복사해 보겠습니다. 또한 탭을 설정하는 방법도 익혀서 탭 사이를 점선으로 채우면서 데이터를 쉽게 오른쪽 정렬해 봅니다.

PREVIEW

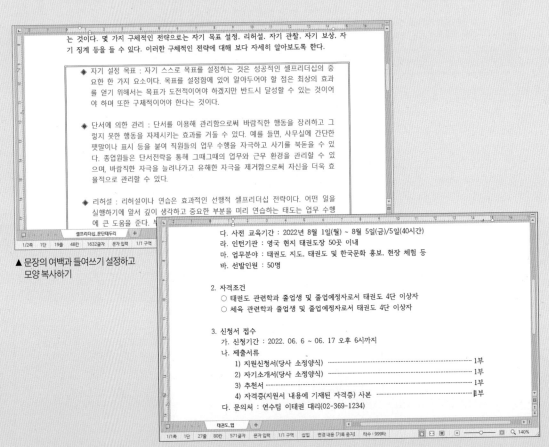

▲ 문장의 여백과 들여쓰기 설정하고 모양 복사하기

▲ 일정한 간격으로 탭 설정해 점선 채우기

01 블록 지정하고 편집하기

● **예제파일**: 셀프리더십_블록.hwp　● **완성파일**: 셀프리더십_블록_완성.hwp

문서작성

서식지정

문서안쇄

문서편집

문서정리

개체삽입

표/차트

스타일

메일머지/라벨

1 문서의 마지막 단락을 드래그하여 블록으로 지정하고 **[편집] 탭-[오려두기]**(Ctrl+X)를 클릭하세요.

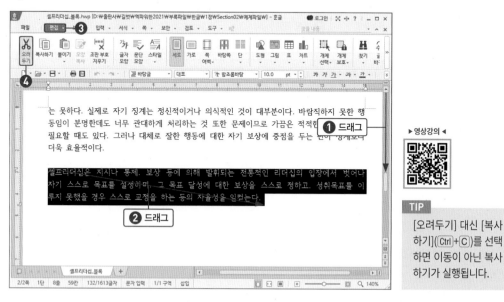

▶영상강의◀

TIP

[오려두기] 대신 [복사하기](Ctrl+C)를 선택하면 이동이 아닌 복사하기가 실행됩니다.

2 세로 이동 막대를 위쪽으로 드래그하여 잘라낸 내용을 붙여넣을 곳인 문서의 맨 앞으로 이동합니다. 두 번째 줄을 클릭하여 커서를 올려놓고 **[편집] 탭-[붙이기]**(Ctrl+V)의 를 클릭하세요.

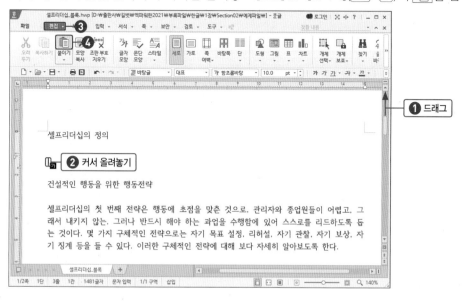

3 **1** 과정에서 오려두었던 내용이 문서의 앞쪽으로 이동했는지 확인합니다. 아래쪽 문단에서 [◆] 를 드래그하여 블록으로 지정하고 Ctrl 을 누른 상태에서 복사할 위치까지 드래그한 후 마우스 포인터의 모양이 ▯일 때 원하는 위치에서 손을 떼세요.

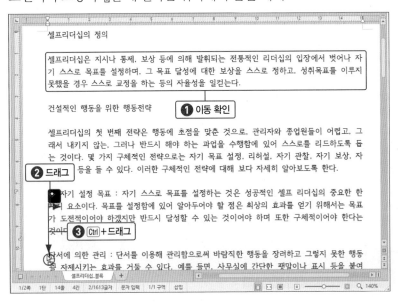

4 블록으로 지정된 부분이 복사되어 해당 위치에 삽입되었는지 확인합니다. 이와 같은 방법으로 아래쪽 항목에도 똑같이 복사하세요.

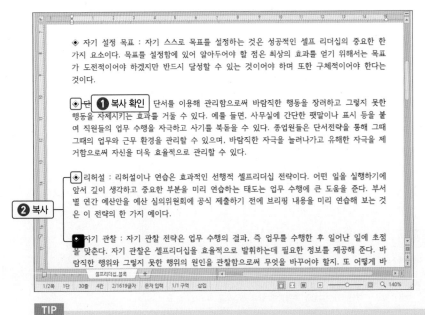

TIP

Ctrl 을 누르지 않고 드래그하면 '복사하기' 대신 '이동하기'가 실행됩니다.

02 글꼴과 글자 크기 바꾸기

HAN GEUL

● **예제파일**: 셀프리더십_글꼴.hwp ● **완성파일**: 셀프리더십_글꼴_완성.hwp

문서작성

서식지정

문서인쇄

문서편집

문서정리

개체삽입

표/차트

스타일

메일머지/라벨

1 글자 모양을 바꾸려는 부분을 드래그하여 블록으로 지정하고 서식 도구 상자에서 [글꼴] 도구의 목록 단추(▾)를 클릭한 후 [한컴 글꼴]에서 [한컴 솔잎 B]를 선택하세요.

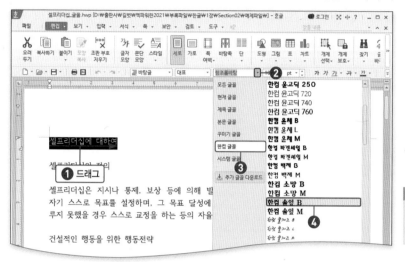

> **TIP**
> [서식] 탭–[글꼴]에서 서체를 선택해도 됩니다.

2 글꼴이 변경되었으면 블록을 지정한 상태에서 서식 도구 상자의 [글자 크기] 도구의 목록 단추(▾)를 클릭하고 [24pt]를 선택하세요.

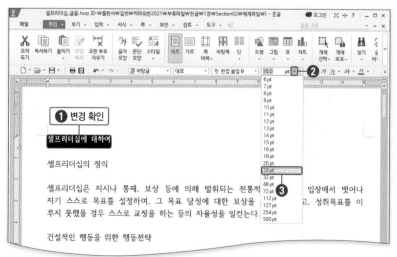

> **TIP**
> 기본 글꼴은 [함초롬바탕], 크기는 [10.0pt]로 설정되어 있습니다. 한글 전용 글꼴(*.HTF)은 한글 프로그램에서만 사용 가능해요.

● **예제파일**: 셀프리더십_글자모양.hwp ● **완성파일**: 셀프리더십_글자모양_완성.hwp

1 제목 부분을 드래그하여 블록으로 지정하고 [편집] 탭-[글자 모양]([Alt]+[L])을 클릭합니다. [글자 모양] 대화상자가 열리면 [기본] 탭에서 '기준 크기'는 [24pt], '글꼴'은 [한컴 솔잎 B], '글자 색'은 [바다색, 25% 어둡게], '음영 색'은 [노른자색, 80% 밝게]를 지정하고 [설정]을 클릭하세요.

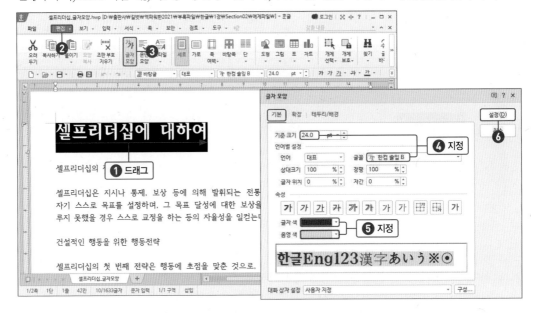

2 제목 텍스트의 글자 모양이 설정한 대로 변경되었는지 확인하세요.

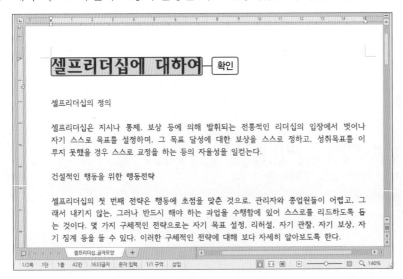

04 문단 정렬 방식 바꾸고 들여쓰기 지정하기

● 예제파일: 셀프리더십_문단.hwp   ● 완성파일: 셀프리더십_문단_완성.hwp

1 제목을 클릭하여 커서를 올려놓고 서식 도구 상자에서 [가운데 정렬] 도구(≣)를 클릭하여 제목을 가운데로 정렬하세요.

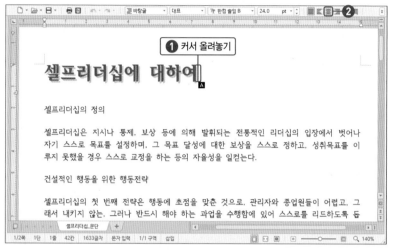

▶영상강의◀

> **TIP**
> 문단 정렬의 기본값은 [양쪽 정렬](≣)입니다. 서식 도구 상자뿐만 아니라 [서식] 탭에서도 정렬 방식을 설정할 수 있어요.

2 본문 여백과 들여쓰기를 변경하기 위해 '◆ 자기 설정 목표~'부터 마지막 문단까지 블록으로 지정하고 [편집] 탭-[문단 모양]([Alt]+[T])을 클릭하세요.

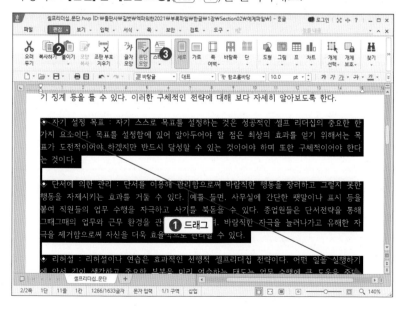

> **TIP**
> 블록으로 지정하지 않으면 커서가 위치한 문단의 모양만 바뀝니다.

문서작성
서식지정
문서인쇄
문서편집
문서정리
개체삽입
표/차트
스타일
메일머지/라벨

3 [문단 모양] 대화상자가 열리면 [기본] 탭의 '여백'에서 '왼쪽'과 '오른쪽'에 각각 [20pt]를 지정합니다. '첫 줄'에서 [내어쓰기]를 선택하고 값을 [15pt]로 지정한 후 [설정]을 클릭하세요.

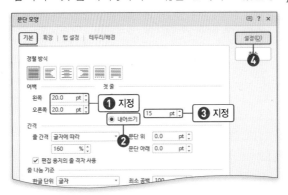

4 '셀프리더십의 정의'부터 네 개의 문단을 드래그하여 블록으로 지정합니다. 눈금자에서 [첫 줄 시작 위치] 표식(♡)의 위에 마우스 포인터를 올려놓고 오른쪽으로 드래그한 후 각 문단의 들여쓰기 간격을 확인하세요.

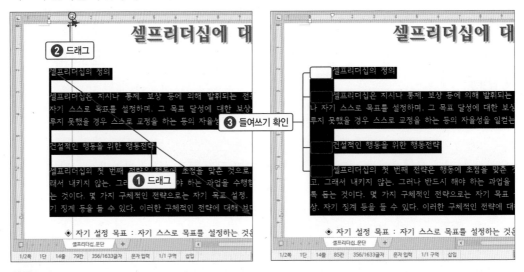

TIP

Alt 를 누른 상태에서 [첫 줄 시작 위치] 표식(♡)을 드래그하면 수치 값이 표시되어 좀 더 정확하게 들여쓰기 간격을 지정할 수 있어요. 그리고 Enter 를 누르면 줄과 문단이 함께 바뀌지만, Shift + Enter 를 누르면 줄이 바뀌면서 앞쪽 문단과 이어집니다.

잠깐만요 > 눈금자의 들여쓰기 표식 살펴보기

눈금자의 들여쓰기 표식을 드래그해서 첫 줄과 나머지 줄 시작 위치를 편리하게 지정할 수 있습니다.

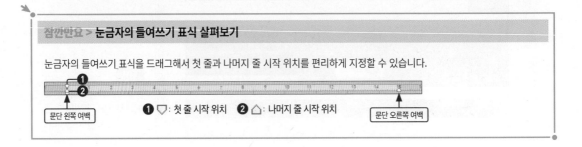

❶ ♡ : 첫 줄 시작 위치   **❷** △ : 나머지 줄 시작 위치

HANGEUL 05 찾아 바꾸기로 텍스트 한 번에 수정하기

● **예제파일:** 셀프리더십_바꾸기.hwp ● **완성파일:** 셀프리더십_바꾸기_완성.hwp

1 '셀프 리더십'을 '셀프리더십'으로 붙여쓰고 밑줄과 진하게 표시해 볼게요. **[편집] 탭-[찾기]**의
찾기를 클릭하고 **[찾아 바꾸기]**(**Ctrl**+**H**)를 선택하세요.

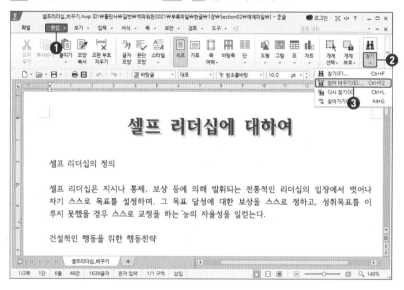

2 [찾아 바꾸기] 대화상자가 열리면 '찾을 내용'에는『셀프 리더십』을, '바꿀 내용'에는『셀프리더십』
을 입력하고 '바꿀 내용'에서 [서식 찾기] 단추(**H▾**)를 클릭한 후 [바꿀 글자 모양]을 선택하세요.
[글자 모양] 대화상자가 열리면 [기본] 탭을 선택하고 '속성'에서 [진하게](**가**)와 [밑줄](**가**)을
차례대로 클릭한 후 [설정]을 클릭하세요.

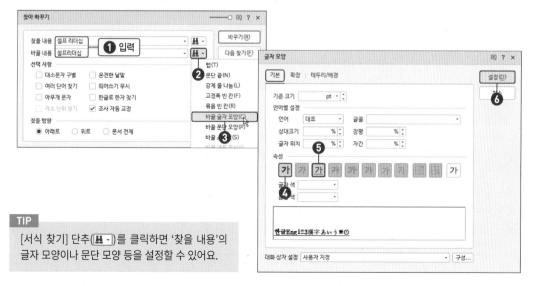

> **TIP**
> [서식 찾기] 단추(**H▾**)를 클릭하면 '찾을 내용'의
> 글자 모양이나 문단 모양 등을 설정할 수 있어요.

3 [찾아 바꾸기] 대화상자로 되돌아오면 '찾을 방향'에서 [문서 전체]를 선택하고 [모두 바꾸기]를 클릭합니다. 일곱 번 바꾸었다는 메시지 창이 열리면 [확인]을 클릭하고 [찾아 바꾸기] 대화상자로 되돌아오면 [닫기]를 클릭하세요.

4 '셀프 리더십'이 '셀프리더십'으로 일괄 변경되면서 동시에 '밑줄'과 '진하게' 표시되었는지 확인하세요.

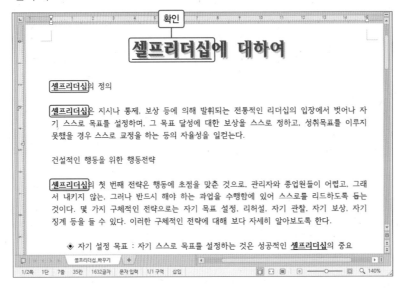

잠깐만요 > 블록을 지정하는 방법 살펴보기

문서에서 블록을 지정할 경우 여러 가지 방법으로 간단하게 설정할 수 있어요.

방법	기능
Shift+방향키(→,←,↑,↓)	커서가 이동한 방향과 위치만큼 블록으로 지정해요.
F3	F3을 한 번 누를 때마다 블록을 지정해요. 즉 한 단어 블록 → 한 문단 블록 → 문서 전체 블록 순으로 설정 영역이 변경됩니다.
마우스 클릭	마우스를 두 번 또는 세 번 클릭할 때마다 블록을 지정해요. 즉 한 단어 블록 → 한 문단 블록 순으로 설정 영역이 변경됩니다. 여백에서 클릭하면 한 번 클릭은 한 줄 전체를, 두 번 클릭은 문단 전체를, 세 번 클릭은 문서 전체를 블록으로 지정합니다.
Ctrl+A	문서 전체를 블록으로 지정합니다.

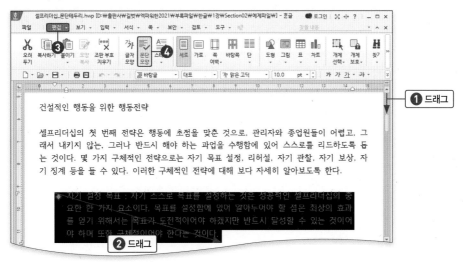
우선순위

문서작성

서식지정

문서인쇄

문서편집

문서정리

개체삽입

표/차트

스타일

메일머지/라벨

06 문단 테두리 꾸미고 모양 복사하기

● **예제파일**: 셀프리더십_문단테두리.hwp   ● **완성파일**: 셀프리더십_문단테두리_완성.hwp

1 넷째 문단의 '자기 설정 목표~'를 드래그하여 블록으로 지정하고 [**편집**] 탭-[**문단 모양**]([Alt]+[T])을 클릭하세요.

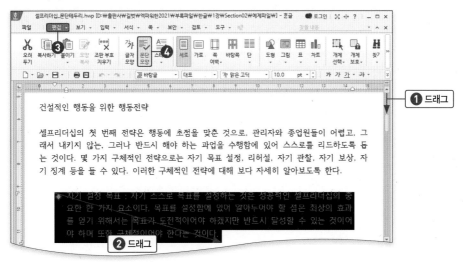

2 [문단 모양] 대화상자가 열리면 [테두리/배경] 탭에서 다음과 같이 지정하고 [설정]을 클릭하세요.

> • **테두리**: - **종류**: 이중 실선   - **굵기**: 0.5mm   - **색**: 남색/모든 테두리 지정
> • **문단 테두리 연결**: 체크   • **간격**: 모두 1.00mm

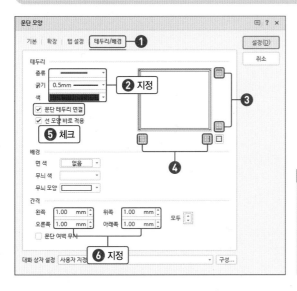

TIP

테두리의 종류와 굵기, 색을 지정하고 [모두] 단추(□)를 클릭하면 모든 테두리를 지정할 수 있어요. 그리고 '간격'에서 '모두'의 올림 단추(▲)와 목록(내림) 단추(▼)를 클릭해서 모든 간격을 한 번에 지정하면 편리합니다.

37

3 Esc 를 눌러 블록 지정을 해제하고 문단의 테두리 안쪽에 커서를 올려놓은 후 **[편집] 탭-[모양 복 사]**(Alt + C)를 클릭하세요.

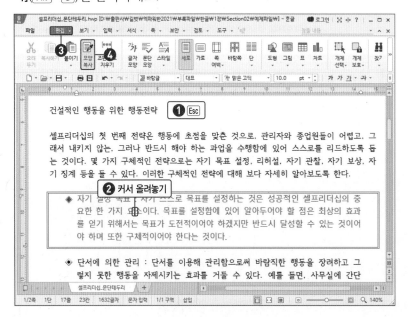

4 [모양 복사] 대화상자가 열리면 '본문 모양 복사'에서 [글자 모양과 문단 모양 둘 다 복사]를 선 택하고 [복사]를 클릭하세요.

5 문단의 모양을 적용할 대상인 문단을 모두 블록으로 지정합니다. **[편집] 탭-[모양 복사]**(Alt + C)를 클릭하여 복사해둔 문단의 글자 모양과 문단 모양을 그대로 복사하세요.

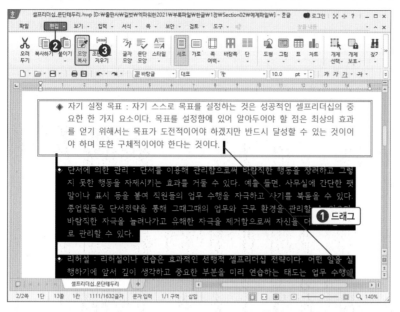

TIP

모양을 복사한 문단에서 마지막 행의 맨 끝에서부터 문단 모양을 복사할 대상 문단을 드래그해서 선택해야 하나의 테두리 안에 텍스트를 모두 넣을 수 있어요. 한 번 복사한 모양은 계속 모양 복사가 가능합니다.

6 문단 전체에 테두리가 적용되었는지 확인하세요.

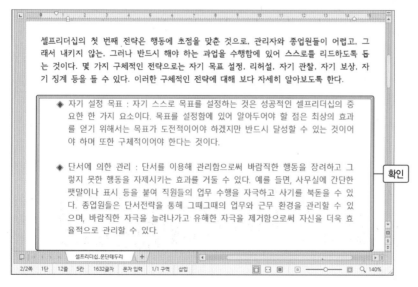

문서작성
서식지정
문서인쇄
문서편집
문서정리
개체삽입
표/차트
스타일
메일머지/라벨

◉ **예제파일**: 태권도_탭.hwp   ◉ **완성파일**: 태권도_탭_완성.hwp

1 '나. 제출서류'의 1)부터 4)까지 드래그하여 블록으로 지정하고 **[편집] 탭-[문단 모양]**(Alt + T)을 클릭하세요.

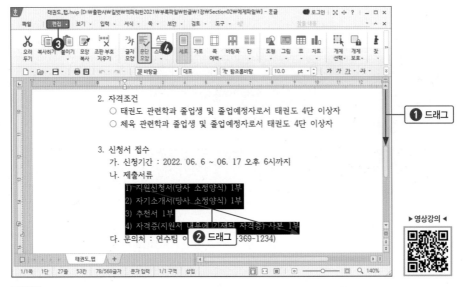

> **TIP**
> 탭 설정은 블록으로 지정한 문단에 설정됩니다. 눈금자에서 마우스 오른쪽 단추를 클릭하고 [탭 설정]을 선택해도 됩니다.

2 [문단 모양] 대화상자가 열리면 [탭 설정] 탭에서 '탭 종류'는 [오른쪽]을, '채울 모양'은 [점선]을 선택하고 '탭 위치'에 『410pt』를 입력한 후 [추가]를 클릭합니다. '탭 목록'에 [오른쪽] 탭이 추가되면 [설정]을 클릭하세요.

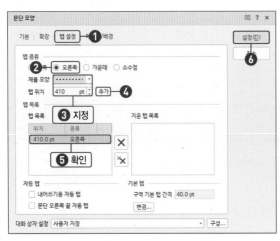

> **TIP**
> 탭 위치의 단위는 기본적으로 '포인트(pt)'로 설정되어 있지만, 그 밖에도 밀리미터(mm), 센티미터(cm), 인치("), 파이카(pi), 픽셀(px), 급(gp), 글자(ch) 등의 단위가 있고 올림 단추를 계속 클릭하여 각 단위마다의 최댓값을 확인할 수 있습니다. 여기서는 포인트(pt) 단위의 최댓값인 '425.2'보다 조금 작은 값인 '410'으로 설정했습니다.

3 탭을 설정해도 블록으로 지정한 문단에는 아무 변화가 없지만, 탭을 지정할 1) 항목의 '1부'의 앞에 커서를 올려놓고 Tab 을 누르세요. 탭 사이가 점선으로 채워지면서 '1부'는 줄의 끝으로 이동하여 오른쪽 정렬되는지 확인하세요.

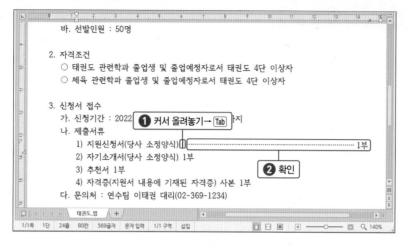

4 이와 같은 방법으로 2) 항목부터 4) 항목까지 '1부'의 앞에서 Tab 을 눌러 점선을 채우면서 오른쪽 정렬하세요.

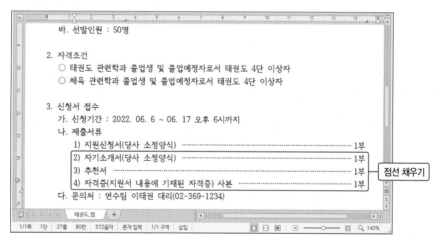

잠깐만요 > 눈금자에서 탭 설정하기

눈금자에서 마우스 오른쪽 단추를 클릭하고 탭의 종류와 위치를 바로 설정할 수 있어요.

❶ **왼쪽 탭**: 탭으로 이동한 텍스트가 지정한 위치에 왼쪽 정렬됩니다.
❷ **오른쪽 탭**: 탭으로 이동한 텍스트가 지정한 위치에 오른쪽 정렬됩니다.
❸ **가운데 탭**: 탭으로 이동한 텍스트가 지정한 위치에 가운데 정렬됩니다.
❹ **소수점 탭**: 탭으로 이동한 숫자가 지정한 위치에 소수점을 기준으로 정렬됩니다.

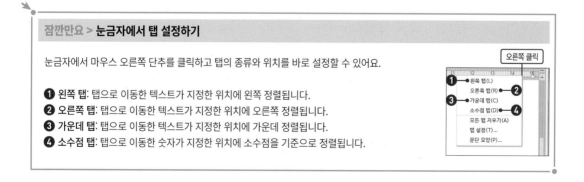

03 편집 용지 설정하고 인쇄하기

한글 2020에서는 문서 정보 기능을 통해 현재 작성중인 문서의 통계와 일반 정보를 쉽게 알 수 있고, 필요할 때마다 버전별로 문서를 저장해 문서의 이력을 관리할 수 있어요. 문서 작성이 끝나면 보기 좋게 인쇄하기 위해 편집 용지의 방향과 여백을 적절하게 지정해야 하는데, 이번 섹션에서는 인쇄 환경을 설정하는 방법을 살펴보겠습니다. 또한 같은 문서 안에서 서로 다른 편집 용지를 사용해 인쇄하는 방법과 인쇄 모양을 미리 확인하는 방법도 익혀봅니다.

PREVIEW

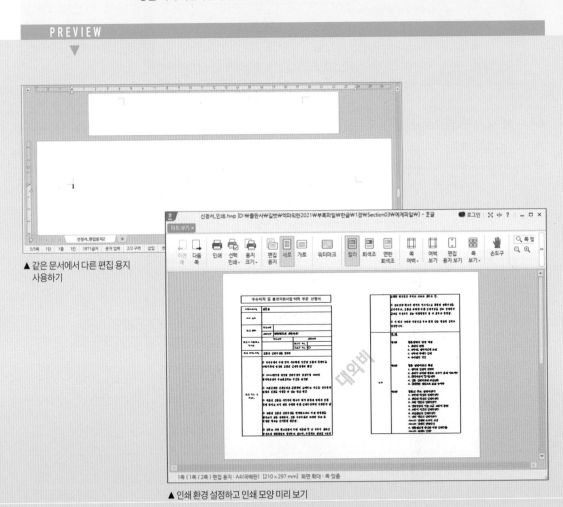

▲ 같은 문서에서 다른 편집 용지 사용하기

▲ 인쇄 환경 설정하고 인쇄 모양 미리 보기

섹션별 주요 내용 01 | 문서의 요약 내용 바꾸기   02 | 버전별로 문서 저장하고 관리하기   03 | 편집 용지 방향과 여백 지정하기
04 | 같은 문서에서 다른 편집 용지 사용하기   05 | 인쇄 환경 설정하고 인쇄 모양 미리 보기

01 문서의 요약 내용 바꾸기

◉ **예제파일**: 일본실학사상의배경.hwp   ◉ **완성파일**: 일본실학사상의배경_완성.hwp

1 [파일] 탭-[문서 정보]를 선택합니다.

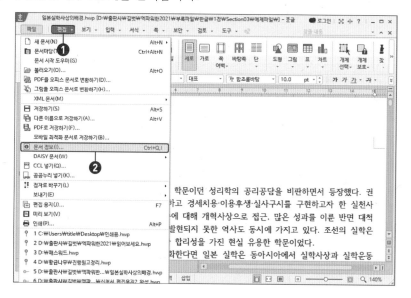

2 [문서 정보] 대화상자에서 [문서 요약] 탭을 선택하고 '제목'에는 『일본실학사상의 배경』을, '주제'에는 『일본』을, '지은이'에는 『홍길동』을, '키워드'에는 『실학, 일본』을 입력한 후 [확인]을 클릭하세요.

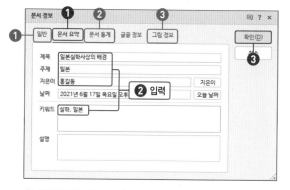

❶ **[일반] 탭**: 일반적인 문서 정보를 제공하여 문서를 빠르게 이해할 수 있습니다.

❷ **[문서 통계] 탭**: 문서 전체의 분량을 알 수 있습니다.

❸ **[그림 정보] 탭**: 문서에 삽입된 그림 목록에서 그림을 변경하거나 한꺼번에 파일로 저장해 다른 프로그램에서 사용할 수 있게 설정 가능합니다.

02 버전별로 문서 저장하고 관리하기

◉ **예제파일**: 일본실학사상의배경_이력.hwp, 일본실학사상의 특징.hwp　　◉ **완성파일**: 일본실학사상의배경_이력_완성.hwp

1 문서를 작성하다가 저장해야 하는 작성 시점이 있는데, 작성 시점마다 버전별로 저장해 볼게요. **[검토]** 탭의 목록 단추(▼)를 클릭하고 **[문서 이력 관리]**를 선택하세요.

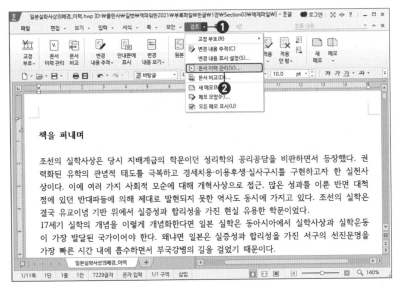

2 [문서 이력 관리] 대화상자가 열리면 현재까지의 문서 작업을 저장하기 위해 [새 버전으로 저장] 단추(🗐)를 클릭합니다.

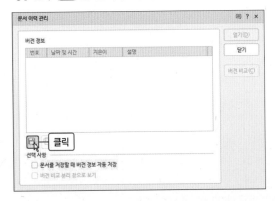

3 [새 버전으로 저장] 대화상자의 '설명'에 『1장 내용 작성』을 입력하고 [확인]을 클릭하세요. [문서 이력 관리] 대화상자로 되돌아오면 '버전 정보'에 새 버전 정보가 추가되었는지 확인하고 [닫기]를 클릭하세요.

4 추가 내용에 해당하는 문서를 현재 문서에 끼워넣기 위해 본문의 맨 아래쪽을 이동한 후 그림의 아래쪽을 클릭하여 커서를 올려놓습니다. **[입력] 탭**의 목록 단추(▼)를 클릭한 후 **[문서 끼워 넣기]**를 선택하세요.

> **TIP**
>
> '문서 끼워 넣기' 기능은 커서 위치에 새로운 문서가 삽입되므로 정확한 위치에 커서를 올려놓고 실행해야 합니다.

5 [문서 끼워 넣기] 대화상자가 열리면 부록 실습파일에서 '일본실학사상의 특징.hwp'를 선택하고 [넣기]를 클릭하세요.

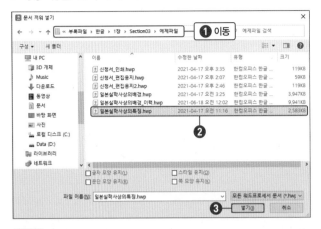

6 현재 문서의 뒤에 새로운 문서가 삽입되었는지 확인하고 현재까지의 작업을 새로운 버전으로 저장하기 위해 [검토] 탭-[문서 이력 관리]를 클릭하세요.

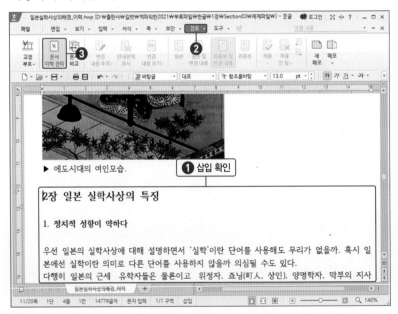

7 [문서 이력 관리] 대화상자가 열리면 [새 버전으로 저장] 단추()를 클릭합니다. [새 버전으로 저장] 대화상자가 열리면 '설명'에 『2장 내용 추가』를 입력하고 [확인]을 클릭하세요.

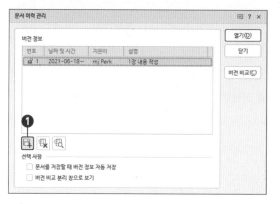

> **TIP**
>
> 별도의 버전 저장 없이 문서를 저장할 때마다 버전을 저장하려면 [문서 이력 관리] 대화상자에서 '선택 사항'의 [문서를 저장할 때 버전 정보 자동 저장]에 체크하세요.

8 두 번째 버전의 문서가 추가되었는지 확인하고 [닫기]를 클릭하세요.

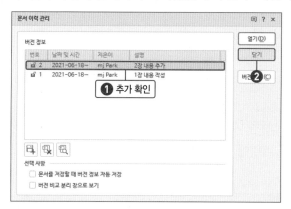

> **TIP**
>
> 버전별로 관리되는 문서에서 특정 버전의 문서를 다시 열거나 여러 버전 간에 문서를 비교하려면 **[검토] 탭-[문서 비교]**를 클릭하세요.

◉ **예제파일**: 신청서_편집용지.hwp ◉ **완성파일**: 신청서_편집용지_완성.hwp

1 [편집] 탭-[가로]를 클릭하여 편집 용지를 가로 방향으로 변경합니다. 여백을 변경하기 위해 [편집] 탭-[쪽 여백]을 클릭하고 [넓게(머리말/꼬리말 여백포함)]을 선택하세요.

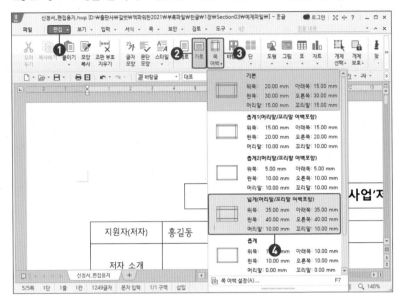

2 편집 용지와 여백이 변경되었으면 표의 오른쪽 테두리에 마우스 포인터를 올려놓습니다. 마우스 포인터가 ◈▶ 모양으로 변경되면 본문 너비에 맞게 오른쪽으로 드래그하여 표의 너비를 조절하세요.

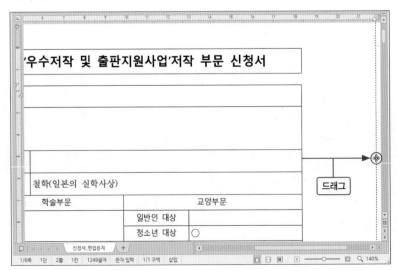

04 같은 문서에서 다른 편집 용지 사용하기

● **예제파일**: 신청서_편집용지2.hwp ● **완성파일**: 신청서_편집용지2_완성.hwp

1 이번에는 현재 편집중인 문서의 다음 쪽부터 다른 편집 용지를 지정해 볼게요. Ctrl+PgDn 을 눌러 맨 마지막 페이지로 이동한 후 문서의 맨 끝에 커서를 올려놓고 [쪽] 탭-[편집 용지](F7)를 클릭하세요.

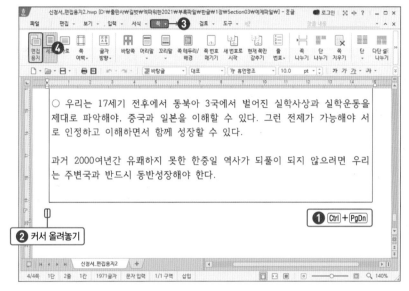

▶영상강의 ◀

2 [편집 용지] 대화상자의 [기본] 탭이 열리면 '용지 방향'에서는 [가로]를, '적용 범위'에서는 [새 구역으로]를 선택하고 [설정]을 클릭하세요.

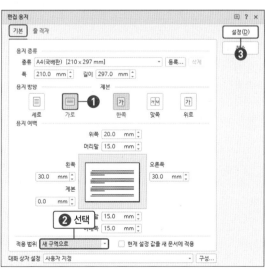

3 다음 쪽의 편집 용지가 가로로 변경되었는지 확인하세요.

확인

잠깐만요 > 새 문서의 편집 용지 설정하기

현재 작성 중인 문서가 아니라 새 문서를 열었을 때 항상 똑같이 편집 용지를 설정하려면 [도구] 탭의 목록 단추(▾)를 클릭하고 [환경 설정]을 선택합니다. [환경 설정] 대화상자가 열리면 [새 문서] 탭에서 '용지 종류', '용지 방향', '제본', '용지 여백' 등을 설정할 수 있어요.

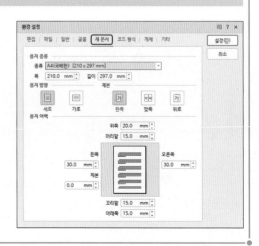

05 인쇄 환경 설정하고 인쇄 모양 미리 보기

● **예제파일**: 신청서_인쇄.hwp   ● **완성파일**: 신청서_인쇄_완성.hwp

1 인쇄 환경을 설정하기 위해 **[파일] 탭-[인쇄]**를 선택하세요.

> **TIP**
> 서식 도구 상자의 [인쇄] 도구(🖶)를 클릭해도 인쇄할 수 있어요.

2 [인쇄] 대화상자가 열리면 [기본] 탭에서 '프린터 선택', '인쇄 범위', '인쇄 매수', '인쇄 방식'을 지정하세요. 여기서는 사용중인 프린터를 선택하고 '인쇄 범위'는 [모두]를, '인쇄 매수'는 [3]을, '인쇄 방식'은 [모아 찍기, 2쪽씩]을 지정했습니다.

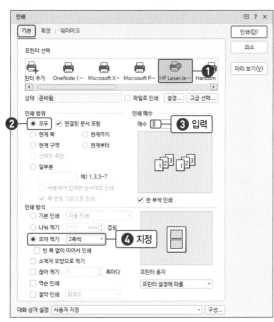

> **TIP**
> '모아찍기' 인쇄 기능을 사용하면 축소된 크기로 여러 페이지를 한 장의 용지에 인쇄할 수 있어서 용지가 절약됩니다.

51

3 문서의 무단 복제를 방지하기 위해 인쇄할 때 문서에 글자가 나타나도록 워터마크를 삽입해 볼게요. [워터마크] 탭에서 [글자 워터마크]를 선택하고 '글자 입력'에는 문서를 인쇄하면 나타날 글자인 『대외비』를 입력합니다. '글꼴'은 [한컴 윤체 M]을 선택하고 [미리 보기]를 클릭하세요.

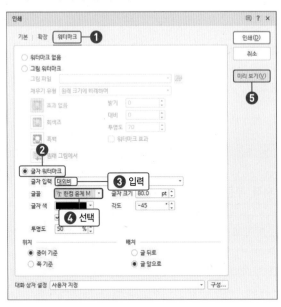

4 [미리 보기] 창에서 인쇄할 문서를 확인하고 더 이상 변경할 설정 사항이 없으면 **[미리 보기] 탭-[인쇄]**를 클릭합니다. 미리 보기에서도 각종 인쇄 항목을 추가 설정할 수 있어요.

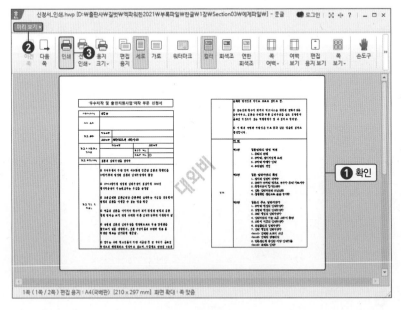

◉ **예제파일**: 일본실학사상의 배경_PDF.hwp　　◉ **완성파일**: 일본실학사상의 배경_PDF_완성.pdf

▶ 영상강의 ◀

PDF 문서 만들고 흔PDF로 주석 달기

PDF 문서는 특정 뷰어가 설치되어 있지 않으면 문서를 쉽게 볼 수 없습니다. 그리고 일부 내용을 문서에 복사하거나 문서에 주석 등으로 의견을 넣으려면 어도비 아크로뱃 리더(Adobe Acrobat Reader)와 같은 고가의 프로그램을 설치해야 합니다. 그러나 한글로 작성한 문서는 PDF로 쉽게 작성할 수도 있고, 흔PDF로 문서를 보고 주석이나 캡처와 같은 기본적인 편집 작업을 할 수도 있어요.

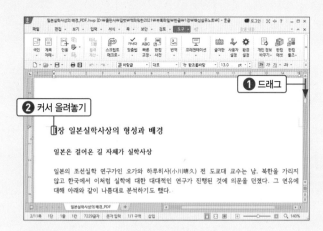

1 PDF 파일로 만들 문서를 열고 2쪽으로 이동한 후 시작 쪽의 맨 앞에 커서를 올려놓으세요.

2 [파일] 탭-[PDF로 저장하기]를 선택하세요.

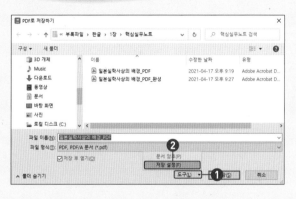

3 [PDF로 저장하기] 대화상자가 열리면 [도구] 를 클릭하고 [저장 설정]을 선택하세요.

4 [PDF 저장 설정] 대화상자가 열리면 '저장 범위'에서 [현재부터]를 선택하고 [설정]을 클릭하세요.

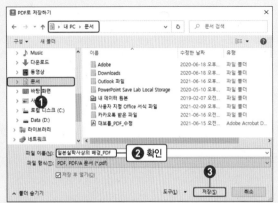

5 [PDF로 저장하기] 대화상자로 되돌아오면 '저장 위치'를 지정하고 '파일 이름'을 확인한 후 [저장]을 클릭합니다. 여기서는 '문서' 폴더에 저장하세요.

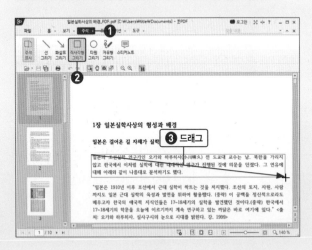

6 흔PDF가 실행되면서 저장된 PDF 문서가 열립니다. 이 문서에 주석을 삽입하기 위해 **[주석] 탭-[직사각형 그리기]**를 클릭하고 마우스 포인터가 ✚ 모양으로 변경되면 본문의 첫 문단이 포함되도록 드래그합니다.

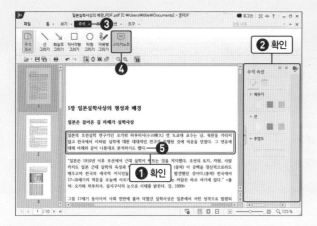

7 도형이 삽입되면서 [주석 속성] 작업 창이 열리면 [**주석**] **탭-**[**스티커노트**]를 클릭하고 주석을 표시할 위치에서 클릭하세요. 이 창에서는 채우기 및 선, 투명도를 이용해 삽입된 도형을 편집할 수 있습니다.

8 [메모 편집] 창이 열리면 주석 내용을 입력하고 [확인]을 클릭합니다.

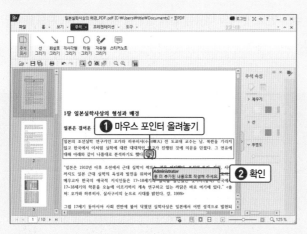

9 스티커 노트에 마우스 포인터를 올려놓고 입력한 메모 내용이 표시되는지 확인하세요.

CHAPTER 02
다양한 기능 활용해 고급 문서 작성하기

한글 2020은 문서 작성 중에 다양한 개체를 삽입하거나 쪽 기능을 적용하여 문서를 좀 더 고급스럽게 꾸밀 수 있어요. 문단에 글머리표나 문단 번호를 지정하여 항목을 나열하거나 개요를 적용해서 문서의 내용을 깔끔하게 정리할 수 있을 뿐만 아니라 머리말/꼬리말과 쪽 번호, 바탕쪽 등 쪽 전체에 적용하는 기능을 이용해 문서를 더욱 일관성 있게 꾸밀 수 있습니다. 또한 그림 및 동영상 등 다양한 멀티미디어 개체를 텍스트와 함께 삽입하여 문자 외에 시각적인 기능을 문서에 삽입할 수도 있고, 문서의 내용을 쉽게 설명할 수 있는 표나 차트를 삽입하여 문서를 더욱 품위 있게 작성할 수도 있어요.

HANGEUL

순서가 있는 체계적인 문서 만들기

한글에서 문단의 흐름이 있는 문서를 만들려면 글머리표나 문단 번호를 이용해서 문단을 구분해야 합니다. 단락의 순서를 지정해야 할 경우 문단 번호와 문단 수준을 구분하여 지정하고 글머리표에는 문자표를 사용하여 다양한 기호와 그림을 사용할 수 있어요. 특히 여러 단계의 단락 순서를 문서 전체에 지정할 때는 개요 스타일을 사용해야 더욱 체계적으로 작성할 수 있습니다.

PREVIEW

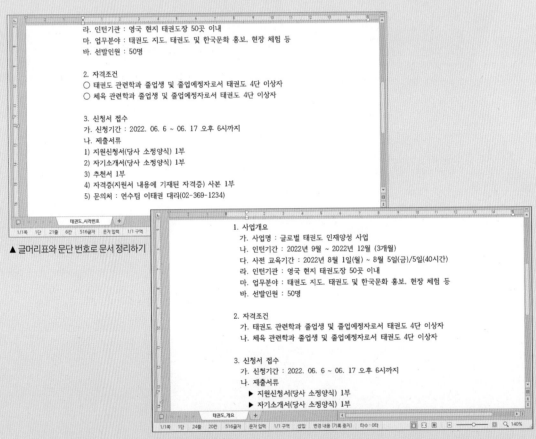

▲ 글머리표와 문단 번호로 문서 정리하기

▲ 개요로 문단 정리하기

01 글머리표 이용해 문단 지정하기

● **예제파일**: 태권도_글머리표.hwp　● **완성파일**: 태권도_글머리표_완성.hwp

1 글머리표를 지정할 목록 전체를 드래그하여 선택하고 **[서식] 탭−[글머리표]**를 클릭하세요.

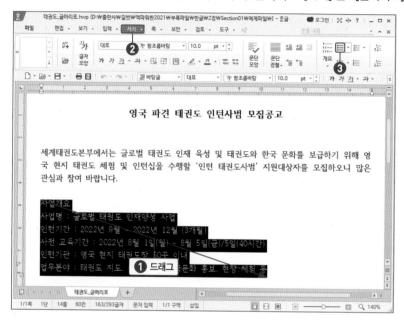

2 기본적인 글머리표가 곧바로 적용되었는지 확인하세요. '사업개요' 아래쪽의 내용은 상세 설명 부분에 속하므로 다른 글머리로 지정하기 위해 다시 '사업명~'부터 '업무분야~'까지 블록으로 지정하고 **[서식] 탭−[글머리표]**의 목록 단추(▾)를 클릭한 후 **[글머리표 모양]**을 선택하세요.

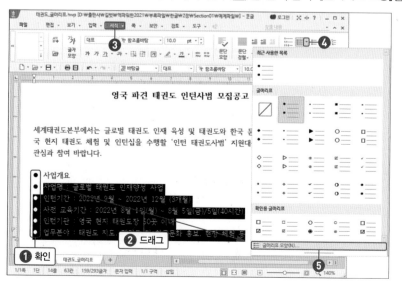

3 [글머리표 및 문단 번호] 대화상자가 열리면 [글머리표] 탭에서 [사용자 정의]를 클릭하세요. [글머리표 사용자 정의 모양] 대화상자가 열리면 [문자표]를 클릭하세요.

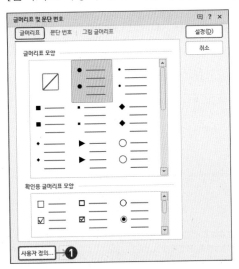
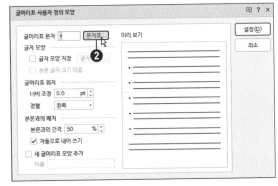

4 [문자표 입력] 대화상자가 열리면 [사용자 문자표] 탭의 '문자 영역'에서 [화살표]를 선택하고 [↳]를 선택한 후 [넣기]를 클릭하세요.

5 [글머리표 사용자 정의 모양] 대화상자로 되돌아오면 '글머리표 문자'에 선택한 화살표 기호가 나타났는지 확인하고 [설정]을 클릭하세요.

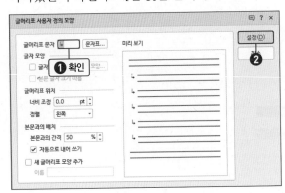

6 [글머리표 및 문단 번호] 대화상자의 [글머리표] 탭으로 되돌아오면 추가된 글머리표 모양을 확인하고 [설정]을 클릭하세요.

TIP

• Ctrl+Shift+Insert : **문단 번호 적용 및 해제**   • Ctrl+Shift+Delete : **글머리표 적용 및 해제**

7 글머리표가 변경되었는지 확인하고 문장의 맨 끝에 커서를 올려놓은 후 Enter 를 누릅니다. 앞에서 지정한 글머리표가 입력되면 『인원 : 50명』을 입력하고 Enter 를 누르세요.

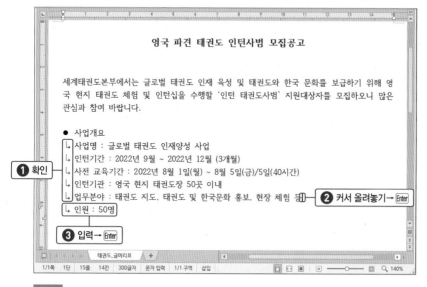

TIP

글머리표나 문단 번호가 매겨지면서 목록이 작성될 때 해당 문단의 번호나 글머리표가 자동으로 매겨지는 것을 멈추려면 맨 마지막 단계에서 한 번 더 Enter 를 누르거나 [서식] 탭-[문단 번호]나 [글머리표]를 클릭하여 설정을 해제하세요.

02 문단 번호와 수준 지정하기

● 예제파일: 태권도_순서.hwp　● 완성파일: 태권도_순서_완성.hwp

1 문단 번호를 지정할 목록 전체를 드래그하여 선택하고 [서식] 탭-[문단 번호]의 목록 단추(▼)를 클릭한 후 '문단 번호'에서 [1. 가. 1) 가)]를 클릭하세요.

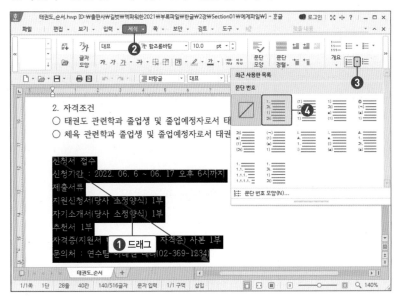

▶ 영상강의 ◀

2 문단 전체에 문단 번호가 순서대로 지정되었는지 확인합니다. '신청서 접수' 아래에 있는 모든 문단의 수준을 변경하기 위해 '2.~'부터 '8.~'까지 드래그하여 선택하고 [서식] 탭-[한 수준 감소]를 클릭하세요.

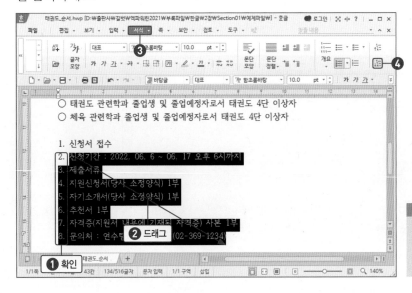

TIP
Ctrl + NumLock + + 를 눌러도 단락 수준을 낮출 수 있어요.

3 '2.'부터 '8.'까지가 '가.'에서 '사.'까지로 변경되었는지 확인합니다. 이와 같은 방법으로 '제출서류' 아래의 다섯 줄을 드래그하여 선택하고 **[서식] 탭-[한 수준 감소]**를 클릭하세요.

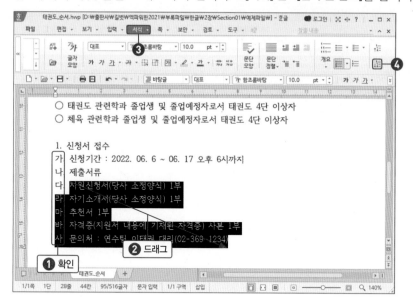

4 목록에서 문단 번호와 수준이 완성되었는지 확인하세요.

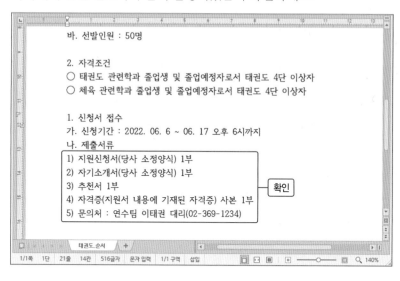

● **예제파일**: 태권도_시작번호.hwp ● **완성파일**: 태권도_시작번호_완성.hwp

1 앞의 문단에 이어서 순서를 지정하려면 전체를 한 번에 선택하여 동일한 문단 번호를 지정하거나 시작 번호를 변경해야 해요. '1. 신청서 접수'에 커서를 올려놓고 **[서식] 탭-[문단 번호]**의 목록 단추(▾)를 클릭한 후 **[문단 번호 모양]**을 선택합니다. [문단 번호/글머리표] 대화상자의 [문단 번호] 탭이 열리면 [1수준의 시작 번호]에 『3』을 입력하고 [설정]을 클릭하세요.

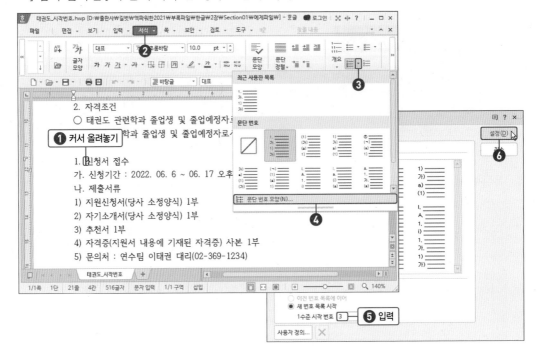

2 시작 번호가 '3'으로 변경되었는지 확인하세요.

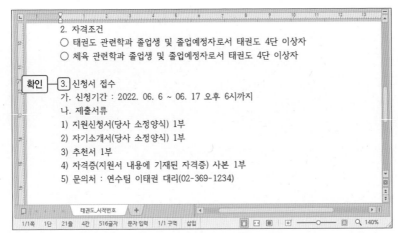

문서작성

서식지정

문서인쇄

문서편집

문서정리

개체삽입

표/차트

스타일

메일머지/라벨

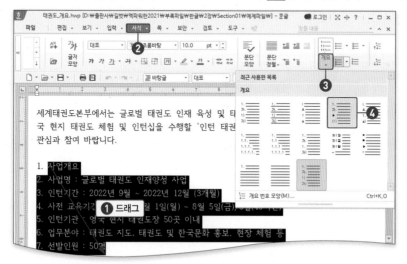

04 개요 기능 이용해 문단 정리하기

◉ **예제파일**: 태권도_개요.hwp   ◉ **완성파일**: 태권도_개요_완성.hwp

1 일반적인 문단 번호와 비교되도록 기존 목록에 개요 번호를 지정해 볼게요. '1. 사업개요' 목록 전체를 드래그하여 선택하고 [서식] 탭-[개요]의 개요를 클릭한 후 [1. 가. ▶ (1)]을 선택하세요.

TIP

'개요'는 문서의 구조를 나눌 때 사용하는 스타일로, 주요 제목에 개요를 사용하면 문서를 요약하는 데 도움이 됩니다. 개요를 지정할 때 [서식] 탭-[개요]에서 지정해도 되지만, 문단 수준을 고려해서 곧바로 지정하려면 [서식] 탭에서 수준에 맞는 개요 스타일을 직접 클릭해야 합니다. 예를 들어 [1 수준: 개요 1], [2 수준: 개요 2]와 같이 선택하세요.

2 이와 같은 방법으로 아래 방향의 모든 문단에 각각 같은 개요 형식을 지정하세요.

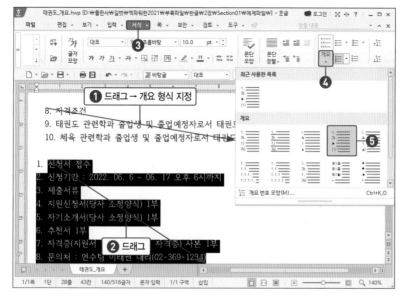

65

3 '1. 사업개요' 아래쪽의 문단을 드래그하여 선택하고 **[서식] 탭-[한 수준 감소]**를 클릭하세요.

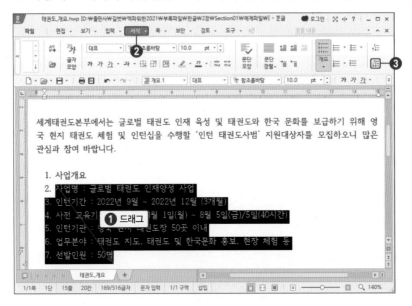

4 이와 같은 방법으로 '2. 자격조건'과 '5. 신청서 접수'의 아래쪽 목록도 **[한 수준 감소]**로 수준을 변경하세요. '나. 제출서류' 아래의 다섯 줄을 선택하고 다시 **[서식] 탭-[한 수준 감소]**를 클릭하여 3수준의 문단으로 개요를 지정하세요.

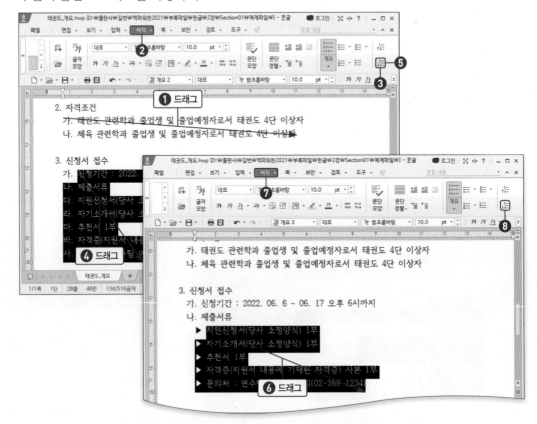

나만의 개요 번호 모양 만들기

◉ **예제파일**: 홍보_사용자정의개요.hwp   ◉ **완성파일**: 홍보_사용자정의개요_완성.hwp

1 새로운 개요 번호 모양을 추가해 볼게요. '홍보대행 서비스'에 커서를 올려놓고 **[서식] 탭-[개요]** 의 개요를 클릭한 후 **[개요 번호 모양]**을 선택하세요. [개요 번호 모양] 대화상자가 열리면 **[사용자 정의]**를 클릭하세요.

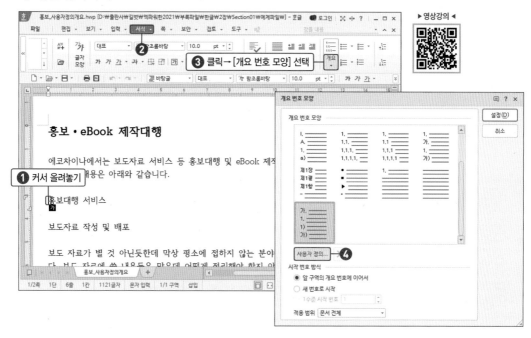

▶영상강의◀

2 [개요 번호 사용자 정의 모양] 대화상자가 열리면 '수준'에서 [1 수준]을 선택하고 '번호 서식'에 한글 자음 『ㅁ』을 입력한 후 한자를 누릅니다. [특수 문자로 바꾸기] 대화상자가 열리면 원하는 문자를 선택하고 [바꾸기]를 클릭하세요.

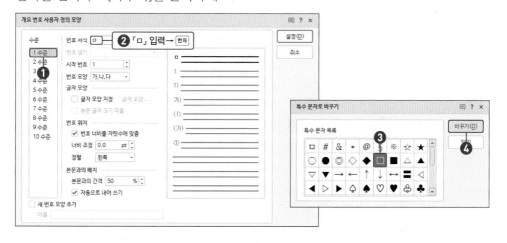

3 '수준'에서 [2 수준]을 선택하고 '번호 모양'을 [I, II, III]으로 변경한 후 [설정]을 클릭하세요. [개요 번호 모양] 대화상자로 되돌아오면 사용자 정의할 개요 번호 모양을 확인하고 [설정]을 클릭하세요.

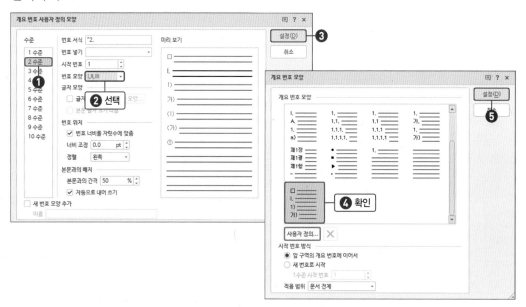

4 '홍보대행 서비스'에 지정한 형식으로 개요 번호가 지정되었는지 확인합니다. '보도자료 작성 및 배포'에 커서를 올려놓은 후 [서식] 탭-[개요]의 ⊞를 클릭하세요.

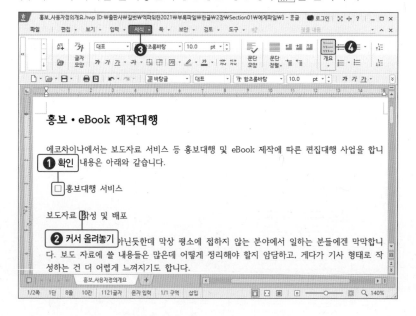

5 '보도자료 작성 및 배포'에 앞의 수준과 똑같은 개요 번호가 지정되었으면 **[서식] 탭-[한 수준 감소]**를 클릭하세요.

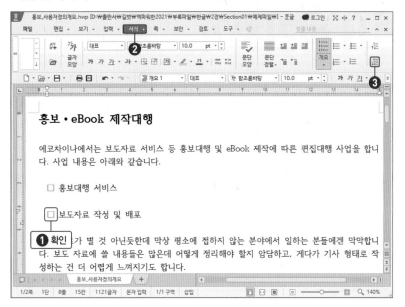

6 '보도자료 작성 및 배포'가 2수준 개요 번호 모양으로 변경되었는지 확인합니다. 이와 같은 방법으로 '기사화 서비스'에는 2수준 개요 번호 모양을, 'eBook 제작 대행 서비스'에는 1수준 개요 번호 모양을 지정하세요.

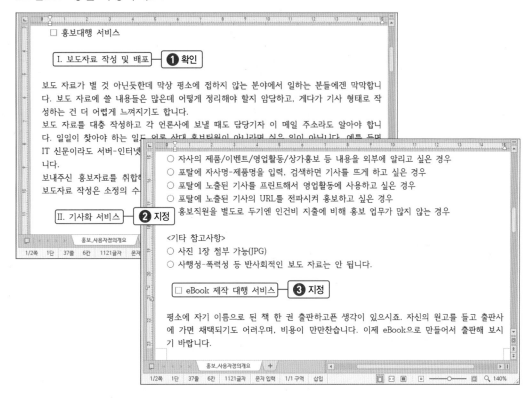

02 쪽 기능 이용해 문서 정리하기

한글 2020의 쪽 기능을 이용하면 배경이나 테두리, 단 설정과 같이 문서 전체에 동일한 모양을 지정하거나 레이아웃을 지정할 수 있어요. 그리고 머리말/꼬리말 및 쪽 번호처럼 쪽에 순서와 문서 전체를 디자인할 수 있는 기능을 적용해 문서를 더욱 깔끔하게 완성할 수 있습니다. 특히 단과 구역을 설정하는 방법으로 문서의 구성을 변경하여 원하는 형태의 문서를 작성할 수 있어요.

PREVIEW

▲ 쪽에 테두리 및 배경과
머리말/꼬리말, 다단 지정하기

▲ 구역마다 바탕쪽이 다르게 지정하고 주석 삽입하기

쪽 배경과 테두리 지정하기

● **예제파일**: 한옥_쪽.hwp   ● **완성파일**: 한옥_쪽_완성.hwp

1 [쪽] 탭-[쪽 테두리/배경]을 클릭하세요.

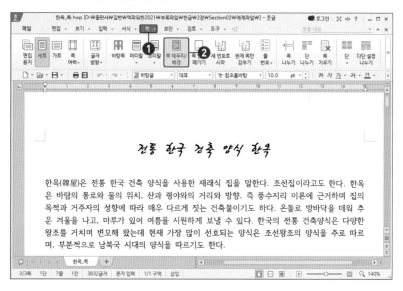

2 [쪽 테두리/배경] 대화상자가 열리면 [테두리] 탭에서 '테두리'의 '종류'는 [실선], '굵기'는 [0.7mm]로 지정합니다. [위쪽] 단추(▤)와 [아래쪽] 단추(▤)를 클릭하여 테두리를 표시하고 '위치'에서 [모두](▤)의 위쪽 단추(▲)를 다섯 번 클릭하여 [10.00mm]로 지정하세요.

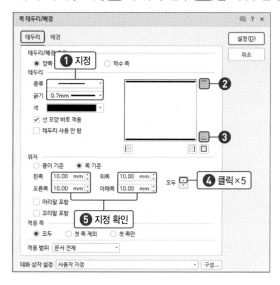

문서작성
서식지정
문서인쇄
문서편집
문서정리
개체삽입
표/차트
스타일
메일머지/라벨

3 [배경] 탭을 클릭하고 '채우기'에서 [그러데이션]을 선택합니다. '시작 색'은 [하양]을, '유형'은 [가로]를, '끝 색'은 [하늘색 80% 밝게]를 선택하고 [설정]을 클릭하세요.

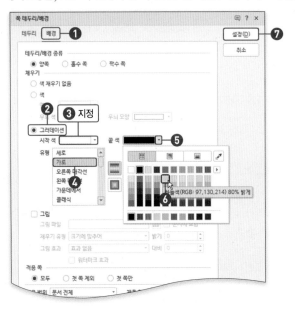

4 쪽 배경색이 표시되면서 쪽의 위아래에 테두리가 지정되었는지 확인하세요.

02 머리말/꼬리말 지정하기

● **예제파일**: 한옥_머리말꼬리말.hwp ● **완성파일**: 한옥_머리말꼬리말_완성.hwp

1 1쪽의 맨 앞에 커서를 올려놓고 **[쪽] 탭-[머리말]**을 클릭한 후 **[머리말/꼬리말]**(Ctrl+N, H)을 선택합니다. [머리말/꼬리말] 대화상자가 열리면 '종류'에서 [머리말]을 선택하고 [만들기]를 클릭하세요.

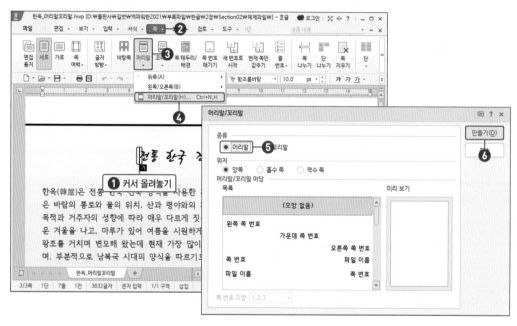

2 '머리말' 영역에 커서가 나타나면 서식 도구 상자에서 [오른쪽 정렬] 도구(▤)를 클릭하여 커서를 오른쪽으로 이동하고 『한국건축양식』을 입력합니다. **[머리말/꼬리말] 탭-[꼬리말]**을 클릭하고 꼬리말 마당 목록에서 **[쪽 번호, 파일 이름]**을 선택하세요.

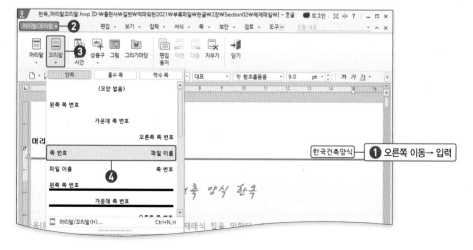

3 선택한 모양의 꼬리말이 입력되었는지 확인하고 [머리말/꼬리말] 탭−[닫기]를 클릭하세요.

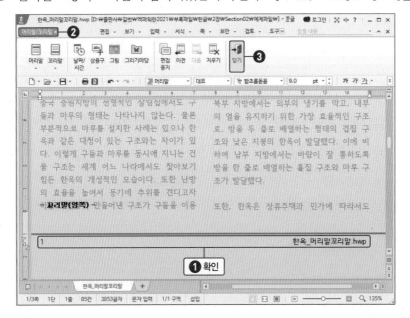

4 매쪽마다 머리말과 꼬리말이 추가되었는지 확인하세요.

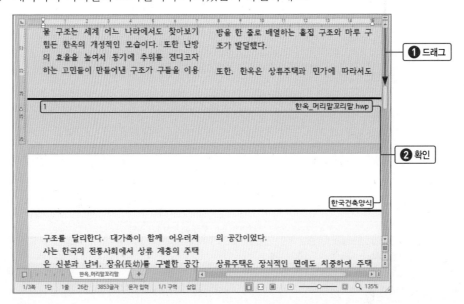

03 쪽 번호 매기기

● **예제파일**: 일본실학사상_쪽번호.hwp   ● **완성파일**: 일본실학사상_쪽번호_완성.hwp

1 [쪽] 탭-[쪽 번호 매기기]([Ctrl]+[N], [P])를 클릭하세요.

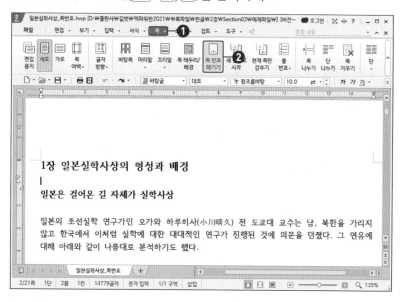

2 [쪽 번호 매기기] 대화상자가 열리면 '번호 위치'에서 [가운데 아래]를 선택합니다. '번호 모양'
은 [Ⅰ, Ⅱ, Ⅲ]을, '시작 번호'는 [1]을 지정하고 [줄표 넣기]에 체크한 후 [넣기]를 클릭하여 문서
전체에 쪽 번호를 넣으세요.

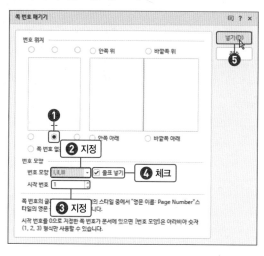

문서작성

서식지정

문서인쇄

문서편집

문서정리

개체삽입

표/차트

스타일

메일머지/라벨

3 첫 페이지에는 쪽 번호가 표시되지 않도록 지정해 볼게요. 1쪽에 커서를 올려놓고 **[쪽] 탭-[현재 쪽만 감추기]**를 클릭합니다.

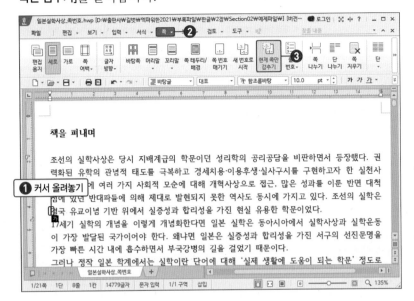

4 [감추기] 대화상자가 열리면 [쪽 번호]에 체크하고 [설정]을 클릭하세요.

5 2쪽의 '1장 일본실학사상의 형성과 배경'에 커서를 올려놓고 **[쪽] 탭-[새 번호로 시작]**을 클릭합니다.

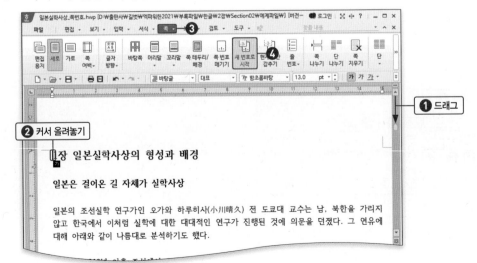

6 [새 번호로 시작] 대화상자가 열리면 '번호 종류'에서 [쪽 번호]를 선택하고 '시작 번호'에 『1』을 입력한 후 [넣기]를 클릭하세요.

7 2쪽의 시작 번호가 'I'로 시작되었는지 확인하세요.

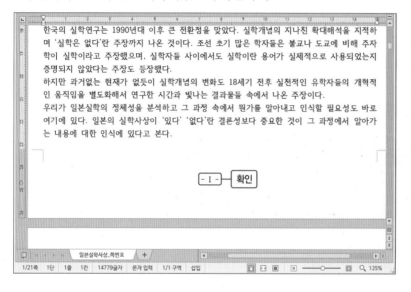

● **예제파일**: 한옥_다단.hwp   ● **완성파일**: 한옥_다단_완성.hwp

1 1쪽에 '한옥의 특성'부터 문서의 맨 끝에 있는 '참고'의 이전 단락까지 드래그하여 범위를 설정합니다. [쪽] 탭-[단]의 　을 클릭하고 [둘]을 선택하세요.

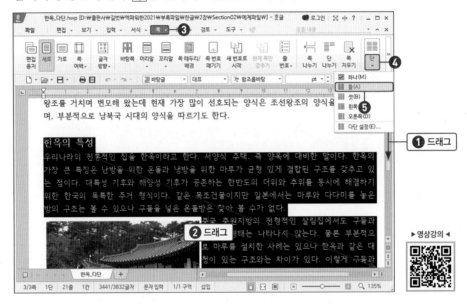

2 2쪽에 있는 '한옥의 공간구성' 제목의 앞에 커서를 올려놓고 [쪽] 탭-[다단 설정 나누기]를 클릭합니다. [다단 설정 나누기]를 한 번 더 클릭하여 정확히 윗단과 분리하세요.

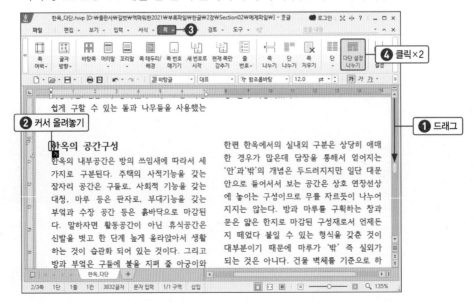

3 이와 같은 방법으로 마지막 쪽에 있는 '한옥의 구성 요소와 상징성'의 앞에 커서를 올려놓고 **[쪽] 탭–[다단 설정 나누기]**를 클릭하여 새로운 단을 설정하세요.

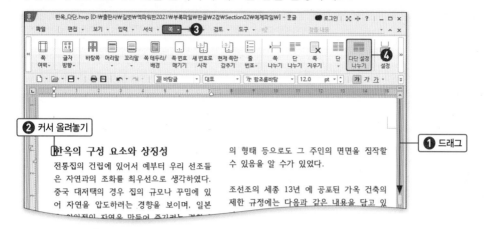

4 **Ctrl**+**PgUp**을 눌러 1쪽으로 이동한 후 첫 번째 단락의 아래쪽을 클릭하여 커서를 올려놓고 **[입력]** 탭의 목록 단추(▼)를 클릭한 후 **[문단 띠]**를 선택하세요.

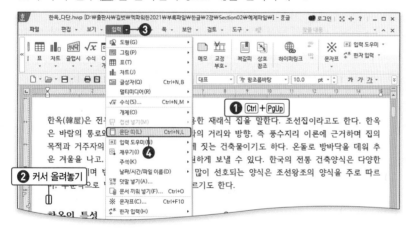

5 앞 문단과 아래 문단 사이에 문단 띠가 삽입되었는지 확인하세요.

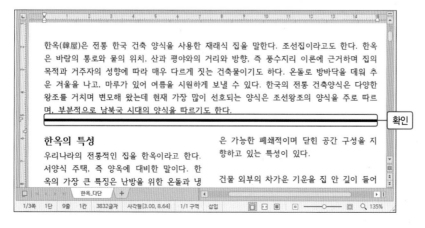

05 구역마다 바탕쪽 다르게 지정하기

● 예제파일: 일본실학사상_바탕쪽.hwp ● 완성파일: 일본실학사상_바탕쪽_완성.hwp

1 1쪽을 제외한 모든 쪽에 바탕쪽이 지정되어 있는데, 바탕쪽을 2장 내용부터 다르게 지정해 볼 게요. 11쪽으로 이동해서 '2장 일본 실학사상의 특징'의 앞에 커서를 올려놓고 [쪽] 탭-[구역 나누기]를 클릭하세요.

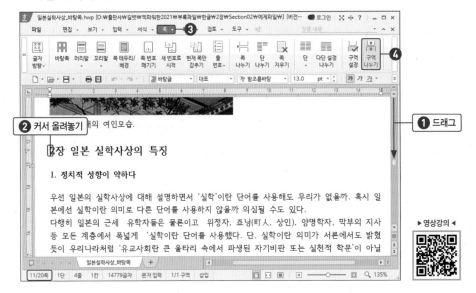

2 구역이 나뉘면서 쪽이 변경되었으면 새로운 바탕쪽을 지정하기 위해 [쪽] 탭-[바탕쪽]을 클릭하세요.

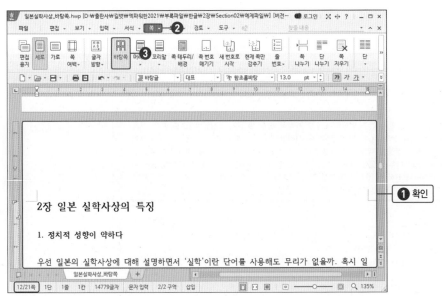

3 이미 지정된 바탕쪽을 삭제하기 위해 **[바탕쪽] 탭−[앞 구역 바탕쪽 연결]**을 클릭하여 선택을 해제합니다. '[양쪽] 바탕쪽을 만들까요?'라고 묻는 메시지 창이 열리면 [만듦]을 클릭하세요.

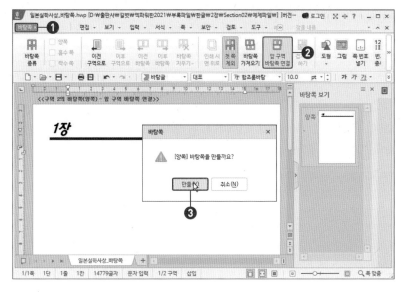

4 새로운 바탕쪽을 만들지 않고 이전 바탕쪽을 가져와서 수정하기 위해 **[바탕쪽] 탭−[바탕쪽 가져오기]**를 클릭합니다. [바탕쪽 가져오기] 대화상자가 열리면 '종류'에서 [양쪽]에 체크하고 [가져오기]를 클릭하세요.

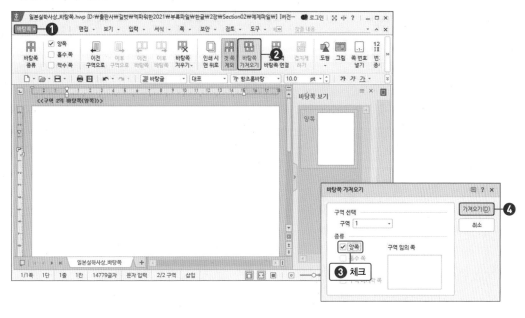

5 현재 구역의 양쪽을 지우고 다른 구역의 양쪽을 가져올지 묻는 메시지 창이 열리면 [가져오기] 를 클릭하세요.

6 [바탕쪽] 탭-[첫 쪽 제외]를 클릭하여 기능을 해제합니다. 글상자에 입력된 '1'을 '2'로 수정하고 [바탕쪽] 탭-[닫기]를 클릭하여 바탕쪽을 빠져나가세요.

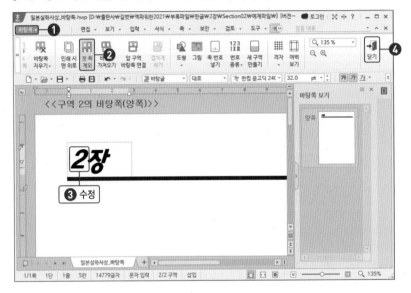

7 두 구역의 바탕쪽이 다르게 지정되었는지 확인하세요.

◉ **예제파일**: 일본실학사상_주석.hwp   ◉ **완성파일**: 일본실학사상_주석_완성.hwp

1 각주를 삽입할 2쪽으로 이동한 후 '성리학의~'의 앞에 커서를 올려놓고 **[입력] 탭-[각주]**를 클릭하세요.

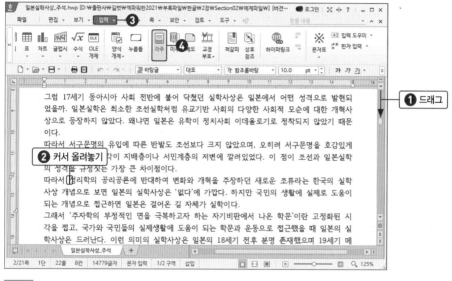

2 2쪽 아래에 번호 '1)'이 삽입되면 『유교에 철학적 세계관을 부여하고 유교를 심성 수양의 도리로 확립한 새로운 학풍』을 입력하고 **[주석] 탭-[닫기]**를 클릭하세요.

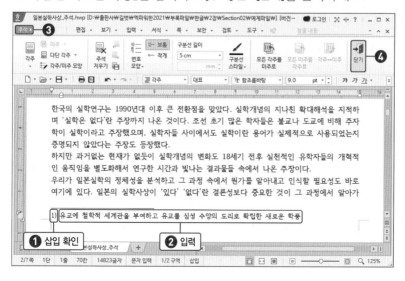

3 이번에는 '미주'를 삽입하기 위해 3쪽에 있는 '왕인(王仁)~'의 앞에 커서를 올려놓고 [입력] 탭-[미주]를 클릭하세요.

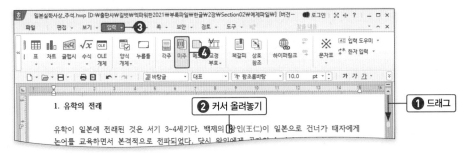

4 문서의 맨 끝에 번호 '1)'이 삽입되면 [주석] 탭-[번호 모양]-[i, ⅱ, ⅲ]을 선택하세요.

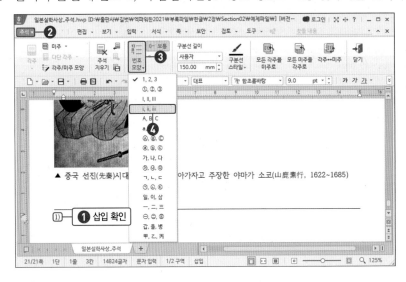

5 번호 모양이 'ⅰ'로 변경되면 『4세기 후반 무렵 왜국(倭國)으로 건너가서 활동한 백제의 학자』를 입력하고 [주석] 탭-[닫기]를 클릭하세요.

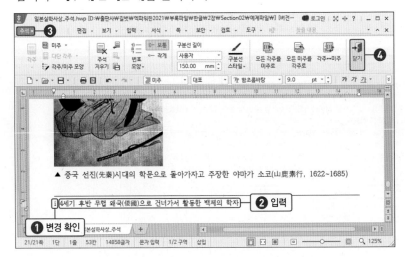

6 20쪽으로 이동하여 '퇴계'를 블록으로 지정하고 **[입력]** 탭의 목록 단추(▼)를 클릭한 후 **[덧말 넣기]**를 선택하세요.

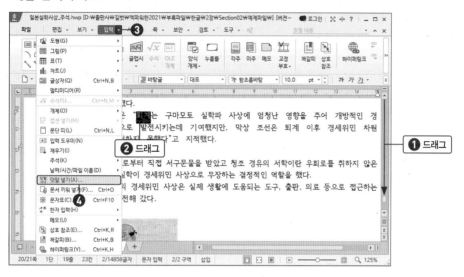

7 [덧말 넣기] 대화상자가 열리면 '본말'은 이미 입력되어 있으므로 '덧말'에 『이황의 호』를 입력하고 [넣기]를 클릭하세요.

> **TIP**
>
> 블록으로 지정하지 않고 덧말을 입력하면 새로운 본문과 함께 덧말이 추가로 입력되므로 내용이 이중으로 삽입됩니다.

8 '퇴계' 위에 덧말 '이황의 호'가 입력되었는지 확인하세요.

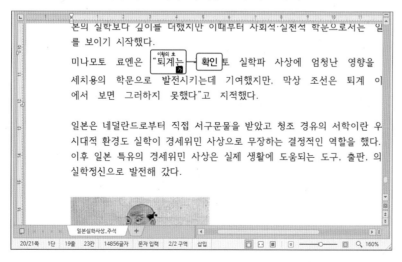

03 개체 삽입해 문서 꾸미기

한글 2020에서는 그림, 글상자, 도형 등을 삽입하여 다양한 모양으로 문서를 꾸미고 온라인의 비디오를 별도의 저장 없이 곧바로 문서에 삽입하여 재생할 수 있어요. 수식 입력기를 이용하여 간단한 산술식뿐만 아니라 복잡한 수식에 이르기까지 모든 수학식을 손쉽게 작성할 수도 있고, 글상자를 이용하여 원하는 위치에 문자를 입력한 후 다양한 효과를 적용하여 꾸밀 수도 있어요.

PREVIEW

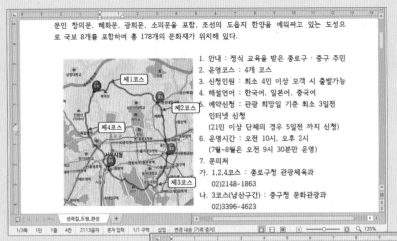

▲ 문서에 그림과 글상자 삽입하기

▲ 수식 삽입하기

01 그림 삽입하기

● **예제파일**: 성곽길_그림.hwp, 지도.jpg ● **완성파일**: 성곽길_그림_완성.hwp

1 [편집] 탭-[그림]의 그림을 클릭하세요.

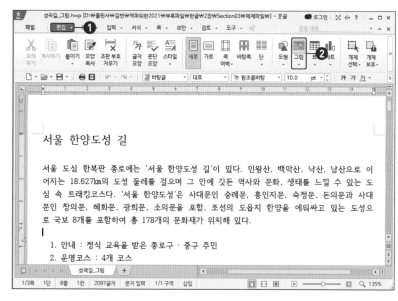

2 [그림 넣기] 대화상자가 열리면 부록 실습파일에서 '지도.jpg'를 선택하고 [열기]를 클릭하세요.

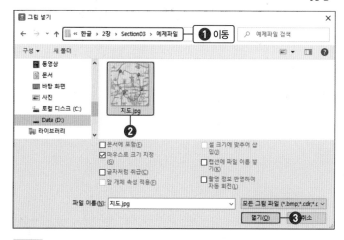

> **TIP**
>
> [그림 넣기] 대화상자에서 [문서에 포함]과 [마우스로 크기 지정]에 체크되어 있는지 확인하세요. [문서에 포함]에 체크하면 그림 파일을 문서에 연결(link)하는 것이 아니므로 삽입한 그림의 경로가 바뀌어도 문서에 그림이 나타납니다.

3 마우스 포인터가 + 모양으로 바뀌면 삽입할 위치에서 드래그하여 그림의 크기와 위치를 지정하세요. 그림이 삽입되었으면 그림을 선택한 후 더블클릭하세요.

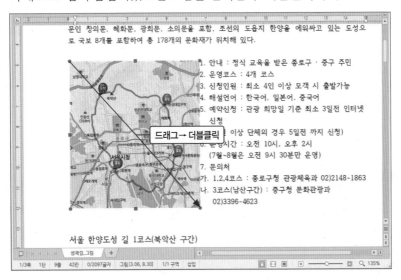

4 [개체 속성] 대화상자가 열리면 [기본] 탭을 선택하고 '위치'의 '본문과의 배치'에서 [어울림]([이미지])을 클릭하세요.

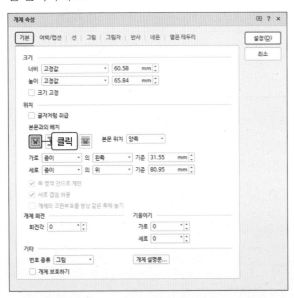

5 [여백/캡션] 탭을 클릭하고 '바깥 여백'에서 '모두'의 위쪽 단추(▲)를 세 번 클릭해 모두 [3.00mm]로 지정하세요. [그림] 탭을 선택하고 '확대/축소 비율'에서 [가로 세로 같은 비율 유지]에 체크하고 '가로'와 '세로'에 모두 『60.00%』를 입력한 후 [설정]을 클릭하세요.

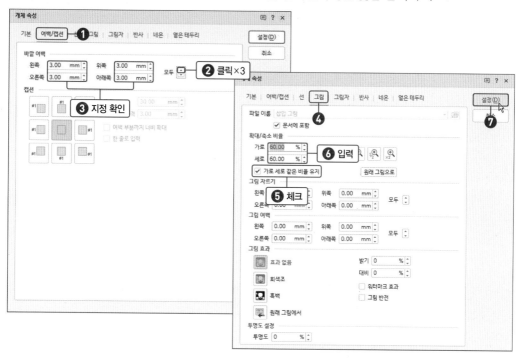

6 삽입한 그림이 오른쪽의 텍스트와 잘 어울리게 배치되었는지 확인하세요.

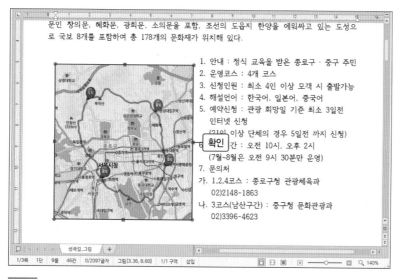

TIP

한글 프로그램에서 읽을 수 있는 그림 파일 형식은 AI, BMP, CDR, CGM, DRW, DXF, EMF, EPS, GIF, JPG, PCX, PIC, PICT, PLT, PNG, SVG, TIFF, WMF, WPG 등입니다.

02 지도에 글상자 삽입해 텍스트 입력하기

● **예제파일**: 성곽길_글상자.hwp ● **완성파일**: 성곽길_글상자_완성.hwp

1 **[편집]** 탭-**[도형]**을 클릭하고 '그리기 개체'에서 **[가로 글상자]**(▤)를 클릭합니다. 마우스 포인터
가 + 모양으로 바뀌면 지도 위에서 드래그해 글상자를 그리고『제1코스』를 입력한 후 글상자
의 속성을 바꾸기 위해 글상자를 더블클릭하세요.

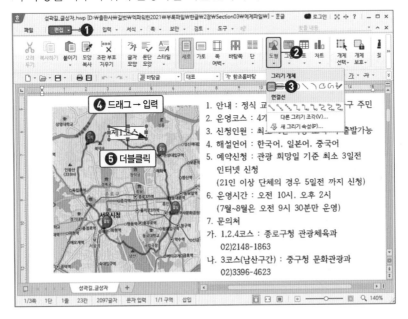

2 **[개체 속성]** 대화상자가 열리면 **[선]** 탭에서 선의 색, 종류, 굵기는 그대로 유지하고 '사각형 모
서리 곡률'에서 **[둥근 모양]**을 선택한 후 **[설정]**을 클릭합니다.

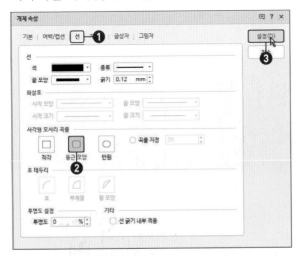

03 도형의 색과 모양 바꾸고 복사하기

◉ **예제파일**: 성곽길_도형.hwp ◉ **완성파일**: 성곽길_도형_완성.hwp

1 **[편집] 탭-[도형]**을 클릭하고 '그리기 개체'에서 **[직선]**(◥)을 클릭합니다. 마우스 포인터가 ╋ 모양
으로 바뀌면 글상자에서 지도의 붉은선 쪽으로 드래그하여 직선을 그리고 더블클릭하세요.

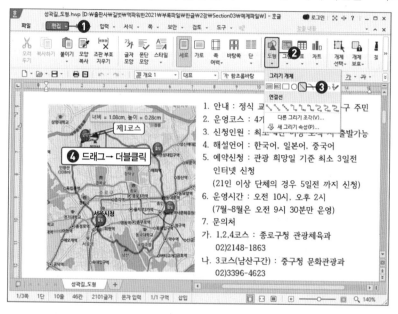

2 **[개체 속성]** 대화상자가 열리면 **[선]** 탭에서 '선'의 색은 **[보라]**를, '굵기'는 **[0.3mm]**를 지정합
니다. '화살표'의 '끝 모양'은 **[삼각형 화살표]**를, '끝 크기'는 **[작은 폭 작은 높이]**를 선택하고 **[설
정]**을 클릭하세요.

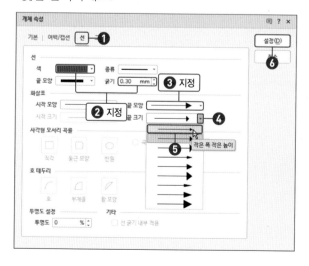

문서작성
서식지정
문서인쇄
문서편집
문서정리
개체삽입
표/차트
스타일
메일머지/라벨

3 Shift를 누른 상태에서 글상자를 클릭하여 글상자와 화살표를 클릭하여 함께 선택하고 Ctrl을 누른 상태에서 제2코스의 위치로 드래그하여 복사하세요.

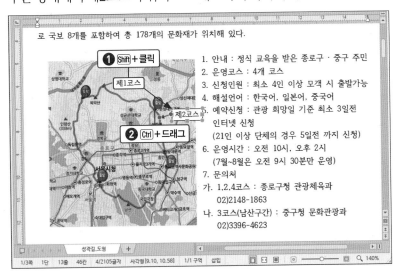

4 이와 같은 방법으로 제3코스와 제4코스에도 글상자와 화살표를 복사하고 글상자의 텍스트를 차례대로『제2코스』,『제3코스』,『제4코스』로 수정하세요.

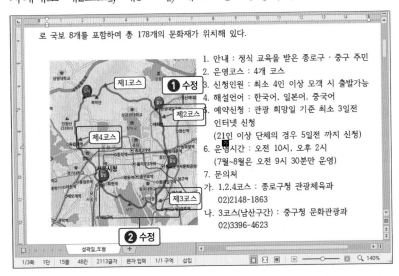

URL 주소에 하이퍼링크 연결하기

● **예제파일**: 성곽길_하이퍼링크.hwp ● **완성파일**: 성곽길_하이퍼링크_완성.hwp

1 마지막 페이지로 이동한 후 참고 URL 주소에 하이퍼링크를 연결하기 위해 'http://tour.jongno.go.kr/'을 블록으로 지정하고 [입력] 탭-[하이퍼링크]를 클릭합니다. [하이퍼링크] 대화상자가 열리면 '연결 대상'에서 [웹 주소]를 선택하고 '웹 주소'에 『http://tour.jongno.go.kr』을 입력한 후 [넣기]를 클릭하세요.

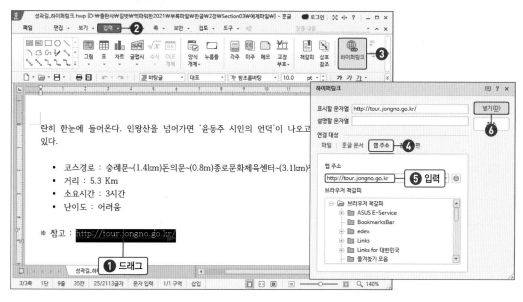

2 하이퍼링크가 연결되면 텍스트에 자동으로 파란색 밑줄 서식이 설정됩니다. 텍스트에 마우스 포인터를 올려놓고 🖑 모양으로 변경되면 마우스의 왼쪽 단추를 한 번 클릭하여 연결된 하이퍼링크의 주소로 이동하는지 확인하세요.

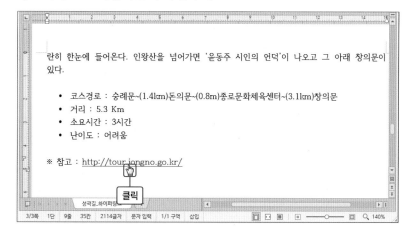

05 동영상 삽입하고 재생하기

◉ **예제파일**: 성곽길_동영상.hwp, 낙산공원.wmv   ◉ **완성파일**: 성곽길_동영상_완성.hwp

1 그림의 아래쪽에 커서를 올려놓고 **[입력] 탭**의 목록 단추(▼)를 클릭한 후 **[멀티미디어]−[동영상]**을 선택하세요.

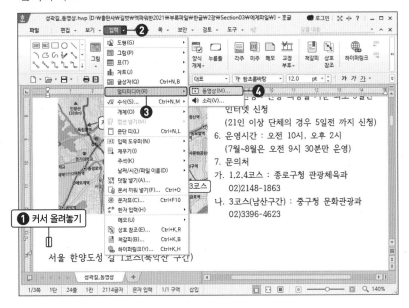

2 [동영상 넣기] 대화상자가 열리면 [로컬 동영상]의 '파일 이름'에서 [동영상 파일 선택] 단추(📁)를 클릭합니다. 부록 실습파일에서 '낙산공원.wmv'를 선택하고 [열기]를 클릭합니다. [동영상 넣기] 대화상자로 되돌아오면 [문서에 포함]에 체크하고 [넣기]를 클릭하세요.

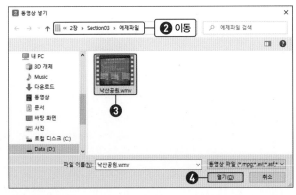

> **TIP**
>
> 동영상 파일을 문서에 포함하면 항상 안정적으로 동영상 재생이 가능합니다. 웹 사이트에 게시된 동영상의 소스 코드를 이용하면 웹 사이트의 동영상 파일도 문서에서 재생할 수 있어요.

3 동영상이 삽입되면 크기와 위치를 적당하게 조절하고 마우스 오른쪽 단추를 클릭한 후 [배치]-[자리 차지]를 선택합니다.

4 동영상을 선택한 상태에서 [재생] 단추(▶)를 클릭하여 동영상이 제대로 재생되는지 확인하세요.

06 수식 편집기로 복잡한 수식 간단히 입력하기

◉ **예제파일:** 뉴턴_수식.hwp ◉ **완성파일:** 뉴턴_수식_완성.hwp

1 '힘과 가속도의 법칙'의 뒤쪽에 커서를 올려놓고 **[입력] 탭–[수식]**의 ⌈수식⌋을 클릭한 후 **[기타 공식]–[뉴턴 제2법칙]**을 선택하세요.

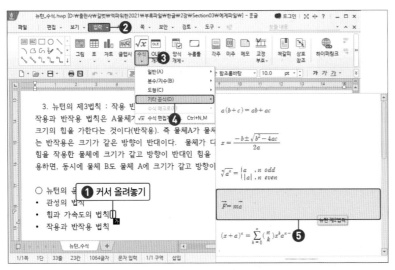

2 '힘과 가속도의 법칙'의 뒤쪽에 뉴턴 제2법칙 공식이 표시되었는지 확인하세요. 마지막 줄의 '작용과 반작용 법칙'의 뒤쪽에 커서를 올려놓고 **[입력] 탭–[수식]**의 ⌈수식⌋을 클릭한 후 **[수식 편집기]**를 선택하세요.

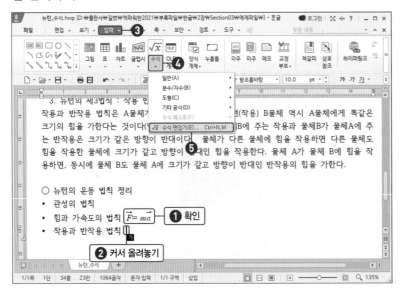

3 [수식 편집기] 대화상자가 열리면 [장식 기호]( )를 클릭하고 를 클릭합니다.『F』를 입력한 후 [첨자]( )– 를 클릭하고 아래첨자로『AB』를 입력하세요.

4 Tab 을 두 번 눌러 커서의 위치를 이동한 후『=』와『-』를 입력합니다. 앞의 내용과 똑같이 한 번 더 입력한 후 [넣기]( )를 클릭하세요.

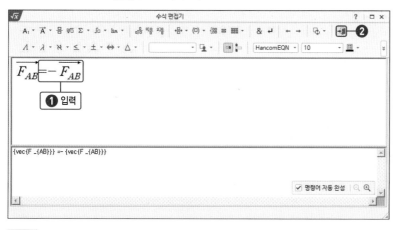

> **TIP**
> 'FAB='나 'FAB='와 같은 모양이 되지 않도록 필요한 수식의 모양을 정확하게 확인하고 Tab 을 눌러 커서의 위치를 조정한 후 입력해야 합니다. 같은 내용은 복사해서 입력해도 됩니다.

5 수식 편집기에서 입력한 내용이 한글 문서에 정확히 입력되었는지 확인하세요.

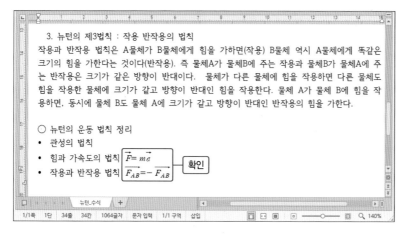

04 표와 차트 삽입하기

한글 2020에서는 다양한 모양의 표와 차트를 손쉽게 그릴 수 있습니다. 필요에 따라 표의 셀을 합치거나 나눌 수 있으며, 테두리나 셀의 모양을 자유롭게 표현할 수 있어요. 또한 표에 입력된 값을 계산하는 기능과 자동 채우기 기능도 추가되어 좀 더 편리하게 입력할 수 있습니다. 그리고 수치 데이터는 여러 가지 모양의 차트 종류와 차트 요소 중에서 자유롭게 선택하여 표현할 수 있어요.

PREVIEW

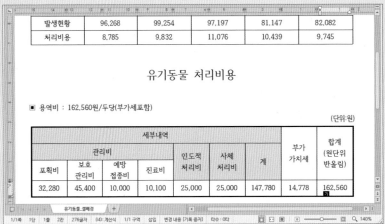

▲ 표 삽입하고 편집하기

▲ 차트 삽입하고 편집하기

01 표 삽입하고 데이터 입력하기

◉ **예제파일**: 유기동물_표삽입.hwp   ◉ **완성파일**: 유기동물_표삽입_완성.hwp

1 표를 삽입할 위치에 커서를 올려놓고 **[편집] 탭-[표]**의 ▦를 클릭합니다. [표 만들기] 대화상자가 열리면 '줄 개수'와 '칸 개수'에 각각 『3』과 『6』을 입력하고 [만들기]를 클릭하세요.

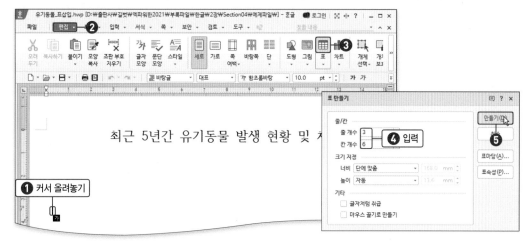

TIP

[편집] 탭-[표]의 █를 클릭한 후 '3줄×6칸'으로 구성된 표를 만들고 싶으면 3행 6열을 드래그해서 구역으로 지정해 표를 삽입할 수 있어요.

2 3행 6열의 표가 삽입되면 다음과 같이 내용을 입력하고 1행 2열부터 마지막 열까지 드래그하여 블록으로 지정합니다. **[표 레이아웃]** 아이콘(▦▾)을 클릭하고 **[채우기]**의 목록 단추(▾)를 클릭한 후 **[표 자동 채우기]**를 선택하세요.

연도	2016	2017			
발생현황	96268	99254	97197	81147	82082
처리비용	8785	9832	11076	10439	9745

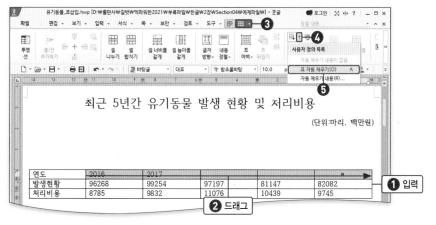

3 1행 4열부터 마지막 열까지 자동으로 연도가 채워지면 비용이 입력된 셀들을 드래그하여 선택합니다. **[표 레이아웃]** 아이콘( )의 목록 단추( )를 클릭하고 **[1,000 단위 구분 쉼표]–[자릿점 넣기]**를 선택하여 천 단위마다 쉼표를 표시하세요.

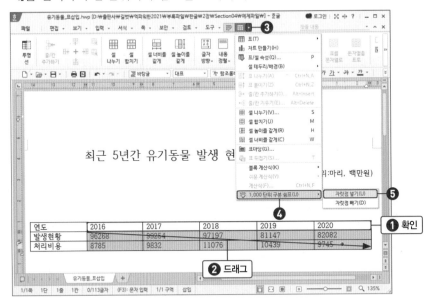

TIP

[표 레이아웃] 아이콘( )의 목록 단추( )를 클릭하고 **[1,000 단위 구분 쉼표]–[자릿점 넣기]**를 다시 선택하면 천 단위 구분 쉼표를 제거할 수 있습니다.

4 표의 모든 셀들을 드래그하여 블록으로 지정합니다. 서식 도구 상자에서 **[가운데 정렬]** 도구( )를 클릭하여 데이터를 가운데 정렬하세요.

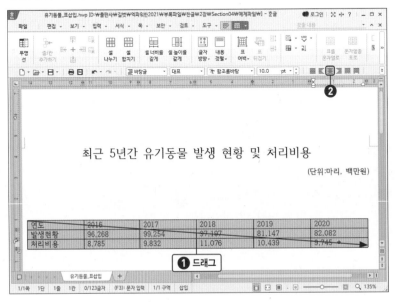

02 표에 열 추가하고 셀 합치기

◉ **예제파일**: 유기동물_표편집.hwp ◉ **완성파일**: 유기동물_표편집_완성.hwp

1 '유기동물 처리비용' 표에서 6열 중 임의의 셀에 커서를 올려놓고 **[표 레이아웃]** 아이콘()−**[오른쪽에 칸 추가하기]**(⊞)를 클릭하세요.

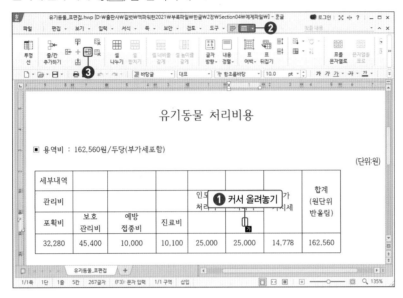

▶영상강의◀

TIP

칸(또는 줄)을 추가하거나 지울 때는 셀을 블록으로 지정하지 않고 클릭하여 커서를 나타낸 상태에서 작업해야 합니다.

2 오른쪽 열이 추가되면 2행에 『계』를 입력하고 1열부터 7열까지 드래그하여 블록으로 지정합니다. **[표 레이아웃]** 아이콘(⊞)−**[셀 너비를 같게]**를 클릭하여 가로 셀 너비를 같게 설정하세요.

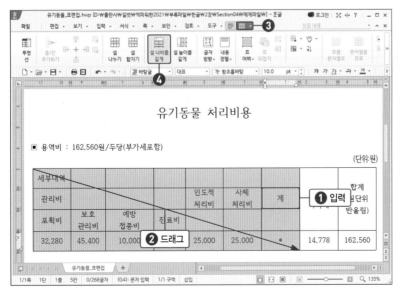

101

3 1행 1열부터 1행 7열까지 블록으로 지정하고 **[표 레이아웃]** 아이콘( )-**[셀 합치기]**를 클릭하여 셀들을 하나로 합치세요. 이와 같은 방법으로 2행 1열~4열, 2행 5열~3행 5열, 2행 6열~3행 6열, 2행 7열~3행 7열의 셀을 각각 선택하여 하나의 셀로 합치세요.

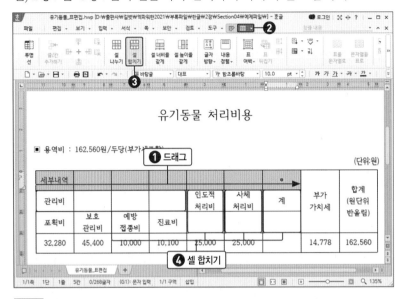

4 '계'의 아래쪽 셀에 커서를 올려놓고 **[표 레이아웃]** 아이콘 을 클릭한 후 **[계산식]-[가로 합계]**를 선택하여 자동으로 가로 숫자 값의 합계를 구하세요.

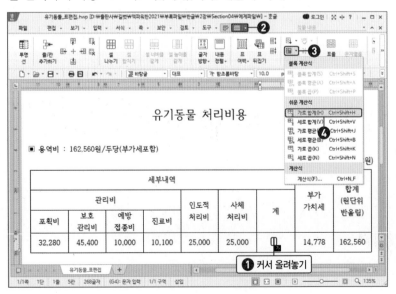

● **예제파일**: 유기동물_셀크기.hwp ● **완성파일**: 유기동물_셀크기_완성.hwp

1 위쪽 표를 선택하고 표의 아래쪽 가운데 조절점에 마우스 포인터를 올려놓으면 ⬍ 모양으로 바 꿉니다. 이 상태에서 마우스를 클릭하고 아래쪽으로 드래그해 표의 크기를 늘리세요.

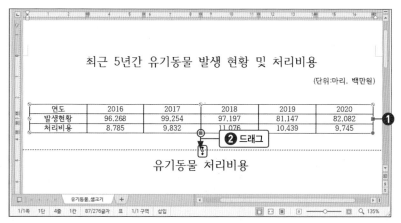

▶영상강의◀

TIP

마우스 포인터를 셀 경계선 위에 올려놓으면 마우스 포인터의 모양이 ⬍이나 ⬌으로 바뀝니다. 이 상태에서 마우스 왼 쪽 단추를 누른 채 원하는 방향으로 마우스를 드래그하면 셀의 크기를 조절할 수 있어요.

2 아래쪽 표의 안쪽을 드래그하여 표 전체를 블록으로 지정하고 [Ctrl]+[↑]를 세 번 눌러 셀의 크기 를 줄이세요.

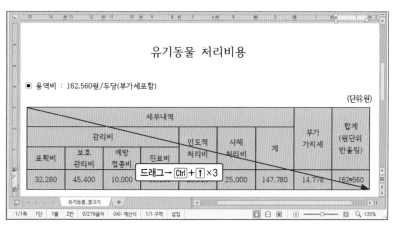

TIP

• [Ctrl]+[→] 또는 [↓]: 열 또는 행의 크기가 커짐   • [Ctrl]+[←] 또는 [↑]: 열 또는 행의 크기가 작아짐

04 표의 셀에 배경색 지정하기

◉ **예제파일**: 유기동물_셀배경.hwp ◉ **완성파일**: 유기동물_셀배경_완성.hwp

1 아래쪽 표에서 배경색을 넣으려는 셀을 블록으로 지정하고 **[표 디자인]** 아이콘( )을 클릭한 후 **[셀 음영]–[셀 음영 설정]**을 선택하세요.

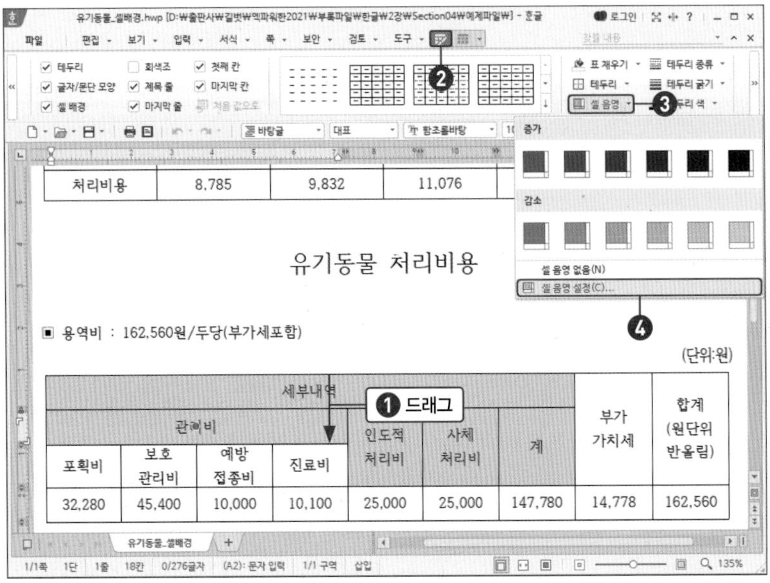

TIP

Ctrl을 누른 상태에서 셀을 차례대로 드래그하거나 클릭하면 원하는 셀만 선택할 수 있어요.

2 [셀 테두리/배경] 대화상자의 [배경] 탭이 열리면 '채우기'에서 [색]을 선택하고 '면 색'에서 [하늘색 80% 밝게]를 선택한 후 [설정]을 클릭하세요.

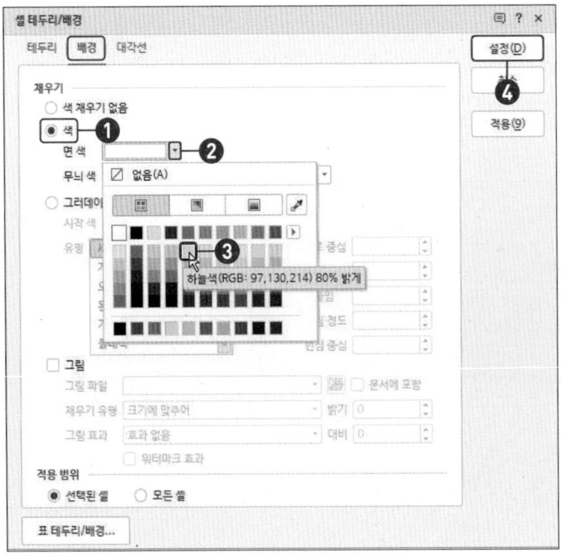

3 선택한 셀 범위에 바탕색이 지정되었으면 표 전체를 드래그하여 블록으로 지정하고 **[표 디자인]** 아이콘(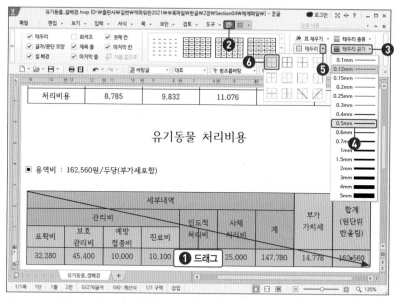)을 클릭한 후 **[테두리 굵기]-[0.5mm]**를 선택합니다. **[표 디자인]** 아이콘( )을 클릭하고 **[테두리]**의 목록 단추( )를 클릭한 후 **[바깥쪽 테두리]**( )를 선택하여 표를 완성하세요.

4 표에서 바깥쪽 테두리가 지정한 테두리로 적용되었는지 확인하세요.

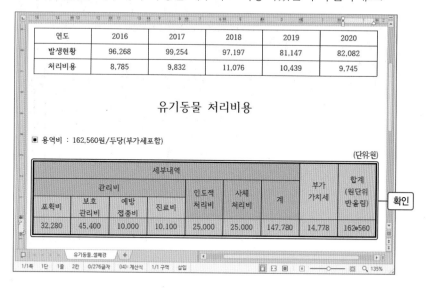

표의 내용을 원하는 차트로 작성하기

● **예제파일**: 유기동물_차트.hwp ● **완성파일**: 유기동물_차트_완성.hwp

1 차트로 만들 표의 내용을 드래그하여 블록으로 지정하고 [표 디자인] 아이콘(🖻)-[차트 만들기]
를 클릭하세요.

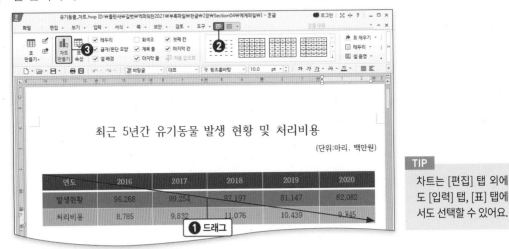

TIP

차트는 [편집] 탭 외에
도 [입력] 탭, [표] 탭에
서도 선택할 수 있어요.

2 세로 막대형 차트가 자동으로 삽입되면 함께 열린 [차트 데이터 편집] 창의 [닫기] 단추(☒)를
클릭하여 닫으세요. 표의 아래쪽으로 차트를 이동하고 차트의 크기를 조절한 후 [표 디자인] 아
이콘(🖻)-[줄/칸 전환]을 클릭하세요.

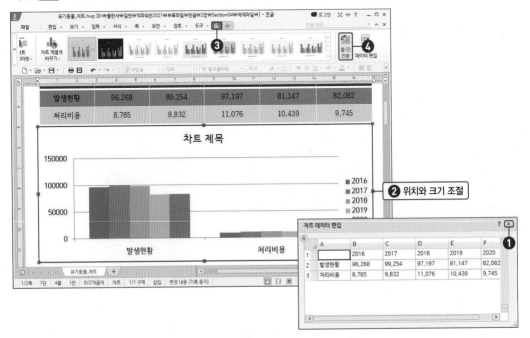

3 표의 줄과 칸 데이터의 값이 서로 바뀌면서 행 기준 차트로 변경되었는지 확인하세요.

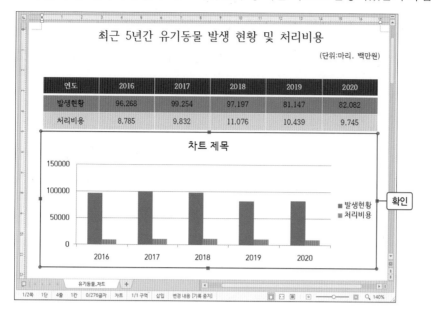

문서작성

서식지정

문서입력

문서편집

문서정리

개체삽입

표/차트

스타일

메일머지/라벨

잠깐만요 > 표의 셀 블록 지정하기

1. 마우스 이용하기

❶ 블록 지정할 셀에서 마우스 왼쪽 단추를 누르고 드래그하여 선택하세요.
❷ 블록 지정할 셀을 Ctrl을 누른 상태에서 마우스 왼쪽 단추를 클릭하여 선택하세요.

2. F5 이용하기

❶ 셀 안에 커서를 올려놓고 F5를 한 번 누르면 셀 블록이 설정됩니다.
❷ F5를 두 번 누르고 방향키(→, ←, ↑, ↓)를 누르면 셀 블록 지정이 확장됩니다.
❸ F5를 세 번 누르면 표 전체 셀 블록이 설정됩니다.

그 밖의 다양한 셀 블록 지정 방법은 F1을 눌러 도움말을 실행한 후 '표 단축키'를 검색하여 확인하세요.

◉ **예제파일:** 유기동물_차트편집.hwp   ◉ **완성파일:** 유기동물_차트편집_완성.hwp   ▶영상강의◀

차트의 모양 변경하고 편집하기

한글에서는 다양하고 세밀하게 차트를 변경할 수 있도록 차트 스타일부터 차트 종류 및 레이아웃까지 제공하고 있습니다. 엑셀에서 차트를 작성해 본 사용자라면 같은 방법으로 한글의 차트를 다룰 수 있으므로 한글에서도 차트에 서식을 쉽게 변경할 수 있을 것입니다. 여기서는 작성된 차트에 디자인된 스타일 적용과 요소별 편집 방법에 대해 알아보겠습니다.

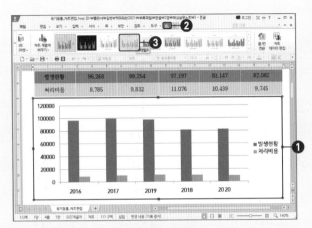

1 차트 스타일을 빠르게 변경해 볼게요. 차트를 선택하고 [차트 디자인] 아이콘(📊)-[스타일4]를 선택하세요.

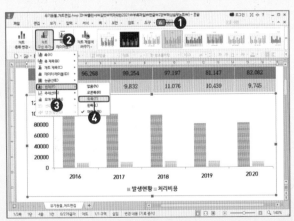

2 범례의 위치를 변경하기 위해 [차트 디자인] 아이콘(📊)-[차트 구성 추가]를 클릭하고 [범례]-[위쪽]을 선택하세요.

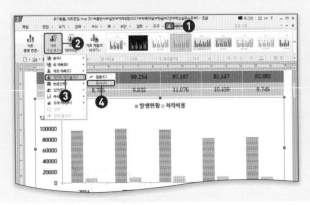

3 각 계열에 데이터 레이블을 표시하기 위해 [차트 디자인] 아이콘(📊)-[차트 구성 추가]를 클릭하고 [데이터 레이블]-[표시]를 선택하세요.

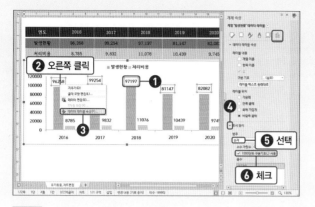

4 '발생현황' 데이터 레이블을 선택하고 마우스 오른쪽 단추를 클릭한 후 [데이터 레이블 속성]을 선택합니다. 화면의 오른쪽에 [개체 속성] 작업 창이 열리면 '표시 형식'(🔽)의 '범주'에서 [숫자]를 선택하고 [1000단위 구분기호(,) 사용]에 체크 하세요.

TIP

데이터 레이블은 하나만 선택해도 전체 데이터 레이블이 한 번에 선택됩니다. 만약 한 개의 데이터 레이블만 선택하려면 해당 데이터 레이블을 천천히 두 번 클릭하세요.

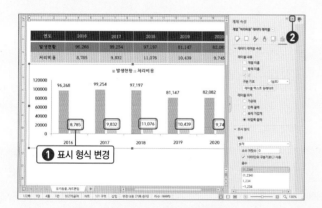

5 이와 같은 방법으로 '처리비용' 데이터 레이블의 표시 형식을 변경하고 [개체 속성] 작업 창의 [작업 창 닫기] 단추(✕)를 클릭하세요.

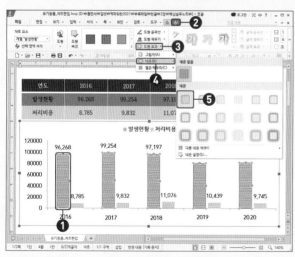

6 '발생현황' 계열 막대를 선택하고 [차트 서식] 아이콘(🖊)-[도형 효과]를 클릭한 후 [네온]-[강조색 1, 5pt]를 선택하여 차트를 완성하세요.

TIP

계열 막대는 하나만 선택해도 전체 계열 막대가 한 번에 선택됩니다. 만약 한 개의 계열 막대만 선택하려면 해당 계열 막대를 천천히 두 번 클릭하세요.

기능적으로 편리한 문서 작성하기

스타일은 일관성 있고 빠른 문서 작성에 꼭 필요한 필수 기능입니다. 이 기능을 사용하면 서식을 변경하거나, 같은 서식을 빠르게 지정하여 쉽게 편집하거나, 스타일을 적용하는 방법으로 차례를 작성하여 구조적인 문서 등 고급 문서를 작성할 수 있습니다. 그리고 한글 2020에서는 다양한 형식의 메일 머지와 라벨, 그리고 양식 문서를 지원하기 때문에 손쉽게 기능적인 문서를 작성할 수 있습니다.

HANGEUL

스타일과 차례 작성하기

자주 사용하는 글자 모양이나 문단 모양을 미리 정해놓고 사용하는 것을 '스타일(styles)'이라고 합니다. 스타일을 만들어 놓으면 필요할 때 그 스타일을 선택하는 것만으로 해당 문단의 글자 모양과 문단 모양을 한꺼번에 바꿀 수 있어요. 스타일은 단순히 글자 모양이나 문단 모양을 간편하게 선택하기 위해서라기보다 긴 글에 대하여 일관성 있는 문단 모양을 유지하면서 편집 작업을 하는 데 꼭 필요한 기능입니다.

PREVIEW

▲ 스타일 적용하기

축구에 대한 이해

<제목 차례>

▲ 스타일로 차례 만들기

섹션별
주요 내용

01 | 문단 스타일과 글자 스타일 지정하기   02 | 스타일 편집하기   03 | 다른 문서에 스타일 사용하기
04 | 나만의 스타일 파일 만들기   05 | 스타일 이용해 편리하게 차례 만들기

01 문단 스타일과 글자 스타일 지정하기

◉ **예제파일**: 축구_스타일.hwp   ◉ **완성파일**: 축구_스타일_완성.hwp

1 첫 번째 줄의 제목을 드래그하여 블록으로 지정하고 서식 도구 상자를 이용해 다음과 같이 글자 서식을 지정하세요.

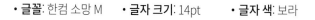

• **글꼴**: 한컴 소망 M   • **글자 크기**: 14pt   • **글자 색**: 보라

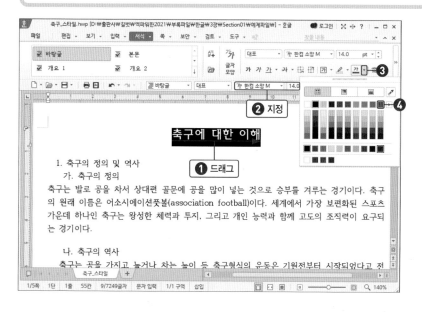

2 제목을 선택한 상태에서 [서식] 탭-[자세히] 단추(↓)를 클릭하고 [스타일]([F6])을 선택하세요.

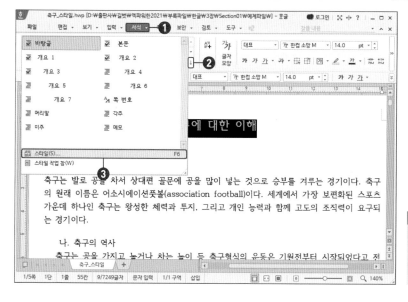

TIP

[서식] 탭-[스타일 추가하기](🔼)를 클릭해도 됩니다.

3 [스타일] 대화상자가 열리면 [스타일 추가하기] 단추(➕)를 클릭하여 [스타일 추가하기] 대화
상자를 열고 '스타일 이름'에는『제목1』을, '스타일 종류'에서는 [글자]를 지정한 후 [추가]를 클
릭합니다. [스타일] 대화상자로 되돌아오면 '스타일 목록'에서 [제목1]이 추가된 것을 확인하고
[설정]을 클릭하세요.

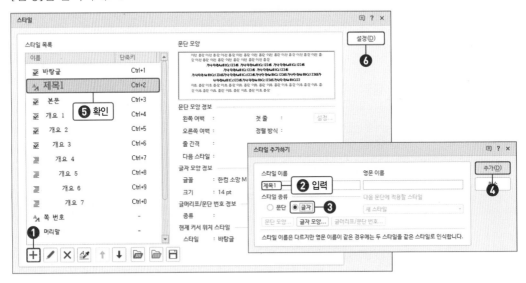

4 제목에 '제목1' 스타일을 지정했으면 커서를 올려놓고 **[서식] 탭−[자세히]** 단추(⬇)를 클릭한 후 **[스
타일 작업 창]**을 선택합니다. 화면의 오른쪽에 [스타일] 작업 창이 열리면 현재 커서가 위치한 제
목의 스타일을 확인하세요.

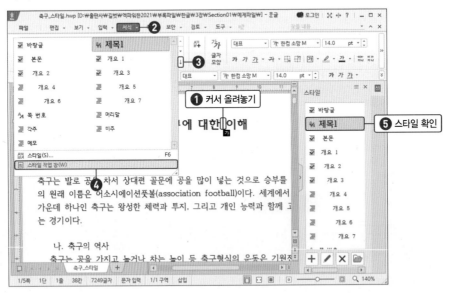

5 '가. 축구의 정의'의 아랫줄에 커서를 올려놓고 [스타일] 작업 창에서 [본문]을 선택합니다.

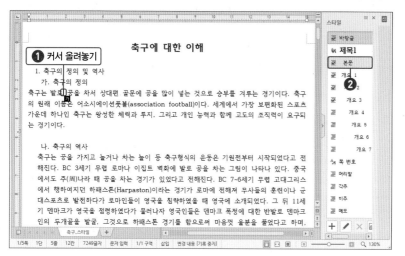

TIP

문단 스타일은 커서가 있는 문단에 스타일이 적용되고 기본 스타일은 '바탕글' 스타일입니다.

6 커서가 있는 단락에 '본문' 스타일이 적용되었는지 확인하고 [닫기] 단추(×)를 클릭하여 [스타일] 작업 창을 닫으세요.

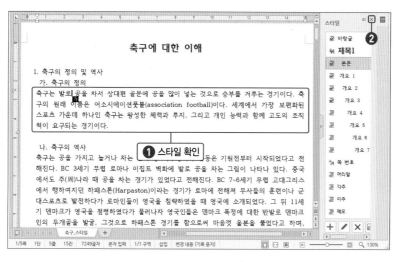

◉ **예제파일**: 축구_스타일편집.hwp ◉ **완성파일**: 축구_스타일편집_완성.hwp

1 '축구의 정의 및 역사'를 드래그하여 블록으로 지정하고 서식 도구 상자를 이용해 다음과 같이 글자의 서식을 지정하세요.

> • **글꼴**: 한컴 윤고딕 250 • **글자 크기**: 12pt • **글자 색**: 하늘색

▶영상강의◀

TIP

글자 색의 경우 한글 2018과 한글 2020에서는 '하늘색'으로, 한글 2014에서는 '바다색'으로 지정하세요.

2 [서식] 탭-[자세히] 단추(⬇)를 클릭하고 [스타일 작업 창]을 선택합니다. 화면의 오른쪽에 [스타일] 작업 창이 열리면 [개요 1] 스타일에서 마우스 오른쪽 단추를 클릭하고 [스타일 현재 모양으로 바꾸기]를 선택하세요.

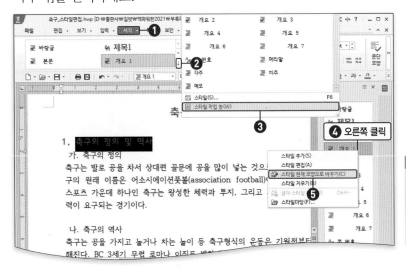

TIP

'1. 축구의 정의 및 역사' 단락에는 이미 '개요1' 스타일이 적용되어 있습니다.

3 '현재 모양을 [개요 1] 스타일 내용에 반영할까요?'라고 묻는 메시지 창이 열리면 [반영]을 클릭하세요.

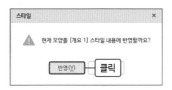

4 본문 화면에서 '축구의 정의 및 역사' 부분의 선택을 해제하고 '개요 1' 스타일의 속성으로 변경되었는지 확인하세요.

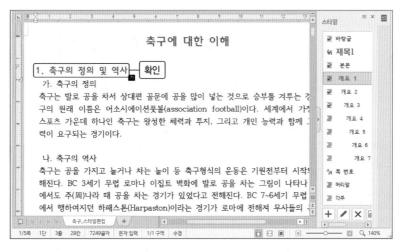

5 다음 페이지로 이동해서 같은 '개요 1' 스타일이 적용되어 있던 다른 문단에도 똑같이 스타일이 변경되었는지 확인하세요.

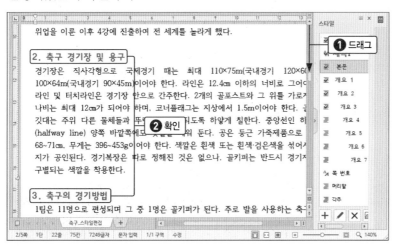

문서작성
서식지정
문서인쇄
문서편집
문서정리
개체삽입
표/차트
스타일
쪽페이지/라벨

03 다른 문서에 스타일 사용하기

● **예제파일**: 축구_스타일원본.hwp, 태권도_스타일복사.hwp   ● **완성파일**: 태권도_스타일복사_완성.hwp

1 스타일을 복사할 문서인 '태권도_스타일복사.hwp'를 열고 **[서식] 탭-[자세히]** 단추(▯)를 클릭한 후 **[스타일]**(F6)을 선택하세요. [스타일] 대화상자가 열리면 [스타일 가져오기] 단추(▧)를 클릭하세요.

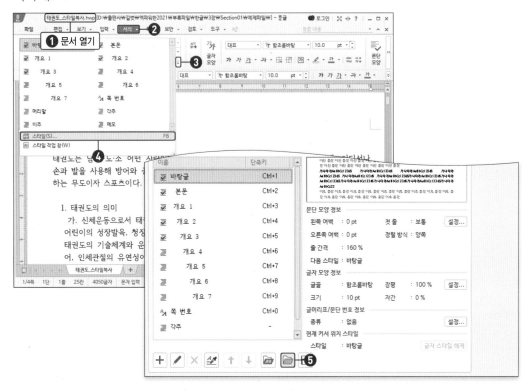

2 [스타일 가져오기] 대화상자가 열리면 [파일 선택] 단추(▧)를 클릭합니다. [불러오기] 대화상자가 열리면 부록 실습파일에서 '축구_스타일원본.hwp'를 선택하고 [열기]를 클릭하세요.

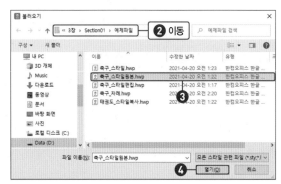

3 [스타일 가져오기] 대화상자의 '원본'에 해당 파일의 스타일이 모두 표시되면 Shift를 누른 상태에서 [바탕글]부터 [개요 3]까지 모두 선택한 후 [복사] 단추(>)를 클릭하여 '현재' 파일의 스타일에 모두 적용하세요.

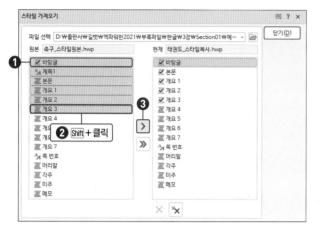

4 선택한 여섯 개의 스타일을 현재 파일에 복사할지 묻는 메시지 창이 열리면 [복사]를 클릭합니다. [스타일 덮어쓰기] 메시지 창에서 같은 이름을 덮어쓸지 물으면 [전체 복사]를 클릭하세요.

5 [스타일 가져오기] 대화상자에서 원본 파일의 스타일이 현재 파일의 스타일로 복사되었으면 [닫기]를 클릭하세요.

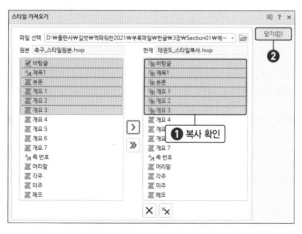

6 [스타일] 대화상자로 되돌아오면 '스타일 목록'에서 스타일 모양이 복사되어 변경되었는지 확인하고 [닫기] 단추(✕)를 클릭하세요.

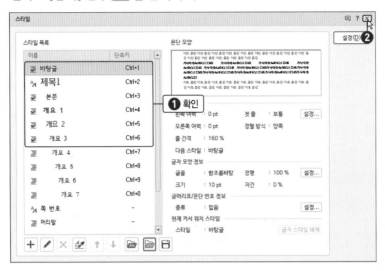

7 첫 번째 줄의 제목을 드래그하여 블록으로 지정하고 [서식] 탭-[스타일]에서 [제목1] 스타일을 선택하여 복사한 스타일을 적용하세요.

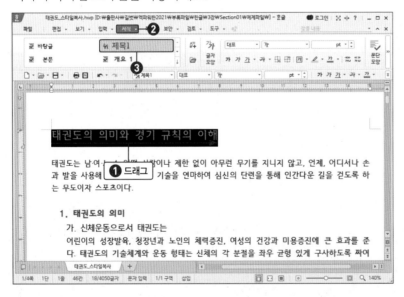

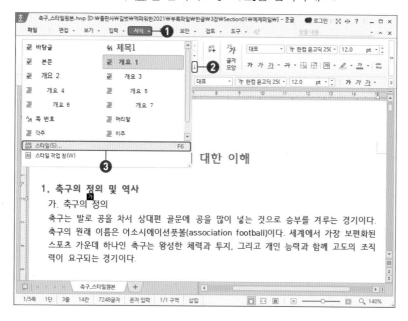

04 나만의 스타일 파일 만들기

● **예제파일**: 축구_스타일원본.hwp   ● **완성파일**: 축구_스타일원본.sty

1 [서식] 탭-[자세히] 단추(⊟)를 클릭하고 [스타일]을 선택하세요.

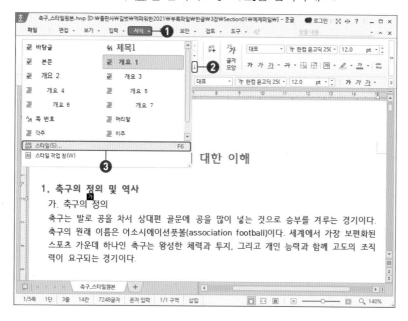

2 [스타일] 대화상자가 열리면 [스타일 내보내기] 단추(⊟)를 클릭하세요.

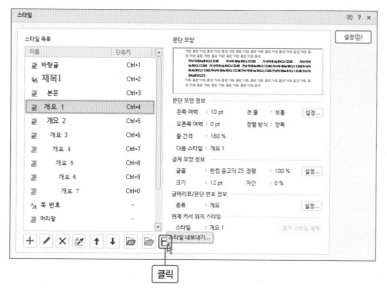

클릭

3 [스타일 내보내기] 대화상자가 열리면 '파일 선택'에서 [새 스타일 파일 추가] 단추(⊞)를 클릭합니다. [새 스타일 파일 추가] 대화상자가 열리면 '제목'에『나만의스타일』을 입력하고 [추가]를 클릭합니다. [스타일 내보내기] 대화상자로 되돌아오면 [모두 복사하기] 단추(≫)를 클릭하세요.

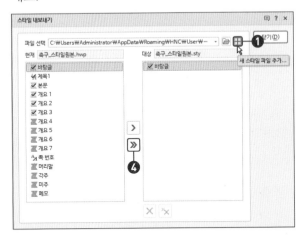

4 현재 파일의 스타일을 모두 대상 파일에 복사하겠느냐고 묻는 [스타일] 창이 열리면 [복사]를 클릭합니다. 같은 이름의 스타일이 있어서 덮어쓸지 묻는 [스타일 덮어쓰기] 창이 열리면 [전체 복사]를 클릭하세요.

5 [스타일 내보내기] 대화상자에서 '나만의스타일.sty'에 스타일이 모두 복사되었으면 [닫기]를 클릭하세요.

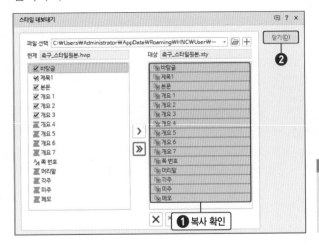

> **TIP**
> 이렇게 저장된 스타일 파일은 [스타일] 대화상자에서 [스타일 가져오기] 단추(📁)를 클릭하여 문서에 쉽게 적용할 수 있어요.

6 '축구_스타일원본.sty'를 저장하겠느냐고 묻는 [스타일] 창이 열리면 [저장]을 클릭하세요.

7 [스타일] 대화상자로 되돌아오면 '스타일 목록'에서 복사한 스타일을 확인하고 [닫기] 단추(×)를 클릭하세요.

잠깐만요 > 문단 스타일 모양 복사하기

❶ 복사하려는 문단 스타일이 있는 곳을 마우스로 클릭하여 커서를 올려놓고 [편집]
탭-[모양 복사]([Alt]+[C])를 클릭하세요.
❷ [모양 복사] 대화상자가 열리면 '본문 모양 복사'에서 [문단 스타일]을 선택하고
[복사]를 클릭하세요.
❸ 복사한 스타일을 적용할 부분을 드래그하여 블록으로 지정하고 [편집] 탭-[모양
복사]([Alt]+[C])를 클릭하세요.

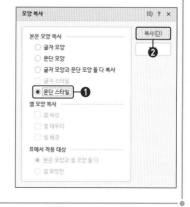

문서작성
서식지정
문서인쇄
문서편집
문서정리
개체삽입
표/차트
스타일
메일머지/라벨

● **예제파일**: 축구_차례.hwp   ● **완성파일**: 축구_차례_완성.hwp

1 제목의 아래쪽에 커서를 올려놓고 **[도구] 탭-[제목 차례]-[차례 만들기]**를 선택하세요.

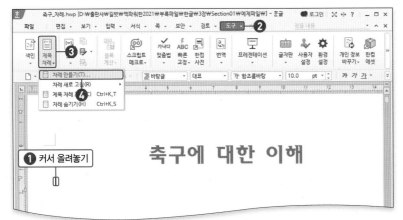

2 **[차례 만들기]** 대화상자가 열리면 다음과 같이 지정하고 **[만들기]**를 클릭하세요.

- **차례 형식**: [필드로 넣기]
- **개요 수준까지**: [3 수준]까지
- **탭 모양**: [오른쪽 탭]
- **만들 위치**: [현재 문서의 커서 위치]

- **'만들 차례'의 [개요 문단으로 모으기]**: 체크
- **[표 차례], [그림 차례], [수식 차례]**: 체크 해제
- **채울 모양**: [점선]
- **하이퍼링크 만들기**: 체크 해제

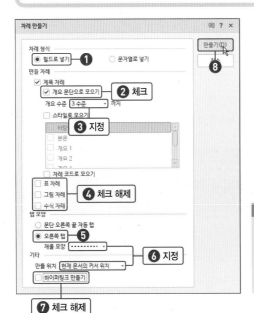

TIP

차례 필드를 사용해서 차례 영역을 만들면 차례 새로 고침 기능을 사용할 수 있습니다. 그리고 새롭게 만들어 추가한 스타일을 사용하려면 '만들 차례'의 [스타일로 모으기]에 체크하고 원하는 스타일 이름을 선택하세요.

3 커서가 있던 위치에 개요 스타일을 이용한 차례가 삽입되었는지 확인하세요.

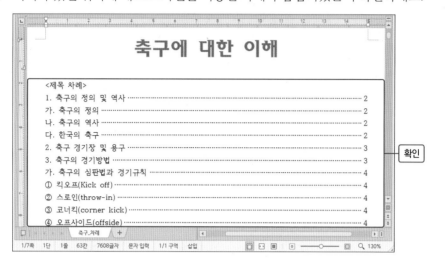

확인

문서작성

서식지정

문서인쇄

문서편집

문서정리

개체삽입

표/차트

스타일

메일머지/라벨

잠깐만요 > 차례 코드로 모으기

앞의 실습에서는 개요 스타일을 이용해서 차례를 삽입했지만 차례 코드를 이용하여 차례를 지정할 수도 있습니다.

❶ 제목 차례를 표시할 단어의 다음 위치를 클릭하여 커서를 올려놓고 **[도구] 탭−[제목 차례]−[제목 차례 표시]**를 선택합니다. 차례 코드가 삽입되면 차례가 필요한 단어에 이 과정을 계속 반복합니다.

❷ 제목 차례를 보기 위해 **[보기] 탭−[조판 부호]**에 체크하여 조판 부호를 표시하세요.

❸ **[도구] 탭−[제목 차례]−[차례 만들기]**를 선택하여 [차례 만들기] 대화상자를 열고 [차례 코드로 모으기]에 체크한 후 [만들기]를 클릭하세요. 그러면 차례 코드가 삽입되면서 차례가 만들어집니다.

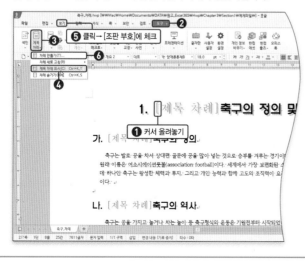

02 메일 머지와 라벨 및 양식 문서 만들기

한글 2020에서는 한글로 작성한 데이터 파일 외에도 엑셀 데이터를 사용한 메일 머지 기능이 가능합니다. 데이터베이스로 관리하는 대상을 한글 문서에 적용하여 초대장이나 라벨 문서와 대량의 문서를 쉽게 작성할 수 있습니다. 한글에서는 양식 개체나 누름틀을 삽입하여 사용자의 입력을 받아 문서를 작성하는 다양한 기능을 제공하는데, 이런 기능을 포함하여 문서 마당에 저장하면 서식 문서로 사용할 수 있어요.

PREVIEW

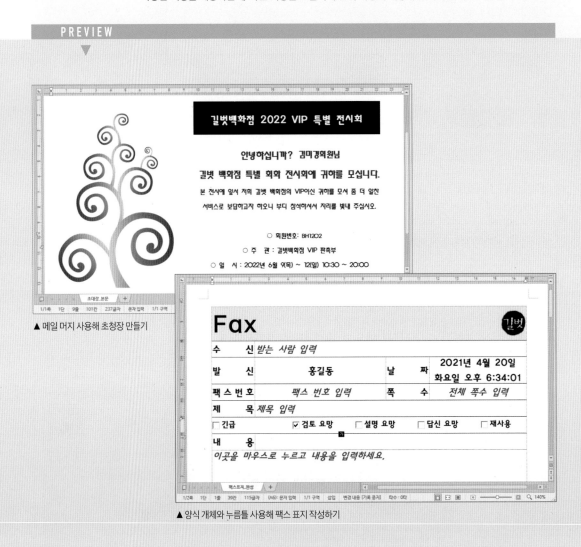

▲ 메일 머지 사용해 초청장 만들기

▲ 양식 개체와 누름틀 사용해 팩스 표지 작성하기

메일 머지 이용해 초대장 작성하기

● **예제파일**: 초대장_본문.hwp   ● **완성파일**: 초대장.hwp, 회원명단.hwp

우선순위

문서작성

서식지정

문서인쇄

문서편집

문서정리

개체삽입

표/차트

스타일

메일머지/라벨

1 메일 머지는 본문이 될 문서와 데이터로 사용될 문서가 함께 작성되어 있어야 합니다. '초대장_본문.hwp' 문서를 열고 새로 사용할 문서를 작성하기 위해 **[파일] 탭-[새 문서]**(Alt+N)를 클릭하세요.

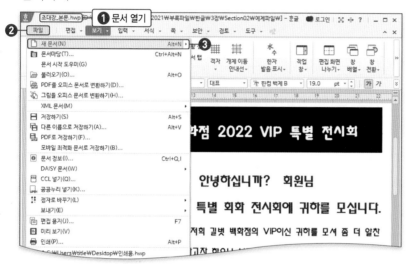

2 새 문서가 열리면 필드가 두 개라는 뜻으로 『2』를 입력하고 Enter를 누르세요. 성명과 회원번호에 대한 실제 값인 『강경아』와 『BH1001』을 Enter를 눌러 차례대로 아래쪽에 입력하세요. 이와 같은 방법으로 나머지 내용을 차례대로 Enter를 눌러 입력하고 저장하세요.

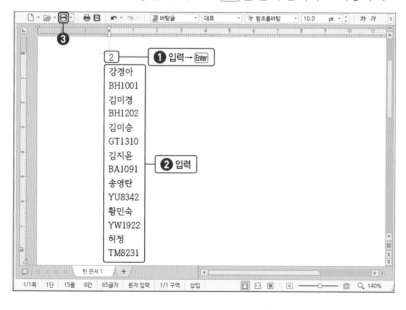

3 [다른 이름으로 저장] 대화상자가 열리면 '문서' 폴더에『회원명단』이름으로 저장하세요.

4 데이터 파일이 완성되었으면 '초청장_본문.hwp' 문서로 되돌아와서 데이터 필드를 표시해 볼게요. '회원님'의 앞에 커서를 올려놓고 **[도구]** 탭의 목록 단추(▾)를 클릭한 후 **[메일 머지]**−**[메일 머지 표시 달기]**를 선택하세요.

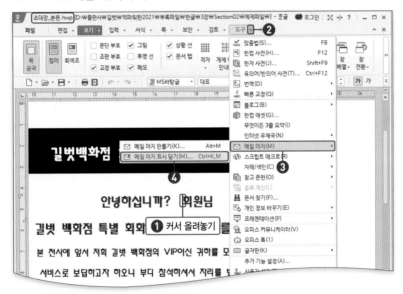

5 [메일 머지 표시 달기] 대화상자가 열리면 [필드 만들기] 탭을 선택하고 '필드 번호나 이름을 입력하세요.'에『1』을 입력한 후 [넣기]를 클릭하세요.

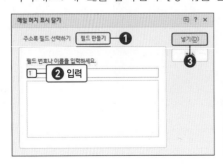

> **TIP**
>
> 두 개의 필드 중에서 '성명'은 [필드1]에, '회원번호'는 [필드2]에 해당됩니다.

6 '회원님'의 앞에 1번 메일 머지가 표시되었는지 확인하고 '회원번호'의 뒤에 커서를 올려놓습니다. 4~5 과정과 같은 방법으로 2번 메일 머지를 만드세요.

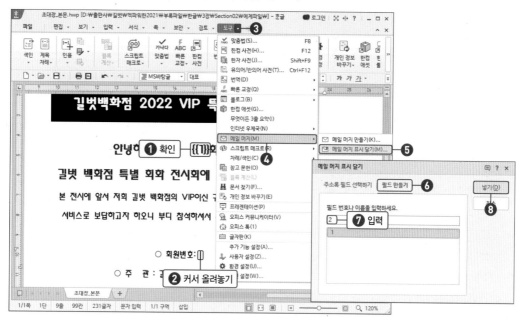

7 '회원번호'의 뒤에 2번 메일 머지가 표시되었는지 확인하세요. **[도구] 탭**의 목록 단추(▾)를 클릭하고 [메일 머지]-[메일 머지 만들기]를 선택하세요.

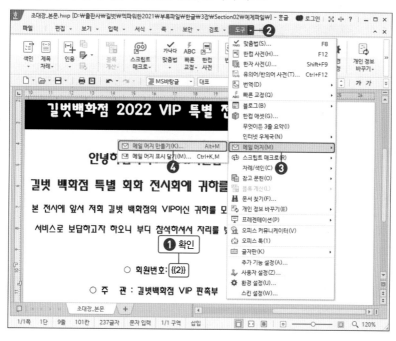

문서작성

서식지정

문서인쇄

문서편집

문서정리

개체삽입

표/차트

스타일

메일머지/라벨

8 [메일 머지 만들기] 대화상자가 열리면 '자료 종류'에서 [흔글 파일]을 선택하고 [파일 선택] 단추(📁)를 클릭합니다. [한글 파일 불러오기] 창이 열리면 **3** 과정에서 '문서' 폴더에 저장했던 '회원명단.hwp'를 선택하고 [열기]를 클릭하세요. [메일 머지 만들기] 대화상자로 되돌아오면 '출력 방향'에서 [화면]을 선택하고 [만들기]를 클릭하세요.

9 자동으로 미리 보기 화면이 열리면서 첫 데이터가 적용되어 완성된 초청장이 표시되면 **[미리 보기] 탭-[다음 쪽]**을 클릭하여 다음 데이터가 차례대로 표시되는지 확인하세요. **[미리 보기] 탭-[인쇄]**를 클릭하면 데이터의 수만큼 초청장을 인쇄할 수 있어요.

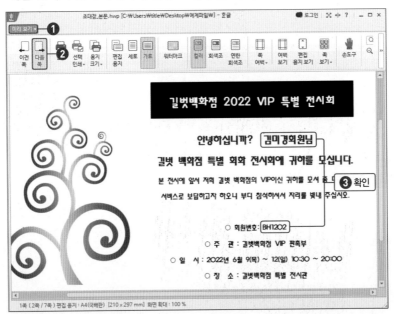

> **TIP**
> 미리 보기 화면의 상태 표시줄에서 살펴보면 7쪽의 초청장이 완성된 것을 확인할 수 있어요.

잠깐만요 > 엑셀 자료로 초대장 작성하기

메일 머지를 작성할 때 한글 문서로 자료 문서를 사용하는 것보다 엑셀로 자료를 만들어 메일 머지 필드로 삽입하면 더 쉽게 메일 머지를 만들 수 있습니다. 엑셀 파일은 자료 입력과 관리가 편리하고 필드 이름을 사용하기 때문에 필드를 직관적으로 선택하기에 편리합니다.

❶ '초대장_본문.hwp' 문서에서 [메일 머지 표시 달기] 기능을 이용해서 '회원님'의 앞에는 [성명] 필드를 '회원 번호:'의 뒤에는 [회원코드] 필드를 삽입합니다. 한글 문서에 작성한 데이터 파일과는 달리 엑셀에는 필드명이 있으므로 엑셀에서의 같은 '필드명'을 입력해야 해요. 만약 이미 입력된 필드에 [성명] 필드와 [회원 코드] 필드가 있으면 선택하고 [넣기]를 클릭하세요.

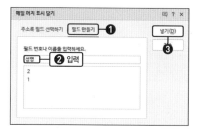 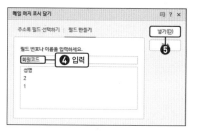

❷ 본문에 필드가 삽입되면 [도구] 탭-[메일 머지]-[메일 머지 만들기]를 선택합니다. [메일 머지 만들기] 대화상자가 열리면 '자료 종류'에서 [흔셀/엑셀 파일]을 선택하고 [파일 추가] 단추(📁)를 클릭하여 부록 실습파일에서 '회원주소록.xlsx'를 불러옵니다. [메일 머지 만들기] 대화상자로 되돌아오면 '출력 방향'은 [파일]로 선택하고 '파일 이름'은 '문서' 폴더에 『초대장.hwp』로 이름을 지정한 후 [만들기]를 클릭하세요.

❸ 엑셀 파일에는 여러 시트가 있을 수 있으므로 데이터가 있는 시트와 레코드를 선택하고 저장합니다. 그런 다음 저장한 파일을 열어 확인하세요.

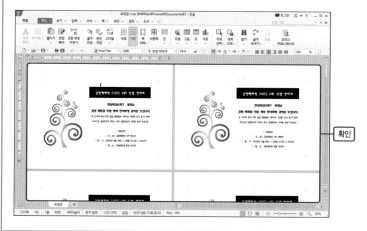

131

● **예제파일**: 새로운 문서에서 실습하세요.   ● **완성파일**: DM라벨_완성.hwp

1 빈 문서에 라벨을 작성하기 위해 **[쪽] 탭-[라벨]-[라벨 문서 만들기]**를 선택합니다.

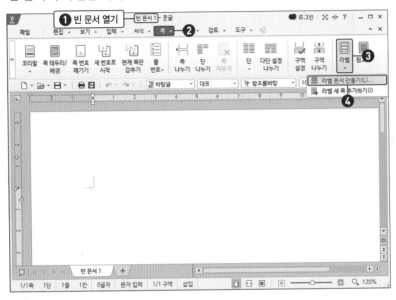

2 [라벨 문서 만들기] 대화상자가 열리면 [라벨 문서 꾸러미] 탭에서 [AnyLabel]을 선택하고 [우편발송 라벨(16칸)-V3240]을 선택한 후 [열기]를 클릭하세요.

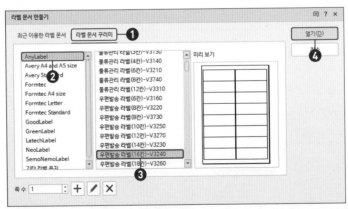

> **TIP**
>
> [라벨 문서 꾸러미] 탭에는 다양한 회사의 라벨 문서가 있어요. 사용하고 있는 라벨 용지가 있다면 그 용지에 맞는 라벨 회사의 제품을 선택해야 하는데, 여기서는 일반적인 A4용지에 표를 이용해서 작성할 것입니다.

3 16칸짜리 표가 작성되었으면 라벨에 필요한 내용을 입력하기 전에 표에 대한 속성을 변경해 볼게요. 표 전체를 드래그하여 범위로 선택하고 **[표 레이아웃]** 아이콘(　　　)의 목록 단추(　)를 클릭한 후 **[표/셀 속성]**을 선택하세요.

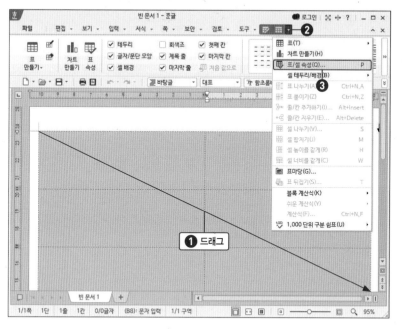

4 [표/셀 속성] 대화상자가 열리면 [셀] 탭에서 [안 여백 지정]에 체크하고 '왼쪽'은 [7.00mm]를, '위쪽'은 [5.00mm]를 지정한 후 [설정]을 클릭하세요.

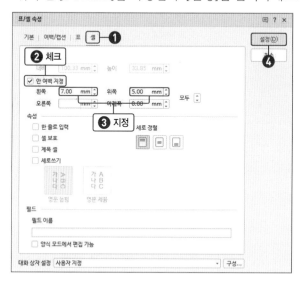

문서작성

서식지정

문서인쇄

문서편집

문서정리

개체삽입

표/차트

스타일

메일머지/라벨

5 [표 디자인] 아이콘(📋)-[테두리]의 목록 단추(▾)를 클릭한 후 [모든 테두리](⊞)를 선택하세요.

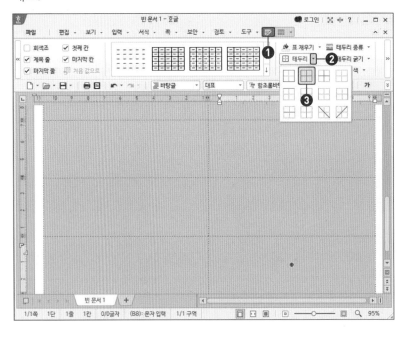

6 첫 번째 셀에 다음과 같은 내용을 입력하고 드래그하여 모두 선택한 후 서식 도구 상자에서 [글꼴 크기]는 [12pt], [진하게]를 클릭하세요.

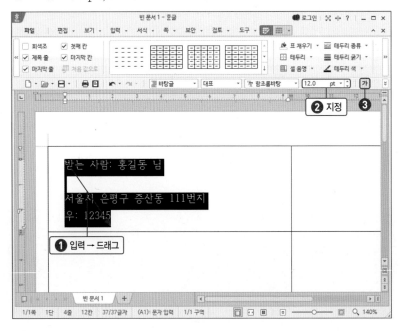

문서작성

서식지정

문서인쇄

문서편집

문서관리

개체삽입

표/차트

스타일

메일머지/라벨

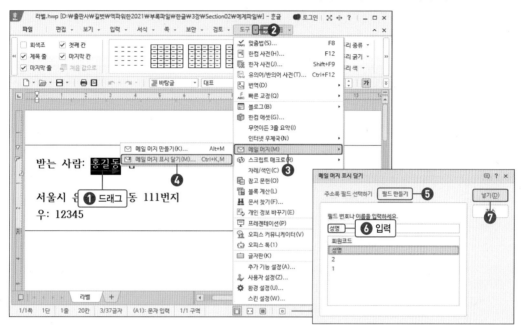

03 엑셀 데이터 이용해 라벨 만들기

● **예제파일**: 라벨.hwp, 회원주소록.xlsx ● **완성파일**: 엑셀라벨_완성.hwp

1 주소록에 있는 필드를 메일 머지로 표시하기 위해 '홍길동'을 드래그하고 **[도구]** 탭의 목록 단추 (▼)를 클릭한 후 **[메일 머지]–[메일 머지 표시 달기]**를 선택하세요. [메일 머지 표시 달기] 대화상자 가 열리면 [필드 만들기] 탭에서 필드 이름에 『성명』을 입력하고 [넣기]를 클릭하세요.

2 이와 같은 방법으로 '주소'와 '우편번호' 메일 머지를 표시합니다. **[도구]** 탭의 목록 단추(▼)를 클릭하고 **[메일 머지]–[메일 머지 만들기]**를 선택하세요.

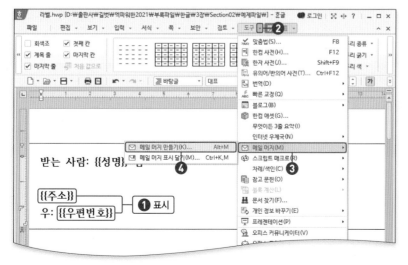

3 [메일 머지 만들기] 대화상자가 열리면 '자료 종류'에서 [훈셀/엑셀 파일]을 선택하고 [파일 선택] 단추(📁)를 클릭합니다. [한셀/엑셀 파일 불러오기] 창이 열리면 부록 실습파일에서 '회원주소록.xlsx'를 선택하고 [열기]를 클릭하세요.

4 [메일 머지 만들기] 대화상자로 되돌아오면 '출력 방향'에서 [파일]을 선택하고 '파일 이름'에서 파일 이름을 '라벨주소'로 수정한 후 [만들기]를 클릭하세요.

TIP

'출력 방향'에서 입력한 '파일 이름'이 저장되는 장소에 라벨 문서가 저장됩니다.

5 [시트 선택] 대화상자가 열리면 '시트 목록'에서 [Sheet1]을 선택하고 [선택]을 클릭하세요.

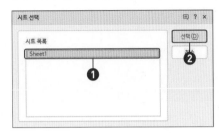

6 [주소록 레코드 선택] 대화상자가 열리면 [선택]을 클릭하세요.

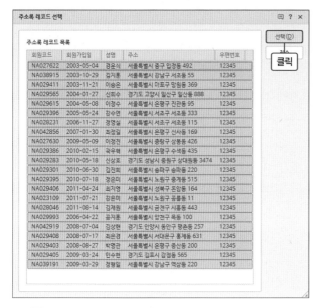

전체가 아닌 일부 레코드만 선택해서 라벨에 반영할 수 있어요.

7 **3** 과정에서 저장한 경로로 이동하여 '라벨주소.hwp'를 열고 라벨 문서를 확인하세요. 이때 [메일 머지 만들기] 대화상자에서 저장한 메일 머지 파일은 일반적으로 '문서' 폴더에 저장됩니다.

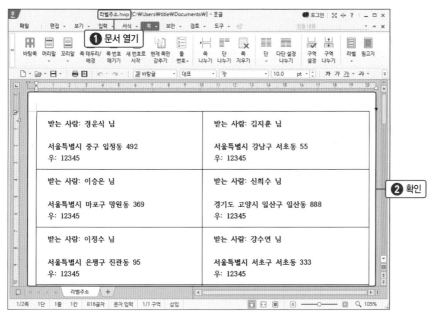

● **예제파일**: 팩스표지.hwp ● **완성파일**: 팩스표지_완성.hwp

1 팩스 문서에서 수신 내용을 입력할 위치에 커서를 올려놓고 **[입력] 탭-[누름틀]**을 클릭하세요.

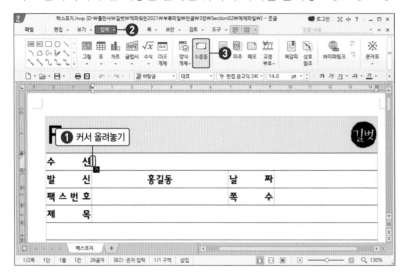

2 누름틀로 사용자 입력 개체가 삽입되었으면 문구를 변경하기 위해 필드 위에서 마우스 오른쪽 단추를 클릭하고 [누름틀 고치기]를 선택하세요. [필드 입력 고치기] 대화상자가 열리면 '입력할 내용의 안내문'의 기존 내용을 삭제하고 『받는 사람 입력』으로 수정한 후 [고치기]를 클릭하세요.

3 '수식'의 입력 상자에 '받는 사람 입력'이 표시되었으면『팩스 번호 입력』,『전체 쪽수 입력』,『제목 입력』,『이곳을 마우스로 누르고 내용을 입력하세요.』를 입력하세요.

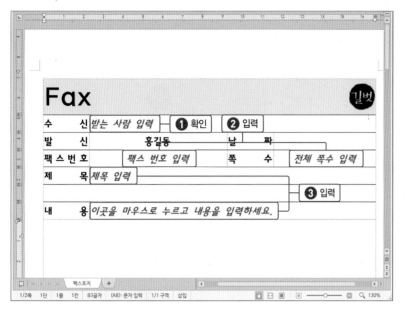

4 날짜 셀을 클릭하여 커서를 올려놓습니다. [입력] 탭-[입력 도우미]를 클릭하고 [상용구]-[마지막 저장한 날짜]를 선택하여 현재 날짜를 입력하세요.

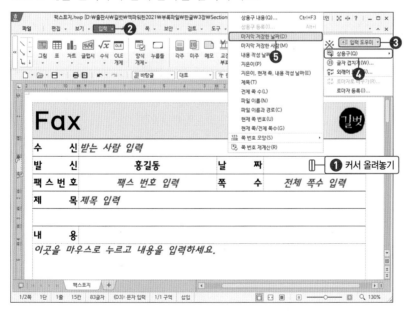

문서작성

서식지정

문서인쇄

문서편집

문서정리

개체삽입

표/차트

스타일

메일머지/라벨

5 제목의 아래쪽 셀을 클릭하여 커서를 올려놓고 **[입력] 탭**-**[양식 개체]**-**[선택 상자]**를 선택하세요.

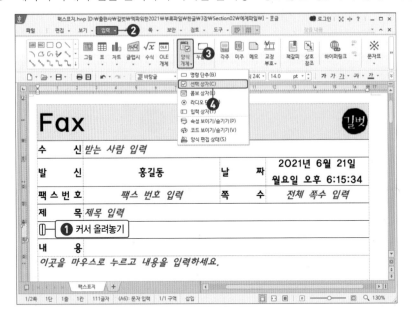

6 '선택 상자1' 개체가 입력되면 개체의 가로 크기를 알맞게 조절한 후 Ctrl + C를 눌러 복사하고 적절하게 띄운 위치에서 Ctrl + V를 눌러 붙여넣습니다. 이와 같은 방법으로 다섯 개의 똑같은 선택 상자 개체를 만드세요.

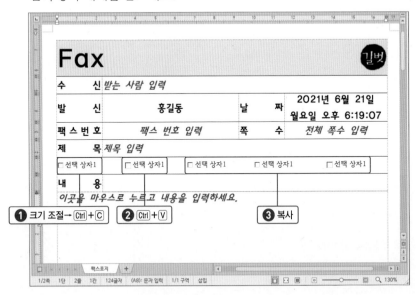

7 첫 번째 '선택 상자1' 개체를 선택하고 **[양식 개체]** 아이콘(▤)-**[속성 보이기/숨기기]**를 클릭하세요.

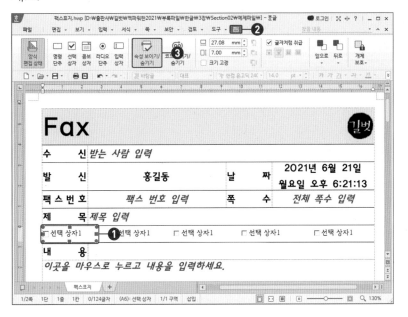

8 화면의 오른쪽에 [양식 개체 속성] 작업 창이 열리면 'Caption' 속성을 『긴급』으로 수정하고 글자 모양 편집을 위해 'CharShape'의 목록 단추(▸)를 클릭하세요.

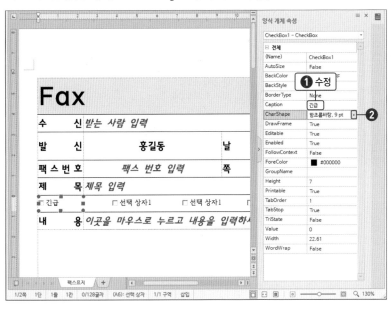

문서작성

서식지정

문서인쇄

문서편집

문서정리

개체삽입

표/차트

스타일

메일머지/라벨

9 [글자 모양] 대화상자가 열리면 [기본] 탭에서 '기준 크기'는 [12pt]로, '글꼴'은 [한컴 윤고딕 240]으로 지정한 후 [설정]을 클릭하세요.

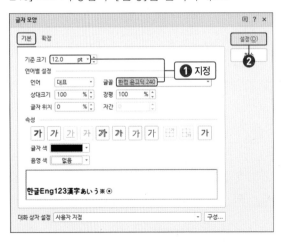

10 이와 같은 방법으로 나머지 네 개의 '선택 상자1' 개체의 캡션도『검토 요망』,『설명 요망』,『답신 요망』,『재사용』으로 바꾸고 글자 모양도 똑같이 수정한 후 [양식 개체 속성] 작업 창을 닫으세요.

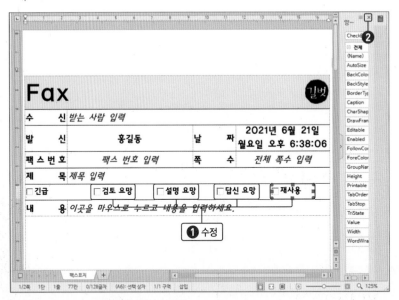

11 [Shift]를 이용해 양식 개체들을 차례대로 클릭하여 모두 선택하고 [양식 개체] 아이콘(⬛)-[양식 편집 상태]를 클릭하세요.

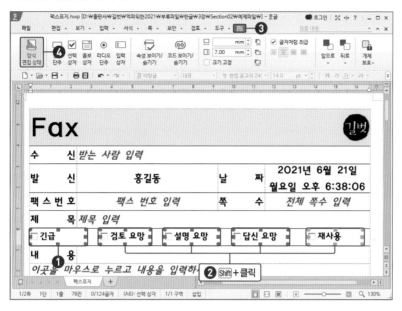

12 편집 상태가 해제되면서 양식 개체를 포함하는 문서가 완성되면 원하는 선택 상자를 클릭하여 체크할 수 있는지 확인하세요.

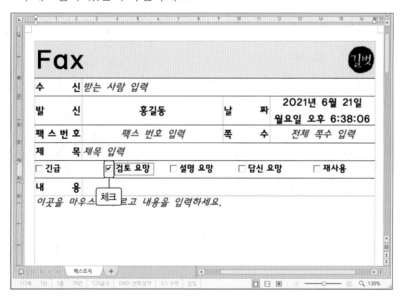

문서작성

서식지정

문서인쇄

문서편집

문서정리

개체삽입

표/차트

스타일

메일머지/라벨

찾아보기

EXCEL & POWERPOINT & WORD + HANGEUL